歷史中國
西元907～西元979

五代十國原來是這樣

姜狼◎著

目錄

十國

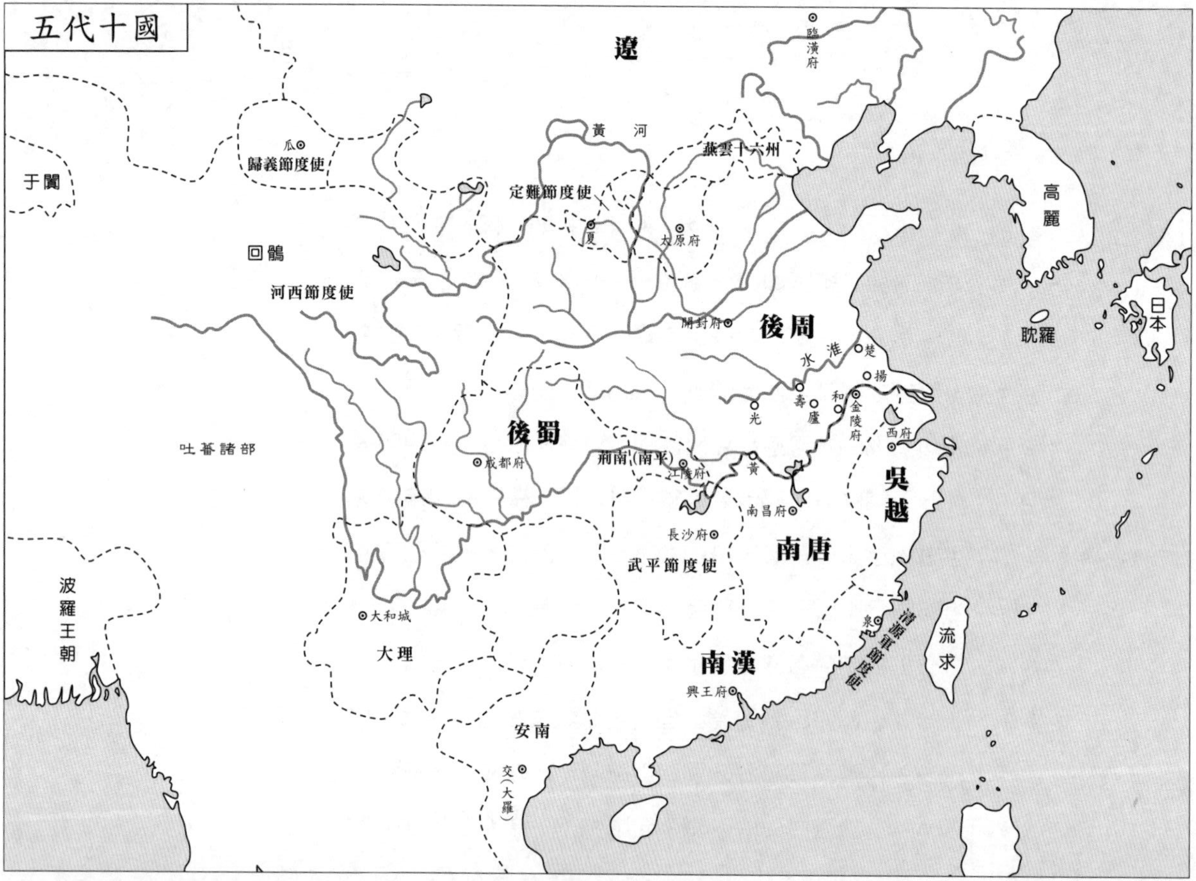
五代十國
遼
臨潢府
黃河
燕雲十六州
于闐
瓜
歸義節度使
定難節度使
夏
太原府
高麗
回鶻
河西節度使
開封府
後周
日本
耽羅
淮水
楚
揚
壽
和
金陵府
光
廬
西府
後蜀
吐蕃諸部
成都府
荊南(南平)
江陵府
黃
吳越
南昌府
長沙府
南唐
武平節度使
波羅王朝
大和城
泉
清源軍節度使
流求
大理
南漢
興王府
安南
交(大羅)

前言

從某種角度來說，中國歷史其實就是一種不規則的複製貼上，甚至是無聊的簡單重複。比如說秦朝與隋朝相似，二代而亡。漢朝又與唐朝相似，甚至都各冒出來一個強悍的女主。漢朝之後是三國，而在歷史上也有一個與三國極為相似的時代，就是五代十國。

三國上承東漢之亂，下啟西晉統一，而五代十國上承晚唐之亂，下啟北宋統一，吊詭的是西晉和北宋又極為相似。三國魏蜀吳，五代似魏而十國似蜀與吳，紛雜鬥爭近百年都歸於宋。三國的歷史因為羅貫中的一部《三國演義》歷經六百多年鋪天蓋地的渲染，已成為中國人最熟悉的時代，但五代十國在歷史上的知名度卻遠不如三國，雖然羅貫中同樣也有一部《殘唐五代史演義》流傳於世，但在民間並沒有多少影響。

不過，如果從現代歷史的角度往回追溯，其實五代十國對於當代中國的重要性遠大於三國，畢竟三國屬於中古史，而五代十國屬於由中古史向近古史轉變的關鍵時期。所謂近古，其實是指唐中葉安史之亂爆發後，整個中國政治經濟的架構由粗放型轉入細密型，但這種轉型還不是特別明顯。到了五代十國，這種細密型政治經濟形態才基本成型，並由宋朝發揚光大，深深影響了中國一千多年，而且還會繼續影響下去。正如近代史學陳寅恪所論：「唐代之史可分前後兩期，前期結束南北朝相承之舊局面，後期開啟趙宋以降之新局面。關於社會政治經濟者如此，關於文化學術亦如此。」

在整個中國歷史上，五代十國的知名度最多只能算是二線，但即使是這個「二線」時代，依然上演了一幕幕或轟轟烈烈、或悲傷哀婉的歷史大戲。歷史從來沒有一線和二線之分，每一個人、每一個時代都有自己的魅力。都說五代十國魅力有限，但有誰不知道風流李後主那首哀絕千古的《虞美人》「問君能有幾多愁，恰似一江春水向東流」呢？

所謂五代十國，五代是指朱溫建立的後梁、李克用建立的後唐、石敬瑭建立的後晉、劉知遠建立的後漢和郭威建立的後周。十國是指楊行密建立的吳、李昪建立的南唐、錢鏐建立的吳越、王建建立的前蜀、孟知祥建立的後蜀、馬殷建立的楚、高季興建立的荊南、劉隱建立的南漢、王審知建立的閩以及劉崇在山西建立的北漢。

五代十國，只是後史對這個時代的粗略劃分，實際上在這個天崩地裂的大亂世裡，割據政權遠遠不止這些：契丹建立的遼、劉守光建立的燕、李茂貞建立的岐、周行逢建立的湖南、留從效和陳洪進的清源軍、張氏和曹氏在甘肅一帶的歸義軍、在雲貴高原一帶的大理。甚至換個角度來看，北宋其實也是與契丹遼朝並立的割據政權，並非統一王朝。

歷史的撲天灰塵蓋滿了被束之高閣的史卷，時光匆匆流逝，三十六萬個日日夜夜過去，後人也許已經遺忘了五代十國，但如果打開五代十國的史卷，我們會驚愕地發現這是一個何等震撼人心的時代！

這是一個有英雄的時代。大英雄馳騁疆場，親冒刀箭，至死方休，如只要他不早死，他就鐵定成為一代千古大帝的周世宗柴榮。

這是一個有骨氣的時代。弱書生馮道為了勸諫老闆劉守光的倒行逆施，青衫磊落，錯掌而談，即使是同事孫鶴被淩遲處死的慘狀還歷歷在目，馮道也沒有半步退縮。

這是一個紅塵繾綣的時代。即使天下風雲變幻，風流李後主還沉醉在溫柔鄉裡，寫下了「林花謝了春紅，太匆匆，自是人生常恨水常東」的不朽詞句。

這是一個美人競豔的時代。千古賢妻張夫人，想做武則天第二的花見羞、薄命如桃花流水的花蕊夫人、風情萬種的大、小周后，以及可以在手掌上跳舞的杳娘……

這是一個亂世爭雄的時代。城頭變幻大王旗，亂哄哄，你方唱罷我登場，只要你有足夠的實力，再加一點運氣，你就可以成為王中王。安重榮說過：「兵強馬壯者直做天子！」

這也是一個錯亂與荒謬的時代。乾兒子可以比乾爹大十幾歲（石敬瑭）甚至是二十多歲（劉崇），侄子可以娶嬸娘為妻，忠臣可以被手下「逼迫」去欺負舊主的孤兒寡母，最終建立了一個嶄新的王朝。

鐵與血，刀與火，歡笑與淚水，君子與小人，美人帳與英雄塚。當斜陽已盡，大地上只剩一聲沉重的歷史歎息。

盡一杯酒，合上書卷，獨立窗前，也許會產生一種錯覺：那一個個鮮活的歷史人物，無論他們生前是敵是友、是愛是恨，都攜著手從冥冥幽幽的歷史最深處向我們走來……

五代

滿城盡帶黃金甲——鹽販子黃巢的造反人生

天寶十四年（七五五年），中華大地上爆發了規模空前的安史之亂，雖然唐王朝用了七年時間鎮壓了安史之亂，開元盛世的榮光一去不復返，「烈火烹油、鮮花著錦」已成絕響。

天下紛紛擾擾一百年，傳祚至「姿貌雄傑」懿宗李漼，昏庸殘暴、朝令夕改、進小人、退賢臣，十四年間竟然任命了二十一位宰相，太監又開始得勢。其堂兄武宗李炎（李瀍）、其父宣宗李忱用近二十年積累下來的大好局面被昏庸的李漼徹底葬送掉了。

李漼死後，在宦官集團的操弄下，性格比其父更加庸懦的十二歲小童李儇登上帝位，史稱唐僖宗。李漼雖然昏庸，但也沒有認太監當乾爹，但李儇就敢厚顏無恥的稱太監頭子田令孜爸爸，即「十軍阿父」。

傳至僖宗李儇時，政治極度腐敗，藩鎮連年戰亂，老百姓在雙重搜刮下已忍無可忍，最終扯旗造反。「百姓流殍，無所控訴。相聚為盜，所在蜂起。」其中以鹽販子王仙芝鋪的攤子最大，僖宗乾符元年（八七四年）十二月，王仙芝在長垣（河南長垣）率三千人揭竿而起，指責唐朝「吏貪遝，賦重，賞罰不平」，自稱「天補平均大將軍」，這也是中國農民起義史上首次提出「平均」的概念。

王仙芝的攤子還不是最大的，埋葬唐王朝的煞星終於站在了王仙芝的身後，就是幾乎家喻戶曉的私鹽販子——黃巢。

「待到秋來九月八，我花開後百花殺。沖天香陣透長安，滿城盡帶黃金甲。」這首充滿殺氣的《不第後賦菊》是黃巢留給歷史最著名的印跡。

其實黃巢本來是可以成為唐朝官員的，可恨的主考大老不識貨，硬把灌了半肚子墨水的黃巢給黜落了。黃巢一怒之下，寫了那首反詩後跟著王仙芝闖蕩江湖，立志要推翻腐敗的唐王朝……

王仙芝造反的目的只是想和唐朝討價還價，弄個大官做做。黃巢則反對在羽翼未豐的情況下倉促談判，你本錢太少，能談出個卵來？

黃巢最終還是選擇了單飛，而王仙芝失去黃巢後則如無頭蒼蠅般亂撞，最終在申州（河南信陽）被官軍擊敗，命喪黃泉。黃巢還在堅持著自己的帝王夢想，乾符五年（八七八年）二月，得到王仙芝的舊部後，黃巢在亳州城外立纛稱王，自號「沖天大將軍」，改元王霸，設置官屬。

黃巢以為唐朝腐朽不堪一擊，但他很快就在現實面前撞了一頭大疙瘩，在江北被官軍一路追著暴打。雖然唐王朝也向黃巢招安，但條件是黃巢必須解散軍隊。亂世混江湖，沒有了軍隊一毛錢都不值，黃巢當然選擇了拒絕。

江北不能立足，於是黃巢選擇了向官軍實力較弱的江南發展，同時江南又是朝廷財富重地，有利於軍隊的財政補給。江西雜牌軍實力有限，很快就被黃巢手下這群北方悍匪打敗，但黃巢沒有在江西建立戰略根據地，原因很有可能是江西處四戰之地，無險可守。黃巢本想攻打宣州（今安徽宣城），目標有可能是金陵，但唐朝的宣歙觀察使王凝將黃巢迎頭暴打一頓，黃巢又改變主意，進入物產豐饒又有險可守的浙江。可惜黃巢在浙江遇到了更強硬的對手，就是後來開創吳越一代霸業的錢鏐。錢婆留（**錢鏐小名**）在石鏡鎮（浙江臨安東）設伏，亂箭擊殺黃巢軍。黃巢弄不清杭州軍的底細，不敢多留，起義軍走了七百多里的山路，直入福建。浙江待不下去，黃巢又像無頭蒼蠅一樣，翻山越嶺七百里，進入了在當時比較偏僻貧瘠的福建。

福建更不是黃巢的命中真龍所在，唐朝的淮南節度使、一代射鵰名將高駢一直追到了黃巢，把黃巢打得鼻青臉腫，大將畢師鐸、李罕之、秦彥等人投降官軍，只有偷鍋的無賴朱三跟著黃巢南下廣州，追逐著各自的夢想。

在福建期間，黃巢做了一件深得人心的事情，就是他下令凡是抓到讀書人，不但不殺反而給肉吃。黃巢突然來這一筆，說到底還是他心中的進士情結所致，如果不是考官昏庸，他現在早就成為節度使了，又怎麼淪落成賊。至於黃巢殺處士周樸，實在是周樸不識抬舉，大罵黃巢是賊，自尋死路而已。

廣州雖然富庶，但也不是黃巢的龍飛之地，畢竟北方人多不習嶺南水土，很快就爆發大規模疫情。當然，黃巢在嶺南只是休整，順便和唐王朝扯了幾回皮條，爭取四個月的時間喘口氣，養精蓄銳。黃巢的目標自然是——三百年雄帝東方的西京長安城。

黃巢的計畫是過長江先取襄陽，次取洛陽，最終總攻長安。但黃巢在襄陽遭到了山南節度使劉巨容的沉重打擊，死傷數萬。黃巢只能帶著幽靈一樣的軍隊，再次過江進入江東宣州一帶尋找戰機。由於唐朝在江南稅賦最重，百姓生活極端困苦，黃巢一到，迎馬拜降者有二十萬，黃巢勢力迅速壯大。在打掉了貪婪的淮南節度使高駢之後，黃巢覺得是時候去長安追逐他的偉大夢想了。

廣明元年（八八〇年）七月，黃巢軍在采石磯橫渡長江北上，在江南腹地把官軍主力打得找不著北，官軍望風披靡非降即逃，十一月，黃巢軍佔領東都洛陽。洛陽是長安門戶，長安城中金紫貴都知道洛陽的丟失意味著什麼。小皇帝李儇非常痛快，連夜帶著七姑八婆老太監們逃出金光門，跑到成都避難去了。

而在李儇西逃不久，李儇之前苦心經營的潼關防線便告失守，左軍馬軍將軍張承範率一票紈褲子弟兵被黃巢的六十萬人馬吃得連骨頭渣子都不剩。

皇帝逃了，前線的弟兄們自然都知道該怎麼做，大不了換個皇帝磕頭就是了。在金吾大將軍張直方的熱情張羅下，唐朝留守長安的大員們擠成了一鍋粥，伏跪在灞上柳橋邊，恭迎沖天大將軍。

黃巢入城的儀式非常震撼，《資治通鑒》對這段歷史的記載極為精彩，「巢乘金裝肩輿，其徒皆披髮，約以紅繒，衣錦繡，執兵以從，甲騎如流，輜重塞塗，千里絡繹不絕。民夾道聚觀，尚讓歷諭之曰：黃王起兵，本為百姓，非如李氏不愛汝曹，汝曹但安居毋恐。」

這一天是唐廣明元年（八八〇年）十二月初五。

而五天之後，即十二月十三日，黃巢在長安含元殿正式稱帝，國號大齊，改元金統。不過因為稱帝太過倉促，黃巢登基時沒有袞冕和金石樂，只能用弋綈（黑色絲織品）畫成了袞冕的模樣，用牛皮大鼓代表金石，嘍囉兵操長劍大刀立列殿上，彷彿不像是長安含元殿，而是水泊梁山的聚義廳。

黃巢心滿志得的坐在大殿上，接受各懷鬼胎的唐文武百官的舞蹈山呼萬歲，黃巢驕傲地笑了。但黃巢所沒有料到的是，這一天恰恰是他這個大齊皇帝滑向深淵的開始。

答案並不難找。一句話：黃巢沒有建立自己的戰略根據地。

劉邦以漢中為根基，李淵父子以河東為根基，朱元璋以江東為根基，黃巢的根基在哪裡？他根本沒有根基。換言之，黃巢一直是打一槍換一個地方，奉行「流寇」主義，今天在山東，明天在河南，後天跑到了湖北，大後天竟然竄到了廣東。如此長線作戰，軍需可以就地解決，但人心不附，各階層不會從根本上支持黃巢，這才是黃巢最大的要害所在。除了沒有根據地，黃巢另一個嚴重失誤是沒有做統一戰線工作。近代革命之所以能成功，正如毛澤東所說：就是把敵人搞得少少的，把我們的人搞得多多的，團結一切可以團結的力量，孤立敵人。

其實黃巢剛進長安時也知道統戰的重要性，給老百姓畫了一張政治大餅，但黃巢對於中上層的官僚士紳採取的是嚴厲鎮壓。「因大掠，縛棰居人索財，號『淘物』，富家皆跣而驅，賊酋閱甲第以處，爭取人妻女亂之，捕得官吏悉斬之，火廬舍不可貲，宗室侯王屠之無類矣。」黃巢部下大將尚讓為了洩憤，殺掉了三千士人，「寧左勿右」，徹底得罪了足以影響政局走向的官僚集團和士大夫集團。

在封建時代的社會大背景下，得罪了官僚和文人下場可想而知。

長安的富豪階層幾乎被殺光，同屬於剝削階級、已投降黃巢的大員們開始拉開了與黃巢的距離，代表人物是河中節度使王重榮。原因很簡單：王重榮等人都是富豪階層，黃巢殺他們的同類，甚至連張直方這樣的降將都株連三族，他們還能活幾天？黃巢甚至還要掏空王重榮的錢袋子，「調財不已，又將徵兵」。面對黃巢的貪得無厭和殘暴無禮，王重榮終於忍無可忍，打響了向黃巢反擊的頭炮。

王重榮「造反」，大齊皇帝自然惱火，立刻派頭號大將朱溫從同州過河，會同自己的弟弟黃鄴夾擊王重榮。碭山朱三自跟著大哥黃巢闖蕩江湖，幾乎是戰無不勝，偏偏這次就栽在了王重榮手上。王重榮的河中軍大破黃巢軍，盡劫其糧船，復引兵進抵渭水北岸。

黃巢沒有建立戰略根據地的惡果開始顯現，糧草開始接濟不上，關中地區也早被黃巢搜刮乾淨，再也刮不出一文錢養軍。幾十萬大軍沒飯吃，後果是不言而喻的。

黃巢因為志在長安，所以放棄了在南方割據稱王的機會，最可惜的是放棄了湖南這塊魚水豐米的寶地。湖南北有長江天塹，東與南各有大山與贛、粵相隔，西憑大山絕於貴州，而且湖南氣候適宜，很少有大疫情發生。而且湖南距離中原只一江之隔，如果黃巢能守住湖南，控甲十萬，俟中原有變立時可飲馬長江揮旗北上，開河洛，定關中，並非難事。

此時的黃巢也許後悔自己當年的輕率，但為時已晚，唐朝各路軍閥開始進圍關中，這裡顯然不能再承載大齊帝國的存在了。唐廣明二年（八八一年）四月，黃巢主動撤出長安，率軍退屯於灞上（陝西西安南郊）。唐軍隨後入城，接受城中百姓的山呼萬歲。僅僅過了半年，救世主黃巢就成了十惡不赦的惡魔。百姓恨黃巢入骨，「以瓦礫擊賊，拾箭以供官軍」。這一點也證明了軍事失敗其本質源自政治失敗，項羽如此、李自成如此、洪秀全也是如此。

其實黃巢還有機會彌補自己當年的輕率決定，他完全可以率軍南下，穿過河南，過江進入湖南一帶割據。但黃巢卻放不下長安的花花世界，在殺了一個回馬槍之後，又佔領了長安，結果黃巢一頭扎進了鳥籠子裡……

受到重賞的刺激，各路諸軍為了能摘下黃巢的項上人頭，幾乎是三軍用命。幾通砍殺之下，黃巢軍實力受損非常嚴重，黃巢能掌握的兵力也不過十五萬人。更何況當時天下人聞之色變、由河東沙陀人組成的四萬黑鴉軍已進逼長安，黑鴉軍大頭領就是江湖上鼎鼎大名的獨眼龍——時任河東節度使的沙陀人李克用。

河東有極為豐富的馬匹資源，而且沙陀人身強力壯，沙陀騎兵在當時幾乎是打遍天下無敵手。黃巢也久聞沙陀人的大名，聽說李克用來了，包括黃巢本人在內的齊軍上下都為之氣短，事實也證明了這一點。唐中和三年（八八三年），黃巢盡出主力十五萬，尚讓、黃揆、黃鄴、林言、王播、趙璋等將星列其後，在沙華山西北的梁田坡，與李克用為首的唐各道藩鎮決一死戰。

以現在雙方的戰鬥力和鬥志而言，結果是不言自明的，「明日，大戰，自午至晡，賊眾大敗，俘斬數萬，伏屍三十里。」

雖然百足之蟲，死而未僵，黃巢在慘敗後僥倖逃到河南，想在河南東山再起，可黃巢在河南卻遇到了更加難纏的對手，比如在不久前背叛黃巢的大將朱溫。此時的朱溫已是唐朝的宣武軍節度使，風光正盛，極為賣力地阻擊舊主黃巢。

黃巢始終不願進入江南稱王，白白在河南浪費了一年時間，結果又被李克用給追上了。五萬沙陀兵繼續向落魄的黃巢展示他們強硬的武力，在黃巢準備強過王滿渡，去汴州找朱溫算總帳時，被李克用從後面追上，「乘其半濟，奮擊，大破之，殺萬餘人，賊遂潰。尚讓帥其眾降時溥（守徐州的**武寧軍節度使**），別將臨晉李讜、曲周霍存、甄城葛從周、冤句張歸霸及從弟歸厚帥其眾降朱全忠。巢逾汴而北。」而這些投降朱溫的巢軍大將，都是日後朱溫稱霸中原的熊羆虎將。

黃巢再次僥倖脫逃，但身邊也只剩下一千殘兵。長安含元殿上建元稱帝的輝煌，早被陰風吹得煙雲不剩！

唐中和四年（八八四年）六月十七日，泰山腳下的狼虎谷襄王村，黃巢被徐州節度使時溥派來的人馬團團圍住。無路可逃的黃巢仰天長歎：「想吾起事以來，轉戰千里，無不勝。今日如此，蓋天意乎！」黃巢讓外甥林言「幫助」自己抹脖子自殺。一代梟雄黃巢，命喪於此。

王夫之對於黃巢之所以失敗評價得非常深刻，「黃巢雖橫行天下，流寇之雄耳。北自濮、曹，南迄嶺海，屠戮數千里，而無尺地一民為其所據；即至入關犯闕，走天子、僭大號，而自關以東，自邠、岐以西北，自劍閣以南，皆非巢有；將西收秦、隴，而縱酒漁色於孤城，誠所謂游釜之魚也。」

而當時的勝利者唐王朝諸色人等都在為黃巢的死而歡呼，可他們哪裡想得到黃巢造反失敗並不意味著唐王朝重新恢復對地方藩鎮的控制。恰恰相反，黃巢起事正好給本就雄心勃勃的藩道軍閥們擴張自己軍力的藉口。等黃巢腐爛的人頭被送進長安含元殿時，小皇帝李儇才驚愕地發現天下已非他所有！

背叛你是有道理的——站在十字路口的朱溫

也許是巧合，在中國歷史上，曾經出現過兩位朱姓的開國皇帝——即明太祖朱元璋和梁太祖朱溫，而且他們之間有很多解不開的因緣巧合：

一，他們都姓朱。

二，他們都是開國皇帝。

三，他們的家鄉距離極近，朱元璋老家在沛縣，朱溫老家在碭山，二縣相距不過百里。

四，他們都出生於大動盪時代的社會最底層，窮得快吃不上飯。朱元璋當和尚去化齋，朱溫跟著老娘到地主家裡當長工。

五，他們的帝國都被姓李的幹掉。梁朝亡於李存勗，明朝亡於李自成。

不過朱元璋有一點是比不上朱溫的，就是朱溫怎麼說也是出身鄉村的清窮小知識份子家庭，朱溫的父親朱誠是一名村塾教師，而朱元璋的父親朱五四則是在黃土地望天刨食的泥腿子。

英雄不問出身，劉邦耍過無賴，劉備賣過草席，王猛賣過簸箕，朱元璋要飯都沒人給他。朱溫的「老底」同樣不太「乾淨」，因為朱溫偷過東西，好笑的是朱溫偷的東西竟然是一口大鐵鍋。

說來也是可憐，朱誠先生雖是教書，但一生清貧又死得早，撇下老婆王氏和三個兒子朱全昱、朱存、朱溫，因朱溫排行第三，所以江湖人稱朱三。王氏沒有活路，只好帶著三個兒子去了鄰近的蕭縣地主劉崇家裡做傭人。

劉崇很同情王氏母子，但對朱溫完全沒有好感。原因無他，朱溫「壯而無賴」、喜歡賭博、不事生產，哪個地主家也都不喜歡這號人物。朱溫經常在村頭聚賭，但兜裡沒有閒錢，就盯上了雇主家廚房那口鐵鍋。朱溫趁人不備扛起鐵鍋準備換了錢再賭，結果被苦主劉崇堵在門口……

劉崇將朱溫一通暴打，結果還是劉崇的老母親可憐這個沒爹的孩子，阻止兒子行凶，並把朱溫攬在懷裡告訴劉崇：「你不要小看這個無賴，老娘我夜觀天相，此子將來必成大器。」劉崇哪信這個，哂笑而去。

其實劉母看得不錯，朱溫手腳再不乾淨，但他有一身好力氣又精於騎射，這是在亂世立身的吃飯本事。只有要能遇到貴人，像朱溫這樣的潑皮無賴照樣可以乘龍上天。而朱溫的貴人，就是鹽販子黃巢。

朱溫聽說了黃巢在曹縣起義的事情，立刻召開了家庭會議，決定由爛忠厚沒用的大哥朱全昱留家照顧老娘，朱存、朱溫兄弟星夜北上，拜倒在黃大哥面前。而在不遠處，王仙芝更早起義，而且聲勢遠大於黃巢，朱溫捨王仙芝而投黃巢，可見朱溫是很識人的。

朱溫是窮光棍出身，每天都親眼目睹地主劉崇家的奢華生活，朱溫都饞得流口水。朱溫知道他要想成為人上人，就只能把腦袋別在褲腰玩命。朱溫在跟著黃大哥作戰時非常勇猛，「以力戰屢捷」，不知道斬下了多少顆敵人的頭顱，朱溫終於被黃巢青眼相加提拔做了隊長，相當於現代軍階中的上校。黃巢麾下有很多高級小弟，李罕之、畢師鐸、秦彥、葛從周、霍存都有真本事，但朱溫在這些人面前依然顯得鶴立雞群。從各種史料彙總來看，黃巢對朱溫是相當偏愛的，不過朱溫也回報了黃巢的器重。李罕之等人投降高駢，朱溫依然跟著黃大哥闖蕩。從曹縣開始，山東、河南、江西、安徽、浙江、福建、廣東、湖南、湖北的大地上都留下了朱溫的汗水與足跡。直到黃大哥「滿城盡帶黃金甲」，乘肩輿入含元殿，朱溫自然也跟著修成正果。朱溫得到的大餅是「諸將軍遊奕使」，相當於明朝的大鎮總兵官，在黃巢的武將群中這已是很高的職位了。更為重要的是，黃巢特別重視長安的區域防守，而朱溫率精銳守在長安城外東渭橋，這是黃巢對朱溫的器重。替老大看守門戶，不是心腹人誰敢放心？

不過因為政治上的嚴重錯誤，黃巢遭到了各路官軍的強硬圍剿，黃巢的大齊皇帝夢只做了幾天，就不得不面對巨大的生存考驗。黃巢死守關中白白給了各路官軍從容包圍的時機，其實明眼人都能看出來，以黃巢的實力要在強大的官軍面前守住長安幾乎是不可能的。而面對黃巢人生中最大的危局，朱溫並沒有想要離開，而是繼續跟在黃巢屁股後邊轉圈。

朱溫並非是一個無情無義的人，只要黃巢對他好，他是沒有什麼理由背叛老大哥的。當然，更重要的原因還是朱溫相信黃巢能轉危為安，如果黃巢能真正平定天下，那麼朱溫必然是一等一的功臣。當時的朱溫應該沒有腳踩兩條船的想法，朱溫還甚至憑三寸不爛之舌，招降了屯兵櫟陽（陝西高陵東）的銀州招討使諸葛爽。

不過朱溫畢竟處在一個亂世爭雄的大風雲時代，江湖上能揚名立萬的人物非常多，不是朱溫一人就能通吃天下的。很快朱溫就發現已經和黃巢翻臉的河中節度使王重榮是個難纏的角色。其實何止是一個王重榮，大太監楊復光以及和朱溫一樣是地痞無賴出身的偷驢賊王建，哪個又是省油的燈？特別是王重榮，簡直就是朱溫的命中剋星，「帝（朱溫）時與之（王重榮）鄰封，屢為重榮所敗。」朱溫被王重榮打得找不到北，情急之下朱溫只能厚著臉皮向大齊皇帝求援。但更重要的是，朱溫似乎已經察覺了一絲不祥——黃巢再這麼折騰下去早晚要完蛋。

朱溫在明面上並沒有背叛黃巢，但在朱溫的心中已經打起了退堂鼓——再這麼跟著黃巢，自己會不會完蛋。其實黃巢還算是對得起朱溫的，在朱溫奉命攻下南陽返回長安時，大齊皇帝可是親自迎接，這是別人很難得到的殊榮。所以朱溫的內心深處一直在痛苦掙扎，如果背叛大哥將來難免要背上罵名；可如果繼續跟著黃巢，自己估計是死路一條。

但有一件事情卻讓朱溫對黃巢產生了嚴重不滿，就是黃巢極為信任的左軍使孟楷向來與朱溫不和，而朱溫向黃巢加急快遞的十份求救表章全部被孟楷丟在垃圾桶裡根本沒給黃巢看。員工可以對老闆忠心不二，但前提是老闆必須創造一個可以讓員工展示自己人生價值的舞臺，可黃巢的這個草臺班子都散了架，員工都快沒了飯轍，朱溫自然有了異樣的想法。

朱溫召開了一場足以改變歷史的幕僚會議，參加會議的有三個人：事主朱溫，和兩大幕僚謝瞳、胡真。

雖然史無明載，但朱溫的出發點毫無疑問肯定是要保住自己的前程，這是一切問題的前提。朱溫讓兩大謀士給他分析保黃與降唐的利害關係，其實朱溫見「巢兵勢日蹙，知其將亡」，基本打定了背叛黃巢的主意，《舊五代史・謝瞳傳》就記載「（謝瞳勸他降唐後）我意素決」。與其說考慮保黃，不如說是讓謀士給自己降唐進行心理安慰，朱溫不想背上叛主的罵名罷了。

謝瞳不是傻子，他已看出朱溫的心思，端人家的飯碗就不能砸人家的鍋灶，這是江湖規矩。謝瞳勸朱溫的話非常精彩，茲錄原文如下：

「黃家以數十萬之師，值唐朝久安，人不習戰，因利乘便，遂下兩京。然始竊偽號，任用已失其所。今將軍勇冠三軍，力戰於外，而孟楷專務壅蔽，奏章不達，下為庸才所制，無獨斷之明，破亡之兆必矣。況土德（唐朝）未厭，外兵四集，漕運波注，日以收復為名，惟將軍察之。」說來說去就一個核心內容：不要陪黃巢送死，另選一條發財的路。

胡真大致也是這個意思，勸朱溫炒了黃巢的魷魚，換個東家。老闆即將破產跳樓，跟著他一起跳樓顯然是傻子才會做的。至於這麼做會有負罪感，但換個角度看，朱溫自跟著黃巢以來凡戰必先，身上沒少留下刀槍傷痕，他已經對得起黃巢給他開的那些薪水，我又沒白吃你的！

唐中和二年（八八二年）九月十七日，朱溫做出了一個對於他本人來說正確的決定——殺黃巢監軍嚴實，正式通告天下背巢降唐。

而接到這塊天大肉餅的，是朱溫的「老鄰居」河中節度使王重榮。朱溫假模假樣的向王重榮謝罪，並表示願意為朝廷剿滅黃巢盡力。此時的朱溫是黃巢手下王牌，他的背叛造成的轟動可想而知。還賴在成都的小皇帝李儇接到謝瞳的親自上書後，激動得鼻涕一把淚一把，「是天賜予也」。情緒激動的李儇封朱溫為左金吾衛大將軍，河中行營副招討使，並賜名「朱全忠」。

李儇無論如何都想不到，就是這個「天賜」的朱全忠，日後奪了他唐家三百年江山社稷，並殺盡李唐宗室。

朝廷給朱溫開出的條件不謂不豐厚，左金吾衛大將軍是虛職，但河中副使卻是實職，僅次於王重榮。而且朝廷的題外之意非常明顯——只要剿滅黃巢有功，支票給你了，你自己填。

這筆交易對唐王朝來說是非常超值的，作為黃巢手下王牌，朱溫的投降對瓦解黃巢軍中將領的抵抗鬥志能起到非常關鍵的作用。而且朱溫對黃巢知根知底，就像洪承疇投降皇太極，對後金進攻明朝大有裨益一樣。而對朱溫來說，他也在情況不明的十字路口中間選擇了一條正確的人生道路，美好的人生畫卷已悄然打開。

更重要的是，朱溫通過這次叛變還「意外」地撿到一個老娘舅，就是他的新上司王重榮。因為王重榮和朱溫的老娘王氏同姓，為了在朝廷內部找棵大樹靠著，朱溫厚著臉皮乞求王重榮能做他的老娘舅。王重榮也知道朱溫的份量，自然笑納這個乾外甥。

而朱溫的突然叛變，卻刺激到了內外交困的黃巢，黃巢指天痛罵朱溫：負鍋賊，終不得善終！此時的黃巢不過是死鴨子嘴硬，你罵完後也該下地獄了。

「反正我沒白拿你的工錢，咱們兩清。」新任宣武軍節度使大人一直在這樣寬慰著自己。

上源驛的大火——一場足以改變歷史的縱火事件

毛澤東曾經評論過朱溫，就是那句著名的評語「朱溫處四戰之地，與曹操略同，而狡猾過之。」

朱溫和曹操有很多共同點，比如他們都是處在大帝國的崩潰時代，都在北方折騰，東有吳、西有蜀，甚至還都大舉南下伐吳，卻都遭到失敗。更離奇的，二人在北方都有一個實力遠強於自己的敵人，曹操有袁紹，而朱溫的一生死敵是盤踞河東的獨眼龍李克用。

朱溫和曹操也有一點不同，就是最終消滅了袁紹統一北方，而朱溫始終啃不下李克用，到了兒子輩，朱溫的「豬狗」兒子被李克用的兒子李存勗掃蕩的精光不剩。

原因出在哪裡？答案有很多，但今天我們只從一個角度來切入，那就是度量。換言之，朱溫的度量遠不如曹操。

曹操與袁紹是敵人，但也是生死之交的朋友，而李克用本來也有可能成為朱溫的兄弟，但因為一場心胸狹窄的大火，硬生生把李克用燒成了世上最恨朱溫的人。

而這一切，都源於朱溫的器量，和近乎賭博式的縱火殺人。只是結果很遺憾，朱溫的殺人計畫沒有得逞，卻搬起石頭砸了自己的腳，徹底斷送了朱溫做曹操第二（至少統一北方）的美好夢想。

嚴格說起來，發生在上源驛的這場大火，甚至可以評價為改變了中國歷史後一千年的進程。道理很簡單：五代除了朱溫的梁，後四代唐、晉、漢、周都是出自李克用的河東軍政集團。如果朱溫能燒死李克用，那麼歷史就不可能出現五代，而取代五代的北宋更不可能出現。如果沒有北宋的出現，金元明清都可能不會出現……

一個叫上源驛的驛站，記載了這場雖不甚知名、卻驚心動魄的可怖夜宴。而那一夜的熊熊火光，則在李克用心中留下了極深的心理陰影。

事情還要從朱溫背叛黃巢歸唐講起。朱溫炒了黃巢的魷魚，但他的反水在唐朝滅巢的重要性來說只能排在第二位，而居滅巢首功的正是來自河東的李克用。這一點從滅巢之後唐朝論功行賞時就看得出輕重，朱溫得到的僅是四戰之地的宣武軍（**治開封**），而李克用得到的卻是天下第一重鎮河東。當時之宣武軍「連年阻饑，公私俱困，帑廩皆虛，外為大敵所攻，內則驕軍難制」，朱溫治汴稍有偏差就有可能人頭落地，遠遠不能和佔天時地利人和的李克用相比。

朱溫是在剿滅黃巢的過程中結識李克用的，因為二人是天下矚目的滅巢雙驕，所以二人一開始關係相當不錯。當然這只是李克用的錯覺，畢竟沙陀胡人沒那麼多心眼，覺得汴帥是個可交之人。但朱溫對李克用則是外寬內忌，表面上稱兄道弟，暗中恨不得李克用立刻就被天打雷劈。

朱溫有統一天下之志，但他也知道欲平天下，兵強馬壯的河東沙陀軍恐怕是他難以跨過的一道門檻。所以在朱溫的心裡就產生了一個大膽的計畫——謀殺李克用，為將來統一天下去一勁敵。

朱溫計畫對李克用動手時，李克用正在河南境內對失魂落魄的黃巢進行最後的追殺，但因為河東軍糧草補給沒有跟上，還是讓黃巢僥倖逃掉了。因為汴州是自己回太原的必經之地，所以大大咧咧的李克用路經汴州時決定在盟兄的地盤上休整一下。

獵物自己送上門來，朱溫笑得合不攏嘴。朱溫親自到城外迎接李克用，二人稱兄道弟，好不親熱。

上源驛的客廳內燈火輝煌，朱溫安排的鼓樂隊正搖頭晃腦地吹奏著凱旋的音樂，一隊美麗舞女的曼妙身影在李克用面前晃動著。李克用坐在上首，朱溫含笑坐在旁邊不停地給李克用敬酒，吹捧著李克用驅逐黃巢的不世神功，李克用已經醉意迷離。

而關於這場謀殺的地點，《舊五代史・唐太祖紀一》說是在汴帥府，而同書的《梁太祖紀一》卻說是在上源驛，《資治通鑒》也持此說。從道理上講，為了殺李克用，放火把自己唯一能賣上價錢的府第給燒了，朱溫似乎還沒那麼傻。而上源驛不過一個驛館，燒也就燒了，所以還是基本認定事發地點就在上源驛。不過上源驛並非在城外，而是在汴州城內。

這兩書還記載了一件事，就是李克用喝醉後對朱溫說話不乾淨惹惱了朱溫，朱溫這才起了殺機。實際上這不過是後世史家對朱溫的「為尊者諱」，以朱溫的野心，即使李克用不用話刺激他，朱溫照樣會幹掉李克用，因為李克用活著就是對朱溫最大的不尊重。

為了不讓李克用逃出生天，朱溫非常注意一些細枝末節，比如他讓部下楊彥洪用戰車和樹柵把李克用有可能逃出的路給堵死，然後再放上一把火，大事可成。

一切都非常順利，李克用明顯喝多了，在朱溫的勸說下，李克用被扶到房間裡休息，河東軍將也喝得爛醉如泥，「從者皆霑醉」，朱溫覺得時機到了，對部下使了一個眼色，部下悄然把一根點燃的蠟燭置於帷幕之下……

朱溫千算萬算，甚至把李克用的貼身衛士陳思洪以下三百人都安頓好了，唯獨沒想到李克用的親兵薛志勤、史敬思，以及李克用的貼身衛士郭景銖等十幾個人根本沒喝酒，所以神智清醒。大火著起來後，李克用還像死豬一樣酣睡，還是郭景銖把李克用拽到桌下用涼水給澆醒了，他告訴李克用：「朱溫今天要咱們的腦袋。」李克用才如夢初醒。但等李克用用最難聽的髒話罵著朱溫八輩祖宗時，在上源驛的周圍，沖天的火光早就堵死了李克用的任何一條生路。更要命的是數不清的汴州兵揮舞著手中的刀槍，吶喊著要砍下獨眼龍的人頭請功。

雖然李克用略清醒，並用箭射殺了幾十名汴州兵，可火勢藉著風力越燒越大，李克用已經沒有任何衝出火場的可能性。朱溫即將除掉心腹大患，幾十萬匹來自河東的健壯馬匹在朱溫心中奔騰而過。

但一場朱溫完全沒有料到的意外卻發生了，「會大雨震電，天地晦冥。」傾盆大雨瞬間就澆滅了讓人震怖的大火，已經閉眼認命的李克用驚喜地狂呼著「天不亡我！」而對李克用更有利的是現場的閃電明如白晝，等於給李克用開闢了一條逃生的道路。李克用藉著閃電強行突圍，手下弟兄三百人以死相搏，終於力保李克用逃出生天，用繩索縋下汴州城揚長而去。而汴將楊彥洪告訴朱溫只要發現有騎馬的就射，因為胡人善騎馬。朱溫聽了楊彥洪的建議，所以三百沙陀騎兵悉數被殺。不過諷刺的是楊彥洪本人也騎了馬，結果朱溫在混亂之中沒有看清，一箭將楊彥洪射死……

李克用逃回駐紮在城外的沙陀兵大營，咬牙切齒地要發兵與朱溫決一死戰。還是劉夫人拉住丈夫勸他不要意氣用事，不如向朝廷申訴朱溫的無恥，一則能贏得朝廷同情，二則能打擊朱溫的勢力。李克用怒氣未消，寫信給朱溫，讓朱溫必須給他一個合理的解釋。

真要兩軍對陣，面對數萬沙陀兵，朱溫即使是在自己的地盤上也未必有多少勝算。所以朱溫極力掩飾內心的恐懼向李克用進行「解釋」。所謂解釋其實就像司馬昭殺了曹髦，卻把黑鍋扣在成濟頭上，朱溫的解釋是動手殺河東大帥的是楊彥洪，與朱某無關。

李克用當然不會相信朱溫的鬼話，但李克用其實也不太敢在朱溫的地盤上撒野。等回到河東後，忍無可忍的李克用連上八表入長安，強烈控訴朱溫的無恥行徑，請朝廷廢黜朱溫官位，出兵討伐巢逆餘孽，克用願以河東兵助陣。雖然唐王朝知道李克用受了委屈，不過此時秦宗權為禍正烈，朝廷方面還不敢拿掉朱溫，只能亂和稀泥，勸李克用以國家大局為重，並進封李克用為隴西郡王，勉強勸住了李克用。

李克用恨透了朱溫，並把朱溫當成自己的頭號血海仇人。朱溫搞砸了鴻門宴，等於斷送了自己統一北方的可能性，甚至在朱溫掃平中原諸勢力的時候，他也無法保證李克用不會在自己背後捅刀子。而隨後的歷史也充分證明了這一點，每次只要朱溫的敵人向李克用求救，李克用都不惜血本發兵救援，目的只有一個：朱溫不死，大仇難報！

但朱溫對李克用的態度只是後悔沒燒死這個獨眼龍，卻完全沒有對自己動手殺人有絲毫欠疚。

「不殺你，等著你將來殺我？」朱溫還在為自己辯護。

朱溫和曹操的事業發展軌跡略相同，但相比較來說，二人在事業發展的過程中所遇到的困難程度，朱溫要稍大於曹操。曹操在初創業時，所遇到的多是黑山賊于毒、眭固這些小蝦，而且曹操又破黃巾百萬烏合，收其精銳，組建青州兵。曹操發跡時東漢軍閥還沒有形成規模，連袁紹這樣的世族都還在四處奔飯食。而朱溫出生時安史之亂造成的唐朝軍閥割據已近百年，遠非那些烏合草賊可比。特別是在黃河流域，形成了魏博、盧龍、義武、平盧等百年軍閥，再加遍布各地的諸道節鎮，各鎮士兵普遍經過嚴格訓練，朱溫發展的空間其實並不大。

因為朱溫是叛將出身，在剿滅黃巢的過程中功勞又不如李克用，所以唐朝只給了朱溫「宣武軍節度使」的差使。說得難聽一些，唐王朝這麼對朱溫和打發叫花子沒有什麼區別。

唐末大動亂年代的開封一帶，呈現在人們面前的，是一副完全看不到希望的末日景象——軍閥連年混亂，農業生產被嚴重破壞，人口驟降。《新唐書・秦宗權傳》記載，「賊渠率票慘，所至屠老孺，焚屋廬，城府窮為荊萊，自關中薄青、齊，南繚荊、郢，北亙衛、滑，皆鸞駭雉伏，至千里無舍煙。」

可以數一數朱溫身邊的虎狼們：

宣武軍西北有安師儒據鄭州、滑州。

正北有朱瑾朱瑄兄弟據鄆州、曹州。

東北有齊克讓據兗州。

正東有時溥據徐州、宿州。

南有鐵槍王敬蕘死守穎州。

西南有趙犨守陳州。

這些還只是與朱溫領地接壤的軍閥，更不說這些二線軍閥的周邊還盤踞著一夥實力更加強勁的軍閥。如平盧軍的王敬武、魏博軍的樂彥禎、成德軍的王鎔、河陽三鎮的諸葛爽、盤踞洛陽的李罕之，再往北就是堪稱天下第一實力派的河東李克用。而在朱溫所在的河南地界，盤踞在淮西蔡州的秦宗權稱第二，沒人敢稱第一。朱溫主政宣武以來，他每天都生活在秦宗權巨大的吃人魔影之下。朱溫隨時可能被巨獸們吃掉，他所面臨的生存壓力遠不是太平時代的安逸後人能想像到的。就像一家自主創業的小公司混雜在七八家同行的國際企業巨頭之間一樣，那份對生存上的巨大恐懼，只有親身經歷才能體會到。

對於當時的河南來說，秦宗權就是一隻另類的吃人巨獸。如果當時有博彩公司開出吞併河南的賠率，秦宗權毫無疑問排第一，朱溫在當時不過是個三流軍閥而已。

秦宗權是蔡州本地人，後來黃巢進入河南，秦宗權割據蔡州自稱刺史，有兵力萬餘人，在這當時是一筆相當可觀的數字。秦宗權就是靠這個初始資金在血雨腥風的江湖上闖蕩，秦宗權曾經和黃巢合作過一起抄掠河南地皮，發了一筆橫財。在朱溫主政宣武之初，秦宗權就已經控制北於洛陽、東抵壽州、南至襄陽、西達陝州的廣闊地區，甚至他還有能力發兵南下，進入淮南。如果放在三國時期，秦宗權在江湖上的地位相當於袁術。

而朱溫面對這樣的強勁對手絲毫不敢大意，他知道只要一旦疏忽，秦宗權隨時可以搞掉自己的腦袋。初期羽翼未豐，朱溫還比較注意與秦宗權搞好關係，但秦宗權勢必要砸朱溫賴以存活的宣武軍飯碗，甚至發兵將汴州城圍個水洩不通，這是朱溫不能接受的。朱溫舉起了砍向秦宗權的第一刀，非常順利，「（朱溫）進與賊（蔡軍）戰，殺獲甚眾。」當然，朱溫能虎口脫險也有賴於他的盟兄、鄆州的朱瑄出兵相救，否則以朱溫的微弱兵力早就被秦宗權的小弟兄包了餃子。這場戰役發生在唐中和四年（八八四年）的六月。

之前的朱溫一直被秦宗權強力壓制，直到朱瑄出手趕跑秦宗權之後朱溫才算緩過了一口氣。但瘦死的駱駝比馬大，秦宗權整體實力並未受到嚴重損失，依然可以威脅到朱溫的生存，甚至即將返回長安城中的唐僖宗李儇都「畏宗權為患」。不過對於朱溫來說，秦宗權不過是一頭垂死的老虎，雖然還可以嚇唬人，但掉了尖牙、落了利爪的老虎，武松是不會害怕的。秦宗權在與朱溫的車輪大戰中只有八角（開封附近）一戰讓朱溫折損了人馬，其他戰役中手握朱溫十倍兵力的秦宗權都被朱溫打得找不到北。

江湖老大哥被新進小弟摁地暴打，面子上實在說不過去，秦宗權為了一舉剷除朱溫這個心腹巨患，幾乎是傾其血本，「欲悉力以攻汴州」。

之前朱溫與秦宗權的戰爭，其實還是機動作戰，這種作戰方式對實力較弱的一方比較有利。可如果對方進行大規模會戰，朱溫偏弱的軍事實力就很難抵擋住秦宗權的瘋狂進攻。

這個問題很容易解決，朱溫採取的還是「借力打力」戰略，即告訴他的鄰居老大哥朱瑄四個大字「唇亡齒寒」，然後朱瑄和弟弟朱瑾乖乖地率鄆州兵前來救朱溫。再加上朱溫讓大將朱珍徵兵萬餘人，還有馬匹數千，足夠應付秦宗權了。朱溫緊緊抓住朱瑄的要害，逼得朱瑄不得不與他合作，用自己的命去綁架別人的命，非有大智慧做不到這一點。朱溫這個辦法其實非常適用於初創時期的中小企業，競爭不過大公司不要緊，幾家中小企業聯合起來整體實力就足以與大公司抗衡。

在唐末中原大戰史上具有決定性的戰役終於打響，時間是在唐光啟三年（八八七年）五月初八，地點在汴梁城北郊的邊孝村。秦宗權無論如何也想不到自己的大蔡皇帝夢美麗如畫，竟然在小小的碭山朱三面前徹底破滅。是役，「（朱溫）大破之（秦宗權），斬首二萬餘級；宗權宵遁，全忠追之，至陽武橋而還。」而這場邊孝村之戰還有一個重大意義，秦宗權慘敗之後已無力經營河南，之前由秦宗權所控制、鄰近關中的河南大部分州郡被悉數放棄，緩解了對長安的戰略威脅。

對朱溫來說秦宗權就是他天生的命中劫數，渡得了這一關，朱溫的前程光明無限。後人一味指責朱溫的私德有問題，卻有意無意忽略了朱溫能在那種混亂的局勢下生存並發展壯大有多麼的不容易。朱溫是靠著自己的努力和智慧在血雨腥風中一路拼殺過來，打下了河南基本盤成為河南最大的勢力，「得洛、孟，無西顧之憂。」而朱溫最危險的敵人秦宗權，在朱溫的凌厲攻勢下逐漸退出了歷史舞臺，最終被部將擒拿獻給朱溫。

在對待秦宗權的問題上，朱溫展示了他特有的政治智慧。按常理來論，秦宗權數次羞辱朱溫，朱溫完全可以報復秦宗權，但朱溫以諸侯禮接見秦宗權並為他可惜。朱溫說你是個傻子，以你的實力如果背靠朝廷這棵大樹，什麼樣的富貴得不到，非要稱帝，結果成了叛臣，天下共討之。隨後朱溫把秦宗權獻於長安，算是給新繼位的皇帝李曄一個見面禮。朱溫這麼做，就是要告訴李曄「我朱全忠是朝廷最大的忠臣」，當然朱溫的潛臺詞是：我比河東那個性情暴躁的獨眼龍更靠譜……

朱溫在政治上的聰明自然換來了豐厚的政治回報，李曄加封朱溫中書令、進爵東平郡王，「以賞平蔡之功也」。這是政治上的回報，軍事上的回報更加豐厚，「全忠既克蔡州，軍勢益盛。」朱溫在亂世中生存的戰略就兩點，政治這一手要硬，軍事這一手更要硬。在亂世中生存，手上沒有鐵傢伙，只能被人下鍋煮了餃子。

搞掉了幾近變態的秦宗權，朱溫只不過是把圍困自己的木籠子稍稍掰大了縫隙，但他的身邊依然有虎狼出沒，生存環境依舊不甚樂觀。但跨過了秦宗權這道坎，朱溫整個人的心氣被全面提升，再面對什麼大風大浪，他已能定得下心力。

在宣武軍諸鄰道中有兩個大鎮不得不提，即北邊的魏博軍與東邊的武寧軍。魏博軍控制魏州（即古鄴城）、澶州、貝州、博州等河北大州，是河北河東進入河南的必經門戶，戰略地位極為重要。朱溫異常重視魏博之於河南的關係，只要能控制魏博軍，朱溫北可攻河東，南可守河南，東可進山東，他將擁有很大的戰略空間。一旦魏博為李克用所有，朱溫就直接可以等死了。

而讓朱溫更加憂心的是，魏博軍內部發生了權力鬥爭，原節度使樂彥禎失勢，派兒子樂從訓來向朱溫求援。根據可靠情報，魏博軍小校羅弘信極有可能成為新一任魏博大帥，但羅弘信又與朱溫不是很熟，很難保證羅弘信不私通李克用。朱溫對此的解決辦法是——不斷向羅弘信施加軍事壓力，打掉魏博軍的南線門戶，直到羅弘信承受不了這種巨大的壓力向朱溫求和為止。

朱溫懂得一個道理：想讓對方把你當成朋友，那你應該首先拆掉他家的大門。汴軍大將朱珍率大軍渡過黃河，佔領了魏軍南線重要門戶黎陽，汴軍可以隨時發動對魏博首府魏州的攻擊，新上臺的羅弘信終於頂不住壓力派人向朱溫求和。以現在雙方的實力如果真大打出手，即使朱溫能獲勝也將是損失巨大的慘勝。一旦朱溫陷入魏軍泥潭就有可能後院起火，對於這一點朱溫是心知肚明的，所以朱溫才以打促和。就憑朱溫在爭取魏博軍內附所表現的大政治智慧，說朱溫是了不起的政治家並非吹捧。

而朱溫接下來的敵人就是駐守徐州的武寧軍節度使時溥。魏博之於朱溫相當於朱溫的脖頸，斷不能被人扼制，而徐州之於朱溫就相當於高飛於天的翅膀。宣武軍地處中原四戰之地，很容易被人擠成壓縮餅乾，而如果開闢了東線戰場，把勢力伸到東海之濱，那麼一直縮在籠中跳舞的朱溫就如同扭開了牢籠的鎖鍊，可以徹底地放飛自己的夢想。

而時溥天生就是個低頭撿便宜的，整體實力遠不如魏博。朱溫的對外戰略是「遠交近攻」，遠而強者，交；近而弱者，殺！

時溥在唐末諸軍閥中遠稱不上一流，卻憑空得到了剿滅黃巢的頭功，因為黃巢就是在時溥人馬的追殺下才自盡的，李克用白白替時溥做了回嫁衣裳。因為嘗到了甜頭，所以在朱溫全力剿殺秦宗權時，時溥又想揩朱溫的油水。其實就汴州與徐州的地理位置來看，朱溫和時溥的利益訴求是重疊的，有溫無溥、有溥無溫。而且朝廷比較偏重於朱溫，讓朱溫領了淮南節度使的虛缺，這讓時溥大吐酸水。時溥坐在燕子樓頭罵道：「老子在軍界攬馬勺的時候，你還在劉崇家裡偷鍋作賊！」

朱溫在政治上是隻老狐狸，他要滅時溥必須在政治上有站得住腳的理由，否則很容易遭人話柄。正好秦宗權的餘孽孫儒等人在淮南燒殺搶掠，朝廷讓遙領淮南節度使的朱溫發兵剿滅孫儒，朱溫知道他的機會來了，自然伏拜接受上命。而朱溫算準了時溥的心思，一旦汴軍拿下淮南，時溥必然腹背受敵，所以時溥百般阻撓汴軍。朱溫終於「怒，出師攻徐」。與其說朱溫怒，不如說朱溫喜。

雖然時溥的徐州兵人數不少，一出手便能拿出步騎七萬人，出屯豐縣南，但徐州兵當時經歷的生死戰役較少，而汴州兵幾乎都是血裡火裡拼出來的，戰鬥力不可同日而語。朱溫陣營中一線大將朱珍一出馬，時溥的人馬被打得潰不成軍，在與時溥的生死博弈中，朱溫很輕易的拿下徐州南線門戶宿州，對徐州構成了嚴重的戰略威脅。

但讓朱溫沒有想到的是，時溥竟是一塊難啃的硬骨頭。朱溫和時溥發生爭鬥是在光啟元年（八八五年），而直到大順元年（八九〇年），五六年的時間朱溫也只不過把時溥打成了縮頭烏龜，卻始終難以啃下。在這五六時間裡，朱溫也不是沒有和其他諸侯發生戰爭，但朱溫的重點始終放在徐州。朱溫清楚徐州的戰略地位對自己有多麼重要，不惜一切代價也要拿下徐州。

為了這場勝利，朱溫幾乎是傾巢而出，「汴軍四集，徐、泗三郡，民無耕稼，頻歲水災，人喪十六七。」時溥的主力悉數被殲。當然朱溫在客場作戰，一切損失都是時溥的，朱溫幾乎是坐收戰爭紅利。雖然朱溫為了得到徐州不惜破壞徐州地區生產力的做法值得商榷，但曹操為了報私怨在徐州進行大屠殺，現在成了正面人物，朱溫自然也應該獲得同等待遇。

至於時溥，他連亂世梟雄都稱不上，只不過因一時風雲際會割佔一城而已。他的人生結局比較慘烈——在一個風雪交加的夜晚，汴州大將牛存節、王重師率汴州兵從登雲梯上強行攻進徐州城，絕望的時溥率家人登上關盼盼絕死的燕子樓，聚材澆油，一把沖天大火宣告了他的遊戲結束，也宣告了朱溫的勝利，時間是景福二年（八九三年）四月。

「（徐州）地入於汴」，這是屬於朱溫光明正大的勞動成果。如果歷代皇帝能在地下大聚會，朱溫會拍著胸脯對某些兵變篡位的帝王說：我的天下是打下來的，你的呢？

其實在朱溫長達三十餘年的征戰史上，「遠交」魏博和「近攻」徐州都算不上最出彩的，而之所以重點講「遠交」魏博和「近攻」徐州，是因為這兩個地方對朱溫衝破軍閥包圍圈有著非常重要的戰略意義。拿下魏博與徐州，朱溫這頭凶猛的老虎才算真正安插上了夢想的翅膀，他可以自由自在地翱翔於夢想的藍天之上，追逐自己的人生最高點。

朱溫的戰略生存空間擴展數倍，雖然還要面對很多軍閥，但朱溫已破了自己心中那口氣，接下來要做的不過是割麥子而已。朱溫曾經的盟兄朱瑄兄弟也成了朱溫可口的盤中餐，被朱溫用了將近四年的時間吞下，朱瑄敗死，朱瑾逃奔淮南楊行密。

實際上，與朱溫在鄆州作戰的不僅是朱瑄兄弟，還有在朱溫魔掌下僥倖逃脫的受傷獵物——河東李克用。朱溫進攻鄆州時，李克用分幾次派來數萬步騎兵，為首的還是河東一線名將李存信。而沙陀兵的作戰能力舉世盡知，至少黃巢是領教過的。

打不過怎麼辦？朱溫再次展示了他作為政治軍事家的優秀品質，他祭出一招「借力打力」。我是打不過你，但我知道你是借魏博軍的地盤過境的，那問題就好解決了。羅弘信每天都擔心李克用吞併魏博，對河東嚴防死守，朱溫就利用了羅弘信的這一心理特點，「乃間魏人」。不知道朱溫都在信中具體給羅弘信說了，但大致意思完全可以推測出來：如果我的大梁兵被釘死在鄆州，一旦李克用背後捅你一刀，老弟我可幫不了你。

羅弘信被朱溫說動，出兵三萬抄了李存信的後路，李存信嚇得退守洺州，再也不敢去管朱瑄的死活。雖然朱瑄那邊還有李克用的小股王牌部隊，如李承嗣、史儼帶的騎兵，但在整體上已經無法對朱溫構成威脅，所以朱溫很快就拿下了作垂死掙扎的朱瑄，以及朱瑄貌美如花的榮夫人。

殺秦宗權得河南，殺時溥得徐州，殺朱瑄得鄆曹，控制魏博，死死壓制住河東李克用，朱溫成功地衝破了歷史束縛他的那只牢籠，一飛沖天，睥睨天下，四海無敵，直到遇上軍事史上不世出的奇才李存勗……

得罪了文人，罵你一輩子——還原歷史上真實的朱溫

「朱三，爾碭山一百姓，遭逢（唐）天子用汝為四鎮節度使，於汝何負？而滅他唐家三百年社稷，吾將見汝赤其族矣！」這是一個人當面對朱溫的厲聲斥罵。

朱溫經過三十年血海拼殺，終於為自己搏來了屬於他的那一份榮華富貴，甚至「挾天子令諸侯」，將唐朝的空頭皇帝李曄控制在自己刀兵之下，殺皇帝、殺皇子、殺皇后、殺大臣，一切朱溫認為該死的人他都敢殺。李克用又如何，幾次險些成為朱溫的刀下肉，自保尚且不暇。

天下，朱溫說一不二，南方諸侯如浙江錢鏐、福建王審知、湖南馬殷、嶺南劉巖（劉龑）都對朱溫俯首稱臣，還沒有誰敢如此放肆地辱罵大梁皇帝。

而罵朱溫的這個人，正是朱溫的同胞大哥朱全昱。

朱全昱是在朱溫廢唐建梁之後為慶祝大梁帝國建立的賭博大會上罵老三的，並掀翻了「大梁皇帝」的賭桌，一桌子金銀財寶滾落地上，朱溫面如死色。

之所以給朱溫的帝國加上引號，是因為事實正如朱全昱所擔心的那樣，梁開平元年（九〇七年）三月二十七日，朱溫法服袞冕坐在金鑾殿上接受群臣舞蹈山呼時，他是萬萬沒有想到他的帝國僅過了十六年就被李存勗的後唐帝國消滅，「舉族被赤」。從梁朝之後，後唐及其一脈相承的後晉、後漢、後周都不承認朱梁帝國的合法性，皆稱偽梁，「天下之惡梁久矣！自後唐以來，皆以為

偽也。」一直到宋朝，梁朝尷尬的政治身分才被正式轉正。

但宋朝官方承認朱梁王朝是有其特殊政治原因的，而自後唐以降，歷代在朝或在野的知識份子一提及朱溫，幾乎全無正面評價。最有代表性的，就是歐陽修在《新五代史・梁家人傳》開頭所論：「梁之惡極矣！自其起盜賊，至於亡唐，其遺毒流於天下。天下豪傑，四面並起，孰不欲戡刃於胸。」明朝狂人李贄稱朱溫「篡弒巨盜」，王夫之更是把朱溫罵得一毛錢都不值，把朱溫與亂世巨惡侯景、安祿山相提並論。

朱溫為什麼在歷史上留下如此罵名？要說朱溫這輩子確實幹過不少醜事，可問題是這些歷史人物幹過與朱溫相同的事情，後人卻歌頌不斷。

朱溫扒過灰，睡過兒媳婦，可唐明皇李隆基同樣睡過兒媳婦楊玉環。

朱溫殺人無數，但曹操殺的人同樣不少，動輒滅人三族。

朱溫篡唐稱帝，趙匡胤欺負舊主孤兒寡母的行為還不如朱溫光明磊落。

朱溫殺唐朝皇子，趙匡胤同樣要殺舊主柴榮的三個遺孤，只不過被人勸住。

朱溫好淫人妻，曹操、趙匡胤都幹過這樣的事，趙匡胤甚至還毒殺孟昶。

答案只有一個，那就是朱溫得罪了文人。

在中國歷史上，可以得罪皇帝，也可以得罪大臣，可以得罪任何人，但唯獨不能得罪文人，因為文人寫史，筆桿子一直掌握在文人手中。損害了他們的個人或小團體利益，看他們能不罵死你！至於天下安危、百姓生活，他們是管不著。為什麼明朝被黑成這樣？原因有很多，一個最重要的原因就是明朝苛薄大臣，薪水低不說，還經常扒褲子打屁股。

朱溫是底層草根出身，他身上確實有一股難以克服的匪氣，他對文人始終存在一些偏見。某一年的夏天，朱溫帶著自己的幕僚和一些書生坐在一株大柳樹下面乘涼。朱溫應該是對那些讀死書的知識份子早有不滿，故意設了一個圈套讓他們往裡鑽。朱溫指著柳樹說：「柳樹的樹幹可以做車輪。」朱溫知道這些馬屁文人會怎麼樣，果然這些文人為了拍朱溫的馬屁，眾口同聲：「大人說的對，柳樹適合做車輪子。」朱溫冷笑道：「實話告訴你們，車輪只能用榆樹來做，柳樹脆弱，豈能為輪！——你們這些人除了會拍馬屁，百無一用。」立刻喝令左右武士拿下這些馬屁拍在馬蹄子上的文人，撲殺之。

這些被殺的文人都是社會中下層人士，中上層文人同樣沒有逃過朱溫的毒手。唐天祐二年（九〇五年）三月，在朱溫幕僚雙翼之一李振的勸說下，朱溫在白馬驛（河南滑州黃河邊）殺害了「（宰相裴）樞等及朝士貶官者三十餘人」，並把他們的屍體扔進滾滾黃河。李振是個落第舉子，對那些中榜的進士恨之入骨，所以勸朱溫「此輩常自謂清流，宜投之黃河，使為濁流」。其實這件事本來是與朱溫無關的，但朱溫一個「笑而從之」，卻深深刺痛了歷代自詡清流的知識份子，他們自然恨透了朱溫，朱溫的名聲又怎麼能好得了？

但有些文人對朱溫的批判，細究起來其實是沒有多少說服力的，只不過他們站在自己的利益上看問題罷了。比如說朱溫最大的「惡行」——廢掉唐朝、殺皇帝，而讓位的小皇帝李柷被殺時只有十七歲。

末帝李柷是無辜，但唐高祖李淵廢隋建唐後不也殺死了十五歲的廢帝楊侑，楊侑又有何罪？李淵建立了唐朝，殺人可以無罪，朱溫殺人就有罪，朱溫當然不服！至於說朱溫「流毒被於天下」，朱溫可從來沒搞過針對百姓的大屠殺，從來沒有。而被歐陽修無限美化的本朝趙太祖，一則縱容王全斌屠殺成都，死數萬；二則縱容曹翰屠殺江州，死數萬。歐陽修等人敢義正辭嚴的大罵朱溫，唯一的原因只是他們沒有生活在朱溫後代統治的朝代裡。如果歐陽修等人活在朱梁王朝，借他們一萬個膽他們也不敢！歐陽修承認朱梁，也不過是趙匡胤承認在先而已。

朱溫是好殺大臣，動輒滅人三族，比如殺已投降的天平節度使王師範家小二百人，但趙匡胤同樣做過這樣的事。僅南宋人李燾編的《資治通鑒長編》所載，趙匡胤僅滅人族就多達十幾起，加起來被殺人口至少數千。

至於說朱溫的政權是偽政權更屬荒唐可笑之舉，偽不偽要看你是否活得長，朱梁王朝要是像唐朝那樣存在三百年也就不存在這個問題。如果以廢舊朝殺少主就定性為偽政權的話，那唐朝不也成了偽政權？如果以殺人來否定朱溫，曹操殺的人可比朱溫多多了，更不要說清朝入關後進行的大屠殺，現在不都成了正面典型？文人們可不管你殺人多少，他們只關心你給他們多少利益，好官得做，駿馬得騎，至於百姓受苦受難，他們才懶得管。

就是這麼一個文人筆下萬惡不赦的惡棍流氓，他所建立的「偽梁」，卻是五代中除了後周外對百姓最善良仁慈的政權，甚至要遠好於文人歐陽修所生活的快樂宋朝。

南宋人洪邁向來對朱溫也沒什麼好感，但他卻在其《容齋隨筆》中記載了一條不太引後人注目的史料，即「朱梁輕賦」。而對於朱梁政權善愛百姓的記載，道德家歐陽修和司馬光視而不見，直接砍掉……

原文大略是：「梁祖之開國也，內辟汙萊，厲以耕桑，薄其租賦，士雖苦戰，民則樂輸，二紀之間，俄成霸業。及末帝與莊宗對壘於河上，河南之民，雖困於輦運，亦未至流亡。其義無他，蓋賦斂輕而丘園可戀故也。」

從人性道義上講，一個政權是否合法要看他們如何對待百姓，愛之則合法，否則則非法。朱溫雖有兵匪氣，但他的本質是不壞的，朱溫出身底層，從小受人白眼，他深知謀飯食者的不易。所以朱溫當政之後並沒有苛剝百姓以滿足自己私欲，而是注重百姓的生活，吸引百姓來附，在唐末喪亂之餘盡快恢復農業生產。朱溫在文人筆下成了惡棍，可在朱梁士兵和百姓眼中，這個善賭博的皇帝卻是個心地慈善的好老頭。所以雖然朱溫四處征戰，但民無怨言，心甘情願地給梁朝軍隊輸運物資。而朱溫的兒子朱友貞當政時，陷入了與河東晉王李存勗的十年苦戰，對百姓的徵收力度加大，但朱梁百姓依然沒有出現大規模逃亡的現象。老百姓這麼做，一方面是感恩於朱溫的善政，另一方面，朱友貞至少繼承了朱溫的輕賦政策，讓老百姓生活有盼頭。

而梁晉爭霸戰的勝利者李存勗在滅梁之後，縱容經濟天才孔謙對朱梁百姓進行挖地三尺式的盤剝，什麼豬羊柴炭、山谷商路都幾乎搜刮乾淨。朱梁百姓對李存勗極為失望，「天下皆怨苦之」。所以說朱友貞死在軍事無能上，而李存勗則死在政治無能上。

其實還有一件事也能體現朱溫對百姓的大愛。就是五代經濟史上著名的牛租問題。據《舊五代史・周太祖（郭威）本紀》記載，當年朱溫曾經發兵攻擊淮南楊行密，雖然沒有得手，但卻搶到了幾十萬頭耕牛，這在生產力低下的古代可是一筆天價財富。朱溫並沒有把這麼多牛據為己有，而是把牛都分給了貧苦百姓。有了壯牛，百姓種地的積極性空前提高，生活水準自然提高，而大惡棍只不過向百姓收了一點租子而已，「梁太祖盡給與諸州民」。而「偽梁」滅亡後，繼之而起的唐、晉、漢三朝繼續向老百姓收取這幾十萬頭牛所產生的租子，而這些牛早就死光了，「自是六十載，時移代改，牛租猶在，百姓苦之。」一心存良善的郭威深知此弊，立刻廢除牛租。

而宋朝在對待百姓上面，和李存勗有得一拼，南宋朱熹對本朝苛政向來不諱言，他說過「古者刻剝之法，本朝皆備。」而南宋初年廣州州學教授林勳也說過「本朝二稅之數，視唐增至七倍。」

後世文人對厚待文人薄待百姓的宋朝歌頌不絕，而對薄待文人厚待百姓的朱溫口誅筆伐，這只能說明有些文人看問題從來只從個人利益得失角度看。

朱溫對文人是苛薄一些，但朱溫殺的都是他認為對他的事業非但無益而且有害的文人。而確實有真才實學的文人，朱溫向來是非常敬重的。

不算文痞李振，朱溫風雲帳下其實才子如雲，比如朱溫兩大幕僚長謝瞳與敬翔，文才名震天下的貼身文膽李琪，以及「頗知書」的司馬鄴。

李琪是晚唐著名才子，十三歲便能作詩詞賦，大官僚王鐸稱讚他「此兒大器，將擅文價。」李琪和兄長李珽都是一時文壇才駿，皆為朱溫所重用。朱溫南征北伐需要大量戰鬥檄文，而這些文章多是李琪手筆，深得朱溫稱讚。

敬翔更不必說，大梁朝頭號幕僚長，朱溫的首席謀士。早在李琪入幕之前，大老粗朱溫身邊缺一個謀士兼秘書長，而他發現敬翔文章喜用淺白語，非常適合自己，便讓敬翔「專掌檄奏」，是朱溫身邊一日不可或缺的人物，而敬翔和那些因拍錯馬屁而死的文人一樣，都是中下層的落第舉子出身。

史料上沒有敬翔拍馬屁的記載，反而記載了敬翔紮實的業務能力。敬翔不但長於詞章，更擅長時政地理，「山川郡邑虛實，軍糧多少」敬翔無所不知，朱溫敬重敬翔不是沒有原因的。那些在柳樹下與白馬驛被殺的士人，他們如果都能像敬翔那樣天文地理無所不曉，朱溫又怎麼會捨得殺他們？當然那些文人對朱溫沒有用就遭到殺害是不對的，這也是朱溫殘暴的一面，無須諱言。

有些文人對朱溫人品上的指斥，其實也是沒有道理的，只不過站在自己的利益立場上看問題罷了。南宋道德家胡三省先生就大罵朱溫是個「反覆小人」，原因是朱溫當年對抗秦宗權時，鄆州朱瑄曾發兵救過朱溫，而朱溫隨後就倒打一耙滅了朱瑄。「兵勢既強，則反眼為仇敵，必誅屠以快其志而後已，如斯人可與共功名哉。」可胡三省卻絕口不提朱溫為什麼要進攻朱瑄？那就是朱瑄有負朱溫在前，朱溫忍無可忍反擊在後。

朱瑄是救過朱溫，但朱溫也沒虧待朱瑄，用金銀財寶塞滿朱瑄的口袋。可朱瑄自從來到汴州發現汴州兵能征善戰後就動了歪心眼。朱瑄回到鄆州後派人把無數金銀放在鄆州與汴州的交界處吸引汴軍士兵跳槽。那些見錢眼開的兵大爺都流著口水私奔到了鄆州，「私遁者甚眾」。

在亂世中混江湖，手上沒槍桿子必死無疑，但朱溫念在朱瑄曾經幫助過自己的份上一再隱忍，只是寫信指責朱瑄這麼做有失江湖道義，希望朱瑄能收手，汴鄆合好如初。朱瑄不但不收斂，反而回信大罵朱溫，「瑄來詞不遜」，朱溫忍無可忍，最終全力剿滅朱瑄。當然如果沒有這件事，朱溫一樣要吃掉朱瑄，但就事論事是朱瑄首先對不起朱溫，朱溫在這件事情上是無可指責的。朱溫唯一應該受到指責的，是朱溫殺掉朱瑄之後，強行佔有了朱瑄的妻子。

朱溫的愛情

因為對朱溫本來就有嚴重偏見，所以有些道德家對他的一切都給予徹底否定，甚至包括朱溫的愛情。有人對殺人如麻的暴君朱溫一生深愛著張夫人感到不可理解，認為朱溫這樣的暴君是沒有資格享有純美愛情的。

說到朱溫的愛情可以舉一個著名的例子，就是漢光武帝劉秀與陰麗華的傳奇愛情故事。劉秀當年窮困落魄時路經新野，偶遇了美麗超俗的陰麗華，劉秀歎道：「仕宦當作執金吾，娶妻當得陰麗華。」後來果然夢想成真娶到了陰麗華。

而朱溫與張夫人的愛情就傳奇性來說，比之劉秀與陰麗華有過之而無不及。當朱溫還在蕭縣城外打獵撒野時，就偶遇了路過此地的張小姐，張小姐是宋州刺史張蕤的寶貝女兒，朱溫不過是個窮鬼，自知得不到張小姐，只能流著口水看著心上人遠去，然後說了一句「做官當作執金吾，娶妻當娶陰麗華」。

但讓人感動的是，朱溫只與張小姐偶遇一面，心裡便再容不下其他女人了。後來朱溫跟黃巢殺進關中，駐守同州，此時的朱溫已年過三十，已屬大齡未婚青年，但無論誰來說媒，朱溫堅決不同意。因為朱溫還在堅守著對張小姐純真的愛，雖然他不知道張小姐現在是死是活。而機緣巧合的是在一次接收難民的過程中，朱溫極其意外地在難民堆中發現一個蓬頭垢面的女人，朱溫相信自己的眼睛，這個女人就是他朝思暮想的張小姐。為了表達對張小姐出身官宦人家的尊重，朱溫先派人說媒，然後以極隆重的禮節迎取了張小姐。而在正式成親之前朱溫沒有碰過張夫人，甚至每次見面都以禮相待。而承認朱溫的趙匡胤看中了蜀後主孟昶的花蕊夫人，蜀亡，花蕊被解送到汴梁，七日後，孟昶「卒」。如果朱溫心中沒有那份純真的愛，他完全可以霸王硬上弓，就是強行霸佔了張小姐，落了難的張小姐又能上哪說理去？

有人說過：作一回秀不難，如果一輩子都在作秀，那還是作秀麼？事實也證明朱溫對張夫人的尊重並非是作秀，而是發自深心的愛意，而終張夫人之世，朱溫對張夫人言聽計從，除了滅唐建梁之外。即使是朱溫在外帶兵，只要有人替張夫人傳話，朱溫再忙都要急馬回府，站在廊下聽候夫人教誨，規規矩矩，半點也不敢逾禮。作秀作到朱溫這種「逆來順受」的程度，也可謂千古奇觀。

歷史上還有一個開國帝王，對老婆逆來順受，就是著名怕老婆的楊堅。但楊堅對獨孤伽羅是真心害怕，楊堅怕老婆其實是被逼的，而朱溫「怕」老婆，則是他心甘情願。

朱溫之所以對張夫人敬禮有加有兩個原因，從朱溫角度看，朱溫心存良善；而從張夫人角度看，張夫人為人賢慧、深明大禮、舉止有節，所以才深得朱溫敬重。如果是個私生活放蕩的女人，朱溫又怎麼瞧得上？所以五代學者孫光憲在《北夢瑣言》就說「張賢明有禮，溫雖虎狼其心，亦所景伏」。而張夫人在朱溫的人生中起到了絕不是點綴花瓶的作用，在政治生活中張夫人也發揮著自己的作用。

朱溫滅掉朱瑄後得到了朱瑄的老婆榮氏，好色的朱溫趁張夫人不在軍中強行霸佔了榮氏。等到朱溫凱旋回汴州時，把榮氏裝在小車裡帶回，朱溫卻沒有敢向張夫人隱瞞這件事，老老實實的先寫信請示：「這個女人可憐無依，所以我先把她帶回來，再作商議。」但朱溫的意思再清楚不過，他希望夫人能高抬貴手讓自己收了榮氏。

張夫人在封丘迎到了這輛在風中搖搖晃晃的小車，榮氏知道張夫人的地位，滿面羞愧的跪在張夫人面前，而朱溫則站在旁邊尷尬地搓手，眼中卻流露著強烈的希冀。但張夫人卻沒有滿足丈夫，而是藉與榮氏的對話，委婉地敲打好色的丈夫。

張夫人哭著說出下面這段話：「兗鄆（**朱瑄**）與司空（**朱溫**）同姓同宗，都是自家兄弟，結果因一些小事發生衝突，結果到了今日不可收拾的局面，讓嫂子（**朱溫稱朱瑄為兄**）受了委屈。可我在想，如果是司空敗了，兗鄆勝了，那麼我就會成為兗鄆的戰勝品，被兗鄆玩弄之後，跪在嫂子的面前。」張夫人這話說得非常重，朱溫給死去的朱瑄扣了綠帽子，但如果朱瑄勝了，朱溫同樣要戴綠帽子。聽了老婆這番敲打，朱溫「為之感動」，把榮氏送往尼姑庵安置，張夫人還給了榮氏一筆安置費。其實與其說被張夫人「感動」，實際上是又羞又愧。男人不怕天不怕地，就怕被扣綠帽子，這事涉及男人最底線的尊嚴。

隋文帝楊堅想納陳宣帝的女兒宣華夫人，獨孤伽羅看到丈夫實在可憐便同意了。而朱溫如果對張夫人死纏爛打，張夫人未必不會網開一面同意丈夫納榮氏。但朱溫在個人感情上是從來不敢，或者說是不忍拂逆張夫人的心思，而這一切皆緣於張夫人的賢慧善良觸動了朱溫心底最柔軟的那一部分。後史多罵朱溫之惡，但這個世界上並沒有絕對的壞人，何況朱溫對身處戰亂的老百姓做了那麼多好事情，不能因為朱溫薄待文人，就將其徹底否定。

不可否認朱溫極其好色，在他權力覆蓋的範圍下，他看上的女人幾乎無人倖免，甚至大臣的妻女都被朱溫強行淫亂。但這一切都是在張夫人去世之後，只要張夫人活一天，朱溫在張夫人面前就像貓一樣乖順。說起來也許是巧合，兩個「殺人如麻」的開國朱皇帝，都有一個賢慧的妻子，朱元璋有大腳馬皇后，朱溫有張夫人。朱元璋每逢暴怒，馬皇后都會出來勸慰，朱元璋怒氣頓消，其實張夫人也是如此。正因為有張夫人在，朱溫容易暴怒的性格才會被有效壓制，張夫人在自己力所能及的範圍內，救軍人數百。而等到張夫人死後，軍中響起一片哭聲。

其實懷念張夫人的何止是那些被救將士，朱溫同樣對前妻感念不已。後期朱溫雖然荒淫，但有一點卻很讓人感動，就是朱溫直到被逆子朱友珪殺死，他都沒有立皇后。張夫人卒於唐天祐元年（九〇四年），也就是說梁太祖時期，梁朝根本就沒有皇后。值得注意的是，雖然朱溫沒有追封夫人為皇后，但卻追封為「賢妃」，一個「賢」字寫盡了朱溫對前妻的無限感念。在朱溫的心裡，他的大梁皇后只有張夫人，即使她已經離開人世了，朱溫內心最純淨的那份美好依然留給了她。

扒灰扒到死——荒謬的朱溫之死

「扒灰」，是民間對公公和兒媳婦私通劈腿的詼諧叫法，說得更通俗一點就是爸爸給兒子扣綠帽子。

古往今來，最有名的扒灰者自然是愛情種子唐明皇李隆基，他與兒媳婦楊玉環的愛情淒美絕倫，苦主李瑁卻很少有人同情。據說南宋大思想家朱熹老先生也有「扒灰」的愛好，搞大了守寡兒媳婦的肚子。但李隆基是開創一代盛世的偉大君主，朱熹是把儒家思想推向學術頂峰的開山大宗師，備受後人景仰，而反面人物中「扒灰」最有名的自然還是「偽梁」的朱溫。

要說到朱溫「扒灰」，其實應該從千古一賢張夫人去世說起。唐天祐元年（九〇四年），張夫人溘然長逝，留下了一個花心老光棍。朱溫因為受賢慧夫人的壓制，在女色上只能痛苦隱忍，老婆一死再也沒有人敢管這個老光棍了。據史載朱溫在後宮有「嬪妾數百」，朱溫勤於軍政之餘，在後宮穿蜂引蝶，好不快活。但朱溫是個心比天高的人物，雖然他的女人都是絕色，只是玩久了也膩。即使是頭號大臣張全義的老婆女兒也被逼著上了朱溫的床，沒過多久也膩了。尋常的女人已經吸引不了朱溫那雙色瞇瞇的眼睛，朱溫開始尋找獵物，很快朱溫就發現了一群曼妙的身影，那就是朱溫的眾兒媳們。

因為朱溫的帝國比較狹小，北有河東李存勗，東有淮南楊渥、西有兩川王建，樹敵太多，所以朱溫經常讓自己的兒子們（**包括養子**）外出帶兵。軍中不能帶女人，所以眾王妃們都留在了洛陽城。

朱溫把主意打到了年芳花信的兒媳婦們身上，流著口水召眾兒媳進宮「伺候」老公公。從《新五代史・朱友珪傳》「諸子在鎮，皆邀其婦入侍」來看，張夫人所生子朱友貞的媳婦張氏也沒逃過朱溫的毒手。

沒有資料記載眾兒媳們對公公讓他們陪睡是什麼態度，但至少沒有記載她們反抗過，應該都是心甘情願的。她們心裡比誰都清楚，老頭子馬上就要嚥氣了，只要把老頭子伺候好，帝位就有可能傳給自己的丈夫……

而應該也是從這個角度考慮，被老爸扣上綠帽子的朱家皇子們也願意讓老婆做這筆皮肉買賣。為了爭奪大梁帝國的帝位，朱家兄弟幾個早就在彼此勾心鬥角，幾乎是所有招數都使上了，戴綠帽子？沒人關心這個！

但大浪淘沙，不可能所有的兒媳婦都能得到老公公的喜歡，有些王妃陸陸續續被淘汰掉了，只剩下兩個女人走到了最後的決鬥場——博王朱友文的妻子王氏，郢王朱友珪的妻子張氏。

這兩位皇子在朱溫的眾多兒子中顯得非常另類。朱友文實際上只是朱溫的養子，本名康勤，而朱友珪只不過是朱溫當年主政宣武時，因一時無聊和一個身分低賤的小旅館娼妓野合所生。因為生母的身分低賤，所有朱家子弟都瞧不起朱友珪，卻和本非朱家血脈的朱友文打得火熱。

朱友文之所以異軍突起，是因為朱友文的素質遠強於朱友珪，朱友文「幼美風姿，好學，善談論，頗能為詩，多材藝」，雖是養子，但在諸兄弟中最得朱溫偏愛。不清楚是因為王氏伺候老公公得力，朱溫對朱友文另眼相看，還是朱友文先討朱溫喜歡，王氏才在床榻上受寵。但不管怎麼說，朱溫「心嘗獨屬友文」，已經有了把江山傳給朱友文的打算。只不過畢竟朱友文非朱家血脈，朱溫尚還猶豫而已。

龍床上的決鬥勝利者已經呼之欲出，就是「有色」的王氏，朱溫「尤寵之」，而朱友珪老婆張氏不再享受老頭子的寵愛。張氏跟老頭子上了那麼多次床，結果還是沒換來老頭子把江山傳給朱友珪的承諾，張氏的挫折感可想而知。其實朱溫和張氏上床，只不過是玩弄兒媳婦的肉體，他從來也沒打算把江山傳給他極不喜歡的兒子朱友珪，甚至還經常毆打朱友珪，朱友珪「益不自安」。

張氏是個喜歡煽風點火的女人，看到自己實際上已經落敗出局，她根本嚥不下這口氣，必欲報復王氏和朱友文。當她在朱溫的床榻旁邊聽到朱溫與王氏的密語：「我快不行了，你速讓友文來洛陽，我要把江山傳給他。」可以想像到張氏臉上的驚恐與憤怒的表情。張氏連夜回府，哭著告訴丈夫說老頭子鐵了心要把皇位傳給朱友文，咱們和朱友文、王氏向來不和，等朱友文一上臺，「吾屬死無日矣！」

朱友珪大罵色鬼老爹無情無義，為了女色要把朱家百戰打下來的江山傳給外人，但老頭子的脾氣他是知道的，只要他決定的事情不可能改變。朱友珪為人雖然凶暴但本性其實並不算壞，老爹對他這樣，他也沒想過要把老爹怎麼樣。但朱友珪身邊未知名的心腹人一句話卻點醒了這對還沉醉在絕望中的夫妻，「事急矣，何不早自為圖！」意思再清楚不過——你現在不殺朱溫，你必為朱友文所殺！

朱友珪本來就對朱溫一肚子的怨氣，兒媳婦都被你睡了，你竟然縱容乾兒子要親兒子的命？朱友珪為了活命，現在也只有一條路了。反正不殺朱溫肯定死，而殺了朱溫還有存活的可能，是個正常人都知道該怎麼做。

不知道是不是王氏暗中使了壞，朱溫突然又下了一道對朱友珪極為不利的決定——調朱友珪出任帝國最為偏遠的萊州刺史。按當時梁朝的官場習慣，凡被貶官出外多非善終，所以朱友珪接到的等於是自己的死刑判決書。

梁乾化二年（九一二年）六月初二，忍無可忍的朱友珪帶著五百多牙兵夜闖萬春門，各操利刃，站在老光棍朱溫的床前……

朱溫看到一臉怒氣與絕望的次子，他顯然知道兒子這次來是幹什麼的，也自知今天自己難逃一死，朱溫大罵逆子：「我早就懷疑你這個畜生，後悔當初沒殺掉你，以至有今日之禍。」朱友珪對無情無義的老爹自然也不客氣，直接罵了句：「老賊萬段。」讓打手馮廷諤追著一絲不掛的老爹一通亂砍，六十一歲的大梁皇帝朱溫當場喪命，腸子肝胃流了一地……

歷史上非善終的帝王數不勝數，死法荒謬的也不在少數。晉景公姬獳掉進茅坑裡淹死；東晉孝武帝司馬曜因為嘲笑張妃年老，被張妃用被子捂死；後秦姚萇因弒舊主苻堅，被苻堅的陰魂活活嚇死。但還沒有哪個帝王像朱溫這樣，光著屁股被扣綠帽子的兒子在床頭殺死的。向來就瞧不起朱溫的王夫之在《讀通鑑論・五代上》幸災樂禍地評論「朱友珪梟獍之刃，已剸元惡之腹」。

朱友珪之所以弒父，懼死只是表面原因，搶在朱友文之前搶到大梁皇帝的寶座才是朱友珪真正的目的。事實也證明了這一點，朱友珪殺父後，立刻派人去找守汴梁的朱友貞，說父皇在死前下詔殺朱友文。朱友貞和朱友珪向來不和，但在排斥外人篡奪朱家江山的問題上，朱友貞是和二哥站在一起的，一刀下去，朱友文授首。

朱友珪風風光光地在老爹的靈柩前即皇帝位，改元鳳歷。而本來沒有機會做大梁皇后的張氏終於逆襲成功，幹掉王氏，入主中宮。

但事情顯然並沒有結束。因為朱友珪的出身問題，功勳大將們向來瞧不起這個營妓的兒子，即使鳳歷皇帝出金銀財寶餵飽了這些地方大軍頭，他們也沒把朱友珪當回事。史稱「時朝廷新有內難，中外人情匈悩」。

而這一切，都被朱友珪的四弟朱友貞看在眼裡。

不作死不會死——朱友貞是如何成為「梁末帝」的

朱溫的兒子一大堆，除了早年病死的長子朱友裕外，還有親生兒子朱友珪、朱友貞、朱友璋、朱友雍、朱友徽、朱友孜以及朱友文、朱友讓等義子。但在這些皇子中身分最高貴的無疑是皇四子朱友貞，因為他的母親是朱溫一生中唯一愛過的女人——張夫人。而朱友貞的性格也非常像自己的母親，「性沉厚寡言，雅好儒士。」但不知道是不是朱友貞的王妃張氏在床上伺候公公不得力，朱溫執意要把江山傳給養子朱友文。

如果細究起來，朱溫不把江山交給血統最純的朱友貞其實也是有道理的。原因無他，就在於朱友貞「雅好儒士」上。先不說朱溫對那些亂七八糟的文人沒什麼好感，在亂世中闖蕩沒點殺人不眨眼的剛狠性格，早晚要被人吃掉。特別是朱溫晚年遇到了一個致命的對手，就是幾近無敵的晉王李存勗。柏鄉之戰，百戰天下的朱溫被年輕的李存勗打得灰頭土臉成為江湖笑柄。自己尚且不是李存勗的對手，以朱友貞的性格、能力又能奈李存勗幾何？

本來朱溫有一個再完美不過的繼承人，就是長子朱友裕。朱友裕「幼善射御，從太祖征伐，性寬厚，頗得士心」，如果朱友裕繼位，面對強悍的李存勗至少可以打成平手，但朱友貞顯然不具備這樣的能力。只可惜朱友裕英年早逝，所以只能選擇雖非朱家血脈卻能力突出的朱友文，卻又被嫉賢妒能的朱友珪與朱友貞幹掉。

朱友貞雖然性格沉穩，但也不是什麼老好人，他早就覷視著大梁皇帝的位置，只不過一直在裝深沉，讓別人覺得他胸無大志而已。等到「螳螂」朱友珪捕得「蟬」朱友文後，「黃雀」朱友貞終於出手了。

因為朱友珪在軍界沒有根基，軍中大老一個也不服他，而朱友文又被殺，現在唯一可選擇的也只剩下朱友貞。再加上這些大老們對朱友貞的生母張夫人相當尊敬，所以朱友貞得到了他們的普遍青睞。在梁朝的二皇帝、魏博軍節度使楊師厚的大力支持下，朱友貞發動兵變，逼得皇帝寶座還沒坐熱的朱友珪與鳳歷皇后張氏自殺。不過朱友貞並沒有在洛陽即位，而是在他的出生地東京汴梁做了皇帝，只是讓朱友貞沒想到的是，他竟是大梁帝國最後一位帝王。

從血統角度看，朱家天下終於回到最應該得到的人手中。但從保全江山社稷的角度看，朱友貞根本不具備在亂世生存的能力。如果生在盛世，朱友貞還可以做一個中庸之主，可當李存勗坐大，已對梁朝構成了嚴重生存威脅時，朱友貞還活在他自己的世界裡。

其實此時的梁晉形勢對比，朱友貞手上的牌面並不比李存勗遜色多少。許多在五代都算一流的梁朝頂級大將都還健在，比如葛從周、楊師厚、牛存節、劉鄩、謝彥章、王彥章、寇彥卿、王檀。梁朝的整體軍事實力可以和李存勗進行長期作戰，更重要的是梁朝的戰略空間要遠比河東廣闊，湖南、浙江、福建、嶺南皆臣服於梁。而不服梁朝的蜀主王建已老，楊吳又陷入內亂，可以說梁朝在南線無憂，可以集中全力對付李存勗。而李存勗南有梁朝朱友貞，北有契丹耶律阿保機，東有大燕劉守光，生存壓力很大。即便是在當時，時人也不敢隨意押寶李存勗，只要朱友貞能打好手中的牌，退則守住河朔，進則兼併河東，混一宇內。

可惜朱友貞的能力實在太過平庸，他並不偉岸的身影被光芒四射的李存勗身影所遮掩。李存勗之所以能在歷史舞臺上呼風喚雨，很大一部分是是因為朱友貞自己犯下了難以補救的致命戰略錯誤。

朱友貞只看到眼前的這片森林遮掩住他的目光，卻沒有考慮到這片森林可以給予他源源不斷的財富。

朱友貞是個喜歡過河拆橋的人，利用完朱友珪就把二哥幹掉，而他能後來居上全是靠駐守魏博的天雄軍節度使楊師厚點頭。可等朱友貞一上臺就對楊師厚打起了主意。

楊師厚是梁朝一號軍頭，手中有梁朝第一軍——銀槍效節都數千人。在朱溫死後，楊師厚自持有恩於朱友貞，有些囂張跋扈，「矜功持眾」。朱友貞始終覺得楊師厚控制的魏博地區是自己的心頭大患，一旦楊師厚有不臣之心，朱友貞是很難招架得住的。但楊師厚地位高重，不能輕易撼動，朱友貞只能盼楊師厚早死以除隱患。

但朱友貞只看到了硬幣的一面，楊師厚確實對中央政權產生了某種程度上的威脅，但這位平庸的皇帝卻看不到楊師厚橫在天雄軍，事實上成為了阻止李存勗南下的頭號戰略屏障。有楊師厚以及天雄軍在，李存勗就別想進入中原撒野。李存勗唯一的希望只能是梁朝內部發生大的動亂，但讓李存勗驚喜的是，朱友貞果然就圓了自己的夢想。

等到楊師厚死後，朱友貞覺得解決魏博問題的時機來了，辦法很簡單——拆分天雄軍，這是梁朝著名奸臣趙岩給朱友貞出的餿主意。理由是魏博地廣兵強極易割據，在晚唐就是朝廷的心腹大患，無論再派誰主政魏博都難保不做楊師厚第二，「宜分六州為兩鎮以弱其權。」

朱友貞覺得這個辦法很好，將魏博一分為二，魏博就不會再對朝廷構成威脅了。朱友貞下詔，割魏博之相州、澶州、衛州新置昭德軍，所有魏博財物平分一半給昭德軍。

只可惜，還沒等朱友貞為自己的天才決策鼓掌喝采時，現實就狠狠抽了他一記響亮的耳光。

魏博是世襲軍制，「魏兵皆父子相承數百年」，已經形成一個相對封閉的小社會，魏人在心理上自成一系。而現在突然要被分開，魏人在感情上是接受不了的。朱友貞忽略了魏人的感情需求，一味強力彈壓，結果導致魏人的強烈反彈，魏博輿論普遍認為這是朝廷對魏人不放心，「吾六州歷代藩鎮，兵未嘗遠出河門，一旦骨肉分離，生不如死。」

魏人的對策更加瘋狂，直接操起刀槍與朝廷對著幹，當天晚上魏軍就發生了嚴重的譁變，叛亂份子趕跑了前來監督分鎮的王彥章。事情到了這一步，其實朱友貞還有挽回敗招的餘地，魏軍中臨時主政者張彥請求朝廷撤銷昭德軍建制，復為魏博。但誰都沒想到事情偏偏敗在一個小小的供奉官扈異手上，扈異代表朱友貞到魏博實地調查情況，扈異回來後告訴朱友貞，張彥的實力不足以抵抗朝廷大軍。朱友貞接受了扈異這個極為危險的判斷，決定繼續執行分鎮政策，結果引發張彥極為強烈的反應，大罵朱友貞昏聵無能。張彥見朱友貞不識時務，那就對不住了，魏博軍上下一致同意將六州之地獻給晉王李存勗。

天上憑空掉下來一塊大肉餅，不吃是傻子，李存勗興奮地接收了具有極重要戰略價值的魏博重鎮。得到了魏博，李存勗可進可退，將戰線往前推進了數百里，飲馬黃河，距離黃河南岸的汴梁只一鞭之遙。李存勗在穩定魏博局面後，剷除了橫行多年的銀槍效節都擾民問題，魏人大悅，甘為晉王驅使。從此梁晉強弱易勢，也奠定了李存勗滅梁的戰略基礎。而等朱友貞意識到自己的愚蠢決策釀成了終不可挽回的危局後，「大悔懼」，可一切都晚了。

魏博的丟失，導致梁朝消滅河東再無可能，不過此時的局面對朱友貞來說並非世界末日，至少他還有很大的機會守住黃河防線。但要做到這一點就必須滿足一個條件，即無條件信用晚梁第一名將劉鄩。事實也證明魏博入晉後河東方面不停南下騷擾，如果不是劉鄩東擋西殺，李存勗完全可以提前幾年一馬直入汴洛。

如果換一個心智正常的帝王，在這種危局下把前線軍務完全放手給劉鄩是唯一可以做的選項，可朱友貞卻根本信不過劉鄩。雖然朱友貞也下詔說「閫外之事，全付將軍」，但朱友貞骨子裡還是懷疑劉鄩與李存勗暗中劈腿，所以派太監當前線監軍，全程監視劉鄩。朱友貞生於深宮婦人之手，根本不理解劉鄩的辛苦，反而一味責罵劉鄩。

劉鄩上表請求朝廷發給將士每人十日米糧，準備偷襲太原城，一舉擒拿李亞子。

朱友貞因為劉鄩常年與李存勗苦戰，坐費無數朝廷軍糧，不相信劉鄩的偷襲有可能成功。更可笑可悲的是，朱友貞反而懷疑劉鄩這麼做是要詐騙自己的軍糧，然後投降李存勗。朱友貞派人大罵劉鄩，又派太監催促劉鄩出戰，徹底冷了劉鄩那顆熱忱的忠君之心。而以劉鄩的江湖地位，只要劉鄩肯低下頭，李存勗會把劉鄩當親爹供起來，那可是名滿天下的第一傳奇名將！劉鄩深受梁太祖朱溫大恩誓死效忠是根本不可能背叛朱溫的，無論受了多大的委屈，劉鄩都隱忍不發，只為報太祖當年厚遇。

此時的劉鄩像極了三國蜀末大將姜維。姜維因感丞相諸葛亮之厚遇死不背蜀，與鄧艾在西線苦戰二十年，內又受奸臣所逼幾乎走投無路。劉鄩同樣面臨著這樣的局面，劉鄩從來不怕李存勗，雙方只是各有勝負而已，但劉鄩最怕的是朝中那些阿附皇帝的小人，比如趙岩，段凝等人。劉鄩說過

「主上深居宮禁，未曉兵機，與白面兒共謀，終敗人事」。

如果蜀後主劉禪不信用宦官黃皓，放手讓姜維大幹一場，鄧艾是沒有機會偷渡陰平的。朱友貞幾乎就是劉禪再世，身邊聚集著一群百無一用的「白面兒」，對本朝僅存的戰略型大將劉鄩百般猜忌，嚴重牽制了劉鄩的精力。在梁晉爭霸後期，劉鄩屢戰屢敗，甚至還有一次被李存勗打成了光棍，即發生於貞明二年（九一六年）的元城之戰，七萬梁軍幾乎被全殲，劉鄩只帶數十騎亡命南奔。但客觀來說，劉鄩是不想打這場戰役的，他本來是想堅壁清野與李存勗對耗。還是朱友貞沉不住氣逼劉鄩出戰，結果慘敗。以劉鄩的能力，如果不是受後方政治干擾太多，放開手腳與李存勗大幹一場，李存勗是佔不到多少便宜的。事實也證明了劉鄩的能力，第二年的二月李存勗「悉眾」來取河南重鎮黎陽，被劉鄩三棍五棒子給打跑了。

就是這麼一位對朱友貞來說具有「保命」意義的功勳大將，卻慘死在朱友貞的猜忌之下。因為擔心無法控制劉鄩，在奸臣段凝等人的構陷下，朱友貞派張全義去洛陽，強行給六十四歲的老將劉鄩灌下了毒藥……

劉鄩是死了，朱友貞再也不擔心劉鄩成為楊師厚第二了，但他的大梁帝國同時也快完蛋了。朱友貞是「一葉障目不見泰山」的愚蠢典型，為了眼前的戰術利益，甘心犧牲未來的戰略利益。朱友貞就像是一個活在自己世界裡的精神病患者，他經常神經質的懷疑別人會加害他，甚至是他的親兄弟也不例外，更不要說劉鄩這樣的外人。隋文帝楊堅在討陳後主陳叔寶的檄文中曾經嘲笑陳叔寶「據手掌之地」，朱友貞又何嘗不是如此。他的所謂大梁帝國在行將滅亡時，已經被李存勗擠成了壓縮餅乾，蜷縮在黃河以下，淮河以北的狹長區域。此時的朱友貞早已眾叛親離，時人都知道大梁帝國氣數將盡，李存勗入汴是遲早的事情。

梁龍德三年（九二三年）的十月，新繼位不久的大唐皇帝李存勗大軍在鄆州大破梁朝僅存的大將王彥章，王彥章幾乎如光棍般逃走，但勢單力薄的王彥章不久就被生擒，不屈而死。

王彥章的死相當於朱友貞臥室的門被人強行撞開，朱友貞已無路可逃。朱友貞聚族哭曰：「大梁完蛋了。」可現在的朱友貞也只能等死，什麼也做不了。諷刺的是李存勗稱帝的地方就是十年前因為朱友貞愚蠢決策而丟掉的重鎮魏州，李存勗也許是在有意嘲笑朱友貞，這位人稱漢光武帝第二的年輕皇帝把魏州升格為興唐府，要知道唐朝就是被朱友貞的老爹朱溫滅掉的。

你能滅唐，我能興唐！這應該是李存勗向朱溫發起的挑戰。而朱友貞早被當時的梁朝人視為活死人，已沒人在乎他的喜怒哀樂，弟兄們都在排隊準備向新主李存勗效忠。

當死亡之神步步逼進朱友貞的時候，他才想到太祖皇帝留給他的那位柱石之臣敬翔。當初敬翔勸朱友貞不要和趙岩、段凝這夥奸臣走得太近，朱友貞不聽，結果一錯再錯，最終玉石俱焚。

朱友貞的無能，葬送了朱溫三十年血戰才拼下來的大梁江山，也葬送了朱家幾乎所有的近親宗室，以及敬翔這位對梁朝忠耿不二的「朱家老奴」。司馬光對朱友貞一生的總結可謂一針見血，「均王（**朱友貞**）膏粱之子，材不過人，棄敬翔、王彥章，而用趙岩、張歸霸以與莊宗（**李存勗**）為敵，能無亡乎！」

但有一點朱友貞是值得後人稱讚的，就是他並沒有選擇向世仇李存勗屈膝投降，而是選擇在城破之日自殺殉國。朱友貞知道即使自己投降李存勗，李存勗也會無情的羞辱自己，為李克用報上源驛之仇。橫豎都是死，與其被人羞辱而死，不如及時了斷，還能保全名節。幾百年後的金哀宗完顏守緒在城破之日選擇自殺，和朱友貞是一個考慮，蒙古與女真是世仇，蒙古人斷然不會放過自己。

梁龍德三年（九二三年）十月初八日，在後唐軍兵即將進入汴梁城之前，朱友貞讓部下皇甫麟殺死了自己，皇甫麟隨後自殺。

第二天，唐軍殺進汴梁城，梁亡。李存勗並沒有放過已死的朱友貞，把仇敵之子的人頭割下來，用漆刷了一遍，藏於太廟。

守餘有餘，開疆不足——略說沙陀梟雄李克用

「使居中國，能亂人而不能為治也。若乘間守險，足以為一方主。」

這是東漢末年名士裴潛對劉備的評論。事實證明劉備確實不具備曹操那樣控制全域的能力，但乘間守險遂成蜀漢偏霸。說來很巧合，朱溫和曹操的人生軌跡非常相似，而唐末五代也有一個「劉備」，也是沒有能力控制中原，但得天時地利乘間守險也成一方偉業，他就是李克用。

李克用的名氣，在歷史上遠不如他那個過山車般走完傳奇人生的兒子李存勗，李存勗滅梁後，過足了「唐光武」的癮。但李存勗的江山並不是他打下來的，如果沒有父親李克用在亂世中佔據河東。以李存勗善攻而不善守的性格，他是很難赤手空拳打下江山的。當然李克用的江山也是從他的老爹李國昌那裡傳來的，但不同的是，李國昌傳給李克用的只是一間臨街手工作坊，而李存勗卻從父親接過一家國際化大公司。在五代政治史上，其實是分為兩個不同角度的政治層面。一個是單打獨鬥，最後被唐晉漢周否定的梁朝；另一個就是後唐、後晉、後漢、後周四大王朝。而四大王朝的真正開創者正是李克用。晉、漢、周三朝對李克用多持正面評價，代周而立的北宋對李克用也極盡恭維，稱讚李克用是夾輔唐王朝從黃巢魔爪下重生的當代齊桓、晉文。

李克用其實不是漢人，而是西突厥的分支——沙陀人，後來改姓朱邪。姓李，是因為李克用率河東黑鴉軍剿滅黃巢有功，唐王朝賜姓李，所以李克用一脈打著李唐宗室的旗號在江湖上「招搖撞

騙」，其實他們的政權和唐朝沒有一毛錢的關係。當初黃巢撤出長安後，在長安城中放火搶金銀財寶的就是李克用的沙陀兵，劉秀可從來沒燒過長安城。不但如此，李克用甚至遭到了唐王朝的大兵鎮壓，原因是李克用虐殺朝廷委任的雲州防禦使段文楚。

五代十國、宋初的創業帝王多武將，比如李存勗、李嗣源、李從珂、石敬瑭、楊行密、郭威、柴榮、趙匡胤。而其中最負盛名者，當屬人稱「李橫衝」的李嗣源，大名滿河朔，但實際上要論武力指數，李克用當為第一！

因為生長在馬踏胡月的邊陲地區，李克用從小就學弓馬勁射，十三歲時就射得一手好弓箭。有一次，天上飛來兩隻大雁，十三歲的李克用縱馬出箭，「射之連中，眾皆臣伏。」晚唐有一位著名的「落鵰侍御」高駢，一箭能落雙鵰，李克用同樣不讓高駢。有人指天上雙鵰問李克用：「你能不能射下雙鵰？」李克用大笑，「彎弧發矢，連貫雙鵰。」而這時的李克用就已經「眇一目」，所以江湖人稱「獨眼龍」。一隻眼就能射落雙鵰，可見李克用的功夫是何等了得。

有了一身好武藝，李克用十五歲時跟著父親李國昌闖蕩血雨腥風的江湖就大殺四方，當時人稱李克用是「飛虎子」，江湖新銳地位可見一二。人都是有野心的，在得到第一塊大餅後總想再得到一塊更大的餅。李克用在跟隨父親打敗了朝廷方面的昭義軍節度使李鈞後，極具政治眼光的李克用盯上了早成籠中困獸的黃巢。只要能拿下黃巢，李克用在政治上就可以擺脫累次被朝廷打壓的負面政治形象。

一切都非常順利，善於騎兵作戰的四萬河東黑鴉軍將黃巢軍打得風流雲散，而李克用因為把黃巢趕出長安立下頭功，唐王朝也知道是時候給李克用轉正了，正式封李克用為河東節度使。其實朝廷也知道即使不封李克用，以李克用的實力他早晚會霸佔河東，不如順水推舟做了順水人情。

河東是天下第一大鎮，地近大漠，擁有數量龐大的優質作戰馬匹，李克用的發跡不知道讓多少人眼紅。如果說唐王朝給李克用的是一塊剛出爐美味蛋糕，那麼給朱溫的不過是一塊過了夜的硬饅頭。正因為朱溫覺得朝廷對自己賞賜不公，再加之眼紅李克用吃到了肥肉，為絕後患朱溫在上源驛策劃了一場駭人的大火。

朱溫的計算非常嚴密，幾乎將上源驛圍得水洩不通，但朱三千算萬算，唯獨沒有算到會突降大雨澆熄了大火，讓幾乎無路可逃的李克用逃出生天。而朱溫在上源驛火燒李克用卻被大雨澆滅，這很可能就是《三國演義》著名橋段「火燒上方谷」的原型。

有人常說漢人心眼比少數民族要多，或者說少數民族比起油滑的漢人來說相對比較樸實。如果從某種角度上看也並非沒有道理，至少李克用是拿朱溫當兄弟的，李克用甚至都沒想過將來要與朱溫爭天下。但朱溫這場陰損的大火徹底燒醒了李克用，也把李克用待人的真誠徹底給燒沒了，所以李克用對朱溫有難以壓制的怒火。

而更讓李克用鬱悶的，明明是自己吃虧在先，明明自己擁有天下最精銳的河東沙陀兵，可偏偏就拿無恥的朱三沒有絲毫辦法。要論二人事業的起點，李克用遠高於朱溫，但河東與汴州的發展軌跡卻完全不同。朱溫由弱到強，敗秦宗權據淮西、殺朱瑄兄弟據兗鄆，殺時溥據徐州，逐安師儒據鄭滑，讓魏博羅弘信伏首稱臣，收降李罕之、張全義收河洛，平盧王師範舉家騎驢歸降。雖然清河一戰被楊行密水淹七軍，大將龐師古戰死，朱溫的觸角被阻止在淮河以北，但朱溫依然是天下頭號強藩。而李克用雖然勇武過人，淮南王楊行密久慕河東獨眼龍的大名，派人去河東畫了李克用的畫像觀瞻，但李克用在對外開疆拓土方面卻沒有什麼進展，只是死守河東一地。

河東北有契丹阿保機，東有大燕劉守光、義武王處直、成德王鎔、魏博羅紹威（羅弘信之子），南有朱溫，西有夏銀（西夏前身）李思恭，岐鳳李茂貞，戰略發展空間非常有限。雖然李克用恨透了朱溫，但他的創業能力根本無法給朱溫製造大的生存威脅，只能對朱溫零敲碎打，也沒佔多少上風，甚至還把一個兒子李落落給搭了進去。

這件事情發生在唐乾寧三年（八九六年）的正月，李克用親率沙陀兵來取魏博，而他所面對的正是他的仇人朱溫。但勢力早已坐大的朱溫根本沒把李克用放在眼裡，大將葛從周出馬生擒李落落，甚至還差點活捉李克用本人。李落落的下場是被朱溫當場斬首，差點沒把李克用心疼地暈倒過去。但客觀來說，李落落的死其實還是因為李克用的實力不足以讓朱溫產生敬畏，否則朱溫也不敢殺李落落，反而會和李克用討價還價。這和做人質是一個道理，輸出人質的一方實力越強，控制人質方越不敢輕舉妄動。

事實也證明了這一點，朱溫覺得自己的實力足夠吃掉李克用，那又何必再和李克用稱兄道弟？今天殺了你的兒子，明天人頭落地的就是你這個獨眼龍。

唐光化四年（九〇一年）的三月，這是李克用平淡人生中遭受到的第二次大劫難，第一次是朱溫在上原驛差點燒死李克用，而第二次的苦主還是朱溫。已經晉封梁王的朱溫覺得是時候搞死李克用了，幾乎是傾巢而出，數路強兵圍剿李克用，粗略估計有：

氏叔琮出太行。

晉州刺史侯言出陰地關（山西汾西東北）。

洺州刺史張歸厚出馬嶺關（山西太谷東南）。

葛從周出土門（即大名鼎鼎的井陘口）。

義武節度使王處直出飛狐（河北淶源）。

魏博羅弘信的部將張文恭出新口（河北磁縣附近）。

六路大軍集合，聲勢浩蕩的直撲李克用的老巢太原府。

在當時的諸侯爭霸格局中，朱溫相當於二戰後的美國，而李克用的河東最多也就相當於二戰後的法國，是根本無法和美國相抗衡的。六路大軍殺進河東，迫使很多河東大將投降朱溫，梁軍幾乎掃掉了太原城所有的周邊城鎮，隨後就把太原圍個水洩不通，形勢對李克用來說非常危急，他幾乎發動全城老小死守城池，而朱溫開始盤算哪一天能欣賞到李克用血淋淋的人頭。

如果從唯心角度的天意論來看，老天對李克用是極為厚愛的，幾次幫助李克用死裡逃生。上源驛大火，突降一場大雨。而這次梁軍圍攻太原，雖然也下了一場大雨，客觀上影響了李克用的守城，李克用每天都泡在水裡指揮守城，但這場大雨同樣給汴軍造成了相當大的麻煩，汴軍人馬泡在大雨中，很快就爆發不可控制的瘧疾，大量士兵病倒。再加上後方糧草運輸也出了麻煩，朱溫權衡再三，只好灰頭土臉的撤軍，李克用僥倖逃過一劫。以後朱溫雖然也數次敲打李克用，但朱溫的精力主要用在與淮南楊行密的糾葛，以及在政治方面控制唐王朝的內政上，對李克用實際上處在半放任的狀態，李克用才終於可以緩過氣來。

從軍事能力上看，李克用不如朱溫就如同劉備不如曹操。這一點李克用也知道，單純比大腿粗，李克用是玩不過朱溫的，那就另闢蹊徑，在政治上撈取對抗朱溫的資本。

劉備之所以最後能三分天下，政治上的「投機」佔了很大因素，劉備扛著「大漢皇族」的旗號，在政治上處處針對挾天子令諸侯的曹操。李克用同樣如此，雖然李克用根本不是李唐血脈，但在政治上，李克用及其幕僚團隊把李克用打扮成了忠於李唐王朝，誓死與逆臣朱溫抗衡的一代忠臣。因為在政治上高舉興唐反梁的大旗，李克用與南方的反梁勢力西川王建、淮南楊行密達到了某種程度的默契。晉、蜀、吳三國聯合起來，在與梁朝的戰略空間博弈上互相聲援，有效牽制了朱溫的兵力，反而在客觀上擴大河東的生存空間，為日後李存勗的經典大逆轉打下了最堅實的基礎。如同陳武帝陳霸先為幾盡滅亡的江東漢文明留下了一絲微弱的火種，苦苦撐到了漢人楊堅建立大隋朝，漢文明才綿延不絕。

李克用在政治上成熟的體現還在於他堅決不稱帝，為自己爭取到了極高的政治聲望。朱溫代唐稱帝後，西川王建立刻跟著稱帝，並寫信勸李克用也稱帝。王建這麼做，實際上是想讓李克用與他一起分擔王建稱帝後給自己的帶來政治壓力，天下人要罵王建，他得拉著李克用陪綁。李克用拒絕了王建所謂先稱帝，等將來唐朝復興，再把帝位還給李唐的荒唐建議。

李克用回覆王建的這封信非常感人，應該是河東統治集團精心謀劃過的。李克用在信中說自己深受唐朝三代厚恩，位至將相，名列宗籍，怎麼能背唐自立？

實際上，王建雖然稱了帝，但淮南楊行密那一派卻沒有稱帝，而楊吳一直打著復興唐朝的旗號，甚至年號都一直沿用唐朝的天祐舊號。劉備稱帝是因為孫權並沒有打著復興漢朝的旗號，所以劉備可以亮出這桿破旗。但如果楊吳高舉興唐旗幟而李克用稱帝，即使李克用還用唐朝名號，那天下正統依然在楊吳而不在李克用。從這一點考慮，李克用拒絕稱帝是非常明智的，而只要李克用不稱帝，無論楊吳在政治上出什麼么蛾子，憑藉李克用的「宗室」身分，他能獲得的政治資本都要遠大於楊吳。

李克用不稱帝的心態和閩國開國大王王審知差不多，有人勸王審知稱帝，王審知笑答：做個關門天子，不如做個開門節度使。為了過上帝王癮，而犧牲自己手上並不多的戰略政治資源，是非常愚蠢的，比如東漢末年的袁術。

李克用不是不想稱帝，而是現在稱帝在政治上並沒有什麼好處。人無利不往，李克用把自己打扮前唐孤臣不過是在演戲而已，和劉備自詡漢朝忠臣一樣，當真不得。

玩政治的個個都是好演員，沒點演技還怎麼在江湖上混？但李克用能在遍地梟雄的時代持險守一方，那也是要有真本事的。

李存勗教會我們在羽翼未豐之時如何以退為進

在紛繁雜亂的五代十國時期，李存勗是個無論如何也繞不過去的人物，他個人的生死榮辱都極深刻地影響了西元十世紀中國歷史的走向。如果不是李存勗作的一手好死，把自己打下來的五代第一疆域大國後唐生生給折騰散架，就不可能有千古大帝周世宗的橫空出世，一掃殘唐積穢，更不會有趙匡胤憑空撿了一個天大的便宜。而驕傲地站在歷史的最高點，接受萬眾膜拜的千古一帝，就會是這個小名李亞子的沙陀人。

唐光啟二年（八八六年）十月二十二日，一個幼弱生命從李克用妻子曹夫人的肚子裡爬出來的時候，李克用就覺得這個頭胎兒子有些非同尋常，他似乎感覺到了這應該是老天在向他暗示著什麼。李克用雖然有十幾個乾兒子，但在有自己子嗣的情況下他不可能把江山傳給外人。所以李克用非常重視對李存勗的培養，經史子集無所不教，詩詞歌賦無所不傳，李存勗在尚未成年時已是文武全才。

李存勗從小就含著金湯匙出生，但更讓人羡慕的是，他還是五代十國第二代中唯一一個見過唐昭宗李曄，並得到昭宗極高肯定的。年僅十一歲的李存勗站在昭宗面前，但也許是李存勗有胡人血統，還沒成年的李存勗就身高挺拔、面目俊美，這個少年眼中流露出一股時人少見的英氣。所以昭宗「一見駭之」，看上去邋裡邋遢的李克用怎麼會有這個英俊兒子。因為當時李克用已被唐朝正式列入李氏宗籍，而昭宗也知道自己是無力再復興唐朝了，他認定眼前這個英俊少年將來必能成大器。昭宗送給了李存勗很多珍珠寶貝，但最讓李存勗或者是說是李克用受用的，是昭宗摸著李存勗後背時說的一句評語：這個孩子長大後必能成為一代棟樑，希望他以後能效忠唐室。

這句話對李克用來非常重要，這幾乎就是在向天下人，特別是向朱溫宣告：李克用及其子李存勗才是大唐帝國的正統傳人，這在政治上給予李克用的好處是不言而喻的。

這句話對李存勗來說更加重要，因為昭宗的這話句也幾乎定下了將來河東江山必須由李存勗繼承的基調。後來李克用選定李存勗為儲君，一則是因為李存勗文武全才，二則他是李家嫡長子，三則是昭宗的這句評語。

在李存勗的綜合條件都強於其他競爭者的情況下，如果李克用不選擇李存勗，且不說會置河東於巨大的政治軍事隱患之下，也等於在政治上否定了昭宗皇帝。政治成熟的李克用是不可能做出這樣自毀前程的蠢事的。但因為乾兒子們勢力太大，李克用不敢過早宣布立李存勗為嗣，否則那些帶兵的乾兒子鐵定會鬧事，甚至不排除有人引梁入室。再加上李克用還有個弟弟——總制河東禁軍的內蕃漢都知兵馬使李克寧對那個位子也有點想法。所以直到九〇七年，李克用行將嚥氣，他才當眾宣布由長子李存勗繼承王位。

李存勗初出江湖並沒有多少威望，雖然李克用吹捧長子「此子志氣遠大，必能成吾事」，但無論是近親宗室還是養子名將都不服李存勗。

河東天下在法理上是傳給了李存勗，但面對身邊一群虎狼，李存勗能不能守得住還是一個問題，歷史上少主被廢的例子舉不勝舉。而且李克用死的也不是時候，梁兵北攻河東的南線門戶潞州，河東人情上下洶洶，一旦統治高層內部不穩，極易造成軍情動盪，河東一夜崩潰也並非沒有可能。而這一年，李存勗只有二十三歲。

李存勗並非不知道自己所面臨的危險局面，其實他最擔心的暫時還不是在外領兵的所謂兄長們，而是近在肘腋的叔父李克寧。李克寧控制著太原近衛部隊，「軍中之中，無大小皆決克寧。」一旦李克寧有異心，不用李嗣源、李存信們在外起兵，李克寧一句話就有可能讓李存勗人頭落地。所以李存勗及其幕僚團隊的對策，是先穩住李克寧，奪過近衛部隊的指揮使，確保自己在太原城的安全。

李存勗滅梁後，在政治上幾乎就變成了一個傻子，但在其早期政治生涯中還不算糊塗。李存勗首先把自己打扮成一個弱勢的君主，主動向李克寧示弱，絕不挑戰李克寧現有的地位，以退為進。李存勗裝得可憐楚楚地站在李克寧面前，說自己年少德薄，情願把晉王的位置讓給叔父。「兒年幼稚，未通庶政，雖承遺命，恐未能彈壓。季父勳德俱高，眾情推伏。」以當時李克寧「久總兵柄，有次立之勢」的勢力，他只要點頭答應，至少在太原城中是沒有人敢說什麼閒話的。

離最高權力這麼近，李克寧沒有動心，出於權力制衡的考慮，李克寧沒有答應李存勗所謂的讓賢。李克寧的主要顧慮還是那夥在外「各挽強兵」的乾侄子們，這些人仗著軍功，不但瞧不起寸功未立的李存勗，像李克寧這樣靠哥哥李克用吃飯的，他們也照樣瞧不上。這些強藩隨便哪一個跳出來搗亂都夠李克寧喝一壺，現在內外情勢極為不穩，李克寧也不想在這個時候出頭接這個燙手山芋。

另外，李克寧和兄長李克用感情深厚，李克用死前希望李克寧能像照看自己的兒子一樣看管好李存勗，再加上李存勗突然像待宰羔羊一樣可憐兮兮的求他，李克寧心一軟，放過了李存勗。李克寧以叔父之尊給侄子李存勗行了君臣大禮，正式確定了李存勗的河東最高統治者地位。

渡過了這一劫難，李存勗在太原城中的統治瞬間變得明朗起來。即使李克寧隨後被自己的老婆孟氏說動，後悔自己的讓位，和乾侄子李存顥四處聯繫，圖謀推翻李存勗，但在名分上李克寧明顯吃虧。出爾反爾很容易給人造成「首鼠兩端」政治上不可靠的觀感，是很難收攏人心的。

更讓人難以理解的是，李克寧為了達到目的竟然暗中向大梁朱溫通款，準備通過向梁稱臣割地以換取朱溫的有力支持。具體的辦法是等李存勗到李克寧的府上飲酒時，然後一刀殺之，舉河東九州之地甘做朱溫附庸。李克寧這麼做，在政治上等於自殺！至少他背叛了李氏列祖列宗百戰才血拼下來的河東社稷，成為人人得而誅之的頭號反賊。

李克寧虧大義在前，李存勗在政治上就有了極大的轉寰空間，此時拿下李克寧於情於理他都是無可指摘的。但李存勗不愧是梨園老祖師，演技極為精湛，他並沒有著急拿下李克寧，而是把朝中所有反李克寧的勢力召集起來，說什麼自己年少德薄，既然叔父這麼熱衷王位，為了李家江山的千秋萬代我情願讓位。張承業、李存璋等人向來與李克寧不和，怎麼可能答應李存勗，自然群情激憤，「眾咸憤怒」。李存勗成功挑起了反李克寧勢力剷除李克寧的強烈願望，接下來的事情就好辦了。

李存勗擺了一場酒會，邀請李克寧等人赴宴，李克寧等人並不知道自己的陰謀已經外洩，坦然赴約，結果被侄子命武士當場拿下。李存勗雖然年輕，但他在政治上是非常成熟的，他始終站在道義高地上，對李克寧的指責也合情合理。李克寧自知理虧，也乾脆認罪，只求速死。

「是日，殺克寧及存顥。」

由於李克寧的罪名是通款逆臣朱溫，這在當時是十惡不赦的死罪之首，所以即使有人同情李克寧，也對李存勗無可指責。李存勗在政治上反轉騰挪，卻始終有理有據，不讓人抓住自己的絲毫把柄，所以李存勗能在殺李克寧之後迅速地穩定了太原局勢。

太原城中發生的這場宮廷政變，在外諸藩都在密切關注。太原是河東政治中樞，一動一靜都將極大地影響著周邊藩鎮的政治抉擇。一旦太原陷入動盪，這些強藩要麼會率兵殺回太原奪位，要麼舉城降附梁朝。但無論是哪一種情況發生，李存勗脖子上的吃飯傢伙都很難保全。而李存勗穩定了太原局勢，斷絕了外藩們打著各種政治旗號渾水摸魚的可能，在太原穩定的情況下還要起兵，那道義就會始終站在李存勗一邊。

這種情況很像是南北朝蕭梁末年，侯景兵圍金陵城一年有餘，雖然城內幾陷險境，但始終沒有淪陷，所以蕭梁周邊還算穩定。而等金陵城陷，梁武帝蕭衍絕糧而死後，與西魏、北齊接壤的蕭梁周邊徹底崩潰，導致南朝弱勢，最終為北朝吞併。如果蕭衍能滅掉侯景，金陵在則大梁在，西魏、北齊又怎麼會有機會憑空撿便宜？

風雲帳下奇兒在
——李存勗揚名立萬的三垂岡及柏鄉之戰（上）

英雄立馬起沙陀，奈此朱梁跋扈何。
隻手難扶唐社稷，連城猶擁晉山河。
風雲帳下奇兒在，鼓角燈前老淚多。
蕭瑟三垂岡下路，至今人唱《百年歌》。

這首詩是清朝詩人嚴遂成著名的詠史詩，稱讚晉王李存勗在三垂岡大破梁軍，把一代梟雄朱溫掃得灰頭土臉，而這場著名的戰役發生於梁開平元年（九〇七年）的五月初一。

三垂岡，位於山西省長治縣東南的太行山麓，是晚唐五代重鎮潞州（即長治）的重要門戶。本來潞州是朱溫打下來的，但鎮守潞州的丁會因不滿朱溫弒唐昭宗，於唐天復元年（九〇一年）舉城歸降河東。潞州在河東首府太原與梁朝國都汴梁之間，直線距離不過三百里，軍事地位極為重要。誰佔領潞州，就像是一把利劍懸在對方頭上。

朱溫深知潞州對自己的重要性，幾乎是不惜一切代價要奪回潞州。開平元年（九〇七年）夏，剛剛建立梁朝不久的朱溫就派大將康懷貞率數萬精銳北上攻潞州。

康懷貞本是朱瑾部將，後來歸降朱溫，屢立戰功，特別是朱溫與鳳翔軍閥李茂貞的武功之戰，身為前鋒的康懷貞出盡鋒頭，披甲執盾，「一鼓而攻之，擄甲士六千人，馬兩千匹，」差點被激動的朱溫吹上了天。

不過朱溫似乎不太信得過康懷貞，畢竟丁會叛變帶給朱溫的刺激太大，朱溫在北上奪取潞州時就敲打過康懷貞，說自己對得起康懷貞的勇猛作戰，官位至上將，賞賜無數，希望康懷貞能忠心事君，有死無二，不要學忘恩負義的丁會吃裡扒外。

被朱溫這一番惡狠狠地敲打，康懷貞為了打消朱溫對自己的懷疑，不敢有半點懈怠，幾乎是玩命式的攻城，「築壘環城，浚鑿池塹。」不過在潞州，康懷貞遇到了一個非常強硬的對手，就是河東的昭義節度使李嗣昭。李嗣昭是十三太保之一，李嗣昭知道自己肩上的擔子有多重，為了報答李克用，李嗣昭同樣是玩命式的守城。

當時李克用還在，他更知道潞州就是他的保命門窗，一旦潞州丟了，梁兵必將太原圍個水洩不通。為了保住家門，李克用幾乎是傾巢而出。由十大元帥之首的河東頭號名將周德威親自出馬，率河東名將群如李存璋、李嗣本、史建瑭、安元信、李嗣源、安金全，不惜一切代價也要保住潞州。

梁晉雙方在潞州的攻守呈膠著狀態，梁軍攻不進去，但死戰不退，而晉軍在周德威的率領下，在壁河下寨，與被梁軍擠成壓縮餅乾的潞州城遙相呼應。康懷貞曾經嘗試過先拔掉周德威這根刺，結果被周德威強硬地阻擊回去。

這場異常艱苦的戰役，一直對耗到當年的七月，性格急躁的朱溫對康懷貞已是忍無可忍，決定臨戰換馬，康懷貞貶職，但依然留在軍中。而取代康懷貞的，則是五代十國第一神經刀、善使一把大槊的亳州刺史李思安。

李思安在五代十國名將群中極為另類，李思安只要出馬臨陣，他專挑對方的猛將打，「必鷹揚飆卷，擒馘於萬眾之中，出入自若，如蹈無人之地」，是朱溫的心腹愛將。但李思安最大的問題，是穩定性太差，所以只要有李思安主導的戰役，要麼勝得驚天動地，要麼敗得慘不忍睹。「（李思安）每統戎臨敵，不大勝，必大敗。」

朱溫派李思安上場有明顯的賭博成分，但現在不在李思安身上賭一把，難道等著周德威耗死康懷貞？而朱溫有足夠的理由相信李思安能贏得這場輪盤賭，因為他撥給了李思安十萬大軍！朱溫不愧是五代第一土豪，一出手就是十萬人馬，這是李克用賣光家當也湊不出來的數字。

不過朱溫很快就失望了，李思安雖然沒有立刻輸掉賭局，但也被周德威的牛皮戰術搞得狼狽不堪，雙方還是死纏爛打。

李思安的攻城戰術比康懷貞要先進一些，李思安在潞州城下修建了兩重城垣，幾乎將雄偉寬闊的潞州城圈成了內城，梁人稱為夾寨。這種夾寨最大的作用，就是徹底隔絕晉軍外線周德威本部與潞州李嗣昭聯繫的任何可能，所謂「內防奔突，外拒援兵。」李思安的辦法足夠惡毒，周德威也沒什麼好的辦法，只能牛皮糖似地纏住李思安，零敲碎打，每天噁心你幾下，果然把梁軍搞得疲於奔命，最後乾脆守在夾寨裡，高懸免戰牌，準備餓死城中的李嗣昭。

雖然城內的晉軍糧食越吃越少，但由於周德威成天騷擾打游擊，十多萬梁軍的糧草供給也成了大問題。從開平元年七月一直打到第二年的正月，李思安對內拿不下李嗣昭，對外轟不走黏膠一樣的周德威，「士卒疲弊，多逃亡。」這還只是逃亡的人數，在與晉軍數不清的牛皮戰中，梁軍竟然戰死了一萬多士兵。李思安打破了自己「不大勝，必大敗」的魔咒，但朱溫哪裡還有耐心再給李思安時間，一道詔書把李思安召回來，貶官發落。而此時的朱溫已大駕北上親自督戰，潞州以南不過百里的另一座軍事重鎮澤州（山西晉城）成了朱溫的臨時指揮部。

開平二年的正月，朱溫突然從前線得到了一個重要消息——獨眼龍李克用病危。開始朱溫還懷疑這是李克用為了迷惑自己而放出的假消息，但隨後朱溫正式確認李克用已經嚥氣了。而朱溫似乎對這場曠日持久的牛皮戰心生厭倦，準備撤兵，還是前線諸將苦勸，認為李克用的死必然會引起河東最高統治內部的權力火拼，不如再等一個月看看。朱溫沒興趣在山西再待下去，留下大將劉知俊繼續和周德威扯膠，自己回到洛陽避暑去了。

朱溫敢離開潞州，還有一個重要原因，就是朱溫認為李克用已死，自己在河東已無對手，新王李存勗？在朱溫眼裡，這不過是個膏粱子弟，何足懼哉！

梁朝諸將對河東形勢的判斷並沒有錯，李克用一死，李存勗為了保住權力，和叔父李克寧扯起牛皮官司，甚至為了測試頭號大將周德威對自己的忠誠，下令讓周德威率軍北歸太原。周德威知道這是晉王對自己不放心，雖然潞州戰事緊，但為了不讓李存勗起疑心，也只好忍痛北上。

河東援軍的突然撤退讓潞州成為一座孤城，梁朝上下喜氣洋洋，「汴人既見班師，知我國禍，以為潞州必取。」守在夾寨中的梁兵每天做的就是睡覺曬太陽，「不復設備」。而朱溫也被眼前的假象所欺騙，下了一道不久後他就極為後悔的旨意，不再從內地往潞州方向調派援軍，憑現有的兵力已足夠了。

而此時的李存勗，已經得到了前線梁軍放鬆警惕的情報，立刻召開軍前會議。李存勗的態度非常明確：潞州是太原南線頭號門戶，不惜一切代價也要守住。「無上黨（即潞州），是無河東也。」而且李存勗也知道朱溫瞧不起自己，但這對李存勗來說是非常有利的。至少這位年輕的晉王在心理上可以輕裝上陣，戰勝朱三是不世奇功，敗給朱三也不算太丟面子。李存勗深知自己的現在江湖地位幾乎等於零，不在朱溫身上刮掉幾塊肉，江湖上是不會認他這號人物的。

李存勗告訴手下弟兄：「汴人聞我有喪，必謂不能興師，人以我少年嗣位，未習戎事，必有驕怠之心。若簡練兵甲，倍道兼行，出其不意，以吾憤激之眾，擊彼驕惰之師，拉朽摧枯，未云其易，解圍定霸，在此一役。」

李存勗熟讀歷史，他應該知道前秦苻堅因為驕橫不可一世，自詡投鞭可以斷流，結果淝水一敗，前秦帝國冰銷瓦解的典故。朱溫所犯的，正是驕兵必敗的大忌。

不過當時梁強晉弱，為了謹慎起見，李存勗還是花了一些車馬費，向契丹大頭領耶律阿保機請來了一部分契丹兵助陣。等到李存勗打掃完了太原城中的一地雞毛，李存勗率周德威等人南下，開始了李存勗初出江湖的第一戰。

李存勗的行軍速度非常快，四月二十四日，數萬晉軍夜出太原南門，僅用了六天時間，於四月三十日趕到潞州北方四十五里處的北黃碾地區。李存勗知道朱溫已離開潞州，但李存勗並不敢保證朱溫會突然再率大軍殺回來，所以現在李存勗最需要做的就是與時間賽跑。趁朱溫輕敵之際，一舉拿下夾寨梁軍，打出新一代晉王的逆世虎威。

四月三十日夜，李存勗率憋了一肚子悶氣的晉軍靜悄悄地埋伏在梁軍夾寨附近的三垂岡，就等著天一放亮，對梁軍夾寨採取偷襲行動。

老話講不作死便不會死，即使李存勗新銳可畏，但只要梁軍做好最基本的防範工作，晉軍是沒什麼機會的。但朱溫過於大意，在大駕南返時甚至撤掉了前線偵察兵（斥候），如果這些偵察兵繼續在附近遊弋的話，是一定能發現數萬晉軍的，畢竟幾萬人的目標太大。梁軍罷斥候，弟兄們都躲在寨子裡睡大覺，誰也不知道幾萬虎狼就在寨子外面流著口水盯著自己。

不過對李存勗來說，這次偷襲行動還是比較冒險，因為夾寨的視野非常廣闊，即使梁軍沒有前線斥候，他們站在柵欄前，就能看到幾里外的晉軍行動。換言之，梁軍有足夠的時間做好應戰準備。但讓李存勗興奮的是，當天夜裡太行山麓突降大霧，數米之外不見人影。到了次日凌晨，大霧瀰漫山谷，李存勗知道自己揚名立萬的機會來了。一聲令下，幾萬晉軍揮舞著刀槍，直抵夾寨。

按照李存勗事先制定的分工，李存璋和王霸率晉軍後勤人員放火燒寨，把夾寨燒成兩截，然後周德威率晉軍主力從西北方向強攻進夾寨，大總管李嗣源率帳下親軍進攻夾寨東北角，李存勗率中路隊「三道齊進」，藉著茫茫霧色，馬踏夾寨。

因為晉軍這次行動非常保密，再加上梁軍自己作死，以及天公不作美，等晉軍殺進寨子裡時，梁軍這才發現。但晉人的大刀已經架在了梁人的脖頸上，再作反應已經來不及了。《舊五代史・莊宗紀一》對這場三垂岡之戰的記載簡略而精彩，「李嗣源壞夾城東北隅，率先掩擊，梁軍大恐，南向而奔，投戈委甲，噎塞行路，斬萬餘級，獲其將副招討使符道昭洎大將三百人，芻粟百萬。」梁軍前主帥康懷貞幸運地逃出李存勗的魔掌，模樣狼狽地帶著百餘騎奪命出天井關逃回河南。是役，晉軍大獲全勝，成功地把戰略重鎮潞州從梁軍數重圍困中解救出來，確保了太原南線的戰略安全。

李存勗單衣匹馬，迎風立在三垂高岡上，看著山谷中數不盡的梁軍兵甲軍械，享受著無數弟兄伏地高呼晉王萬歲的成就感，李存勗笑了。打贏了事關河東生死存亡以及事涉李存勗個人威望的三垂岡之戰，從此江湖上都知道李亞子不是好惹的，還有什麼比這更讓年輕的晉王感到快意的。甚至是洛陽城中的朱皇帝得到三垂岡慘敗的消息後，意識到李存勗並不是一個容易對付的對手，朱皇帝看著自己膝下一堆不爭氣的兒子，哀歎道：生子當如是，李氏不亡矣！吾家諸子乃豚犬爾。

其實三垂岡並非李存勗第一次來，早在他五歲的時候，他就曾經跟著慈愛的父王在三垂岡地區射獵。三垂岡坡上有一座唐明皇李隆基的廟宇，李克用讓部下在明皇廟前擺酒，一隊樂工吹奏名曲《百年歌》。中年的李克用半世拼殺，感慨人生無常，聽著聲調淒苦的《百年歌》，李克用感慨滿懷，他指著五歲的長子說：老夫壯心未已，二十年後，此子必戰於此。也許李克用只是一時醉言，但誰也沒有想到，二十年後，李存勗真的如父親所言，在三垂岡明皇廟前，拉開了他輝煌人生的宏大帷幕。

風雲帳下奇兒在——李存勗揚名立萬的三垂岡及柏鄉之戰（下）

李存勗贏得了自己軍旅人生中第一場重大戰役的勝利，但客觀來說，三垂岡之戰實際上是一場偷襲戰，驕傲的朱溫自己打敗了自己，再加上大霧助晉，所以梁軍才莫名其妙的被晉人狠踹一通。老虎正在打盹，被驢子一蹄子給踹進陰溝裡，但這並不說明驢子能打過老虎。雖然朱溫歎過生子當如李亞子，但就朱溫本人來說，他並沒有太把李存勗當回事。

李存勗自然知道三垂岡之戰贏得僥倖。雖然他藉此戰在河東打出了自己的聲威，河東名宿老將周德威、李嗣昭、李嗣源等人對李存勗忠心不二，但梁強晉弱的局面沒有絲毫改觀。對李存勗來說，他現在能做的就是啃硬骨頭，一塊一塊的啃。

果然有一塊硬梆梆的骨頭擺在了李存勗面前，朱溫又把觸角伸向了河北地區的趙國。

這裡需要簡單的介紹一下五代初期的河北勢力分布形勢：

梁朝：朱溫所建，控制河南、山東、蘇北、皖北、鄂北、晉南，以及河北南部邢臺、邯鄲一帶。

晉國：李存勗所有，佔據山西大部。

燕國：劉仁恭、劉守光相繼割據，佔有今北京、天津地區，以及河北滄州、張家口、唐山，以及遼寧朝陽一帶。

義武軍：王處直所據，佔有河北保定附近二州，在河北諸勢力中面積最小。

趙國，即唐末的成德軍節度使，佔有鎮（石家莊）、趙（趙縣）、深、冀四州，因為統治者王鎔被朱溫封為趙王，所以俗為趙國。

王鎔與李存勗一樣，並非漢人，而是回鶻人的後裔，十歲時襲封父親王景崇的成德節度使之職。而王鎔往上朔四五輩，他的祖先們都世代割據成德，成為河北大藩，史稱承祖父百年之業，士馬強而畜積富。

趙國北接義武，南接梁朝的魏博，東接燕國，西與李存勗的晉國比鄰而居。在一輪又一輪的河北爭霸戰中，王鎔奉行「睦鄰友好」的不結盟外交政策，盡可能的不與鄰藩發生武裝衝突。雖然朱溫是天下第一強藩，但早年的朱溫主要精力都放在了消滅秦宗權、朱瑄、時溥等中原軍閥上，暫時顧不到河北。而王鎔的老鄰居李克用佔據河東，地大兵強，是王鎔無論如何都得罪不起的。所以王鎔特別重視與河東的外交關係，李克用曾經發兵攻趙，被王鎔花了二十萬匹絹給勸退，晉趙合好。但等到朱溫括定中原後，開始經營河北，王鎔知道朱溫的實力，更不敢得罪朱溫，「卑辭厚禮，以通和好」。等到朱溫建梁後，把自己的女兒嫁給了王鎔的兒子王昭祚。當時梁強晉弱，王鎔只能向強者低頭，承認梁朝的正統性。

王鎔雖然向朱溫稱臣，但他的成德軍畢竟是獨立政權，並不受朱溫直接控制。而趙國西與河東為鄰，如果朱溫能拿下趙國，就能在河東的東線對李存勗狠狠插上一刀，讓太原城中的李存勗每天都生活在梁軍隨時可能偷襲的恐懼之中。

為了實現吞併趙國的計畫，朱溫開始對王鎔，以及更北邊的王處直慢慢下手，至於說朱溫的理由是懷疑王鎔與李存勗暗中私通，一個蹩腳的藉口而已。

就在這個時候，燕國的劉守光也盯上了趙國，發兵南屯淶水，似乎要偷襲趙國。朱溫覺得併趙的機會來了，即時發魏博兵三千人進屯深、冀二州，表面上說要幫助趙國擊退燕軍，實際上是等待時機消滅趙國。

王鎔不是不明白朱溫的意思，但懾於朱溫的淫威，王鎔不敢和朱溫翻臉。王鎔希望能說服朱溫撤兵，並派人去洛陽告訴朱溫，說趙國已經和燕國和解，劉守光撤兵。王鎔天真的以為找到了最合理的藉口，朱溫就可以撤兵了。即將到嘴的肥肉，沒人會傻到放棄，朱溫表面上和王鎔打馬虎眼，暗中卻讓三千魏博兵突然發難，殺掉了守城的趙兵。王鎔這時才發現自己上當，再也不管和朱三的親家情了，立刻向李存勗求援。

李存勗收到了王鎔的雞毛信，不過在是否救援趙國的問題，晉國高層發生了嚴重分歧。大多數幕僚都認為王鎔是朱溫的兒女親家，「鎔久臣朱溫，歲輸重賂，結以婚姻，其交深矣，此必詐也！」這極有可能是朱溫與王鎔演的雙簧戲，目的是誘晉兵深入，聚而殲之。大家的意見是先緩一緩，看看朱溫下一步動作再作計較。而李存勗卻認為王鎔只是屈服於朱溫強大的軍事壓力，並非真心歸降，王鎔臣梁的底線是趙國獨立自主。李存勗的態度非常明確：唇亡齒寒，今不救趙，趙亡，晉豈能獨存！李存勗告訴大家：「我若疑而不救，正墜朱氏計中。宜趣發兵赴之，晉、趙事力，破梁必矣！」

河東黑鴉軍再次兵發太原城，由周德威帶隊疾馳出井陘口，直赴趙州，阻止梁軍對趙國首府真定隨時可能發起的攻擊，李存勗隨後趕到。

朱溫本來是希望三千精兵賴在趙國不走，給王鎔製造壓力，敦促王鎔早點獻城。但朱溫完全沒有想到王鎔竟然暗中向李存勗求救，李存勗已率晉軍攔在趙州。李存勗承受不起趙國入梁給晉國帶來的生存壓力，而朱溫同樣承受不起趙國入晉帶給梁朝的生存壓力，所以既然李存勗要把事情鬧大，那麼就趁這個機會幹掉李存勗。

梁開平四年（九一〇年）十二月初三，朱溫甩出手上一張王牌：寧國軍節度使王景仁任北面行營招討使，潞州招討副使韓勍為副使，相州刺史李思安為前鋒，出兵十萬（《資治通鑑》作七萬，《舊五代史．周德威傳》作八萬）。同時，魏博軍協同王景仁的主力北上作戰，大將閻寶、雙槍王彥章率兩千精銳騎兵跟進，作為機動接應。

梁軍主將王景仁其實不是朱溫的嫡系，他本名王茂章，善使一條大槊，性情暴厲，是淮南王楊行密手下虎將，楊行密死後，楊渥繼位，因忌王景仁之才，王景仁為避禍，私奔吳越錢鏐。後來錢鏐派王景仁去洛陽朝見朱溫，朱溫非常欣賞王景仁，便留為己用。而為了避朱梁祖諱，王茂章改名王景仁。

奉大梁皇帝之命，王景仁率諸軍星夜北上，十二月初四，梁軍從河陽渡口橫渡黃河，從東北方向進入天雄軍，與天雄軍羅周翰率領的四萬魏軍會合，然後北上直進趙州南線的邢州、洺州一帶。為了接近李存勗的晉軍主力，王景仁下令梁軍繼續北上，十二月二十一日，梁軍紮營柏鄉（今河北柏鄉）。四天後，晉王李存勗在趙州與周德威的主力會合，震驚天下的柏鄉之戰一觸即發。

不過，現在李存勗最擔心的倒不是梁軍人多氣勢，他最怕趙王王鎔承受不了壓力，臨場下軟蛋。李存勗先率小股部隊外出，生擒梁軍後勤人員二百人，從他們嘴口撬出了一條重要訊息，朱溫確實要使詐吞併趙國，並表達了就算趙國以鐵為城，梁終要取之的強硬態度。李存勗和王鎔都知道朱溫想吞併趙國，但卻一直沒有實證。現在李存勗得到了證人，立刻把被俘梁軍送往正定，讓他們一字一句把朱溫的原話告訴王鎔，從而堅定了王鎔背梁歸晉的決心。王鎔反梁立場堅定，就等於在後方政治戰場上支持李存勗，李存勗沒有後顧之憂，就可以集中精力在柏鄉對付王景仁。

梁軍兵精糧足，即使一時半會拿不下趙國，也有足夠的資本和遠道而來的李存勗打對耗戰。從太原到真定山路崎嶇，糧食運輸比較困難，雖然趙國竭力輸糧，但畢竟趙國只有四州，糧食有限，所以李存勗必須要速戰速決。而李存勗的對手王景仁早就窺破晉軍的短板，你要速戰速決？不好意思，我偏要耗死你！

不過李存勗也還沒有摸清王景仁的底細，並不敢貿然發起總攻，只是駐軍於柏鄉北三十里處，派周德威率小股騎兵到梁軍大營前試圖挑戰。「梁兵不出」，任憑晉軍群魔亂舞，我自巋然不動。

現在著急的是李存勗，他知道王景仁想倚仗著強硬的資本耗死自己，而李存勗是根本沒有資本和王景仁拼消耗的，而他唯一的資本，就是晉軍旺盛的士氣，可士氣是有時限性的，「朝氣銳、暮氣墜」，時間不在李存勗這一邊。晉軍再往前推進二十五里，紮營於野河北岸，他試圖以「步步為營」之計刺激王景仁，讓王景仁下令出戰。

李存勗這次使了一計損招，讓前去挑戰的晉軍騎兵在周德威的帶領下，先是對著梁軍大營一陣亂箭，然後集體罵人。晉軍具體罵了什麼，於史不詳，但應該是李存勗針對王景仁本人背景專門制定的罵人攻略，王景仁最怕聽到什麼，弟兄們就給我狠狠的罵，連帶著韓勍、李思安的祖宗八代、七姑八姨都被晉軍的毒舌罵了個墳頭七竅冒煙。

王景仁本來就是個急脾氣，根本架不住李存勗近乎潑皮無賴式的罵人，終於被罵毛了，派副使韓勍率三萬步騎兵出營教訓這夥出口成髒的河東人。晉軍看到幾乎是武裝到牙齒的梁軍黑鴉鴉地出營，立刻撤退，被罵急了眼的韓勍估計是憋得太久，急需發洩鬱悶，死追晉軍不放。周德威手下只有一千多騎兵，如果正面迎擊，等於送死，所以周德威選擇了梁軍相對薄弱的兩翼，一千河東騎兵就像一隻討厭的蒼蠅在一頭豬身上來回叮咬，惹得這頭豬亂甩豬尾巴。河東騎兵士氣旺盛，加上騎術精練，騷擾一下梁軍不成問題。但梁軍人數太多，而且裝備極為精良，每匹戰馬上都鋪錦綢，懸金銀飾，雖然受到了晉人騷擾，也不過損失了一百多人。晉軍不敢和梁軍玩命，邊戰邊退。

通過這場規模很小的戰役，周德威真正認清了梁朝軍隊的強大，不是一朝一夕就能擊退的。性格沉穩的周德威更傾向於以守待變，等梁軍士氣耗盡，晉軍再出手收拾梁軍，必能大勝。「賊勢甚盛，宜按兵以待其衰。」不過李存勗並不認同周德威的看法，梁軍士氣久而必衰，難道晉軍士氣就會久而不衰？李存勗堅持速戰，對周德威產生了嚴重不滿。周德威同樣不讓步，但他還是通過李存勗非常尊敬的老太監張承業，通過張承業勸李存勗要沉住氣，一旦梁軍主動渡過野河發起會戰，吃虧的將是弱勢一方。

李存勗本來還想嘴硬，但當他從俘虜的梁兵口中得到了王景仁即將修建浮橋渡河的計畫，驚出一身冷汗。李存勗認識到速戰速決其實對梁軍是同樣有利的，所以他及時改變戰略，聽從周德威的建議，全軍退守高邑，以退為進，再尋戰機。

以雙方的軍事力量，真要打會戰，晉人鐵定被梁人包餃子。要削弱梁人的戰鬥能力，最好的辦法，還是周德威在三垂岡之戰使用過的牛皮糖戰術，不停的襲擾梁軍，特別是梁軍的後勤保障。

不知道是什麼原因，梁軍的糧食突然不夠吃了。其中一個重要原因，趙國方面早就預料到梁軍會北上趙州，所以提前搬空了趙州府庫的糧食，而梁軍後勤運輸一時沒有跟上，所以造成了梁軍「柏鄉比不儲芻」的局面，梁軍為了解決糧食問題，只能就地取糧，四處抄掠。梁軍客場作戰，晉軍主場作戰，趙國和義武軍的糧食源源不斷的供給晉軍，時間反而站在了李存勗這一邊，李存勗不再像以前那樣力求速戰速決。

晉軍在周德威的率領下，再次祭出罵人祖宗八代的損招，不過梁軍懷疑周德威背後有晉軍埋伏，不敢出戰。梁軍死守在柏鄉營中，四個方向都有成群的晉軍騎兵騷擾梁軍外出採辦糧草，時間一久，梁軍營中幾乎斷了糧。

無法想像，以梁朝強大的整體實力以及朱溫的智商，他怎麼會不調撥糧食供給十萬大軍？但事實就是如此，不但梁人沒有糧食吃，甚至戰馬都餓得眼冒金光，只能啃茅席。軍隊作戰大忌之一就是前線無糧，這極易造成人心恐慌，所以王景仁決定向晉軍發起總攻，多拖一天，梁軍就多一分因絕糧而崩潰的危險。至於史書所載王景仁出戰是因為周德威等人把他罵急了，實際上周德威這次不罵娘，王景仁也要出戰。

梁乾化元年（九一一年）正月初二，梁軍主力在王景仁、韓勍的帶領下悉數出營，結陣而出，一定要活捉滿嘴噴糞的周德威。周德威當然不會傻到與梁軍玩命，且戰且退，回到野河北岸。

梁軍人數太多，而野河上橋樑有限，所以梁軍過河速度比較慢。李存勗知道這幾萬梁軍一旦過了河，必如下山猛虎勢不可當，所以李存勗派大將李建及帶著二百壯士，堵在橋樑北頭，極力阻止梁軍過橋，「力戰卻之」。

也許是這場規模極小的戰役刺激了李存勗的野心，他似乎又忘記了周德威之前對他的苦勸，又想畢其功於一役。年輕氣盛的晉王告訴周德威：「國家生死存亡在此一舉，我先上陣殺敵，你在後面助威。」周德威知道今天勢必與梁軍主力決戰，但現在還不是時候，他的理由是梁軍缺糧，吃了上頓沒下頓。現在梁軍剛吃完上頓，有力氣拼殺，所以現在決戰等於送死。等梁軍沒飯吃的時候，我們再動手，必能一擊克之，希望李存勗再耐心等一等。「彼去營三十餘里，雖挾糗糧，亦不暇食，日昳之後，饑渴內迫，矢刃外交，士卒勞倦，必有退志。當是時，我以精騎乘之，必大捷。」李存勗總算聽進去了周德威的逆耳之言。

梁軍吃過早飯出戰，自然希望速戰速決，但狡猾的晉人根本不和他們玩。等到了中午，梁軍士兵因為沒有飯吃，餓得兩眼昏花，士無鬥志，就差直接躺在地上睡著了。王景仁也發現了這個問題，既然晉軍不咬速戰速決的魚鉤，那就只能先撤回營，再作打算。「景仁等引兵稍卻。」梁軍幾萬人都擠在河邊，即使朝後退，巨大的慣性也讓梁軍手忙腳亂，陣形被打亂，東首魏博兵與西首的汴宋兵早擠成一團。

這一幕被眼尖的周德威看到，熟讀史書的周德威也許受到了秦晉淝水之戰的啟發，當年秦軍就是在河邊擠成一團，晉將朱序臨河大呼：秦軍敗了！秦軍慌不擇路，遂至崩盤。現在的形勢和當年簡直如出一轍，周德威率眾大呼：「梁兵敗了！弟兄們要發財的跟我上。」數萬晉軍同聲高呼，聲勢極大，同時也給梁軍製造了極大的心理恐慌，梁軍已有人開始潰逃。梁軍雖然斷食，但梁軍的戰馬兵甲都是世界最頂級裝備，晉軍弟兄早就看著眼熱。大帥一聲令下，晉人爭先恐後的殺向梁軍。

首先扛不住的，是東首的魏博兵，見勢不妙，魏博兵腳底抹油先溜了。魏博軍的潰敗，給處在混亂中的西首汴宋兵又製造了更大的心理恐慌，汴宋兵像無頭蒼蠅一般亂轉。晉軍大將李嗣源知道汴宋兵在心理上已經有些撐不住了，立刻想到一個絕妙的主意。李嗣源讓士兵們衝著汴宋兵高喊：「魏博兵已潰逃，你們難道等被河東人砍頭嗎？」

此時的汴宋兵似乎還不太知情東首魏博兵的情況，當他們從李嗣源口中得知魏博兵潰逃的消息，早就鬥志渙散的汴宋兵徹底崩潰了，李嗣源散布的這個真實的消息成了壓垮梁軍的最後一根稻草。梁軍本就餓著肚子，根本沒有心思戰鬥，李嗣源這麼一喊，梁軍「互相驚怖，遂大潰」。反正魏博兵潰逃在先，皇帝真要追責，也怪不到我們頭上。

這應該就是西首汴宋兵潰逃時的心理，但不管怎麼說，柏鄉十萬梁軍的大潰敗已成定局。不過，從整體上來看，梁軍鬥志已經崩潰，但就個體而言，梁軍單兵作戰的能力還是讓晉軍有所忌憚，此時貿然與亂哄哄的梁軍作戰，未必就能佔到什麼便宜。還是大將李存璋懂一點政治，他讓晉軍士兵們在陣前給梁軍兄弟們上了一堂感人至深的政治課：梁軍弟兄都是普通百姓，只不過被朱溫蒙蔽上當。只要你們放下武器趕緊滾蛋，我們一個不殺！

李存璋這句話實際上是在替梁軍減了負，背著沉重的兵甲，逃也逃不遠，不如丟掉這些東西，輕裝逃跑。「於是（梁）戰士悉解甲投兵而棄之，哭聲動天地。」特別是梁軍精銳部隊之一的龍驤軍、神武軍、神捷軍都丟下武器，撒開腳丫子哭爹喊娘狂奔而去。

李存璋說話算數，他率領的晉軍確實沒有對放下武器的梁人大開殺戒，但李存璋可沒有替飽受梁人欺負的趙國保證不開殺戒，李嗣源等各部晉軍可沒有保證不殺人。

趙國久受梁人欺凌，早就恨梁人入骨，只恨平時沒有機會報仇。現在梁軍放下武器，不殺你們，更待何時？為了報復梁人，面對堆積如山的兵甲器物，趙人棄之不顧，操著短刃追上手無寸鐵的梁軍，肆意殺戮，龍驤、神武、神捷三軍幾乎像瓜果梨桃一樣被趙人砍殺殆盡。同時，晉軍三大名將李嗣源、史建瑭、安金全各率本部人馬衝進梁軍亂陣中大砍大殺。特別值得一提的是，安金全帳上幾乎是清一色的吐谷渾番兵，戰鬥力極強，空手白爪的梁人死傷極為慘重。從野河南岸到柏鄉城之間空闊的數十里地中，梁人伏屍遍野，血水將野河染成了紅色。梁軍主將王景仁、韓勍、李思安帶著幾十名親衛騎兵狂奔，在混亂的局面中僥倖逃出生天。在這場柏鄉之戰大出鋒頭的李嗣源率軍一直狂追了一百五十里，直到邢州才鳴金收兵。而之前賴在趙國深、冀二州不走的三千魏博兵，聽說梁軍主力在柏鄉被晉軍全殲，嚇得連夜棄城南逃。本來岌岌可危的趙國局勢，在晉王李存勗的幫助下轉危為安，王鎔可以繼續做他的趙王，尋歡作樂。

十萬梁軍在這場亂七八糟的潰敗戰中，僅被晉軍殺死的就有兩萬人，生擒梁朝將軍二百八十五人，數萬逃兵潰逃到梁保義軍節度使王檀所在的磁州轄區，才由王檀出面給逃兵發了路費，遣散回本部。坐在洛陽城等待吞併趙國好消息的朱皇帝，萬沒想到他的十萬大軍竟然稀裡糊塗的就被李存勗全殲，敗狀極慘，朱溫臉上的驚愕表情可想而知。

梁朝雖是天下第一強國，但總體經濟實力也是有限的，此次十萬梁軍出征，軍資消耗極大，梁軍每副鎧甲都價格數十萬錢，幾億錢的軍用裝備就這麼葬送掉了。

不過以朱溫的見識，他最心疼的還不是這些錢，而是在政治外交上的重大損失。柏鄉一敗，早就與梁朝離心離德的王鎔、王處直已經徹底倒向李存勗，河東的東線防禦體系固若金湯，梁軍已無可能從河北太行山一線進入河東境內。戰略損失，相當於東吳孫權偷襲荊州得手，讓劉備徹底失去走漢中、荊襄兩線消滅曹魏的可能，只能走山路艱險的漢中單線。同樣的道理，以後朱溫要再與河東作戰，只能走潞州一線，李存勗在河北一翼戰略無憂的情況下，可以集中所有兵力在潞州附近與梁軍抗衡，戰略壓力減到最小。

雖然在柏鄉之敗後，梁朝還是天下第一強國，但統治者明顯減弱。而李存勗在接連打贏了防守態勢下的三垂岡與柏鄉之戰，終於可以喘過氣來，甚至藉著與河北兩鎮的戰略結盟，可以主動向梁朝發起進攻。

不過朱溫雖敗，虎威猶在，梁朝的整體實力還沒有到可以被李存勗一口吞下的地步，只不過梁朝從大象瘦成了河馬，而河東從兔子胖成了豹子。李存勗現在能做的，在內繼續整合親太原中央的力量，在外持續瓦解梁朝的戰略空間。

李存勗的橫空出世，一改先王李克用屢被朱溫欺負的窩囊形象，扭轉了河東在戰略生存上的被動態勢。這兩場梁晉之間的惡戰結果震驚天下，誰都沒有想到身經百戰的天下頭號梟雄朱溫被之前沒沒無聞的李存勗打得滿地打牙，李存勗幾乎是憑一己之力，再上老天的一些眷顧，成功地率河東衝出歷史的牢籠，如猛虎下山，一發不可收拾。

老天都在幫李存勗。朱溫也許在進攻上打不過李存勗，但以朱溫的老到，守住黃河一線還是沒有問題的。可誰也沒有想到，柏鄉之戰僅僅一年後，扒灰扒成仙的朱三被親生兒子朱友珪一刀送上西天，而老四朱友貞又把二哥踢下地獄。而當一直在密切關注梁朝內部動態的李存勗得知朱友貞將成為他的對手時，李存勗笑了。

在李存勗之前推定的三個有可能的對手中，他最怕的其實還不是所謂「多材藝」的朱溫假子朱友文。朱友文善於後勤統籌，但不善前線交鋒，而朱友珪雖然性格頑劣，但「辯黠多智」，做事不像朱友貞那樣四平八穩，這反而是李存勗比較忌憚的對手。但偏偏最終上位的是性格庸弱的朱友貞，李存勗最不怕的就是這種平庸性格的對手。

時間也證明了這一點，朱友貞繼位後，不停的出昏招，在內重用趙岩、張歸霸等奸臣，在外猜忌功勳老將，在戰略上硬生生把固若金湯的魏博防線送給李存勗，李存勗幾乎是在朱友貞的「幫助」一下，用了十年時間，滅掉了與自己家族有血海深仇的朱梁王朝。

花樣作死——「唐光武」李存勗覆亡記（上）

當大唐皇帝李存勗（李存勗已在九二三年於魏州稱帝，國號大唐，史稱後唐）意氣風發地策馬進入汴梁城時，所有人都想到了一個著名的歷史人物——就是死灰復燃的東漢光武皇帝劉秀。

西漢被王莽篡奪後，天下人都以為劉氏已亡，王氏當興，但僅僅十六年後，一個叫劉秀的西漢前宗室竟然重建漢朝江山，東漢帝國又雄雄壯壯地在東方的歷史長河中挺拔了近二百年！三百年大唐朝被朱溫一朝傾覆，但時人對唐朝還有很深的感情，復興唐朝是當時社會輿論的主流。不過誰都沒有想到，又是十六年後，唐朝「後裔」繼劉秀之後，再次實現華麗的劇情大翻轉。

大唐朝完美回歸！

而兩年後，李存勗再發神威，出兵消滅前蜀，蜀主王衍舉族入洛受誅。滅朱梁，平兩川，再順江東下，收荊南，平楚，削吳，定吳越、閩、南漢，四海復歸唐一統，天下人都心甘情願地拜伏在「唐光武」皇帝陛下面前，舞蹈山呼萬歲，天下再享承平。

可歷史卻總是在不恰當的時候給人們開天大的玩笑。當人們都在期待大唐帝國完美中興的時候，這個處在人生最頂峰的當代「光武」卻以光的速度墜落。還沒等人們反應過來到底發生了什麼，李存勗就兵敗身死。洛陽城頭那把讓人絕望的沖天火光，宣告了大唐中興的夢想徹底破滅。對於李存勗前一腳上天踏祥雲，後一腳入地踩爛泥的詭異人生軌跡，很多人都覺得惋惜。

其實李存勗的敗死一點也不值得同情，李存勗在功成名就後，就開始自己作死，而且是別人完全不可理解的不停地花樣作死。

其實對於李存勗自己如何作死，《舊五代史・莊宗紀史論》已給出了答案，「豈不以驕於驟勝，逸於居安，忘櫛沐之艱難，徇色禽之荒樂。外則伶人亂政，內則牝雞司晨。靳吝貨財，激六師之憤怨；征搜輿賦，竭萬姓之脂膏。大臣無罪以獲誅，眾口吞聲而避禍。夫有一於此，未或不亡，矧咸有之，不亡何待！」

李存勗為什麼會變成這樣？雖然史家給出了很多答案，但歸根結柢李存勗的敗亡可以總結為：李存勗自身性格存在著嚴重的缺陷，而同時又缺乏有效的監管。

關於李存勗缺乏有效監管，歷史上有兩個因為缺乏監管而從雲端一頭栽進爛泥的著名君王，就是齊桓公姜小白與前秦宣昭帝苻堅。眾所周知，姜小白之所以能成為春秋第一大霸，至少有七成原因是因為他身邊站著一個幾乎無所不能的天才仲父管仲。而苻堅之所以能統一北方稱霸天下，也至少有一半原因是因為他身邊也有一個幾乎無所不能的鐵血宰相王猛。管仲和王猛之於姜小白與苻堅的關係，與其說是君臣關係，不如說是監護人與被監護人的關係。姜小白與苻堅，他們在事業上雖然如日中天，但從性格來說，他們都是長不大的孩子。身邊有人管著他們，可以給他們指引正確的方向，不至於讓他們身陷迷途。而他們對這種父親式的宰相也幾乎是言聽計從，有效地規避了巨大的政治風險，可等管仲與王猛死後，姜小白與苻堅徹底失去管教，開始盲目自大、好大喜功、不聽人勸，結果一個身死宮難，一個國破人亡，徒為天下笑柄。

從本性上來說，李存勗與姜小白、苻堅是同一類人。這類人都非常感性，待人真誠，極易在並不了解對方真實情況下與人成為朋友，願意與人剖肝瀝膽共生死。他們在心智上其實並不成熟，都有著強烈的父愛需求，身邊必須有一個家長式的大臣時刻看管著他們。

姜小白身邊有管仲，苻堅身邊有王猛，而李存勗身邊也有一個類似管仲、王猛式的家長型人物。確切來說，不是一個人，而是兩個人，就是前面提及的德高望重的河東總管大太監張承業與河東第一名將周德威。

張承業，本姓康，從小就入唐宮做了太監，被老太監張泰收為養子。張承業之所以進入河東集團，是因為李克用在與張承業有業務往來的過程中，非常欣賞張承業為人。後來唐宰相崔胤在朱溫授意下誅滅所有太監，即使在諸藩鎮者也要殺死。但李克用不捨得殺張承業，便殺了一個罪犯，把人頭交給崔胤，張承業逃過一死。也許是這個原因，張承業對李克用感恩戴德，必以死報。李克用也知道張承業為人忠樸，在死前特意把李存勗叫過來流淚託孤於張承業，「以亞子累公等」。當然，這個「等」也包括周德威、李嗣源等人。張承業幾乎是看著李存勗長大的，再加上李克用對自己的高天厚德，張承業對河東江山極為忠誠。在李存勗與朱友貞進行異常艱苦的十年戰爭中，都是張承業在打理河東內部政務，「軍國之事皆委承業，承業亦盡心不懈，凡所以畜積金粟，收市兵馬，勸課農桑，而成莊宗之業者，承業之功為多。」李存勗在政治上沒有後顧之憂，在經濟上又有足夠的軍餉，才能在對梁作戰中所向披靡。

雖然李存勗以長兄事張承業，但從年齡上來說，張承業比李存勗大了足足四十歲，比李克用還大十歲，這完全是父子之間的年齡差距。事實上也是如此，李存勗對張承業的感情其實和父子沒有任何區別。張承業自己沒有兒子，所以他把自己所有的感情都傾注在年輕的晉王身上，對李存勗用情極深。河東高層權貴都知道張承業德高望重，誰敢不敢輕慢這個老太監，「斂手皆畏承業。」就是李存勗的母親曹太后對張承業也是無比尊重，有次李存勗因為要用公款賞賜藝人，張承業不同意，二人發生衝突，還是曹太后親自勸慰張承業「小人忤公，已笞之矣」！

李存勗另一個「仲父」，是周德威。

周德威，小名陽五，朔州馬邑人，「為人勇而多智，狀貌雄偉」，是當時公認的河東第一名將，朱溫為了活捉周陽五，甚至懸賞生得周陽五者為刺史。李克用死後，河東政治形勢一片混亂，此時周德威帶著晉軍主力在外，這就給了一些人造謠的空間，「晉人皆恐」。如果此時周德威反水朱溫，他想要星星，朱溫都願意給周陽五摘下來。可周德威為了效忠於新王李存勗，毅然率軍回太原，承認李存勗的政治地位，並哭拜李克用靈，「由於群情釋然」，為李存勗穩定統治權立下頭功，從此贏得了李存勗的極大感激。

周德威生年不詳，但他早在乾寧年間（八九四～八九八年）就跟隨李克用南征北戰時，李存勗才剛剛出生，說明在年齡上也是李存勗的父輩。周德威雖然是軍人，但也兼任等同於宰相的同中書門下平章事（**相當於軍隊在內閣中的代表**）。

張承業主政治，周德威主軍事，二人一內一外夾輔李存勗，都在一定程度上起到了監護人的作用。不過從李存勗的性格來看，他天生就是個不喜歡被人管教的野孩子，喜歡瘋玩，雖然在表面上他非常尊重這兩個盜版管仲，以及自己生性嚴厲的生母曹太后，但內心裡還是非常排斥。即使是當著二人的面，李存勗沒少和他們爭吵。比如李存勗和一幫小夥伴賭錢，讓張承業從國庫裡提錢來賭，被張承業拒絕，李存勗非常生氣，差點和張承業翻臉。而等到滅梁大業即將功成，李存勗決定稱帝，張承業以死相勸，李存勗理都沒理。

至於周德威，李存勗在軍事方面自恃天才，也幾乎聽不進去性格穩重的周德威的勸告，一味逞英雄。因李存勗在晉軍還沒有完全做好準備的情況下強行進攻梁軍，反對無效的周德威只好硬著頭皮上陣，結果父子在胡柳坡之役中戰死。雖然李存勗聽說周德威戰死時，「哭之慟，喪吾良將，是吾罪也」，但沒過多久，李存勗就把周德威拋到了腦後。

不要說是盜版的管仲、王猛——張承業、周德威，就是正牌的管仲、王猛，他們也在自己的少東家面前碰過一鼻灰。管仲勸姜小白遠離易牙等小人，王猛勸苻堅及時殺掉姚萇、慕容垂等野心家，二人都不聽，結果引來殺身大禍。姜小白與苻堅都視管仲、王猛如再造父母，尚且如此，何況李存勗從來也沒有在感情上把張承業、周德威視為再造父母，不過一老閹、一爪牙而已。從這個層面來看，即使周德威不死，李存勗也不會屈就自己的意願去聽周德威的擺布，而張承業被李存勗活活氣死後，李存勗也沒有多少內疚之感。

李存勗熟讀歷史，姜小白與苻堅違諫而亡的慘痛教訓，他不可能不知道。但李存勗為人狹促、傲慢自大，他根本不會承認姜小白、苻堅與自己的相似之處，他也不認為自己需要什麼監護人。真正能讓李存勗敬畏的只有一個人，就是生母曹太后，但曹太后在政治上毫無見識作為，她身為一介後宮女流，也不可能承擔管仲、王猛的角色。

如果讓李存勗接受有人對自己的監護，只有在一種條件下才有可能出現，就是河東在與梁朝的對壘中屢戰屢敗，李存勗威望受損，他才會不情不願地接受。而自李存勗出江湖以來，連勝朱溫、朱友貞父子最終滅掉梁朝，天下人皆伏首甘拜膝下，李存勗威望達到頂點，他更不可能去找什麼監護人。而缺少監護人的監管，李存勗更加肆無忌憚地揮霍自己的人生，惡性循環之下，最終從天上跌落凡間，摔了個粉身碎骨。

花樣作死——「唐光武」李存勗覆亡記（下）

李存勗在功就名就之前的創業期，還是給人一種積極向上的感覺——為人慷慨、納諫如流、身先士卒，人們也樂意接受這個與淫蕩殘暴的朱三完全不同的正面人物。而李存勗馬踏汴梁城，則把當時社會對李存勗的英雄崇拜推向了最頂峰，而悲劇恰恰從此拉開了帷幕。

普天下人們熱烈期盼的「唐光武」不見了蹤影，李存勗之前給人們留下的美好印象一夜盡被西風吹去，人們看到的則是一個驕傲、自私、剛愎自用、猜忌大臣、好大喜功的享受者。

李存勗開始學會享受人生了，滅掉梁朝的巨大成就感使得讓本就缺乏有效監管的李存勗迷失了人生的方向。也許李存勗認為梁朝是天下第一強國，他都能滅掉，更不說蜀吳荊楚粵越閩等小王國，即使他享受人生，也不會影響他的大唐中興計畫。

李存勗的「享受人生」，總體上來看，可以分為四種情形：一，炫耀自己的絕世武功。二，縱容自己的皇后劉氏胡作非為。三，縱容早年被朱溫徹底剷除掉的太監集團以及戲子藝人。四，得罪軍隊。

先說第一點。人但凡做出一點成績總會多少有一些驕傲的，這本是人之常性，但從來沒有成功者會像李存勗這樣，把所有的功勞完全歸功於自己一個人，他人弗預也。誠然，李存勗與梁作戰十六年，每戰都披甲執銳、身先士卒，但同樣上陣殺敵的還有其他河東眾將，周德威、李嗣源、李存信、李嗣昭這些大將哪個不滿身傷痕。雖然李存勗嘴上不說，但他心裡依然在想：不是朕起到模範帶頭作用，你們哪個會上陣？

在剛剛滅梁時，李存勗的驕傲情緒就已非常強烈。割據江陵的荊南節度使高季興被李存勗強召入洛朝見，等回來後，高季興告訴人們這個新皇帝狂妄傲慢過了頭。「（李存勗）及對功臣舉手云『吾於十指上得天下』，矜伐如此，則他人皆無功也，誰其不解體！」高季興不是預言家，但他相信自己對李存勗人生的判斷……荒於禽色，何能久長！

再說第二點，關於李存勗那個幾乎是天生「掃把星」的劉皇后。如果說李存勗是個玻璃安裝工，那麼劉皇后就是個專門砸玻璃的，老公裝多少玻璃，她就敢砸多少。

劉氏，史無其名，是魏州成安人。在她五六歲時，晉軍攻陷成安，劉氏入晉陽宮，成為李克用嫡妻劉太后的貼身宮女。在門第之風殘存的五代，李存勗之所以能看上出身低微的劉氏，主要原因就是劉氏有濃厚的藝術天分，會吹笙、會歌舞，而李存勗本人就是藝術青年。加上姿色絕代，英雄自古愛美人，李存勗掉進桃花窩裡是再自然不過的事情。劉氏有美貌，卻沒有德性。也許她從小生活在爾虞我詐的宮廷，見慣了太多的虛偽，所以養成了極端自私的品格。等到李存勗稱帝後，劉氏的生父找上門來，希望能父女相認。劉氏知道自己出身不好，她自然不願意認下這個窮爹，詐稱自己父親早早就死了，這個老頭是江湖騙子，讓人把父親在宮門前亂棍打了一頓將其轟出，劉父號哭而去。

如果不認生父，只能說劉氏人品太差，但劉氏最大的問題是貪財，幾乎是為了錢財不惜毀掉丈夫江山的那種毫無底線的貪婪。各地朝貢向來都要分成兩份，一份是給皇帝李存勗的，一份是給劉皇后的。最搞笑的是，劉皇后還低價收購瓜果梨桃，讓太監挑到市場，打著皇宮特產的旗號，高價賣了不少錢。

劉皇后在宮裡胡作非為，其根源都是李存勗慣出來的。劉皇后娘家在朝中沒有政治根基，要約束只需李存勗一句話而已。李存勗自己就是一個缺乏管教的人，他又怎麼可能去約束別人？

人們常說成功男人的背後往往站著一個賢慧的女人，賢妻對於男人事業成功的幫助非常大，但如果是惡妻，則能輕易瓦解丈夫辛苦創建的事業。同光三年（九二五年），中原地區發生了嚴重的水災，百姓流離失所，甚至是軍人也死傷慘重，直接影響了政府的稅收進項。李存勗不管這些，為了籌錢享受，對百姓橫徵暴斂，幾乎是刮地三尺，百姓「愁苦，號泣於路」。而此時的李存勗在幹什麼？正在和他心愛的皇后一起郊遊玩樂。如果劉皇后能學到朱溫張夫人一半的賢慧，能勸丈夫要多體諒百姓疾苦，李存勗也不至於如此迅速地喪失人心，幾乎是在萬眾歡呼下被人殺死。從現有的史料可以看出，劉皇后不但從來沒有勸諫過丈夫，反而不斷慫恿李存勗享受人生。以至於當年年底下暴雪的時候，基層士兵都沒有過冬衣服穿，劉皇后還跟著李存勗去伊闕遊玩，所到之處還要求百姓提供物資供應。

李存勗不怕得罪百姓，因為他手上還有一支強大的軍隊，可當軍隊都被得罪後呢？而劉皇后是個極其愚蠢、淺見的庸俗女人，她並不在乎軍隊譁變，她只在乎她辛苦搜刮來的錢財半毛錢也不能給那些當兵的。有大臣曾經勸李存勗給軍隊發工資，李存勗倒是同意了，但劉皇后堅決不給，她說的非常現實，「吾夫婦得天下，雖因武功，蓋亦有天命。命既在天，人如我何！」意思非常清楚：我們夫妻的天下是上天給的，不是這些大頭兵給的！這些傷人的話傳到軍人耳中，可想而知會是是個什麼後果。後來軍隊譁變，甚至與李存勗義斷情絕，反戈相向，和劉皇后這句話大有關係。

如果李存勗還能清醒地意識到自己的大唐帝國已經千瘡百孔時，他應該主動限制劉皇后更深層次的參與政治，可惜他沒有。當他與宰相們商議如何解決軍費時，劉皇后隔在屏風後面偷聽，當聽到宰相們希望後宮能出錢犒軍時，劉皇后怒了。劉皇后帶著小兒子李滿喜，懷裡抱著自己的私人物品，直接當面扔在李存勗面前，負氣說：地方上的進貢早已花完，現在我就剩這點錢，你們都拿去！宰相們面面相覷而退。

李存勗縱容劉皇后，最大的惡果自然是得罪了軍隊，軍人沒有錢養家，他們哪裡還會為李存勗這樣的鐵公雞賣命。當李存勗調動軍隊，準備給弟兄們發錢時，弟兄們都義憤填膺：早幹什麼去了！我們家屬都餓死了！

為了一個女人而得罪自己在亂世江湖賴以生存的軍隊，只有大腦短路的李存勗才做得出來。楚莊王宴樂，有將士乘亂非禮愛姬，愛姬拔將士之纓，請求莊王嚴查此人，而莊王要江山不要美人，大度不問。等後來莊王於戰陣於遇險，正是此人捨命相救。李存勗明明懂得這個道理，卻反其道而行之，實在讓人無法理解。

李存勗溺愛劉皇后，卻不知道劉皇后早就暗中給自己扣了頂綠帽子，與皇弟李存渥暗中私通。李存勗死後，劉皇后看都不看死鬼一眼，連夜與李存渥私奔。好在蒼天有眼，劉皇后後來被繼位的唐明宗李嗣源抓住，賜劉后死。一代紅顏禍水方才殞命。但早在劉皇后被逼死之前，她丈夫身經百戰才打下的天下已經被她毀於一旦。要知道，李嗣源雖然承認李存勗的正統，但他的大唐帝國與李存勗政權完全是兩個概念。如果從某種角度來看，說李存勗死於女人之手，並不為過。

接著再說第三點。

誰都沒有想到，在李存勗百戰滅梁之後，站在歷史舞臺最中央的，不是堪稱河東第一幕僚長的樞密使郭崇韜，也不是威震天下的李橫衝（李嗣源），更不是那個摳門至死的劉皇后，而是一群本來上不得檯面的太監，以及賣唱戲子……

時人都覺得李存勗強於朱溫，實際上「流氓」朱溫有一點做的要遠強於「陽光可愛」的李存勗，就是對太監的態度。眾所周知，唐朝在一定程度上就亡於宦官之禍，從唐憲宗李純開始，宦官集團殺皇帝、立皇帝如同家常便飯。到了天崩地裂的昭宗朝，還發生了太監劉季述軟禁昭宗李曄的重大政治事件。朱溫意識到不剷除宦官集團生存的土壤，內部政治環境就不可能實現穩定，朱溫與唐宰相崔胤聯手，幾乎殺光了所有太監。事實也證明，朱梁王朝的滅亡有自己的戰略失誤、有內部政治的混亂、有軍事謀略的偏差，但唯獨沒有太監作亂。而滅掉梁朝的李存勗政權之所以滅亡，可以說有一半的「功勞」是要記在太監集團（及藝人）的頭上。

五代宦官中有好人，比如張承業和張居翰，但也僅此數人而已，大多數太監在後唐政治生活中起到了極為惡劣的負面作用。李存勗得天下後驕奢自大，貪圖享受，太監們立刻找到了發財門路。據《舊五代史·郭崇韜傳》記載，有太監曾經非常誇張地給李存勗講唐朝皇帝在女人方面的享受，李存勗垂涎不已，立刻「於諸道採擇宮人，不擇良賤，內之宮掖」。

折騰完了天下女子，太監們又勸李存勗大興土木，理由是洛陽宮殿的規模遠遠小於長安城，「今大內樓觀，不及舊時長安卿相之家。」這句話深深地刺激了好大喜功的李存勗，李存勗不管當時民力艱難，吹噓自己「富有天下，豈不能辦一樓」，隨即勞動民力，又給自己早已破破爛爛的帝國又補上幾個大窟窿。

李存勗寵信太監，折騰百姓，實際上並沒有引起地方軍閥的反感，反正軍閥們是打著皇帝的旗號搜刮民間的，罵名自有皇帝背著。但李存勗不應該讓太監們參與政治與軍事，這直接搶了地方實力派們的乳酪。在同光年間，李存勗身邊就彙集了一千多名不知道從哪冒出來的太監，李存勗為了監控藩鎮們的一舉一動，他極為愚蠢地建立了藩鎮監軍制度，而充當監軍者，自然就是唯上意是從的太監們。

李存勗把一些心腹太監都塞到了各大藩鎮中，一來監視諸藩，二來凡是各藩長官不在本鎮時，一應軍政大務均由太監們處置。太監們仗著皇帝的信任，對地方長官頤指氣使，「陵忽主帥，怙勢爭權」，遭到了地方長官們的極大反感，「藩鎮皆憤怒」，都對李存勗嚴重不滿，而在「憤怒的藩鎮」中，自然就不少了最終葬送李存勗政權的乾兄長——手握重兵的鎮州節度使李嗣源。藩鎮大員手上都有相對獨立的兵權，只要他們肯給自己手下發銀子，弟兄們是不管皇帝姓李姓朱的，何況李存勗為人慳吝，對普通士兵薄情寡義，弟兄們都巴不得李存勗早點翻船。

太監們有了相應的權力，自然就會排擠忠良大臣，直至滿朝狐兔，狗尾貂皮。後唐帝國實際上的二當家——名震天下的樞密使郭崇韜，向來反對太監干政，經常勸李存勗罷廢太監，李存勗不聽。郭崇韜一心為國，但他這麼做卻得罪了太監集團。李存勗本就對郭崇韜功高天下產生猜忌，再加上太監們經常在李存勗耳邊射郭崇韜的暗箭，李存勗最終除掉了堪稱滅梁、滅蜀第一功臣的郭崇韜，結果自毀長城，郭崇韜冤死後沒多久，李存勗自己也完蛋了。

李存勗早年英明幹練，但此時的大唐皇帝，在時人心目中不過是一個行將滅亡的昏君，昏聵程度簡直令人髮指。即使是傻子也知道控制軍隊的重要性，但李存勗就敢公然侮辱自己的軍隊弟兄……

最典型的，就是李存勗不顧軍隊的強烈反對，封戲子陳俊和儲德源為刺史事件。這件事情還要從李存勗最喜歡的一個戲子周匝說起，周匝當年在胡柳坡之戰被梁軍俘虜，幾乎讓李存勗痛不欲生。後來李存勗滅梁，又見到了他的寶貝周匝，「帝甚喜」。周匝趁機為兩個人向李存勗討封賞，理由是自己在被梁人俘虜期間，得到了梁教坊使陳俊、內園使儲德源的照顧。現在奴才平安歸來，希望陛下能封二人為大州刺史，算是給奴才報了恩。李存勗愛周匝心切，他沒有考慮到這麼做會造成何等惡劣的後果，雖然一開始並沒有同意，但經不起周匝的勸說，還是同意封陳俊為景州刺史，儲德源為憲州刺史。

一州刺史下轄數縣，地位也僅次於節度使，非有大軍功者是不能當刺史的。很多禁軍弟兄跟著李存勗身經百戰也沒當上刺史，兩個寸功未立的戲子竟然可以當上刺史，可以想見弟兄們對李存勗是何等的憤怒。消息一出，舉軍譁然，將士們都憤怒異常，準備找「李天下」討說法，還是郭崇韜苦勸才壓了下去。

這件事情讓唐禁軍對李存勗的忠誠度造成了不可挽回的巨大傷害，所以當成德軍節度使李嗣源被李存勗逼反後，唐軍弟兄多倒戈投李嗣源麾下，至於李存勗已是孤家寡人。眾叛親離，不死何待。

文盲治國，斯民小康——李嗣源平淡而不平凡的帝王路

在河東軍事集團早期的人員構成中，李嗣源並不是一個很引人注目的角色。當時屬於一線人物的有周德威、李存孝、李嗣昭、李存信、史建瑭、安金全等人。雖然李嗣源出道較早，不過綜合來看，李嗣源在當時一大票虎狼中不顯山露水，但誰都沒有想到，把赫赫「唐光武」李存勗擠下歷史舞臺、開創一代盛世的，竟然就是這個看上去平淡無奇的李嗣源。

可以說，李嗣源在五代十國的帝王中是最特殊的一個。別的不說，直到一百五十多年後的北宋中期，編撰《新五代史》的歐陽修都不知道李嗣源到底姓什麼，只知道他在叫李嗣源之前有個胡名——邈吉烈，而他的父親則留下了一個漢族名字——霓。唯一可以確定的是李嗣源的民族，他是沙陀人。

李嗣源和後來的北宋太祖趙匡胤相似度很高。首先他們都是當時第一流的武將，趙匡胤一根等身大棍打天下，李嗣源曾單騎直犯梁朝虎將之首葛從周，江湖人稱李橫衝。其次，他們的脾性相對都比較寬厚，雖然做秀成分較多，但不妄殺人。其三，他們都在當時都不顯山露水。其四，他們都篡了老主子的皇位。

不過所不同的是，趙匡胤是在周世宗柴榮死後，利用柴榮交給他的兵權發動兵變，欺負孤兒寡母篡位。而李嗣源在李存勗還活著的時候就已經和舊主翻臉，李存勗也間接死於李嗣源之手。

實際上，趙匡胤篡位是主動而為，李嗣源「篡位」則在很大程度上是被李存勗猜忌功臣給逼出來的。柴榮待趙匡胤親如兄弟，生前從未有負趙匡胤分半，但李存勗一直懷疑李嗣源不忠。李嗣源因念及養父李克用的養育之恩，一直隱忍而已。順便插一句，雖然李克用有一堆乾兒子，但跟李嗣源卻是名正言順的養父子關係，感情要近於李存孝、李存審那夥假子。

也正因為如此，李存勗更加猜忌李嗣源，畢竟養子和親生兒子的區別並不大，李嗣源反而更有條件威脅到李存勗的皇位。在同光朝，李存勗猜忌勳舊大臣幾近瘋狂，郭崇韜遇害不說，李嗣源也「危殆者數四」。好在李嗣源在朝中人際關係非常好，很多大員都暗中幫了李嗣源一把，他才躲過大劫。

同光四年的二月，魏博兵發生叛亂，裹脅效節指揮使趙在禮為老大，作亂魏趙一帶。形勢對李存勗來說已是非常危急，但他依然不肯派李嗣源去討伐亂兵，因為他擔心李嗣源會趁機掌控兵權。直至萬不得已，李存勗才勉強讓李嗣源帶兵。

不過李存勗很快就後悔自己做出的這個足以致命的決定。李嗣源在軍中的威望遠在李存勗之上，這已不是李嗣源有意控制軍權的問題，而是軍隊在李嗣源、李存勗二人必擇一主。李存勗失軍心，李嗣源得軍心，一得一失，勝利的天平已不可避免的向李嗣源傾斜。叛兵和準備攻城的李嗣源談條件：我們本不想反，是皇帝逼我們反的，只要令公（李嗣源）願意做我等之主，我等即聽令公指揮，萬死不辭。

現在的形勢非常清楚，李存勗行將自我毀滅，天下無主，李嗣源如果不動手，天下早晚屬之他人。李嗣源此時的抉擇，和趙匡胤所面臨的形勢幾近相同，天上掉下來的餡餅，你不吃，自有別人吃。李嗣源不是什麼聖人，面對誘惑不動心，再者他也知道李存勗猜忌自己，如不自保早晚會死在猜忌之下。所以面對亂兵要脅，李嗣源其實是動了心的。只不過李嗣源也是演技派，為了在政治上立於不敗之地，李嗣源先是流了一通鼻涕，說我必將歸藩待罪，以求皇帝寬恕。然後……，然後就打著剷除奸臣李紹欽（梁舊臣段凝）的旗號，率大軍乘麾南下，找李存勗要說法去了。

雖然李存勗之死與李嗣源率叛軍南下大有瓜葛，但李存勗如果不是自己花樣作死，李嗣源無論如何也沒有辦法踢掉李存勗。不過同樣是面對舊主，李嗣源對李存勗可謂是恩至義盡，他還知道面對諸軍哭鼻子，說皇帝是受了那夥太監戲子的蠱惑才有今日，並厚葬李存勗，謚莊宗，而趙匡胤則四處攻擊待他如親兄弟的柴榮，說他專殺方面大耳的將士……

唐同光四年（九二六年）四月二十日，大唐監國李嗣源在洛陽宮中稱帝，開創了屬於李嗣源自己的時代。

雖然李嗣源目不識丁，但他極具政治頭腦，有大臣勸他另起國名，以示在政治上與亂政而亡的李存勗政權決裂。李嗣源拒絕了這個建議，理由是他不能負太祖（李克用）三十年養育之恩。實際上，李嗣源知道一旦更換國號，他就成了無根之木，畢竟他和李克用父子有著根本脫不開的關係，天下人也將視他為忘恩負義之人。趙匡胤之所以敢與柴榮義斷情絕，是因為他手上控制著天下最精銳的禁軍，地方軍沒有打敗禁軍的可能。而李嗣源時代，地方藩鎮的軍事實力非常強，一旦有強藩指責李嗣源忘恩負義，李嗣源在政治上會非常被動。李嗣源不改變李存勗的國號，甚至也沒有改變自己的李姓，並承認李存勗政權的合法性，為自己的執政減少一些不必要的阻力。雖然天下人都知道李嗣源的唐朝，和李存勗的唐朝根本不是一回事。宋人歐陽修在修《新五代史》時，實際上就把李嗣源與李存勗視作兩個不同的政權，分別設立了唐莊宗家人傳與唐明宗家人傳。

李存勗花樣作死，政權最終落掉了李嗣源手裡，地下的李存勗也許不服。但從更大的視野來看，李嗣源取代李存勗無疑是當時百姓的福音。李存勗稱帝只有四年，卻弄得四海鼎沸、萬民嗟怨、藩鎮作亂，中原地區存在著隨時崩盤的巨大危險。是李嗣源及時出現，修改了李存勗時期一些荒唐殘暴的政策，「以經濟建設為中心」，讓老百姓有飯吃，穩定了民心，並通過自己在軍隊中建立的威信，基本控制了軍隊。本來岌岌可危的中原局勢迅速被穩定下來，被歐陽修稱為「兵革粗息，年屢豐登，生民實賴以休息」，出現了五代史上罕見的小康盛世。

當李嗣源初繼位時，時人還對他有所懷疑，但時間很快就證明了李嗣源取代李存勗的合理性。李嗣源深知同光朝覆亡之弊，他上臺後實行了幾項利國利民的好政策。

歸納起來，大致有：一，誅殺在李存勗時代禍國殃民的太監集團，除了個別太監被留在宮中使用，其他人悉數殺之，即使是逃到廟裡冒充和尚的也揪出來殺頭。二，釋放李存勗之前搜掠進宮的無數美女，並發給還鄉費，任其擇夫。值得一提的，在這些被放回家的女人中，有一位柴姓宮嬪，她帶著李嗣源發給她的巨額遣散費回到家鄉邢州，嫁給了一個兵頭子，這個兵頭子名叫郭威，而這位柴姓宮嬪有個侄子，名叫柴榮。三，禁止藩鎮除了法定節日之外向朝廷納貢，地方上就沒有理由搜刮百姓，減輕了百姓的負擔。四，禁止地方上對過往客商亂設名目收費，促進了商業的繁榮發展。五，恢復農業生產，開放鐵禁。以前官府不允許百姓私造農具，而由官府製造賣給農民。李嗣源考慮到此政策不便農民，下詔解鐵禁，允許農民打造農具和其他生產生活用品。

這五項便民政策一經推出，便受到了天下四民的歡迎。也許百姓們都在慶幸惡魔李存勗的及時完蛋，否則李存勗不死，大家不知道還要受多少洋罪。

如果要論綜合資質，李嗣源在武藝方面只能與李存勗打個平手。而在文藝上，李嗣源是個文盲，大字不識幾個，而李存勗會吹會唱會填詞，著名的詞牌《如夢令》就是李存勗所製。李嗣源知道自己的短板，所以他一直保持低調謙遜的作風。李存勗不承認別人的貢獻，張十指自負「李天下」，李嗣源則非常重視人才體系建設，他從來也不會認為一個人的天才可以決定整個世界的未來，只有李存勗才會這樣想。

而說到知識份子在李嗣源時代受到重用的事例，最著名的無過於農村士人出身的原河東掌書記馮道與李嗣源這一文一武在亂世中的風雲際會。李嗣源「處心積慮」要拜馮道為宰相的事情，將在下一篇《李嗣源用人技巧》中進行詳細解讀，這裡只說馮道兩則勸諫李嗣源的小故事。

李嗣源有一次問馮道，民間百姓生活過得如何。馮道是從農村走出來的，他最清楚三農問題的根源以及解決辦法，馮道告訴李嗣源，在士農工商四業中，農民活得最苦。遇上災年農民挨餓，遇上豐年，則穀賤傷農。馮道向李嗣源提及過唐懿宗時進士聶夷中的一首《傷田家》詩，「二月賣新絲，五月糶秋穀，醫得眼前瘡，剜卻心頭肉。我願君王心，化作光明燭，不照綺羅筵，只照逃亡屋。」馮道之所以提這首詩，主要還是因為這首詩寫得淺白，不用他講解，李嗣源都能看得明白，所以能出台符合農民利益的有關政策。

雖然此時馮道的是宰相，但李嗣源時代的二號人物是樞密使安重誨，所以宰相也就相當於大號的翰林侍讀。馮道不和安重誨爭權，而是把精力放在了對李嗣源的規勸上，畢竟李嗣源是武人出身，有時性格暴躁，而馮道性格溫和，二人的性格正好可以互補。李嗣源作為武人皇帝，沒有像李存勗那樣花樣作死，和馮道時常進行勸諫是大有關係的。而樞密使安重誨是擔任不了馮道這種角色的，因為安重誨同樣是個文盲，不過正是安重誨的建議，李嗣源才有意識的吸納馮道、趙鳳這樣有真才實學的知識份子進入內閣。

李嗣源用馮道為相的竅門

李嗣源雖然是個大文盲，但政治權術卻玩得爐火純青，這一點和同樣沒喝多少墨水的趙匡胤又有幾分相似。因為時代的原因，趙匡胤對大臣鬥權術的故事傳播度很廣，實際上李嗣源同樣玩過一手堪稱教科書般經典的官場馭人術，這件事情與五代第一「官油子」馮道有關。

馮道早在同光朝代就被李存勗內定為宰相，但因為馮道父親去世，馮道回鄉守喪三年。等馮道準備回朝復職，李存勗已花樣作死了自己，馮道成了待業青年。不過新繼位的李嗣源對馮道是非常欣賞的，也打算讓馮道入閣為相，只不過宰相位子暫時沒有空缺，李嗣源先讓馮道擔任端明殿侍講，留在身邊，慢慢找機會把馮道塞進去。而時任宰相的是任圜和鄭鈺，以及級別更低一些的豆盧革與韋說。

任圜是後唐第一流的經濟專家，他主持經濟工作以來，「期月之內，府庫充贍，朝廷修葺，軍民咸足。」他當宰相無人異議。鄭鈺百無一用，但因為鄭鈺是梁朝宰相，用鄭鈺能安撫梁朝舊臣，二則是鄭鈺是李嗣源恩人張全義的嫡系。如果不是張全義向李存勗力薦李嗣源北上平亂，李嗣源也就沒有機會稱帝。

任圜和鄭鈺都不能動，那麼就只能拿兩個飯桶豆盧革與韋說開刀。豆盧革與韋說堪稱官場兩大活寶，二人結黨攀附，收受賄賂，互相抬轎子吹喇叭。豆盧革舉薦韋說的兒子韋濤為弘文館學士，韋說舉薦豆盧革的兒子豆盧升為集賢學士，弄得朝野喧譁，「識者醜之」。最讓李嗣源對二人不能容忍的是，這兩個同光朝的飯桶自持老資格，瞧不起李嗣源，經常對李嗣源呼三喝四，不成體統。李嗣源暗中授意豆盧革、韋說曾經得罪過的諫議大夫蕭希甫上章彈劾二人，不過蕭希甫也拿不出什麼證據，只是亂咬豆盧革指使馬仔殺人，韋說強奪鄰居家的水井，不過這已經足夠李嗣源用的。天成元年（九二六年）七月，李嗣源下詔，解除豆盧革、韋說的宰相職務，貶放外州。

宰相位置空出來了兩個，李嗣源可以隨時把他心儀的馮學士塞進來了。但還沒等李嗣源下詔讓馮道入閣，朝中各大派系就已經為了這兩個宰相位置扭打一團，互不相讓。道理很簡單，大餅就兩塊，你吃了我就得餓肚子。更重要的是，如果你的人馬上位，就會給我穿小鞋，我伸頭讓你砍？我傻嗎？

為了能讓自己的弟兄當宰相，大老們幾乎是全裸出鏡，直接在李嗣源面前互相揭短，就差掄刀對砍了。朝中主要有兩大派系，「二號皇帝」樞密使安重誨集團和宰相任圜集團。當時天成朝有實權者四人，安重誨、任圜、鄭珏，以及另一位樞密使孔循。不過鄭珏和孔循早就投靠安重誨，朝中實際上就是安重誨與任圜之爭。任圜仗著自己是李克用的侄女婿，安重誨仗著自己是李嗣源的鐵桿兄弟，二人互相爭風吃醋，積怨甚深。

李嗣源知道各人的心思，但為了公平起見，他讓幾位大臣議事各自推薦宰相人選，而李嗣源本人則坐在殿上等結果。

任圜推薦了曾經做過梁太祖文膽的御史中丞李琪。李琪雖然和安重誨表面上哼哼哈哈，但也向來瞧不起安重誨這號傻大粗。任圜如果能把李琪安插進來，自己的勢力自然又大一分。不過任圜的建議卻遭到了鄭玨與孔循的堅決反對。道理很簡單，李琪是任圜的狗腿子，李琪要入閣，自己就多了一人敵人。更何況鄭玨與李琪私交極差，孔循和李琪也素有恩怨。不過這兩個滑頭反對李琪的理由卻是李琪才華有餘，氣度不足，又兼貪財不廉，不合適當宰相。

在安重誨的授意下，鄭玨與孔循也隆重推薦了一個人選，卻差點沒讓任圜罵出聲來，二人推薦的竟然是號稱「沒字碑」的太常卿崔協。崔協為人不學無術，大字不識幾個，經常鬧笑話。任圜知道鄭協是安重誨的狗腿，自然不能放崔協進來。任圜的理由是「協雖名家，識字甚少。臣既以不學忝相位，奈何更益以協，為天下笑乎！」不過任圜話音剛落，又遭到了安重誨、鄭玨、孔循的集體圍剿，他們指責任圜用人挾私。

四個內閣大臣在皇帝面前吹鬍子瞪眼拍桌子，任圜雖然一對三，但場面上並不落下風，齜牙咧嘴地與政敵們扯皮。李嗣源一直不說話，等到四隻鬥雞咬累了，李嗣源才開了金口，不過李嗣源也是推薦宰相人選的。

皇帝自然也有資格推薦人，四人都看著李嗣源，他們想知道皇帝會推薦個什麼鳥出來。結果李嗣源輕飄飄說出一個人的名字——易州刺史韋肅，四個人都愣了。

韋肅是誰？他們從來都沒聽說過！

李嗣源告訴大老們他推薦韋肅的理由，「韋肅曾經在最朕最困難的時候幫助過朕，而且又出身大族京兆韋氏。」

韋肅雖是名門之後，但在官場上實在無功績可稱，一個毫無資歷的州刺史突然當上了宰相，李嗣源這是讓大家羨慕嫉妒恨嗎？當然不是，李嗣源莫名其妙推出韋肅，其實是大有玄妙的。

李存勗當初不顧軍隊的強烈反對，封兩個對唐滅梁毫無功勞的戲子陳俊、儲德源為刺史，傷了將士們的心，結果兵敗身死。眼前的教訓之於李嗣源來說不可謂不深刻，以李嗣源政治上的成熟，他怎麼可能重蹈覆轍？官場是要論資排輩的，其實李嗣源以及在座諸人都明白，韋肅無論如何都不可能進入內閣的，否則立時官場大亂。

所以在眾人實際否定了韋肅之後，李嗣源再次推出一個人選——戶部侍郎馮道。

李嗣源給馮道在政治上進行定性，「你們都知道馮道是個什麼樣的人，莊宗在太原時，馮道就掌文墨機宜，有功無過，莊宗曾經要拜馮道為相，只是還沒有來得及。馮道為人謙和厚重不與人爭，與物無競。」

聽說是馮道，眾人還算平心靜氣，畢竟馮道的資歷遠強於不知道從哪個角落冒出來的韋肅。馮道在河東給李存勗當了十年的貼身文膽，又是正三品的戶部侍郎，如果馮道入相，雖然有些人還是瞧不上馮道的農民作派，但也無話可說。

事情很快就定了下來，眾人都同意馮道入閣。畢竟皇帝提了兩個人選，如果都否定了，皇帝臉上無光，所以在否決了韋肅之後，馮道是必須入閣的。也許有聰明人已經意識到，馮道才是李嗣源真正要推出的人選。

其實李嗣源完全可以不必如此大費周章，會議一開始就可以推薦馮道。但李嗣源非常狡猾，他不但先把馮道藏在袖中，而且讓四位大臣先推薦人選。

竅門就藏在這裡。

首先，宰相位置只有兩個，如果李嗣源先推薦馮道，那麼未必就能得到所有人的認同。如果有人不接受馮道，而李嗣源強行拉馮道上船，很可能會得罪某些大老，將來難免給自己和馮道穿小鞋。

而如果安重誨與任圜在開始時就接受馮道，那麼還剩下一個宰相名額，李嗣源就必須做出一個選擇，勢必會得罪其中一人。而等到兩派為了一個名額殺到筋疲力盡時，李嗣源適時推薦馮道，眾人雖不情不願，但至少都可以接受馮道。

李嗣源很順利地把馮道塞進內閣，還沒有得罪人，這不能不說李嗣源有很強的政治權術。而趙匡胤玩權術，其實是建立在禁軍戰鬥力之上的強硬，換成石守信坐在趙匡胤那個位置，石守信也能極輕鬆的杯酒釋兵權。

在李嗣源的精心運作下，馮道順利入閣，而另一位宰相的人選，最終也確定下來，排除了任圜推薦的李琪，而用了安重誨的馬仔崔協。

用崔協，應該不是李嗣源的本意，還是權衡了朝野派系的格局後做出的艱難選擇。崔協是安重誨的人，安重誨在朝中勢大，孔循、鄭鈺都站在安重誨一邊，任圜略顯孤單。而且孔循已經放話：只要我還有一口字在，就一定讓崔協入閣。

當然，李嗣源敢放任圜的鴿子，主要還是因為任圜和安重誨已在桌面底下做了某些交易。雖然任圜在宰相人選上沒有得逞，但他的損失在其他方面得到了補償，所以任圜權衡再三，放棄李琪。

各方交易最終完成，馮道和崔協出任宰相。

正月十一日，朝廷下了明詔：以端明殿學士、戶部侍郎馮道，以及太常卿崔協並為中書侍郎，同中書門下平章事。

接到任命詔書時，馮道伏地謝恩。

不能持家，何能治國——李嗣源的家事

做人難，做一個統馭萬方的帝王，難上加難。

李嗣源控制的區域極大，北至長城，南達淮河，東臨大海，西極秦嶺，是公認的天下最強者。但就是這個表面上風光無限的天下最強者，總會在夜深人靜時，面對明月，心中總會升騰起一絲不安與焦躁。

問題出在他的家庭上，或者更確切的說，李嗣源在為究竟由誰來繼承自己的皇位發愁。

李嗣源總共有四個親生兒子——李從璟、李從榮、李從厚、李從益。

如果不是那場李嗣源完全沒有想到的意外，他根本不必為繼承人發愁，因為他的長子、「驍勇善戰、謙退謹敕」的李從璟奉李存勗之命去魏州勸其父李嗣源的過程中，於衛州被元行欽殺害。

插一句閒話，五代有個奇特的現象，綜合能力極強，一旦繼位就能成為明君的兒子往往不得善終，所以君主被迫選擇其他兒子，結果國破家亡。梁太祖朱溫有子朱友裕、晉高祖石敬瑭有子石重信與石重乂、漢高祖劉知遠有子劉承信，以及李嗣源之子李從璟。

李從益太小，而且生母是個無名宮人，李嗣源不可能立他為嗣。真正有資格競爭皇位的，只有同母的皇次子李從榮和皇三子李從厚，他們都是夏皇后所生。而在李嗣源當皇帝後，他首先考慮的繼承人，並不是以序當立的李從榮，而是老三李從厚。天成二年二月，十四歲的李從厚就被封為河南尹，兼判六軍諸衛事。河南尹兼判六軍諸衛事，相當於現在的北京市長兼任北京衛戍司令，五代沒有立皇太子的習慣，但凡當上首都市長（後唐為河南尹，晉漢周宋為開封尹）的皇族，基本都是能當上皇帝的。再加上出任判六軍副使的是當時名將、李嗣源最寵愛的女婿石敬瑭，明眼人都能看得出來，李嗣源這是要石駙馬保三皇子坐江山的節奏。

對於李嗣源為什麼有首先要把皇位傳給李從厚的考慮，於史無載，但推測一下應該與李從榮和李從厚不同的性格有關。李從厚生性純厚穩重，「形質豐厚，寡言好禮」，這一點非常像李嗣源本人，所以「明宗以其貌類己，特愛之」。而次子李從榮，生性疏闊，貪大喜功，附庸風雅，喜歡和文人交朋友，甚至還出版過一本詩集——《紫府集》。江湖上那些綠頭蒼蠅聽說皇次子是個臭雞蛋，紛紛湊過來，「（李從榮）多招文學之士，賦詩飲酒，故後生浮薄之徒，日進諛佞以驕其心。」向來瞧不起酸腐秀才的李嗣源不喜歡李從榮冒充文人，曾經多次告誡次子，你的文學水準不過半瓶醋，一旦弄出了笑話會影響皇家形象。

李嗣源經過反覆權衡，決定立李從厚而疏遠李從榮。所以李從厚留在洛陽當「皇太子」，而李從榮則被發配到天雄軍當鄴都留守去了。李從榮雖然愛好文學，但他冒充文學青年的真實目的還是為了那個讓人眼熱的帝位，可他沒想到競爭還沒開始，他就輸給了弟弟。當得知李從厚任河南尹兼判六軍時，李從榮「聞之，不悅」。

李從榮雖然「不悅」，可只要父親不改變主意，他一點翻盤的機會也沒有。但誰都沒有想到，一場意外的婚姻，卻突然改變了李從厚與李從榮的命運，李從榮竟然不可思議地鹹魚大翻身，擠掉了李從厚。

這場鬧劇的始作俑者，就是前一篇提到的樞密使孔循。

孔循這個人的經歷非常傳奇。孔循不知道姓什麼，幼時失怙，後來給汴梁富戶李讓當養子，改姓李，不過李讓又當了朱溫的乾兒子，孔循改姓朱。朱溫兒子有個乳母喜歡孔循，接孔循過來撫養，因為乳母丈夫姓趙，又改姓趙，叫趙殷衡。等到梁朝建立後，不知道是什麼原因，孔循最終改姓了孔。

孔循為人油滑，有奶便是娘，當初李存勗快要玩完時，李存勗和李嗣源都要爭汴州，而時任汴州刺史的孔循不知道該押誰的寶，乾脆兩邊都押。孔循極其搞笑地先跑到北門迎接李嗣源，然後又竄到西門迎接李存勗，兩邊磕頭。等到李嗣源稱帝後，安重誨權傾一時，孔循又抱住了安重誨的大腿，「重誨尤親信之」，不過孔循也只不過是想利用安重誨而已。孔循看到年邁的李嗣源讓李從厚任河南尹兼判六軍事，他就認定李嗣源一定會把江山傳給李從厚。為了巴結李從厚，「為人柔佞而險猾」的孔循把女兒嫁給了李從厚。但正因為這一點，孔循徹底得罪了安重誨。

其實李嗣源本來是想讓李從厚娶安重誨的女兒，但孔循精明過了頭，他為了能當上皇帝岳父，他挖坑騙安重誨跳了進去，說你是二號皇帝，不宜與皇家走得太近。安重誨便拒絕了李嗣源的提親，但沒想到孔循竟然偷偷摸摸把自己的兒女嫁了過去。安重誨無端被孔循給耍了，異常惱火，利用自己在朝中的地位，先把孔循踢出中樞，出為忠武軍節度使。因為恨屋及烏，安重誨又盯上了李從厚，因為李從厚一旦當上皇帝，那麼孔王妃就是皇后，孔循又會騎到自己頭上。在安重誨一系列見不得光的運作下，天成四年四月，李嗣源突然解除李從厚「河南尹兼判六軍諸衛事」的職務，去太原當河東節度使，實際上廢除了李從厚的太子地位。而李從厚被廢後，能接盤的也只能是李從榮，所以李從榮極其幸運地叼到了「河南尹兼判六軍諸衛事」的肉餅，成為實際上的皇太子。

其實，李嗣源在廢掉李從厚時，還有一個人選可以考慮，就是他的養子、一代虎將李從珂。

李從珂本名王阿三，因母親魏氏守寡後嫁給了李嗣源，李從珂便當了拖油瓶。河東滅梁，李從珂立功無數，被安重誨等人所忌恨，安重誨沒少給李從珂穿小鞋，而李嗣源非常疼愛這個養子，甚至為了犢子，李嗣源當場和安重誨對罵。但涉及帝位傳承，在有自己親生兒子的情況下，李嗣源不可能把帝位傳給和自己沒有血緣關係的養子。郭威傳位給養子柴榮，很大程度上是因為郭威的親生兒子都被劉承祐殺光了，別無選擇。雖然李從珂嚴重不服，但養父鐵了心腸，自己也只能徒喚奈何，誰讓自己沒投對胎？不過李從珂很快就欣喜地發現，其實他還有機會翻盤。

原因在於李從榮自身。

如果是個聰明人，在被確認為太子之後，即位之前應該夾著尾巴做人，先把老皇帝熬死，再暴露自己的本性也不晚。其實此時的形勢對李從榮是非常有利的，李從榮最懼怕的頭號權臣安重誨因為和李嗣源翻了臉，已經被李嗣源做掉了。只要李從榮穩紮穩打，就沒有勢力能威脅到他的地位。但李從榮剛做了六軍諸衛事，就仗著自己手上有兵權，開始在官場上四處樹敵。李從榮還沒在「太子」寶座坐穩，就幾乎得罪了官場上所有大老，甚至還包括後宮實際掌權的「皇后」王淑妃花見羞。

比如安重誨之後的兩大樞密使——范延光和趙延壽，都因為不是李從榮的人馬，而被李從榮時常辱罵敲打，「皆輕侮之」。而李從榮和自己的姐姐永寧公主因為不同母，平時就互相嫌憎，李從榮恨屋及烏，對姐夫石敬瑭百般嫌棄。甚至是當初勸李嗣源立李從榮的宰相馮道，也上了李從榮的黑名單，他懷疑馮道推薦自己是場陰謀，「執政（馮道）欲以吾為太子，是欲奪我兵權，幽之東宮耳。」

因為李從榮是實際上的帝位繼承人，加上李從榮為人浮薄輕佻，一旦登基，勢必會引發天下大亂。范延光、趙延壽、石敬瑭等人惹不起李從榮，都打算離開京城到外地避禍。這些大老各自都有後臺，范延光用錢餵飽了花見羞和太監頭子孟漢瓊，回到他曾經待過的成德軍當節度使。趙延壽也是李嗣源的女婿，興平公主一句話，趙延壽立刻捲起鋪蓋去汴州任宣武軍節度使。而石敬瑭更是手眼通天，走了永寧公主的門路，得到了擁有強兵實權的河東節度使的肥差，堪稱天下第一強藩。即使以後李從榮即位，他也奈何坐鎮河東的姐夫不得。

這些人後臺硬，說跑就能跑，其他沒後臺的都得在火藥桶裡老實待著。最搞笑的是親軍都指揮使康義誠，他的特殊身分是不能離開京城的，他只能兩邊下注，自己押寶老皇帝李嗣源，而讓兒子押寶「太子」李從榮……

范延光和趙延壽，不過是外臣，得罪也就得罪了，但李從榮最最不應該得罪的，就是他的庶母花見羞。因為花見羞還有另外一層敏感的身分——皇四子李從益的養母。

花見羞是五代史非常傳奇的女人，她本姓王，是邠州一個賣餅家的女兒，因長相絕美，人稱「花見羞」。早年曾經是梁朝頭號名將劉鄩的通房丫頭，劉鄩死後，王氏流落江湖，後來被李嗣源收留。李嗣源的原配夏夫人死得早，繼夫人曹氏又與世無競，實際上主持後宮的是淑妃花見羞。

花見羞沒有生兒子，所以李嗣源便把幼子李從益交給花見羞撫養。花見羞是個有權力欲的女人，李從榮和她非親非故，一旦李從榮當上皇帝，自己什麼好處也撈不到。但如果是李從益即位，那麼自己就是權傾天下的皇太后……

如果李從榮處事謙和謹慎，花見羞拿不到他什麼把柄也就算了，沒想到李從榮到處惹事，又讓花見羞看到了翻盤的希望。

此時的老皇帝李嗣源已經病入膏肓，眼瞅著就要伸腿瞪眼了，李從榮為了安全起見，決定一旦父親不行了，他就率兵強行繼位，絕了花見羞那幫鳥人的念頭。

長興四年（九三三年）十一月初八，李嗣源突然發病，昏迷不醒。李從榮立刻進宮打探情況，發現父親要完了。而他離開內殿後，聽到宮裡一片哭聲，李從榮更堅定的認為父親已死。「從榮意帝已殂」，李從榮知道屬於自己的時代即將到來，回府準備當皇帝去了。

但讓李從榮萬萬沒有想到的是，老爹根本還沒有死，等他前腳剛走李嗣源就醒了過來。因為李從榮早就把宮裡的太監宮女得罪光了，沒有人給李從榮通風報信，這就給了花見羞扳倒李從榮的絕佳機會。

三天後，即二十日清晨，李從榮率親衛步騎千人在天津橋集結，準備進宮繼位。為了避免可能出現的阻撓，李從榮派心腹馬處均去找新任樞密使馮贇，威脅馮贇，「今天我就要當皇帝，你們滿門老小的性命都捏在我手上，你們自己看著辦！」

馮贇其實是知道李嗣源還活著的，他哪裡還肯上李從榮的賊船。馮贇等馬處鈞走後，立刻騎馬來到宮裡，見到了新任樞密使兼宰相的朱弘昭、三司使孫岳，以及代表王淑妃勢力的老太監孟漢瓊。馮贇的任務是和大家一起規勸已經準備向李從榮投降的康義誠，畢竟康義誠手控京城兵馬，他的態度將決定大家的命運。馮贇警告康義誠不要首鼠兩端，須知老皇帝還沒死！然後又拿李嗣源對康義誠的厚待給康義誠施壓，「主上拔擢吾輩，自布衣至將相，苟使秦王兵得入此門，置主上何地？」馮贇說得慷慨激昂，實際上他真正的目的還是保住自己滿門的性命，「（一旦李從榮事成）吾輩尚有遺種乎！」

實際上比馮贇更著急的是孟漢瓊，如果李從榮進宮，自己必將慘死。所以孟漢瓊見康義誠似乎還有些猶豫，兼之有人報秦王李從榮已經率兵入宮，孟漢瓊不再廢話，直接闖入內殿見李嗣源，大呼「從榮反，兵已攻端門，須臾入宮，則大亂矣！」宮中人皆驚，相顧號哭。孟漢瓊到底是在宮裡頭混的，快刀斬亂麻，直接逼得康義誠不得不站在自己這一邊，同時也成功製造了李從榮要殺光所有宮人的恐怖氣氛。

孟漢瓊所說李從榮的「反」，其實並不是說李從榮要改朝換代，言下意其實是想對李嗣源說李從榮要弒父奪位。李嗣源久經宦海，自然能聽懂孟漢瓊的意思。當年朱溫是怎麼被兒子朱友珪幹掉的，李嗣源一清二楚，所以當孟漢瓊說李從榮要反，李嗣源氣得渾身顫抖，他讓自己的養孫、控鶴指揮使李重吉立刻指揮禁軍平定李從榮叛亂。李重吉是李從珂的兒子，自然早就視李從榮為死敵，一旦李從珂有機會當皇帝，那李重吉就是皇太子……

李重吉有了動力，自然要為自己的親爹賣命，立刻把兵守住宮門。孟漢瓊也沒有閒著，老太監披上盔甲，騎著高頭大馬，極其拉風地帶著五百騎兵出討李從榮。

李從榮此時還在做著皇帝夢，他雄踞在天津橋的橋頭，等待著康義誠的回話。康義誠並沒有來，來的卻是孟漢瓊派來的馬軍都指揮使朱洪實率領的五百精銳騎兵。李從榮這才知道他的老爹根本沒有死，就是老爹派朱洪實來追殺自己。李從榮「大驚」，實際上是差點沒被嚇死。李從榮再沒有之前威風八面的氣勢，在朱洪實的騎兵殺出左掖門後，腿已經被嚇軟的李從榮倉皇逃回秦王府，帶著老婆劉氏鑽到了床底下，嚇得瑟瑟發抖。奉李嗣源前來討逆的皇城使安從益「就斬之（李從榮），並殺其子，以其首獻」。

本來公認的大唐帝國繼承人，就這麼以一種荒謬搞笑的方式結束了他的美夢。而當宮裡的李嗣源聽到李從榮被殺時，「悲駭」，差點從床上掉下來。李從榮再不孝，李嗣源也從來沒動過殺掉李從榮的念頭，最多廢為庶人禁錮終身。而從安從益的心狠手辣來看，他應該是受了花見羞以及孟漢瓊的指使——斬草除根！

李從榮死了，李從榮的兩個兒子也死了，其中一個小兒子還是當著李嗣源的面被殺掉的。而諸將敢於向李嗣源提出把此子交出來的無理要求，如果沒有王淑妃在背後站臺幾乎是不可能的。

李嗣源應該知道這些背後見不得光的一些瓜葛，但此時的李嗣源已行將就木，無力再反擊了。以馮道為首的官員們進宮安慰老皇帝，李嗣源滿面羞慚，「吾家事至此，慚見卿等！」不過值得李嗣源欣慰的是，天下終究還是他子孫的。就在李從榮被殺的第二天，李嗣源就立刻派孟漢瓊火速去鄴都，召李從厚回洛陽繼位。

十一月二十一日，孟漢瓊飛馳鄴都，見李從厚。李從厚當天就從鄴都出發東進，二十九日，李從厚風塵僕僕地趕到洛陽宮，但他慈愛的父親在二十六日就已龍馭上賓了。很快，李嗣源的廟號就由宰相們擬定出來——明宗聖德和武欽孝皇帝。

雖然南宋遺民陳櫟曾經高度評價過李嗣源，認為「周世宗第一，唐明宗第二，周太祖第三」。但激進的史學家王夫之對李嗣源的評價卻非常低，王夫之認為李嗣源「不能謀身而與之謀國，其愚不可瘳；不能謀國而許之以安民」。

王夫之的觀點並非沒有道理。相比郭威和柴榮相繼拉開中原政權統一天下的大幕，李嗣源的七年小康並沒有推動歷史的發展，甚至還導致後蜀孟知祥的獨立，後唐帝國被生生割掉一大塊疆土。而李嗣源治家不力、寵溺兒子、處事不明，最終導致禍起蕭牆，李嗣源也被活活氣死。

李嗣源幻想著給自己的親生兒子留下一根沒有荊棘的權杖，但可惜的是，性格庸弱的李從厚接過這根光滑的權杖時，發現很多人都在盯著這根權杖。據李從厚粗略估計，有長兄李從珂、姐夫石敬瑭與趙延壽，還有范延光……

喜從天降——鹹魚李從珂翻身記

二十歲的宋王李從厚在老皇帝靈前即位，以馮道為首的文武百官舞蹈山呼萬歲。而實際上的皇長子，時任鳳翔節度使的潞王李從珂還在怨著養父：僅僅不是你親生的，你就不選我，當年我是怎麼在血雨腥風中給你賣命的！

李從珂是在十幾歲遇到他人生中的貴人李嗣源的。李嗣源在平山遇到了王阿三的母親魏氏，一見鍾情，遂納之。而魏氏只有一個要求，李嗣源要養活兒子王阿三，李嗣源同意了。

也許是寄人籬下的原因，李從珂跟著養父之後，「謹重寡言」，不亂說一句話。等到成年，李從珂長成牛一樣的身板，「長七尺餘，方頤大體，材貌雄偉，以驍果稱。」李嗣源一桿大槍橫衝河北，李從珂跟著養父大殺四方，深得他的乾叔父李存勗器重，雖然這位乾叔侄生於同年。

李從珂並不像猴子一般性格的李存勗，反而和晚他二十年的周世宗柴榮非常相似。他們都是寄人籬下的養子，李從珂是生母魏氏嫁給李嗣源，柴榮是姑母柴氏嫁給郭威。而李嗣源和郭威都曾經有段時間非常落魄窮困，兩個養子不辭風雨，在社會最底層熬心熬力賺點小錢養活兩個不成器的養父。柴榮賣過雨傘販過私鹽，李從珂更慘，當苦力扛大包、背石灰、收馬糞養活李嗣源。正因為如此，李嗣源格外疼愛這個養子，但唯獨不肯把皇位傳給他。李從厚首先獲得繼承權時，李從珂被外放河中節度使，駐守河中府（山西永濟）。等到李從榮基本確定繼位時，李從珂又被外放到鳳翔

（陝西寶雞），唯一不同的是，這次李從珂得到了潞王的爵位。

潞王的爵位，並不能拴住欲展翅高飛的李從珂，他渴望能爬到山峰的最高處，擁有整個天下。當他得知性格庸弱的弟弟李從厚繼位後，李從珂就開始有了異樣的想法。

實際上，李從厚或者說是朝中執政如朱弘昭、馮贇等人早就盯上了李從珂。李從珂「少從明帝征伐，有功名，得眾心」，是朝廷的心腹大患，朱、馮等人首先拿掉了李從珂之子李重吉的控鶴都，再慢慢尋找機會剷除李從珂。李從珂也知道這些人對自己心懷叵測，養父駕崩時他以各種理由推脫不去洛陽奔喪。

見調不動李從珂，朱、馮又生一計，以朝廷的名義調李從珂出任河東節度使，接替另一個野心家石敬瑭，並派洋王李從璋前來鳳翔催促李從珂移鎮。李從珂根本不上當，反而公然指責朱弘昭、馮贇挾天子令諸侯作亂朝廷，徹底和李從厚撕破了臉皮。

朱、馮不是晁錯，李從珂也不是實力強大的吳王劉濞，李從珂只控制著黃河在几字形大拐彎的一片狹小地區，實力並不足以和強大的朝廷對抗。地方各大藩鎮根本不看好李從珂能翻盤，拒絕支持李從珂，「潞王使者多為鄰道所執」。

朝廷方面出手非常闊綽，西京留守王思同出任討逆軍主帥，大將藥彥稠為副，護國軍節度使安彥威、山南西道節度使張虔釗、武定軍節度使孫漢韶、彰義軍節度使張從賓各率本部兵悉集於鳳翔城下，時間是唐應順元年（九三四年）三月。

所有人都認為李從珂死定了，他在重重包圍之下已插翅難逃！李從珂為了僅存的一點逃生希望，撕開老臉，站在城頭上哭著請求官軍看在他當年「從先帝（李存勗、李嗣源）百戰，出入生死，金創滿身」的份上，放他一條生路，「我何罪而受誅乎！」五十歲的李從珂站在城頭老淚縱橫，鼻涕一把淚一把，很明顯潞王是動了真感情。他本來自認功勞齊天從無謀逆之意，但正因為功勞齊天才被人猜忌，以致今日。功高震主，你不死，我不可能總是活在你的陰影裡，從古至今莫不如此。

李從珂的哭訴，產生了一定的正面作用，畢竟城下官軍有很多都是李從珂的老部下。快要被人逼死的老首長臨城一哭，「聞者哀之」，已經有官軍動搖了。形勢對李從珂來說多少有一些好轉，而督軍的張虔釗向來對李從珂沒什麼好感，他懶得跟這些心疼李從珂的二百五廢話，馬刀一舉，逼著官軍從城西南向鳳翔城發起攻擊。官軍弟兄本來在感情上就偏向無罪的李從珂，張虔釗是個喝兵鬼的賊，感情上的一近一遠，立刻在官軍中引發了爆炸效應，「士卒怒，大詬，反攻之（張虔釗）。」張虔釗完全沒想到這夥兵痞子竟然當場罵娘翻臉，嚇得騎馬狂奔才僥倖撿得一條性命。官軍陣中的羽林軍指揮使楊思權可能就是李從珂的老部下，他臨陣高呼：「大相公（李從珂），吾主也！」率先解甲向李從珂投降，本就對朝廷不滿的官軍也都不陪李從厚玩了，「諸軍解甲投兵，請降於潞王。」

楊思權這路投降，極大地影響其他方向圍城的官軍，有人高喊城西軍已投降潞王並得了一大筆賞金，向來是認錢不認娘的兵大爺們一聽有錢賺，立刻踹了王思同這些老梆子，向李從珂投降。王思同等人根本控制不住局面，也學張虔釗腳底抹油溜了。

就在轉眼之間，李從珂的敵人竟然搖身一變成了李從珂的馬仔。這極具戲劇性的一幕甚至讓李從珂一時都沒有反應過來，在即將餓死的時候，天上掉下來一塊大肉餅，李從珂喜極而泣。

當然，楊思權等人投降不是沒條件的，他們其實是要在李從珂身上押寶下注，畢竟他們從李從厚那裡得到的銀子太少。楊思權公然向李從珂索要官位，「願王克京城日，以臣為節度使，勿以為防（禦使）、團（練使）。」楊思權漫天要價，其他反水的官軍自然也都會向李從珂開口要錢。李從珂是個聰明人，管他以後如何，先簽了保命的空頭支票再說，楊思權拿到了李從珂的書面保證書，「事成後，你可出任邠寧節度使。」李從珂其實兜裡也沒什麼錢，但為了不讓弟兄們寒心，李從珂幾乎是變賣了他所有的家當，鍋碗瓢盆無一倖免，「悉斂城中將吏士民之財以犒軍，至於鼎釜皆估直以給之。」

本來在圍城時，李從珂就已做了最壞的打算，可他沒想到死局竟然可以如此華麗地逆轉，這極大刺激了李從珂推翻李從厚的意志。而李從珂看過地圖，只要越過長安這道坎，洛陽就在眼前！

而更讓李從珂沒有想到的是，朝廷方面的長安留守劉遂雍竟然主動投懷送抱，之前劉遂雍就拒絕潰逃的王思同等人進城。劉遂雍不是傻子，他看到李從珂士氣正盛，李從厚倒臺在即，他何必要陪李從厚去死。劉遂雍等到李從珂大軍一到立刻投降，並把長安城中所有財寶都送給李從珂，李從珂轉手都賞給了弟兄們。李從珂要讓還在觀望的官軍看清楚：跟著我混，鈔票大大的！

李從珂知道拿錢餵兵大爺，李從厚自然也知道。而實際上李從厚許給官軍的支票更為豐厚，「平鳳翔，人更賞二百緡，府庫不足，當以宮中服玩繼之。」但問題是李從厚不懂用兵，這些兵大爺也根本不把李從厚當盤菜，給了錢也未必給你賣命。更要命的是，李從厚為人糊塗，竟然把在軍中深有名望的馬軍都指揮使朱洪實給殺了，原因是康義誠在御前會議上指責朱洪實謀反。「帝（李從厚）不能辨其是非，遂斬洪實，軍士益憤怒。」

此時的洛陽朝廷，人心渙散，而李從厚所能起用的軍界大老，在李從珂面前都不過是江湖小輩。而唯一能和李從珂掰腕子只有石敬瑭，可石敬瑭的野心比李從珂還大，他早就瞧內弟李從厚不順眼……

李從厚身邊聚集著一批早就暗中與李從珂眉來眼去的大老，這些人就等著早日見到潞王，屈膝磕頭賺銀子。李從厚派出的討逆軍主帥，如護國節度使安彥威、匡國節度使安重霸皆降，在靈寶遇到東進的李從珂，立刻換了馬甲，甚至是保衛洛陽的京城巡檢安從進也在桌底下和李從珂談好了條件。

李從厚眾叛親離，他的命運已經注定。聽說安從進殺死了李從珂下詔罪在不赦的馮贇及朱弘昭滿門，驚魂未定的李從厚率五十騎兵夜出玄武門，準備去魏博投靠姐夫石敬瑭。

李從珂風光無限地進入了洛陽城，這一天是應順元年四月初三。文武闍僚們照例換馬甲拜神，李從厚下場如何沒人關心。誰手上握有兵權，弟兄們就認你當老大，是亙古不變的官場規矩。作為勝利者，李從珂轉正的速度非常快，四月初四，曹太后就下令廢掉李從厚的帝位，由李從珂權軍國事。四月初五，曹太后命令潞王繼承帝位。又過了一天，李從珂笑容滿面地在明宗皇帝的靈柩前即皇帝位，接受王公大臣們的舞蹈山呼。

一個嶄新的時代再次開啟。可擺在李從珂面前的卻是一連串讓人焦頭爛額的事情，他現在的首要任務是籌錢給弟兄們發工資，沒錢誰跟你玩？

早在鳳翔起事之初，李從珂就許諾等破洛陽城，弟兄們每人發錢一百貫！這還只是李從珂本部人馬的賞錢，投誠過來的官軍所需的賞錢更是一筆天文數字。可等李從珂進入洛陽後，搜天刮地竟然只刮出了六萬貫，而李從珂第一筆需要支付的軍費就高達五十萬貫……

即使是後宮裡的曹太后、王太妃把自己的私房錢加上耳環簪子通通拿出來，勉強也只湊了二十萬。李從珂再也刮不出油水來了，只好厚著臉皮把這點錢分給弟兄們，還要按級別分發。像楊思權這樣有功於李從珂的只不過領到了一頭駱駝、兩匹大馬，外加七十貫錢，李從珂本部人馬一人領到二十貫，而原來的官軍每人只有十貫錢……

弟兄們氣得大罵李從珂鐵公雞銅仙鶴，後悔當初受了李從珂的騙，賣了老命才撈到十貫錢。兵大爺們到處給李從珂扣黑帽子，「除去生菩薩（李從厚，小名菩薩保），扶起一條鐵（李從珂）！」

其實倒不是李從珂摳門，他兜裡真沒有錢，否則以李從珂的性格和智商，他不至於窮酸成這樣。但兵痞子們不管你困難與否，你不拿出當初允諾給我們的銀子，我們就不給你賣命，價格公道，童叟無欺。

李從珂的悲劇命運，其實在「除去生菩薩，扶起一條鐵」的咒罵中，就已經埋下。

雙雄記——李從珂與石敬瑭的命運糾纏

李從厚當皇帝，李從珂不服。

李從珂當皇帝，石敬瑭不服。

李從珂自恃二十歲就跟著養父李嗣源南征北戰，立功無數，瞧不起李從厚。而同樣身經百戰立功無數的，還有石敬瑭。只不過二人的區別在於與李嗣源的關係，石敬瑭只是女婿，而李從珂則是李嗣源的養子。石敬瑭始終認為，李從珂能當皇帝也僅僅是他的養子身分而已。

簡單介紹一下石敬瑭的身世。

學術界對五代史有一個著名的論斷，即五代曾經存在過「沙陀三王朝」——先後由沙陀人建立的後唐、後晉、後漢。實際上這個說法並不準確，首先，繼李嗣源位的養子李從珂並不是沙陀人，而是河北漢人，而後漢劉知遠倒是貨真價實的沙陀人，只不過劉知遠早已完全漢化。爭議的焦點，在於石敬瑭的族屬。

歐陽修認為石敬瑭是沙陀人，父親名叫臬捩雞，而《舊五代史》則說石敬瑭是西漢宰相石奮之後，後來流落西夷。而可以佐證舊史說法的，是南北朝著名鮮卑人姓氏——竇氏，竇氏其實是東漢外戚名將竇憲之後，竇憲敗死，子孫出逃大漠。當然，石敬瑭所謂是石奮後人，應該是石敬瑭自抬身價，並不可信。舊史還有一個記載可以佐證石敬瑭的漢人身分，《舊史》記載石敬瑭的父親石紹雍，番名叫臬捩雞。如果石紹雍是沙陀人，應該倒過來記載「臬捩雞，漢名石紹雍」。綜合各方資料來看，石敬瑭基本可以認定是漢人，而非沙陀人。

石敬瑭於唐景福元年（八九二年）生在太原，小李從珂七歲。石敬瑭「性沉淡，寡言笑」，喜怒不形於色，任你天崩地陷，我自眉宇不動。石敬瑭平時沒有什麼特別的愛好，最大的愛好是讀兵書。時任代州刺史的李嗣源偶然發現了這個兵學神童，「深器之」，並把女兒嫁給了年僅十七歲的石敬瑭。

李從珂跟著養父李嗣源四處殺伐，其實石敬瑭同樣沒少立功，如果說李從珂立十分功，石敬瑭至少也立了九分半的功。《舊五代史・晉高祖紀》稱讚石敬瑭「滅梁室，致莊宗一統，集明宗大勳，帝（石敬瑭）與唐末帝（李從珂）功居最」。只不過石敬瑭比李從珂性格更沉穩，以至於李存勗對石敬瑭並不太了解，而擅長作秀的李從珂卻得到了李存勗的稱讚。

在養子和女婿之間，李嗣源基本是不偏不倚兩邊都疼。但就李嗣源被迫與李存勗翻臉起兵後，為李嗣源稱帝立功最著的還是石敬瑭。也許是這個原因，李嗣源對石敬瑭還是高看一眼。李從榮在朝廷四處折騰，在李嗣源的默許下，石敬瑭謀得了天下第一強藩——河東節度使的位置。

石敬瑭守河東，退可自守，進可爭雄天下，而李從珂早就盯上乾妹夫。「帝（李從珂）與石敬瑭皆以勇力善鬥，事明宗為左右；然心競，素不相悅。」不過在表面上，通過親情的力量，兩大亂世梟雄還能維持脆弱的和平。為了打消李從珂對自己的疑慮，石敬瑭甚至殺掉了廢帝李從厚，企圖打消李從珂對自己的疑慮。

李從珂對石敬瑭知根知底，從來沒有放鬆對石敬瑭的警惕。石敬瑭受制於人，不得不暫時向李從珂表示屈服。清泰元年（九三四年）五月，李從珂剛剛繼位，就逼石敬瑭來洛陽朝見自己。石敬瑭還不敢得罪李從珂，只能硬頭皮去洛陽。據史料記載，石敬瑭身患重病，「久病羸瘠」，但誰都無法保證石敬瑭的重病是不是裝出來的。

李從珂軟禁石敬瑭，而曹太后則是石敬瑭老婆魏國公主的生母，她心疼女婿，沒少給李從珂施壓。雖然朝中大臣傾向於扣留石敬瑭，但李從珂還是難違母命，便給自己一個臺階下，說什麼「石郎自少與我並肩作戰，我們的感情深似海」，但根本沒人相信他的鬼話。

在丈母娘和老婆的運作下，石敬瑭龍出淺灘入大海。驚魂未定的石敬瑭知道李從珂早晚還會打自己的主意，石敬瑭開始「陰為自全之計」。為了掌握李從珂的去向，石敬瑭又走了丈母娘和老婆的門路，出重金收買老太后身邊人，讓這些人密切關注李從珂的一舉一動，但有風吹草動立刻向他彙報。有錢能使磨推鬼，誰不愛錢？宮裡的太監宮女們都成了石敬瑭的間諜，石敬瑭對李從珂大到軍國重事，小到吃喝拉撒，「事無巨細皆知之」。

不過就整體實力來說，李從珂還是在石敬瑭之上，所以石敬瑭在羽翼未豐時還不敢和李從珂撕破臉，雙方都在明爭暗鬥。石敬瑭想打擊李從珂的經濟實力，藉口防禦契丹缺糧，請李從珂調撥糧食。李從珂明知石敬瑭在耍把戲，又承擔不起契丹人南下的代價，只好咬牙供應石敬瑭，以及鎮守幽州的趙延壽。李從珂讓其他藩鎮運糧到河東，石敬瑭乘機打著李從珂的旗號，「遣使督趣嚴急，山東之民流散。」反正天下是你李從珂的，得罪了民心，黑鍋你來背。當然李從珂也不是好惹的，他又下詔讓河東人交納軍糧，讓怨聲沖天的河東人去罵石敬瑭。

李從珂之前一直在為是保中原還是保河東的問題猶豫不決，但李從珂很快就想到了一個好辦法，魚與熊掌我都要！清泰二年（九三五年）十一月，李從珂下詔，以駐守徐州的武寧軍節度使張敬達為北面行營副總管，率兵出任太原以北的代州。李從珂這麼做，名義上是讓張敬達協助石敬瑭防禦契丹，實際上是「以分石敬瑭之權」，時刻監視石敬瑭的一舉一動。

李從珂此舉讓石敬瑭感覺到雙方撕破臉皮的大限就要到了，石敬瑭加緊了對抗李從珂的一切準備，甚至把他在洛陽以及其他地方經營的財產都拉到太原，美其名曰充當軍費。

似乎是石敬瑭方面已經做好了準備，打算主動挑釁李從珂。石敬瑭突然給李從珂上了一道奏摺，請求朝廷解除他河東節度使的職務，給他挪個窩。河東是天下第一強鎮，石敬瑭怎麼可能交給李從珂？他不過是在引誘李從珂上鉤，只要李從珂同意，他就會給李從珂扣一頂殘害功臣的黑鍋。

石敬瑭這塊帶毒肉餅的誘惑實在太大了，雖然大臣李崧、呂琦等人勸李從珂不要上當，心急的李從珂還是忍不住咬了鉤。詔下：改任石敬瑭為鄆州刺史，由河陽節度使宋審虔主政河東，並讓張敬達武裝監視石敬瑭離晉赴鄆。石敬瑭等的就是李從珂這個命令，他公開指責李從珂出爾反爾，「面許終身不除代（**不離開河東**），今忽有是命！……安能束手死於道路乎！若其寬我，我當事之；若加兵於我，我則改圖耳。」

石敬瑭的心思，人盡皆知，正如朝廷方面的樞密直學士薛文遇對石敬瑭的判斷，「移（鎮）反，不移亦反」，石敬瑭的心腹、河東掌書記桑維翰給欲火滿身的石敬瑭再添了一把乾柴。桑維翰勸石敬瑭「推心屈節」，向契丹皇帝耶律德光求救，只要契丹大兵至，就不怕什麼張敬達、王阿三。

石敬瑭知道只要自己膝蓋一軟，再拿出大把銀子，不怕耶律德光不咬鉤。底氣漸足的石敬瑭終於和大舅哥翻了臉，石敬瑭公開指責李從珂不過是明宗皇帝的養子，沒有資格當皇帝，「要求」李從珂把帝位還給明宗皇帝的親生子——許王李從益。

石敬瑭當著天下人的面抽李從珂的老臉，李從珂自然惱羞成怒，立刻詔削石敬瑭的一切職務，並命令張敬達、河陽節度使張彥琪、安國節度使安審琦、保義節度使相里金、前彰武節度使高行周等各部進圍太原。

當年李從厚派各藩進圍鳳翔李從珂的歷史重演，只不過當時李從珂實力弱小，要不是李從珂城頭一哭，他早就完了。但河東的整體實力遠不是鳳翔可比，而且契丹騎兵就在代北，耶律德光已經接受了石敬瑭開出的價碼——石敬瑭願向契丹稱臣，並願認耶律德光為父，並割燕雲十六州入契丹，隨即大軍開拔南下。

當年九月，發了財的耶律德光親率五萬精銳鐵騎，對外號稱三十萬，從代州揚武谷（山西原平西北）南下，直奔太原，去救他從來沒見過面的乾兒子。

太原城外的大帥張敬達也想會會這個傳說中的契丹大頭領，張大帥一聲令下，官軍以步兵為主，在太原城西北山下列陣。唐軍雖然人多，但是馬少，而契丹軍出戰的是清一色不披重甲的三千輕騎兵，唐軍弟兄們看著這三千匹好馬，開始眼熱。

在冷兵器時代，擁有一匹戰馬，就相當於現在開著寶馬七系列，而契丹騎兵都是些老弱病殘，兵大爺們口水滴答……

「唐兵見其贏，爭逐之。」

作為誘餌的三千契丹輕騎兵成功地把唐軍吸引到了汾河灣畔，契丹騎兵浮水而去，唐軍一部分泡在水裡，另一部分還在岸上。耶律德光要的就是這個效果，「兵半渡而擊之」，契丹人立刻大舉殺出，掐頭攔腰去尾，一口就吃掉了一萬多唐軍。

經此一敗，唐軍戰鬥力渙散，張敬達率五萬唐軍退守晉安寨，太原之圍遂解，石敬瑭也見到了仰慕已久的小乾爹。太原城下的形勢頓時逆轉，之前是唐軍包圍石敬瑭，現在則是石敬瑭與契丹兵包圍張敬達，至少石敬瑭確認自己安全上岸了。

為了剿滅張敬達，石敬瑭下了血本，與契丹人形成一個長達一百多里，厚五十里的大陣，將晉安寨圍個水洩不通。為防止有唐軍闖陣向李從珂通風報信，石敬瑭還還布置了大量鈴鐺、絆馬索，以及會叫的狗……

晉安寨連一隻蚊子都飛不出石敬瑭的手掌心，唐軍糧食已經吃光，甚至用糞便餵馬，戰馬餓得咬尾巴。唐軍也嘗試著主動攻擊，但河東軍和契丹軍裡外三層，根本衝不出去。雖然李從珂得到了張敬達等人被圍的消息，李從珂本來打算想御駕親征，但一想到石敬瑭的剽悍，李從珂腿肚子發軟，隨便找個不三不四的藉口不去了，改由各藩鎮出兵，幽州節度使趙德鈞和成德軍節度使范延光都發兵進抵河東。但趙德鈞根本沒打算要救張敬達，他在盤算兩件事：一，吞掉范延光的兩萬人馬；二，他派人找耶律德光，厚著老臉求耶律德光收自己做乾兒子，他開出的條件比石敬瑭還要豐厚。雖然耶律德光也曾動了心，但在桑維翰死皮賴臉的哭求下，耶律德光才拒絕了趙德鈞。

唐清泰三年（九三六年）十一月十二日，石敬瑭在耶律德光的冊封下，意氣風發的在柳林即皇帝位，國號大晉。

李從珂還活著，石敬瑭就已經把他看成了死人，甚至李從珂的年號也被石敬瑭剷除。石敬瑭不承認李從珂的清泰年號，順帶著也剷除了李從厚的應順年號，將清泰三年改為長興七年。

形勢非常明顯，石敬瑭氣勢正盛，張敬達已成死局，李從珂不過苟延殘喘而已。張敬達忠於李從珂願為死臣，但不代表張敬達手下將領也願意給李從珂陪葬。楊光遠等人勸張敬達識時務，投降石敬瑭換取富貴，張敬達寧死不從。你不聽話？這個好辦，楊光遠「乘其（張敬達）無備，斬敬達首」，帶著渴望發財的弟兄們投降了耶律德光。

晉安寨的五萬唐軍面無慚色的成了石敬瑭的打工仔，李從珂這才深刻體會到了當年官軍投降自己時，李從厚絕望的心態。更讓人絕望的還有後面。趙德鈞等援兵還沒有撤離，契丹人自然不會放過這幾塊肥肉。契丹人在團柏鎮（山西祁縣東）對唐軍發起總攻，早就對李從珂不滿的趙德鈞立刻撤回幽州，而其他各部如符彥饒、張彥琦、劉延朗等人都溜之大吉。唐軍被打得潰不成列，「相騰踐死者萬計」。

這些唐軍都是李從珂最後的保命錢，一場倉促的賭局，全都賠光了！

李從珂的命運可想而知。而且李從珂知道，勝利者石敬瑭是絕對不會放過他的，一旦自己落在石敬瑭手上，必然會遭到石敬瑭的無情羞辱。石敬瑭也急需用羞辱李從珂的方式，向天下證明自己才是明宗皇帝最有資格的繼承人。

十一月二十四日，鎮守洛陽城北門戶的河陽三城節度使萇從簡開門向石敬瑭投降，李從珂知道自己的末日到了。

十一月二十七日，絕望的李從珂顫抖著，奉年邁的曹太后，劉皇后以及皇子李重美，外加心腹宋審虔等人登上玄武樓，坐在一堆豬油浸泡過的木柴中間，一把沖天大火宣告了李從珂時代的覆滅。

十一月二十九日，大晉皇帝石敬瑭車駕進入洛陽城。

卿本佳人，奈何作賊！——漢奸石敬瑭

「嗚呼！晉之事醜矣，而惡亦極也！」這是歐陽修在《新五代史》五十二卷中對後晉政權建立者石敬瑭的一句評語。

石敬瑭，則是歷史公認的五代第一漢奸。史學界主流觀點普遍認為正是石敬瑭為了一己之私，把襟帶山川的中原門戶燕雲十六州割讓給契丹，才導致中原無險可守，直至一三六八年，明朝大將軍徐達率漢族軍隊收復大都。歐陽修所說的「惡」，其實就是指石敬瑭割讓燕雲十六州的重大歷史事件。所謂十六州，是指五代時期的幽州（燕州）（北京市）、檀州（北京密雲）、順州（北京順義）、薊州（河北薊縣）、瀛州（河北河間）、莫州（河北任丘）、涿州（河北涿縣）、新州（河北涿鹿）、嬀州（河北懷來）、儒州（北京延慶）、武州（河北宣化）、雲州（山西大同）、應州（山西應縣）、朔州（山西朔縣）、寰州（山西朔縣西北）、蔚州（山西靈丘）。

歐陽修所說的「醜」，是指兩件事：一，石敬瑭為了私利，不顧個人廉恥，四十四歲的他認三十三歲的耶律德光當乾爹。二，石敬瑭建立的後晉政權向契丹稱臣納貢，石敬瑭也就是歷史上著名的「兒皇帝」。

以堂堂中原正統大國之尊，給「尚未開化」的大漠荒國磕頭認乾爹、稱兒臣、納職貢，受盡契丹人欺凌壓榨，開此恥辱之先的石敬瑭當之無愧地被釘在歷史的恥辱柱上。

唐清泰三年（九三六年）七月，那個烈日炎炎的夏天。無數唐軍進圍太原城下，目標很確定，就是要生擒公然造反的河東節度使石敬瑭。李從珂控制著中原二十藩鎮，石敬瑭只有河東一道，雙方實力對比懸殊。石敬瑭要想活下去，只能去請援兵。放眼天下，唯一有實力救石敬瑭的只有北邊的鄰居契丹大遼國。

不過石敬瑭知道天下沒有免費的午餐，不向耶律德光放血，契丹人絕對會見死不救的。你不放血，憑什麼救你！

經過深思熟慮，石敬瑭向耶律德光開出了豐厚條件。河東掌書記、堅定的親契丹派桑維翰寫了一封致契丹人的信，石敬瑭在信中承諾，只要耶律德光肯出手救人，他願意在事成之後向契丹稱臣藩、納職貢，並割讓雁門關以北、西起雲州（山西大同）東至幽州（北京）的十六州入遼，以及每年向契丹人輸送金帛三十萬匹兩。不知是出於什麼考慮，石敬瑭竟又加了一筆：願認耶律德光為父！

向契丹人求援，在河東軍事集團上層是主流觀點，基本沒人反對向契丹稱臣，但反對石敬瑭向契丹人割地並認乾爹。代表人物是石敬瑭的貼身心腹，將來的後漢高祖劉知遠，他的意見是可以向契丹稱臣，也可以送給契丹人大量金銀財寶，但反對認耶律德光當乾爹，並割讓中原戰略領土。

劉知遠很有戰略眼光，他一眼就看出一旦割讓燕雲十六州，必然會導致將來中原無險可守。但石敬瑭自有他的考慮，以耶律德光的貪婪只憑金銀財寶是不足以讓他動心的，不割地，契丹人必不相救。

如果站在石敬瑭本人的立場，也許石敬瑭的考慮是正確的，從耶律德光得到大肉餅後的反應「大喜」可以看出耶律德光對這個條件是極為滿意的。如果只出錢，耶律德光應該會不屑一顧：我有兵有馬，難道我就不會搶錢？你送給我，我還欠你一個人情！

至於石敬瑭亂攀親戚，劉知遠極力反對。雖然劉知遠是沙陀人，但他的思維相對於石敬瑭則比較傳統，他接受不了乾爹反而比乾兒子小十一歲。石敬瑭卻「不從」，還是奴顏卑膝地跪在了耶律德光的面前，磕頭認了乾爹。石敬瑭不顧社會倫理認小乾爹，是想通過結乾親的辦法，拴住耶律德光，保持晉遼外交關係的穩定，同時阻止其他中原的野心家亂認親戚，影響到自己的統治。

而現實很快就抽了石敬瑭一記響亮的耳光，幽州節度使趙德鈞見石敬瑭攀上了契丹人的高枝，羡慕嫉妒恨，眼都紅了。趙德鈞立刻給耶律德光談了條件，「只要立我為帝，我願意與契丹結為兄弟之國」，並厚贈金銀寶貝。

耶律德光出於避免趙德鈞和自己翻臉，斷了自己北歸後路，差點就同意了趙德鈞的條件。石敬瑭聽說後差點暈倒，除了大罵趙德鈞無恥下流外，立刻派桑維翰去找耶律德光，鼻涕一把淚一把的哀求。最丟人的是為了說服耶律德光放棄趙氏父子，桑維翰跪在耶律德光的大帳前，從白天到晚上，紋絲不動。「涕泣爭之」，這才勉強打動了耶律德光。

看透不說透，才是好朋友。不管是石敬瑭亂認乾爹，還是耶律德光亂收乾兒子，其實他們之間都不過是互相利用的關係。但不得不承認，因為利益上有共同點，石敬瑭與耶律德光這對乾父子之間確實有過一段蜜月時期，甚至連石敬瑭的皇位也是耶律德光冊封的。

後唐清泰三年（九三六年）十一月十二日，寒風呼嘯中的太原城外柳林，石敬瑭正式接受耶律德光的冊封，建立了後晉王朝。

值得一提的是，石敬瑭所建立的晉朝，嚴格意義上來說並不是中原帝王。因為石敬瑭並不是穿中原帝王的衮冕繼位，而是穿著契丹人的傳統服裝繼位，而且耶律德光在冊封石敬瑭為晉帝的詔書開宗明義：「咨爾子晉王」。一個「子」字，不僅讓石敬瑭蒙羞，更讓中原（漢化）政權遭到了前所未有的恥辱，罵石敬瑭一句「漢奸賣國賊」並不為過。

石敬瑭知道沒有耶律德光出手相救，自己早成了李從珂的刀下鬼。所以石敬瑭在統治中原之後，對恩重如山的小乾爹極盡阿諛恭維之能事，馬屁拍到爐火純青，「帝事契丹甚謹」。每次契丹派使者南下，石敬瑭都要在別殿對著契丹使者下跪磕頭，極其肉麻地問：父皇帝安否！

石敬瑭巴結的並不只是乾爹耶律德光，契丹一應太后親貴大臣都是石敬瑭需要拍馬屁的。甚至在天福三年（九三八年）的六月，石敬瑭還派內閣首輔大臣馮道出使契丹，給他的乾祖母述律老太后上尊號，弄得馮道被耶律德光調戲了很久，差點老死在漠北。石敬瑭鐵了心給耶律德光當乾兒子。他知道一旦和耶律德光翻臉，固然能贏得中原人的支持，但契丹人的鐵甲騎兵會輕易撕破河北防線……

除了乾爹和乾祖母，其他契丹勳貴都沒少收到石敬瑭拍的馬屁。「至（契丹）元帥太子、偉王、南、北二王、韓延徽、趙延壽等諸大臣皆有賂遺。」搞笑的是，趙延壽正是曾經差點砸掉石敬瑭飯碗的趙德鈞養子。而這些人見石敬瑭如此賤骨頭，自然瞧不起這個賤貨，只要石敬瑭馬屁沒拍到位，這些大爺就派人來罵石敬瑭。石敬瑭惹不起這些大爺，照例「卑辭謝之」，反正石敬瑭早就不知廉恥為何物，罵就忍著。

雖然中原官員早就看不慣石敬瑭的賤骨頭，「朝野咸以為恥」。不過石敬瑭自有他的道理，他對大臣們說：「這些金帛是送給了契丹人，但這些錢不過是國內幾個縣的租賦而已，花小錢買大和平，多麼划算的事情。」插句閒話，雖然趙匡胤通過篡位建立的宋和石敬瑭並非一家，但宋朝的外交政策卻基本是石敬瑭外交思路的延續——花錢買和平，必要時亂認乾爹乾大爺。在外交上，最完美繼承石敬瑭外交衣缽的，無疑是南宋高宗趙構。從各方面綜合來看，趙構幾乎就是石敬瑭的投胎轉世。這些主降派經常使用的一個觀點就是「兵不如人，槍不如人，國力不如人。打了等於送死！」實際上，從石重貴與契丹大戰，南宋與金的拉鋸戰來看，只要內部將相和揖，把契丹人和女真人驅出中原並非難事，只不過石敬瑭和趙構從來就沒想到要收復什麼故土，現有的地盤足夠他們揮霍的。至於什麼燕雲十六州，本來就非石敬瑭的根據地，送給契丹人他覺得沒什麼可惜。

石敬瑭慷慨地把戰略要地燕雲十六州送給契丹人，卻直接導致了中原漢族政權在防禦游牧騎兵時極大的戰略被動，北宋蘇轍曾經哀歎「石晉始以燕、薊之地賂契丹……是時，割地之害深矣。」燕州至雲州一線是燕山山脈至太行山脈，地形險峻，有利於中原政權防禦來去無定的游牧騎兵。但自燕雲入遼之後，契丹騎兵往前推進到數百里，直接面對一川無險的河北平原，契丹騎兵曾經南下深州、冀州一帶燒殺搶掠，給中原政權在河北的防禦體系造成了極大的壓力。「自晉漢以來，（河北）常為契丹所困，每胡兵入寇，洞無藩籬。」直到強勢的周世宗柴榮出現，歷史才出現了可喜的扭轉，通過浚通胡盧河，有力地阻止了契丹騎兵南下騷擾河北。但可惜柴榮英年早逝，篡位的趙匡胤又欺軟怕硬，基本秉承了除稱臣割地之外的石晉對契丹政策，以守勢為主，再次導致了契丹人對中原政權重新構成重大威脅。

旰食宵衣，禮賢從諫——明君石敬瑭

說完了漢奸石敬瑭，再來說說明君石敬瑭。

最樸素的邏輯辯證法告訴人們，完美無暇的人是不存在的，萬惡不赦的人也是不存在的。石敬瑭是漢奸，但這並不影響石敬瑭作為歷史上一位明君的存在。

應該說明的是，石敬瑭他這個漢奸，和近代史上著名人物汪精衛的漢奸行為有所有不同。汪精衛在日本軍國主義的扶持下成立了汪偽政權，目的是為日本完全侵佔中國服務的，在汪偽政權中，日本人可以在中國橫行霸道。而石敬瑭雖然向契丹稱臣割地納貢，但卻把契丹人的勢力牢牢限制在燕山——太行山山脈以北，他不會允許契丹人放馬南下。所以從這個角度講，石敬瑭漢奸行為之於中國的危害，要遠遠小於汪精衛漢奸行為之於中國的危害。

石敬瑭認小乾爹，割讓燕雲十六州，是著名的兒皇帝，在歷史上早就臭名昭彰，所以人們很容易記住石敬瑭的陰暗面，卻在有意無意忽略了另一個石敬瑭。

「及其為君也，旰食宵衣，禮賢從諫，慕黃、老之教，樂清淨之風，以絁為衣，以麻為履，故能保其社稷，高朗令終。……以茲睿德，惠彼蒸民，雖未足以方駕前王，亦可謂仁慈恭儉之主也。」

這是一段歷史評論。如果不做特別說明，人們會認為這是史官歌頌某個仁慈的明君。沒錯，這段史評說的正是石敬瑭，出自《舊五代史．晉高祖紀評》。

在五代史上，唐明宗李嗣源的「粗為小康」非常著名，但他的女婿石敬瑭在統治的七年間，其實也完全可以稱為「粗為小康」。

石敬瑭大駕剛進洛陽時，就下詔減輕百姓的鹽務負擔。石敬瑭規定北京（太原）百姓可以向官府以糧食折算鹽稅，同時降低了之前朝廷「每斗須令人戶折納白米一米五升」的規定，這個價格對百姓來說太高，石敬瑭「極知百姓艱苦」，規定以後再讓百姓以糧易鹽時，必須按當時的市場價格，而不是搞一刀切。同時洛陽百姓可以不用糧食折算鹽稅，而是用錢折算，方便了百姓。

唐末五代，鹽稅向來是朝廷稅收的大頭，石敬瑭之前五花八門的朝廷對百姓極盡榨鹽之利，更兼山西是產鹽重地，百姓負擔非常重。石敬瑭為了滿足契丹乾爹的貪欲，他比誰都需要錢，但相比於錢，他現在更重要的是民心。百姓的鹽稅負擔，在石敬瑭期間是非常輕的，百姓擺脫了鹽老虎的壓榨，生活水準自然也就提升了。

石敬瑭並非做秀，一直到他駕崩也沒有改變這個政策，做秀一輩子也就不是做秀了。七年時間，可以想見百姓省了多少錢。而正因為石敬瑭輕鹽稅，導致朝廷稅收驟減，石敬瑭的侄子上台，全面改變叔父的輕鹽政策，又重新放縱鹽老虎壓榨百姓，最終天崩地裂，不可收拾。

除了在鹽稅上讓利百姓，石敬瑭還做了一道特別規定，「天福元年以前，諸道州府應係殘欠租稅，並特除免。」也就是說，石敬瑭不承認李從珂政權對百姓徵收的稅收，包括酒麴錢一併廢止。更讓人感動的是，石敬瑭從北京來洛陽的路上，他發現鄭州附近農田遭到了蝗蟲啃食，立刻派人前去察看，根據實際受損的情況減輕農民的租稅。在天福二年五月，石敬瑭聽說洛陽、鄴都附近鬧起了旱災，石敬瑭二話不說，下詔兩地稅務機構減少徵收五分之一的稅收總額。

抛開石敬瑭和耶律德光之間亂七八糟的關係，只從百姓利益的角度來看，石敬瑭無疑是一個好皇帝。石敬瑭曾經針對定州乾旱下過一道詔書，在詔書中石敬瑭詳細闡述了自己對百姓的態度。「朕自臨寰宇，每念生民，務切撫綏，期於富庶，屬干戈之未戢，慮徭役之或煩。惟彼中山（定州），偶經夏旱，因茲疾苦，遽至流移，達我聽聞，深懷惻惻。」照例，石敬瑭免除了定州百姓的夏秋兩稅。天福四年十二月（九三九年），中原突降大雪，連下五旬，給百姓造成了嚴重災難。很多軍士貧民饑寒交迫，石敬瑭給他們發放薪炭米粟，此舉雖屬小恩小惠，但至少石敬瑭還能記得百姓窮苦，心裡始終沒有忘記百姓。

石敬瑭對百姓的愛護，從一次他與大臣的對話可以體現出來。《舊五代史・晉高祖紀二》記載，天福二年（九三七年）四月，石敬瑭巡幸鄭州，在接見鄭州防禦使白景友的時候，白景友獻出一批牛羊和器皿。石敬瑭並沒有立刻接受，而是問白景友：「這些東西不是搶百姓的吧。」白景友非常硬氣的回答「臣畏陛下法，皆辦於己俸。」石敬瑭聽說這是白景友用自己工資，便欣然收下。一個「臣畏陛下法」，說明石敬瑭非常嚴格執行愛惜民力的政策，任何官員都不允許有絲毫違禁，否則石敬瑭是饒不了他們的。如果石敬瑭縱容大員搶掠百姓，白景友會毫不手軟搜刮民財的。北宋初大將李漢超在鎮守關南時，強娶民女以及強借民財，雖然趙匡胤用不三不四的理由洗白李漢超的土匪行徑，但如果不是趙匡胤的縱容，李漢超是絕對不敢造次的。

石敬瑭的漢奸帽子戴了一千多年，但實際上，石敬瑭的治國能力在五代十國中是首屈一指的。李從珂為了對抗石敬瑭，瘋狂在農村拉壯丁，導致青壯勞力「結集為盜，藏隱山谷」。石敬瑭為了恢復立國之本的農業生產，專門派人到山谷裡「逐處曉諭招攜，各令復（舊）業」，不過這些青壯年很多都是犯過案子的，他們擔心官府會追究他們的刑事責任。石敬瑭為了打消他們的顧慮，又告訴這些人「（天福二年）四月五日（下詔日）以前為非者，一切不問」，新政府不會追究他們在舊政府統治期內犯的罪。不過石敬瑭同時又警惕地看到，有些人可能嘗到了打劫的甜頭，未必願意回鄉務農。石敬瑭警告他們，「如兩月內不歸業者，復罪如初。」給這些土匪兩個月的考慮期，逾期不回家務農的，一律追究刑事責任。石敬瑭高超的政治手腕，可見一斑！

如果用現在的經濟光譜來劃分，石敬瑭是典型的市場派，他反對過於集中的經濟模式，為了摟錢不顧一切，而是主張藏富於民。陳州百姓王武在自家地裡突然挖出了一大堆黃金，可還沒等王武數清黃金數量，綠頭蒼蠅一般的當地官府立刻上門，指責王武非法侵佔他人財物，立刻將黃金沒收，轉手就送給了石皇帝，以邀聖寵。石敬瑭手頭非常缺錢，但他卻反對這種從百姓手中搶錢的做法，他告訴那些搖頭擺尾的大臣，「這些東西本就不是官家的，誰挖出來的自然應該歸誰所有」，石敬瑭把黃金還給了王武。

石敬瑭拒絕與民爭利，而宋朝則對百姓舉起了經濟屠刀。南宋初，廣州州學教授林勳曾經指責宋朝的財稅制度，「本朝二稅之數，視唐增至七倍」，朱熹也曾經炮轟過「古者刻剝之法，本朝皆備」。相對於宋朝對民間幾乎掠奪式的財稅政策，石敬瑭已經做得足夠優秀，至少石敬瑭心中還懷著一顆愛民之心。

石敬瑭是武人出身，但他喜歡讀書，經常在讀兵事之餘，和自己的幕僚大臣開小型座談會，談論民間疾苦，官方相關政策推出後的利弊得失。縱觀石敬瑭的七年執政，石敬瑭所奉行的經濟路線，和西漢初年的黃老無為而治有著驚人的相似。黃老無為之治，是遵循先聖老子的「我無為，而民自化；我好靜，而民自正；我無事，而民自富；我無欲，而民自樸」，提倡與民休息，不搞經濟刺激。核心的內在精神，其實就三個字——不折騰。而後晉上承後唐亂政兵事之餘，百姓疲弊、經濟凋零，石敬瑭要恢復中原的經濟實力，只有「不折騰」這一條路可走。七年的時間，證明了石敬瑭的「不折騰」路線是正確的，效果非常顯著。《舊五代史》的史官們也稱讚石敬瑭「旰食宵衣，禮賢從諫，慕黃、老之教，樂清淨之風，以絁為衣，以麻為履，故能保其社稷，高朗令終」。

有一條史料並不太引人注目。《舊五代史・晉少帝紀一》記載，石敬瑭的侄子石重貴即位後，立刻犒賞將士，按級別每個軍人都領到從五貫到一百貫的賞錢。石重貴哪來的錢賞賜軍人？自然都是石敬瑭七年間發展經濟的成果。要知道，李從珂稱帝後，他允諾給弟兄們發錢，可功勞最大的楊思權才領到七十貫錢，他的本部人馬才領到二十貫……

在結束石敬瑭的話題之前，再提及一件非常重要的歷史事件：天福三年（九三八年）十月，石敬瑭決定放棄現在的國都洛陽，遷都汴州，並升汴州為東京開封府。

遷都開封的理由，史料記載非常清楚，石敬瑭考慮洛陽遠離東部的漕運交通線，勞動百姓車推肩挑，運輸糧草，同時也不利於朝廷對關東（虎牢關以東）地區的統治。而汴州是漕運重鎮，「舟車所會，便於漕運。……今汴州水陸要衝，山河形勝，乃萬庾千箱之地，是四通八達之郊。爰自按巡，益觀宜便，俾升都邑，以利兵民。」

汴州早在朱溫時就已經升格為東京開封府，但朱溫本人主要還是生活在洛陽。雖然朱友貞定都開封，但又被李存勗消滅，李存勗是個復唐原教旨主義者，主張恢復一切唐朝舊制，又把國都定在洛陽。石敬瑭在法統上不是李唐後裔，所以石敬瑭沒有李唐那樣的歷史負擔。不過在石敬瑭遷都汴梁時，因為被冷落了十幾年，汴梁城早已衰敗不堪。是石敬瑭的一道命令，又讓奄奄一息的汴梁城又恢復了曾經的妖嬈多姿。而極盡繁華的大宋東京汴梁城，那一座座具有現代娛樂功能的瓦肆勾欄，那一副橫絕千古的《清明上河圖》，其發端者其實就是石敬瑭。

不過說來吊詭的是，石敬瑭雖然把國都定在了東京汴梁，但石敬瑭人生的謝幕地，卻是在東京汴梁以北四百餘里的北京鄴都。石敬瑭之所以不辭勞苦去鄴都，是因為桀驁不訓的成德軍節度使安重榮意欲謀反，石敬瑭必須親征。天福六年（九四一年）八月，石敬瑭抵達鄴都，布置對安重榮的圍剿。不過安重榮雖然是個大嗓門，還喜歡作秀，但從軍事能力上看，他連給石敬瑭提鞋的資格都沒有。當年十二月初二，安重榮反。十二月初七，石敬瑭派妹夫、天平軍節度使杜重威為主帥，討伐安重榮。十二月十三，叛軍在宗城被杜重威率領的官軍擊潰，斬首一萬五千。牛皮吹破的安重榮狼狽逃回鎮州死守，但也勉強撐過了天福七年的春節，就被杜重榮破城斬首。

安重榮死了，但河北局勢依然動盪，所以石敬瑭一直沒有回汴梁。可讓這位雙面梟雄意外的是，他永遠回不了汴梁城了。晉天福七年（九四二年）六月十三日，五十一歲的石敬瑭病逝於鄴都保昌殿。

臨死前，石敬瑭緊緊拉住宰相馮道的手，眼睛卻盯著他年幼的兒子石重睿。石敬瑭的言下意非常明顯，他希望馮道能立石重睿為帝。不過馮道不傻，馮道身邊就站著晉朝宗室最年長的下一代成員——齊王、廣晉尹石重貴。如果馮道立石重睿，以石重貴的性格，他絕對不會對幼兒石重睿俯首稱臣，必然會發動兵變。一旦出現這種局面，馮道還有活路嗎？甚至還要牽連年幼無辜的石重睿。

最終，馮道還是選擇了目光冷峻的石重貴，對外宣稱的理由是天下大亂，國家應立長君。這是一個無可辯駁的理由，亂世時代立幼兒為帝，除非宗室中有年長成員居中攝政，或有強悍的皇太后垂簾聽政，否則必為外人所奪。趙匡胤篡位，就是一個再著名不過的例子。

而和馮道一起決定新君人選的，還有一個人，就是天平軍節度使、侍衛馬步軍都虞侯景延廣。景延廣是什麼人？他是石重貴的頭號心腹兼首席智囊，馮道和景延廣議事，是大有深意的。景延廣身後站著石重貴，馮道知道他該怎麼做。說來有意思的是，就在石敬瑭死的當天，馮道就做了擁立石重貴的決定。

歷史何其諷刺。

寧可當孫子，也不當奴才——五代晉遼關係破裂始末

按照五代主要帝王都要至少有一篇專論的標準，石重貴無論如何都應該要寫一篇的，但鑒於石重貴統治的四年時間內主要只做了一件事情，即與晉國的宗主國契丹關係破裂，繼而大打出手，最終被契丹滅亡。所以不再多費筆墨，而是把有關石重貴的一些事情，都放以下兩篇中一併講述。

簡單介紹一下石重貴的身世。

石重貴是石敬瑭幼弟石敬儒的兒子，生於梁乾化四年（九一四年）。因為父親早死，石重貴一直跟著叔父石敬瑭闖蕩江湖。石重貴不喜讀書，卻喜歡騎射，石敬瑭很疼愛這個侄子。但和李嗣源之於李從珂的感情一樣，疼是一定的，但傳位是不可能的。等到石敬瑭快嚥氣時，他考慮的還是幼子石重睿，石重貴依然被晾在牆上。好在馮道做出了一個對石重貴來說完全正確的選擇——立自己為帝，避免晉朝宗室內部的一場血腥殘殺。

晉天福七年（九四二年）六月十四日，二十九歲的石重貴在文武百官的山呼萬歲聲中，春風滿面的君臨天下。

在處理了叔父的國喪後，石重貴意氣風發的迎來了屬於自己的時代。

不過在晉朝特殊的歷史外交框架下，石重貴要開創自己的時代，就無論如何繞不過一個問題——和契丹的關係。

眾所周知，石敬瑭當年在太原差點被李從珂的人馬包了餃子，是石敬瑭不惜割讓燕雲十六州，並向契丹稱臣稱兒納貢，才讓耶律德光出手相救，最終鹹魚翻身的。晉朝建立後，石敬瑭與契丹建立了牢固的臣屬關係，說穿了就是鐵了心要給契丹人當奴才，天天像孫子一樣被契丹人罵來罵去。雖然石敬瑭丟人現眼，但客觀上來阻止了契丹鐵騎的南下，保全了中原漢文明沒有受到契丹人的野蠻破壞，中原百姓也過上了七年「粗為小康」相對安穩的生活。

對於石敬瑭對契丹一邊倒的外交政策，石重貴並不是很認可，雖然他的乾祖父耶律德光曾經高看過石重貴一眼。石敬瑭南下洛陽，欲留一子侄守根本重地太原，石敬瑭問耶律德光，耶律德光手指石重貴，「此兒眼大，可守太原」，而後來石重貴一路青雲直上，未必沒有耶律德光的因素在內。

不過石重貴知道對契丹的一邊倒是叔父的既定國策，不可能改變，所以石重貴也不說什麼，甚至是耶律德光也被乾孫子蒙在鼓裡。石敬瑭死後，耶律德光還派人來祭奠乾兒子，送慰問禮馬二十匹。不久後，耶律德光再送御馬兩匹，羊千頭，絹千匹。在耶律德光看來，乾兒子和乾孫子沒有什麼不同，都是自己在中原的「看門狗」，耶律德光還在做著繼續享受中原稽首臣伏的美夢。

但石重貴卻開始謀劃改變與契丹的這種不平等外交關係。

起因是晉朝高層召開會議，商議派人去契丹告哀事宜。告哀是一種很正常的外交禮節，即告訴外國首腦：本國領袖逝世了云云，但這裡卻涉及一個外交等級的問題。石敬瑭時代，晉是契丹的臣屬國，告哀書中自然要向契丹稱臣。很多石敬瑭時代的老臣主張繼續向契丹稱臣，反正大家早就不要臉了。

石重貴並沒有急於發表意見，反而是侍衛馬步軍都虞侯景延廣跳了出來，極力反對這夥老臣的意見。需要說明的，跳出來的僅僅一個景延廣，沒有第二個人，「晉大臣議告契丹，致表稱臣，延廣獨不肯。」景延廣的意思是不能再向契丹稱臣，這與晉朝的大國地位不相符，但皇帝（石重貴）可以以個人名義向耶律德光稱孫。

景延廣的觀點並非沒有道理。雖然石敬瑭的帝位是契丹耶律德光冊封的，但當時石敬瑭的地盤僅有河東一地，遠不能與契丹相抗衡。但石敬瑭統治中原後，國土北抵幽雲，東臨大海，南達淮河、漢水，西接吐蕃，幅疆萬里，人口千萬，甲兵數十萬，只是經濟上比之前朝略顯困難。以這樣的實力，是完全有能力和契丹人一爭高下的。石敬瑭是個軟骨頭，但不代表石重貴也是。

景延廣表完態後，宰相李崧站出來反對景延廣，李崧的態度也足夠強硬，「向契丹稱臣是有些丟人現眼，但這麼做也是為了江山與百姓不受刀兵之苦。現在和契丹人翻臉，陛下必然要披甲親征，何其來哉！」李崧不忘譏諷石重貴與景延廣一句：到時有錢都買不到後悔藥。

反對向契丹稱臣的話出於景延廣之口，但李崧卻針對石重貴。其實大家都知道，景延廣是石重貴的頭號心腹，二人一定是在開會之前定好了新的對契丹政策，只不過由景延廣出頭站臺而已。內閣首輔大臣馮道早就看透了景延廣和石重貴是穿一條褲子的，所以景延廣和李崧互噴口水時，馮道卻打哈哈，「依違其間」，兩不得罪。雖然其他大臣都反對景延廣，但因為一則景延廣背後有石重貴的支持，二則馮道裝啞巴，縱然知道若與契丹對抗必敗，也沒人能爭得過景延廣。即使是先朝老臣桑維翰，他反對景延廣的強硬外交政策，幾次欲勸石重貴不要衝動，但都被景延廣以不三不四的理由拒之門外。桑維翰尚且如此，別人再反對又有什麼作用？

不過宰相之一的趙瑩卻多留了一個心眼，現在口說無憑，應該立個字據，將來契丹人萬一打過來，也好有保命的本錢。「瑩知其（景延廣）言必起兩國之爭，懼後無以取信也。」在趙瑩的堅持下，石重貴同意把今天所議都寫在紙上，「以備遺忘」。景延廣知道趙瑩的意思，但現在志氣正盛的景大人根本不怕什麼耶律耀庫濟，你敢來，老子就滅了你！

而景延廣所不知道的是，還沒等景延廣對契丹公開表態，趙瑩就已經把景延廣的議事內容偷偷洩露給了契丹人。耶律德光「益怒」。而這個「益怒」，說明耶律德光對石重貴早有不滿，早在趙瑩之前，就應該有人給耶律德光通風報信。

石重貴身邊遊蕩著一群吃裡扒外的內鬼，他竟然還不知道……

石重貴是完全支持景延廣的，「帝卒從延廣議」。畢竟石重貴是天朝大國的皇帝，但與契丹這種不正常的外交關係已經嚴重影響了晉朝的大國政治以及外交形象，就如同很難想像俄羅斯會對美國俯首貼耳一樣。

等消息傳到了契丹，耶律德光再也忍不住對石重貴的不滿，立刻派人來到汴京給石重貴扣大帽子。耶律德光足夠聰明，他並沒有直接質問石重貴為什麼稱孫不稱臣，而是打起了石重貴繼位合法性的主意。晉是契丹的臣屬國，晉朝的繼承人人選就必須得到宗主國的同意。而石重貴即位時比較倉促，並沒有通告契丹，石重貴也沒打算再搞一個契丹人的冊封禮。

不過從史料上看，石重貴並沒有接見契丹使臣，而是由景延廣出面，嚴厲警告契丹人不要狂妄自大，須知山外青山樓外樓。景延廣態度強硬，「先帝是北朝所立，今上則中國自策，為鄰為孫則可，無臣之理！」景延廣這句話，實際上已經否定了晉朝與契丹的臣屬關係，可以想見契丹使者的臉色。景延廣已經懶得再和契丹人再費口話，他語氣極端強硬的告訴契丹人，「晉朝有十萬口橫磨劍，翁若要戰則早來，他日不禁孫子，則取笑天下，當成後悔矣。」景延廣對耶律德光的言外之意再明顯不過：有種你就來，可你能活著進來，未必就能活著出去。

耶律德光見石重貴如此蠻橫，自然怒不可遏。晉朝向契丹臣服，一則符合契丹的經濟利益，契丹經濟落後，急須中原的物產；二則有利於耶律德光塑造「天可汗」的偉大政治形象。可現在石重貴不承認晉遼的臣屬關係，等於當眾打了自己的老臉，耶律德光豈能嚥下這口氣。既然石重貴不識抬舉，耶律德光已經打算好了——出兵滅晉，再找一個聽話的，繼續在中原稱帝，繼續給自己當乾兒子。至於取代石重貴的人選，就在耶律德光身邊，就是趙德鈞的養子趙延壽。

契丹大軍即將入寇中原的消息被傳得沸沸揚揚，晉朝社會各階層被攪得人心不定。雖然石重貴強硬決定與契丹翻臉，為了外交尊嚴不惜一戰，但晉朝內部魚龍混雜，心懷鬼胎的大有人在，特別是晉朝坐鎮地方的封疆大吏們。

在「兵強馬壯者自為天子」的五代十國時期，誰當皇帝，身邊都會有人不服。石敬瑭當皇帝還算有那個資格，但石重貴是哪根蔥，突然就登極九五，晉朝那班功勳大將誰其心服。最典型的是時任河東節度使的劉知遠，他是晉高祖石敬瑭的頭號心腹大將，但劉知遠服石敬瑭，卻不服石重貴，所以當石重貴決定與契丹翻臉時，劉知遠一句話都不說，只是打著備戰契丹的名義招兵買馬，等待時機自己發洋財。甚至可以說，劉知遠是希望石重貴慘敗的，只有這樣他才有機會渾水摸魚。

除了劉知遠，石重貴的姑父、成德軍節度使杜重威也是覬覦石重貴那個讓人眼熱的位置，雖然杜重威一時不敢造次，但杜重威也同樣在等待機會，同時在成德轄區搜刮民財以自肥，叛亂頭子安重榮的財產早就被杜重威私吞了。

杜重威之下，是更加貪婪的沙陀禿子楊光遠。楊光遠這輩子最大的愛好就是伸手搶劫，一代大老范延光就是死於楊光遠之手，范延光的財產自然也被楊光遠吃掉。景延廣與契丹翻臉後，讓石重貴「借」走了楊光遠麾下的二百匹戰馬，楊光遠是頭鐵公雞，自然惱火。沙陀禿子乾脆和耶律德光暗中勾搭，經常「述少帝（石重貴）之短」。更可惡的是，楊光遠經常給耶律德光輸送晉朝內部的絕密情報，晉朝之亡，楊光遠之流的內奸要負主要責任。

不得不說的是，石重貴決定對契丹稱孫不稱臣，是非常有血性的，遠比他那個賤骨頭叔父更值得歷史的尊重。但石重貴和契丹翻臉，還是過於倉促了些。畢竟石重貴的主張在統治高層內部並沒有取得完全一致的意見，內鬼太多。其實最穩妥的辦法，是能爭取到一至兩年的戰略時間與空間。在此前之前，繼續向契丹稱臣迷惑住耶律德光，在這一兩時間內先清除內鬼。而後來石重貴失敗的事實也證明了內鬼的破壞力。石重貴剛登基不久，在高層內部還沒有站穩腳跟，很多大老都在盤算把石重貴賣給耶律德光發洋財。可惜石重貴在景延廣的攘臂大言中已經被表象沖昏了頭腦，他並沒有看到劉知遠、楊光遠、杜重威，以及張彥澤等人陰險的冷笑，堅定地吹起了契丹人決戰的號角。

在石重貴決定與契丹人開戰時，他同時還向另外一個人宣戰。這是個女人，而且還是石重貴的長輩、守寡多年的叔母馮氏。

馮氏是後唐鄴都副留守馮濛的女兒，而當時的鄴都留守正是晉高祖石敬瑭。石敬瑭為自己的弟弟石重胤娶了馮氏為妻，但石重胤命短，很快就丟下馮氏升天了。因為馮氏「有美色」，所以早就被好色的侄子石重貴盯上了。以前叔父在時，因為家法嚴格，石重貴不敢造次，只能望著叔母流口水。現在叔父死了，再沒人敢管自己的事，石重貴向馮氏發起總攻。馮氏雖是石重貴的叔母，但實際上馮氏的年齡比石重貴小，而且當初石敬瑭是把小弟弟石重胤當兒子養的，所以從心理上來說，馮氏與石重貴之間並沒有所謂的輩份阻礙。再加上石重貴是皇帝，權勢赫赫，馮氏自然也願意勾搭上石重貴。你情我願，乾柴烈火一點就著，就在石敬瑭還沒有出殯的時候，石重貴就和馮氏花好月圓了。天福七年的十月初三，石重貴正式冊封馮氏為皇后，

石重貴亂倫，其實倒也沒什麼，歷史上亂倫皇帝多了，不缺石重貴這一號。但問題是，石重貴立馮氏為皇后的同時，又重用馮氏家族的男性成員，形成了五代史上並不多見的外戚干政。

馮皇后有個哥哥馮玉，因為不識幾個字，所以只混到了禮部郎中的小官。可等妹子當上皇后，馮玉搖身一變成了大國舅，很快就飛黃騰達當上了右僕射，「軍國大政，一以委之。」而馮玉為人貪鄙，一朝得勢，就四處伸手要錢，朝野的齷齪官們都知道馮玉的後臺，都來巴結大國舅。馮玉一邊撈錢，一邊乘勢弄權，「由是朝政日壞」。石重貴雖然最終亡於那夥吃裡扒外的內鬼，但不可否認，馮玉也是亡晉的罪魁禍首之一。

虎頭蛇尾——一地雞毛的晉遼大戰

耶律德光已經接到了楊光遠的絕密情報。情報上只有一句話，「（晉）境內大饑，公私困竭，乘此際攻之，一舉可取。」

這是石重貴不應該在此時與契丹翻臉的第三個原因。晉朝經濟在石重貴即位之初發生了嚴重的困難，在這種情況下貿然開戰是很不明智的。

晉天福末年，中原發生了罕見的自然災害，主要是蝗災和旱災，餓死幾十萬百姓。而石重貴不知體恤百姓，為了籌集大量軍餉，石重貴不管百姓死活，派出由三十六名使者組成的官方搜刮團，分駐各地搶錢。這些搜刮大使們倚仗著皇帝權勢，帶著一夥狗腿，隨身攜帶枷鎖和刀具，強闖民宅，明目張膽的進行搶劫，百姓「小大驚懼，求死無地」。

石重貴搶來了無數沾滿百姓血淚的錢財，但這些錢財可並不是都備作軍用，其中一大部分是留給石重貴私用的。換言之，朝廷缺錢，但帝王將相們卻不缺錢，他們寧可把錢用在享受上也不助軍，其中就包括那個大言給耶律德光好看的景延廣。

天福八年（九四三年）秋天，石重貴去景延廣家裡飲酒作樂，景延廣家裡設施非常豪華，「器服、鞍馬、茶床、椅榻皆裹金銀，飾以龍鳳。」景延廣為巴結石重貴，獻上帛五千匹、棉一千四百兩，馬二十二匹，玉鞍、犀金不計其數。歐陽修氣憤的罵這兩個民賊，「時天下旱、蝗，民餓死者歲十數萬，而君臣窮極奢侈以相誇尚如此。」

正是因為收到了楊光遠的這份情報，耶律德光才決定趁火打劫。晉開運元年（九四四年）正月初二，還沉浸在新婚燕爾快樂中的石重貴收到了邊疆急報，「契丹前鋒將趙延壽、趙延照將兵五萬入寇，逼貝州。」同時，河東劉知遠、成德軍、昭義軍、橫海軍都急報契丹人大舉入寇。

耶律德光終於發動了戰爭，但此時的石重貴卻不想開戰了。石重貴之前急於推翻石敬瑭的賣國政策，主要是想從政治上撈取形象分，他心裡其實是希望耶律德光能忍下這口惡氣的，並不希望耶律德光動粗。但耶律德光是什麼人？他怎麼可能受得了這份窩囊氣。可真等契丹人開打時，石重貴民族大義的三分鐘熱度早就變得冰冷，他現在更感興趣的是和馮皇后享受「天倫之樂」，以及享受從民間搜刮來的金珠寶貝。

契丹人來勢非常凶猛，還沒等石重貴反應過來，契丹人就已攻破貝州。貝州是汴梁北面鄴都的門戶，貝州的丟失導致鄴都北面無險可守，契丹人很快就進逼鄴都城下。

此時的石重貴再沒有當時氣吞山河的豪邁，而是給耶律德光寫了求和信，希望能與契丹恢復正常的外交關係。耶律德光根本不理睬石重貴，只是冷冷回了句：已成之勢，不可改也！

腳上的泡是自己踩出來的，石重貴別無選擇，只能硬著頭皮上場。

實際上，石重貴並沒有必要如此悲觀，只要應付得當，以他現有的實力是可以與耶律德光一較高下的。汪精衛投降日本的理由是「兵不如人，槍不如人」，汪氏所說並非完全沒有道理，中日之間是兩個時代以上的差距。不過在五代晉遼，雙方都活在冷兵器和小農世界裡，甚至晉朝的生產方式更先進一些。即使是契丹最倚仗的騎兵，晉朝也不缺少。更重要的是，晉軍高級將領是從來不怕什麼契丹人的，他們知道一旦戰勝契丹就能撈到更多的資本。

現實很快就給了石重貴極大的鼓舞，契丹偉王從雁門關進入河東，準備開闢西線戰場，結果被強悍的河東節度使劉知遠在忻口暴打一通，偉王丟下三千具屍體狼狽逃回。

西路軍的潰敗並沒有阻止契丹東線的節節勝利。晉朝出了一個漢奸，就是博州刺史周儒，周儒投降後，立刻引契丹麻答部從黃河馬家口渡河，契丹兵立刻在馬家口修建堡壘，準備接濟河西岸的數萬主力部隊渡河，而這對晉朝來說是非常危險的。晉朝的侍衛馬軍都指揮使李守貞的任務，則是必須敲掉這支魚刺一般的契丹兵。

此時有一萬契丹步兵正在河東岸建築工事，另外還有一小部分契丹騎兵來回騎行，進行保安工作。李守貞雖然也是野心家，但當時名位不顯，所以他對榮譽十分地渴望，殺敵立功的想法非常急切。李守貞的作戰方法非常簡單粗暴，就是利用契丹保安騎兵數量少，集中優勢兵力衝潰這股騎兵。契丹騎兵被打散後，一萬契丹步兵就直接暴露在晉人的馬刀之下。於是晉人將契丹步兵圍在河東岸的狹長區域內大快朵頤，「契丹大敗，乘馬赴河溺死者數千人，俘斬亦數千人。」晉軍成功收回了要津馬家口，阻止了契丹主軍東渡黃河的企圖。河西岸的契丹主力根本不敢過河送死，全都溜之大吉。

當時晉軍對契丹軍人的態度是不留活口，戰鬥力無比旺盛。然而這種戰鬥力並不是石重貴和景延廣帶來的，景延廣機械用兵，禁止各地晉軍互相救援，差點害死了中原頂級名將高行周。因為兵敗馬家口後，為了洩憤，契丹人殺光了生擒的漢人百姓，「所過焚掠，方廣千里，民物殆盡」，激起了漢人將士的極大義憤。「由是晉人憤怒，戮力爭奮。」

而這一點，對石重貴來說是極為有利的。晉朝國內的經濟困難在很大程度上影響了石重貴對抗契丹人的決心，但看到軍隊士氣並沒有受到經濟困難的影響，也讓石重貴又找回了當初丟掉的自信心。等到李守貞把在馬家口大捷中擒獲的契丹將士五百七十八人押送到已經抵達澶州督戰的石重貴面前時，石重貴「悉斬之」，其實也是為了激勵將士們的抗戰決心。

形勢對石重貴來說非常有利，耶律德光迫於戰局不利，已經收縮戰線。特別是在元城之戰，十幾萬契丹精銳部隊在澶州城北與晉軍大戰，晉軍主帥是高行周。值得一提的是，石重貴本人就出現在晉軍前線陣上，他見到了全副武裝的乾祖父耶律德光，但二人並沒有直接交流。

對於這場戰役，《資治通鑒》的記載非常精彩，引如下：「以精騎左右略陳，晉軍不動，萬弩齊發，飛矢蔽地。契丹稍卻；又攻晉陳之東偏，不克。苦戰至暮，兩軍死者不可勝數。昏後，契丹引去，營於三十里之外。」不久，耶律德光拔營北上。

耶律德光跑了，石重貴立刻騰出手對付和耶律德光眉來眼去的平盧節度使楊光遠。李守貞在馬家口大捷後，立刻帶著兩萬精銳開拔青州，剿殺沙陀禿子。這場戰役並不值得一提，在歷史上也不過是個再小不過的浪花。開運元年十二月，楊光遠最終撐不下去了，羞羞答答地投降了官軍，但最終還是被石重貴給弄死了。

石重貴最近的日子過得有滋有味，但石重貴的親密戰友景延廣則被從神壇上拉下來，成了破銅爛鐵。景延廣為人狂妄霸道，稍一得勢就盛氣凌人，得罪了整個官場。石重貴不能因為景延廣一個人而站在文武大老們的對立面，何況景延廣經常騎在石重貴頭上擅作威福，「帝亦憚其不遜難制」，便將景延廣下放為西京留守，出居洛陽，離開了最高決策層。

景延廣走了，但耶律德光又來了。契丹皇帝是不會甘心失敗的，否則老臉就沒有地方擱了。開運二年（九四五年）剛一開春，契丹人直撲昭義軍管轄的邢、洺、磁三州，「殺掠殆盡，入鄴都境」，耶律德光急於從石重貴身上找回面子，但很遺憾，晉朝那幫強悍武夫又結結實實地賞了耶律德光一記響亮的耳光。數萬晉軍在鄴都留守張從恩等人的率領下，集結於相州（河南安陽）的安陽河南側，而前鋒慕容彥超和皇甫遇則率數千騎兵北上迎敵，在漳河南岸遇到了契丹主力數萬。幾乎是十比一的兵力對比，但這場遭遇戰卻讓契丹人打得極為難受，晉軍「自午至未（傍晚），力戰百餘合，相殺傷甚眾」。契丹沒有佔到半點便宜，直到張從恩的主力部隊前來增援時，契丹人再也沒了屠殺無辜百姓時的凶猛，全都嚇跑了。而前線契丹人的潰逃，又給後隊的契丹主力造成了嚴重的心裡恐慌，契丹人嚇得大叫「晉軍悉至矣！」而身在邯鄲的耶律德光也沒了鬧下去的心思，「即時北遁」。

讓石重貴做夢都想不到的是，在與耶律德光的撕逼大戰中，他竟然還有機會發起對契丹的戰略反擊。

這是北面招討副使馬全節給石重貴的建議。馬全節認為契丹兵源沒有想像中的那麼多，且多不中用，不如乘機直取幽州，收復舊河山。已經被勝利沖昏頭腦的石重貴自然希望一鼓作氣收復幽州，石重貴知道，一旦事成，他就將成為千古一帝。

這個誘惑實在太大了。石重貴本人立刻兵發汴梁城，下詔親征契丹，時間是開運二年（九四五年）的二月。這是北宋自岐溝關慘敗之後，那一群窩囊帝王根本不敢做的事情。

河東節度使劉知遠非常反對石重貴的「冒進」政策，認為晉朝國力疲弊，竟然主動進攻契丹，簡直就是找死。實際上劉知遠是有小算盤的，他希望石重貴兵敗，只有這樣他才有機會亂中取事。但隨後發生的震驚天下的白團衛村之戰，讓劉知遠的心緊緊揪了起來。

白團衛村之戰，是從後梁開始，自唐、晉、漢、及至北宋，對契丹人的戰爭中最讓中原人揚眉吐氣的一戰。這是一場誰都沒想到的空前勝利，包括當事雙方耶律德光以及志併八荒的石重貴。

這場戰役發生於晉開運二年的三月，地點在今河北安國縣境內的白團衛村。這一次，耶律德光是下了血本的，黑鴉鴉數萬契丹精騎兵壓雲南下，蹄聲陣陣，撲天黃塵飛舞，場面非常恐怖震撼。而晉軍主帥杜重威聽到契丹人有八萬騎兵時，腿肚子都嚇抽筋了。杜重威根本沒有膽量和如此數量的契丹騎兵一決高下，立刻率一萬多人從定州撤到泰州（河北清苑）。不過耶律德光也知道杜重威帶的是晉軍絕對主力，只要拿下，石重貴就難逃生天。幾乎是晉軍在前面結陣撤退，契丹軍在後面馬陣相隨。晉軍一直撤到了白團衛，但契丹人像黏膠一樣也跟到了白團衛，而且契丹軍仗著人數多的優勢將晉軍團團圍住。耶律德光的目標非常明顯——打不死你們，也要餓死你們。

晉開運二年三月二十六日傍晚，烏雲覆頂、狂風呼嘯、飛沙走石，一片地獄末日景象。而對被包圍的晉軍來說，他們的末日已經到來——糧食吃完，水也喝光，甚至連泥水都喝沒了。在遠處坐在由駱駝拉著的大奚車上觀望的耶律德光見時機已到，拔刀下令，向晉軍發起攻擊。因為是攻堅戰，馬匹用不上，幾萬契丹騎兵全都下馬，手上操著短兵刃，拆掉了晉軍外營的鹿寨，一步步向晉軍進逼。

面對契丹人的馬刀，杜重威已嚇得不知所措，他竟然想等風停了，再和契丹人作戰。杜重威沒血性，但晉軍弟兄們都有，很多人都向杜重威請戰。李守貞不滿杜重威的窩囊，認為此時風大日晦，胡人不知我軍底細，混場一戰更易取勝。

杜重威還在猶豫，馬軍左廂都排陣使張彥澤折衷建議，說可以等風稍小些再戰，不然風力太大會影響我們耍大刀。而馬軍右廂都排陣使藥元福則認為契丹人一定會覺得我們不敢在風大時主動進攻，而我們以騎兵對彼之步兵，出奇制勝卒能大勝，符彥卿非常認同藥元福的觀點。而李守貞已經煩夠了杜重威的磨嘰，直接上馬，舉起大槍，甩開杜重威下令，所有男人都跟我上陣殺賊。

已經餓得發暈的晉軍騎兵咬著牙，在李守貞、藥元福的帶領下，出西營，藉著風勢以排山倒海泰山壓卵之勢直接捅進了契丹的鐵鷂子軍。鷂子軍如果在馬上作戰則天下無敵，但他們現在捨馬就步，只能舞短刀，而晉軍則是騎馬舞大刀，作戰劣勢非常明顯。

晉軍在逆境中爆發恐怖的求生欲望，邊殺邊吼，聲音震動天地。沒有做好作戰準備的契丹人被晉軍一路追殺二十多里，遍地都是死屍。

完全是出乎意料之外的慘敗，本來還盤算著多收三五斗的耶律德光嚇得魂都飛了，眼瞅晉人殺到自己眼前，耶律德光再不顧什麼大皇帝的尊嚴，揪住一頭駱駝閃電般狂奔。搞笑的是，耶律德光嘴裡還不停的念古怪的咒語，那頭駱駝扭著大屁股消失在斜暉之中。耶律德光騎著駱駝僥倖逃脫，但他的八萬契丹騎兵則光棍一般逃回來，每名士兵所配備的馬匹、甲仗都打包送給了晉人。

當然，耶律德光能逃出生天，主要還是晉軍主帥杜重威沒有率軍追趕。而杜重威是有私心的，如果他幫助石重貴滅了耶律德光，石重貴成了千古一帝，自己的帝王夢想豈不是要破碎？

對於杜重威的深意，耶律德光未必不知道，只是性格好勝的他始終嚥不下這口惡氣。雖然他的老娘述律太后勸他與晉和好，再打下去老本都快賠光了，但耶律德光還是堅持對晉採取攻勢。而石重貴也打累了，「契丹連歲入寇，中國疲於奔命，邊民塗地」，實在折騰不起了。石重貴派人去與耶律德光進行和平談判，耶律德光倒是同意談判，但前提卻是讓石重貴交出罪魁景延廣，同時晉朝割讓成德軍四州、義武軍兩州。

戰敗國竟然要求戰勝國割地，這種事情只有晚清那幫奇葩才能做的出來。石重貴作為戰勝國，他自然是不會接受這種條件的，否則他就和他叔父石敬瑭一樣成了千古漢奸。

耶律德光開出這樣的條件，明眼人都知道耶律德光還想打，石重貴也未必不知道，但白團衛村之戰的空前大捷讓石重貴覺得耶律德光也不過如此，沒什麼好懼怕的。再加上「契丹人畜亦多死，國人厭苦之」，石重貴算定耶律德光即使想打，他手上也沒多少本錢了。

以前有一部中國動畫片《驕傲的將軍》，講述一個將軍打了勝仗之後驕傲自滿，不再工習武事，而是每天吃喝玩樂。石重貴就像這個驕傲的將軍一樣，覺得自己天下無敵，耶律德光不敢犯邊，自己可以再享受幾年快活人生了。

對於石重貴的奢侈享受，《資治通鑒》的記載觸目驚心，「四方貢獻珍奇，皆歸內府；多造器玩，廣宮室，崇飾後庭，近朝莫之及；作織錦樓以織地衣，用織工數百，期年乃成；又賞賜優伶無度。」

本來大勝契丹後，晉軍將士士氣旺盛，即使石重貴不想再與契丹開戰，也應該利用這個難得的喘息時機犒賞將士，以備不時之戰。而石重貴則學起了前輩李存勗，有錢給戲子，沒錢給將士。弟兄們出來混江湖，「冒白刃，絕筋折骨」要的是真金白銀，你一毛不拔，誰還為你賣命？正如桑維翰對石重貴的警告，再這樣下去，將士寒心、三軍解體，你就等著玩完吧。

石重貴不聽。

而歷史對石重貴倒行逆施的懲罰，很快就要到來。

開運三年（九四六年）九月，契丹人再次大舉入寇，領頭的還是那個吹鬍子瞪眼的耶律德光。

其實契丹人還是那些契丹人，整體實力未必比晉朝強，晉朝那幫有野心的高級將領打契丹如同切果砍菜。河東劉知遠在陽谷將三萬契丹兵打得找不北，斬首七千級。隨後，張彥澤又在定州和泰州兩次暴打契丹人，斬首兩千級。但可惜的是，劉知遠只主政河東一地，張彥澤是偏將，而晉軍最高統帥還是那個無德無才的杜重威。有杜重威在，足可以使晉軍的戰鬥力大打折扣。

其實朝野都對杜重威主持軍務多有不滿，趙瑩就勸石重貴不如起用李守貞，至少李守貞是真名將。而杜重威為了撈兵權，私下用大量金珠寶貝餵飽石重貴，石重貴利令智昏，再次啟用杜重威。

最可笑的還在後面。石重貴亡國已在眼前，他竟然還大言不慚的向世界宣稱，「專發大軍，往平黠虜。先取瀛、漠，安定關南；次復幽燕，蕩平塞北。」甚至讓李守貞權知行幽州府事，此時的幽州，一直被契丹人牢牢控制。石重貴同時下令：「生擒耶律德光，授大鎮節度使，錢萬貫、銀萬兩、絹萬匹！」

石重貴期待姑父能一戰定乾坤，可他做夢也想不到，他親愛的姑父就把他賣掉了。杜重威花錢買兵權，其實只有一個目的：反戈相向，廢掉石重貴，建立自己的杜氏帝國。杜重威要盡心機，騙走了石重貴保命的最後一支精銳力量——禁軍。

石重貴還在做收復燕雲十六州的春秋大夢，杜重威已經和耶律德光談好了價錢——杜重威幫助契丹人南下滅掉石重貴，而耶律德光則同意杜重威為中原之主。

耶律德光根本沒有打算讓杜重威當什麼中原之主，只不過在利用杜重威這個傻子。杜重威被人賣了，還在替人數錢，喜滋滋的要求三軍將士和他一起投降契丹。晉軍將士都是漢人，不願意給契丹人當奴隸，杜重威的工作很難展開。耶律德光得悉這一情況後，立刻派趙延壽給晉營送去一件只有皇帝才有資格穿的赭袍，說契丹人不會霸佔中原，將來的中原皇帝一定還是漢人。

如果中原皇帝還是漢人，那麼晉軍就不再是亡國奴，心理負擔減輕了許多。再加上石重貴為人貪殘，專喝兵血，弟兄們早就看他不順眼了。當然，弟兄們同樣瞧杜重威不順眼，他們投降契丹，並不代表要擁立杜重威這個國賊。

杜重威率晉軍主力投降契丹，這一天是開運三年（九四六年）十二月十六日。而其他晉朝大軍如李守貞、高行周、符彥卿都知道沒有再打下去的必要，全部解甲投降。

幾乎就在幾天之間，石重貴手上可以控制的不再是數十萬的精銳士兵，而只剩下把守汴梁宮的侍衛七百人。

等到之前還向他稱臣的張彥澤率兩千騎兵，代表契丹人撲向汴梁時，石重貴這才明白過來，他早被姑父騙得傾家蕩產。

就在杜重威投降的當天夜裡，張彥澤的「契丹鐵騎」就已殺到汴梁城下。次日凌晨，「契丹鐵騎」攻破封丘門，張彥澤就在明德門下等待石重貴的降表。

一切都該結束了。無路可逃的石重貴一邊罵著無恥的姑父杜重威，一邊含著熱淚寫下投降書，結束了一個本來可以名揚千古的時代。石重貴的降表簡短有力，「孫男臣重貴，禍至神惑，運盡天亡。今與太后及妻馮氏，舉族於郊野面縛待罪次。」

石重貴的時代結束了，「虜主」耶律德光在中原的美好時代才剛剛開始。隔年（九四七年）正月初一，耶律德光在那幫節操不如妓女的晉朝百官的歡呼聲中，春風滿面地進入了大梁城。而他的乾孫子石重貴，則舉家被遷到漠北受苦。

在路過杜重威大營時，已是俘虜的石重貴痛哭流涕，大罵杜重威：我家何負此賊！早幹什麼去了？

下山摘桃子——劉知遠的發跡之路

五代的六大開國帝王朱溫、李存勗、李嗣源、石敬瑭、劉知遠、郭威，從奴隸到帝王者，朱溫；百戰興唐者，李存勗；開創小康盛世者，李嗣源；留千古罵名者，石敬瑭；拉開中原政權改革及統一中原大幕者，郭威。而沙陀人劉知遠夾在這些明星帝王中間，實在有些不太起眼。

其實劉知遠是有很多話題可以講的。

劉知遠在晉亡後趁亂建立的後漢政權確有下山摘桃子之嫌，但必須要說明的是，劉知遠能上山等待摘桃時機，這個機會也是劉知遠一刀一槍拼殺出來的。

劉知遠是毫無爭議的沙陀人，他有一副與漢人迥異的奇特長相，「面紫色，目睛多白」，但劉知遠本人早已漢化，他身上看不出有絲毫的沙陀背景。至於宋人吹噓劉知遠是東漢明帝劉莊第八子劉昞之後，不過是無聊的馬屁而已。

劉知遠祖上名位不顯，對於草根出身的壯漢來說，在亂世中要想出人頭地只有從軍一條可走。劉知遠最早是跟著李嗣源混的，但當時不過是個兵頭子，李嗣源並不知道劉知遠是哪方尊神。而真正給劉知遠打開通天窗的，是一代奸雄石敬瑭。而劉知遠與石敬瑭的結識非常有戲劇性，梁貞明五年（九一九年）十月，晉梁在魏州德勝寨大打牛皮戰，場面非常膠著。時任河東左射軍使的石敬瑭被梁軍伏擊，擊斷了石敬瑭所騎戰馬的鐵甲，如果不是身邊的劉知遠果斷把自己的馬匹送給石敬瑭，石敬瑭已成梁軍俘虜。石敬瑭獲救之後，對劉知遠感恩戴德，「敬瑭是以親愛之」。而石敬瑭當時已是李嗣源的寶貝女婿，石敬瑭一句話，劉知遠立時青雲直上。等到李嗣源兵變稱帝後，石敬瑭還在念著劉知遠的救命之功，沒少在李嗣源面前走門路，李嗣源自然不能駁女婿面子，讓劉知遠當上了牙門都校。

官不大，但實際上劉知遠和石敬瑭已經確立了從屬關係，從唐天成元年（九二六年）石敬瑭出任北京留守，劉知遠就一刻也沒遠離石敬瑭身邊，可謂形同兄弟，親如父子，而劉知遠只比石敬瑭小三歲。劉知遠是個聰明人，他知道石敬瑭是自己的命中貴人，他的命運將決定自己的命運。所以劉知遠願意鞍前馬後為石敬瑭效命。李從珂造反趕跑了李從厚，李從厚找石敬瑭避難，而李從厚的侍衛又想誅殺石敬瑭，奪取石敬瑭的地盤。是劉知遠早先謀算一步，及時做好應變措施，並殺光了李從厚所有侍衛，又救了石敬瑭一命。這次突發事情，應該就是石敬瑭逼死內弟李從厚的主要原因。

當然，劉知遠並不是石敬瑭的貼身侍衛，劉知遠拼了老命保護石敬瑭，其實是在保護自己的前程。而石敬瑭也對劉知遠非常依賴，讓劉知遠主管河東馬軍，出任馬步軍都指揮使，相當於總司令、大元帥，以擠身河東核心決策層。與時任河東掌書記的桑維翰同為石敬瑭的兩大鐵桿心腹，桑維翰主政治外交，劉知遠主軍事，形成了河東集團的雙頭鷹權力格局。

劉知遠進入河東決策層的第一件大事，就是石敬瑭在遭到李從珂的圍剿時向契丹求救，並願意向契丹稱臣稱兒割地納貢。雖然早前李從珂強迫石敬瑭從河東移鎮鄆州，劉知遠勸石敬瑭「今據形勝之地，士馬精強，若稱兵傳檄，帝業可成，奈何以一紙制書自投虎口」，但以石敬瑭的精明，劉知遠不勸他，他也不會移鎮的。

劉知遠不反對向契丹稱臣，他也知道契丹是唯一能救河東集團於水火的大菩薩，但石敬瑭不顧個人尊嚴給契丹當乾兒子，是思想正統的劉知遠所不能接受的。石敬瑭自己賤骨頭，劉知遠也懶得管，但石敬瑭割讓燕雲十六州，卻遭到了劉知遠的極力反對。作為一個沙陀人，卻阻止一個漢人割讓漢人的傳統勢力範圍，雖然石敬瑭最終沒有採納劉知遠的建議，但至少劉知遠在維護中原利益方面是問心無愧的，而石敬瑭本人也知道劉知遠對自己的忠心，反而更加器重劉知遠。甚至是石敬瑭的小乾爹耶律德光也替包括劉知遠在內的河東高層吹喇叭，「劉知遠、趙瑩、桑維翰皆創業功臣，無大故，勿棄也。」

其實耶律說這句話非常正常，還有另外一層含意，警告石敬瑭不要卸磨殺驢，因為當時石敬瑭已經有了猜忌劉知遠的苗頭。石敬瑭不會猜忌桑維翰和趙瑩，這只是兩個手不能縛雞的文人，不足為患。可劉知遠驍勇善戰，深得將士死力。在擊潰唐軍張敬達部隊的過程中，劉知遠指揮河東軍隊抵抗官軍，「用法無私，撫之如一，由是人無貳心」。而等到晉朝建立時，天下多故，石敬瑭四處討伐不臣，一時還離不開劉知遠。但劉知遠坐鎮京城，手握重兵，雖然保持了禁軍的穩定，「知遠乃嚴設科禁，宿衛諸軍無敢犯者，……由是眾皆畏服。」

就憑這兩條，石敬瑭就足以寢食難安，一旦劉知遠起了異心，禍起肘腋之間，石敬瑭的人身安全根本得不到有效保障。石敬瑭還不敢冒天下之大韙，公然殺頭號功臣劉知遠，但已開始尋找機會剝奪劉知遠的兵權。天福二年八月，天下初定之後，劉知遠就被調離洛陽，出守許州。天福三年十一月，劉知遠又被調到宋州（商丘）任歸德軍節度使。雖然許州和宋州都在河南，但石敬瑭的宗旨非常明確，不僅不讓劉知遠在京師培育勢力範圍，也不給劉知遠在地方藩鎮積蓄力量的時間。

而在出任宋州不久，石敬瑭給劉知遠加了一個「同中書門下平章事」的宰相職銜，當時稱為「使相」，不過這只是虛授。但因為同時授職的還有劉知遠極瞧不起的大貪官杜重威，劉知遠一怒之下拒絕接受詔命，甚至「杜門不出者數日」。

石敬瑭等待的機會終於來了。石敬瑭同樣「大怒」，立刻召開最高國務會議，準備對劉知遠進行全面否定，然後解除兵權，罷歸私第，形同軟禁。宰相趙瑩和劉知遠有不錯的私交，自然反對，理由是劉知遠是晉朝頭號功臣，如果罷廢劉知遠，會讓天下人覺得石敬瑭是在卸磨殺驢，對石敬瑭的政治形象非常不利。

石敬瑭笨嘴拙舌駁不過，只好放下了早就對準劉知遠的政治屠刀。

不過石敬瑭對劉知遠在軍界複雜的人脈不放心，但他倒真的沒有要殺劉知遠的念頭。不說什麼政治形象，主要還是亂世殺伐太多，石敬瑭還要面對各方勢力的鐵血逐鹿，比如契丹乾爹和成德軍的安重榮，在這種情況下殺頭號大將等於自殺。而劉知遠又確實沒有異心，石敬瑭也還可以繼續利用劉知遠的軍事才能為自己服務。

天福五年（九四〇年）二月，劉知遠改任鄴都留守，就是石敬瑭要榨乾劉知遠軍事才能的苗頭，目的自然是要防禦安重榮。但一年後的四月，劉知遠又被調到天下第一大藩——河東，出任節度使，從太行山西側嚴密監視安重榮。雖然史料沒有記載，但可以想像的到石敬瑭在決定這一任命時應該是有過掙扎的。

河東兵馬強勁，劉知遠萬一在河東造反，那自己難保不會成為第二個聚柴自焚的李從珂。但如果不起用劉知遠，沒人給自己擦屁股……

劉知遠還是心揣蜜意地去了河東上任，至少劉知遠可以慶幸一點，主政河東，以後再沒人能威脅到自己的安全了，包括石敬瑭本人。在赴河東任之前，劉知遠曾經回過一次汴梁，石敬瑭也親赴劉知遠府第。君臣二人說了些什麼，史無明載，不過也無非是石敬瑭暗中敲打，察其顏色，劉知遠假癡不癲，最終蒙混過關。不過話說回來，石敬瑭和劉知遠畢竟是從人頭陣中滾出來的熱血兄弟，三十年風裡雨裡，石敬瑭對劉知遠還是有真感情的。只要劉知遠不過紅線，石敬瑭願意以兄弟待之。甚至是石敬瑭在鄴都快要升天的時候，他還考慮要把劉知遠調回朝廷，出任輔政大臣。只不過新繼位的石重貴早就忌憚劉知遠的強悍，他根本不敢放劉知遠入京，否則自己將活在劉知遠可怕的陰影之下，石重貴便把這個遺詔給壓了下來。「齊王（**石重貴**）寢之」，劉知遠「由是怨齊王」。

其實，劉知遠和石重貴心裡都明白，彼此都是對方追求輝煌人生的絆腳石。有石重貴在，劉知遠還不知道要受多少猜忌，而有劉知遠在，石重貴每天都會如芒在背，他也不想做第二個李從珂。

劉知遠並非不想做第二個石敬瑭。石敬瑭是對自己不錯，但自己救了石敬瑭兩條命，石敬瑭厚待自己，劉知遠自是心安理得，何況石敬瑭已經死了。不過劉知遠也知道現在不是他出手的時候，因為石重貴對中原的控制，遠比李從珂牢固。而且劉知遠是非常注重自己政治形象的，石重貴主張廢除對契丹的臣屬關係，已經賺了很多印象分，劉知遠不可能在這個時候再學石敬瑭向契丹稱臣稱兒割地，否則大漢奸的帽子扣在自己腦袋上，劉知遠在政治上一敗塗地，在軍事上也不會成功。

劉知遠的應對策略是，只要石重貴不徵他入朝當傀儡，他可以拼盡全力在河東一線阻止契丹人南下。這麼做，一則有利於劉知遠保住自己的地盤，二則也有利於劉知遠打造邊塞忠臣的良好政治形象。

耶律德光在決定與石重貴決一死戰時，他的目光早就盯上了他曾經吹捧過的劉知遠所控制的河東。如果能拿下河東，契丹人可以從東、西兩線直進中原。但劉知遠幾乎是拼了老命死守河東。契丹人在東線河北地區被晉朝中央軍揍得鼻青臉腫，而在西線河東地區同樣沒有佔到劉知遠的半點便宜。幾乎是契丹人進入河東一次，被劉知遠暴打一次，動輒斬首數千級。

當然，劉知遠有自己的底線，就是他只在河東抵抗契丹人，絕不出太行山一步，他不會讓石重貴當槍使。石重貴不是沒考慮過把劉知遠調到河北，讓劉知遠和耶律德光絞殺，自己坐收漁利。劉知遠對石重貴的幾次惡意調令雖沒有當面拒絕，也是推三阻四，反正就是不去，「帝（**石重貴**）再命劉知遠會兵山東，皆後期不至。」石重貴對劉知遠的賴皮行徑非常不滿，氣憤的說：「太原（**劉知遠**）殊不助朕，必有異圖。」劉知遠當然有異圖，但劉知遠主政河東，兵強馬壯，不久前又收服吐谷渾部眾及大量牛馬，步騎兵數量至少有五萬人。石重貴對劉知遠再不滿，又能奈劉知遠何？而等到杜重威、張彥澤等人把幾乎手無寸鐵的石重貴賣給耶律德光時，這個落魄的皇帝也許會後悔他當初對劉知遠的猜忌。

不過石重貴的覆滅，「虜酋」耶律德光搖身一變成了中原大皇帝，對劉知遠來說也不是個好消息。一旦耶律德光坐穩中原，契丹人將從北、東、南三面對河東進行戰略包圍，劉知遠的生存壓力遠大於石重貴時代。也許劉知遠已經後悔當初坐山觀二虎相鬥的看客策略，但以劉知遠的脾性，他即使做了錯事，也不會坐在地上怨天由人，而是積極採取犯錯後的彌補對策。而現在首先要做的，就是穩住早就盯上河東的耶律德光，同時「分守四境以防（**契丹**）侵軼」。

客將王峻代表劉知遠來到汴梁找耶律德光，做了兩件事：一，向耶律德光滅晉表示祝賀；二，針對耶律德光有可能以中原皇帝名義調劉知遠離開河東，說「太原夷夏雜居，事務繁多，暫時脫不開身」。劉知遠在政治上非常成熟，他深知「兩手抓，兩手都要硬」的道理，外交上我可以暫時向你低頭，我損失不了什麼，但在軍事上寸步不讓，必要時以血還血。

不過劉知遠看出來耶律德光初入中原，天下未定，暫時是不會對自己下手的。果然，耶律德光立刻向劉知遠伸來了橄欖枝，「賜詔褒美」，把劉知遠吹上了天，其實耶律德光何嘗不明白，如果他進攻河東一年之內都未必能拿下，勢必會造成中原形勢更加不穩，難免有其他人渾水摸魚。為了穩住劉知遠，耶律德光送給他一根木頭拐杖，這是契丹人最尊貴的禮物，只有德高望重之人才能得到此杖。而王峻捧著這根木拐子回太原時，一路上但凡契丹人看到此杖，無不惶恐避讓。雖然耶律德光又犯了亂認乾兒子的老毛病，不打招呼就稱呼比自己大七歲的劉知遠為兒子，向來不屑細務的劉知遠根本不在乎這個，你叫你的，我又沒承認。

劉知遠只擔心一件事情，就是耶律德光一旦把中原局勢穩定下來，必然會收回河東，河東與契丹早晚必有一戰。劉知遠現在能做的，就是祈求耶律德光在中原胡作非為，得罪中原人心。等到耶律德光惡貫滿盈被迫撤出中原時，劉知遠才能在渾水中摸到大魚。而讓劉知遠喜出望外的是，耶律德光非常「聽話」，自己希望他幹什麼，這個契丹傻子就幹什麼。

契丹人進入中原，對中原人來說無疑是一場空前的災難。契丹人向來崇尚暴力，不屑文明式的征服，動輒屠城，犯下了歷史無法饒恕的滔天罪行。攻晉初期，契丹人就大肆屠殺手無寸鐵的漢人百姓達數十萬人。《資治通鑑》第二八四卷的記載：「（**杜重威不敢戰**）由是虜無所忌憚，屬城多為所屠。千里之間，暴骨如莽，村落殆盡。」而進入中原之後，契丹人惡習未改，繼續作惡。耶律德光讓契丹士兵以「打草穀」的幌子到處殺人掠劫，而這次「打草穀」造成了嚴重的惡果，「丁壯斃於鋒刃，老弱委於溝壑，自東、西畿及鄭、滑、曹、濮，數百里間，財畜殆盡。」為了斂財，耶律德光大肆搜刮天下，不交錢就殺頭，所有降遼官員都被契丹人刮了個精窮。契丹人在中原的倒行逆施，激起了中原漢人的極大義憤，「內外怨憤，始患苦契丹」。

而這對劉知遠來說，無疑是個好消息。

耶律德光把中原漢人全都得罪光了，契丹人已經不可能在中原立足，而當時無論是江湖閱歷、官場威望、軍事實力來說，最有資格出來收拾殘局的漢人軍閥，除了劉知遠別無分店。其實南唐本來也有機會北進中原，但鼠目寸光的李璟卻拒絕了韓熙載的建議，隔著淮河看熱鬧，白白便宜了劉知遠。

劉知遠以軍功起家，但他在政治上非常成熟，他做了幾件漂亮事，最大程度上爭取到了漢人民心。一，劉知遠聽說雄武軍節度使以秦、階、成三州投降後蜀，劉知遠自我譴責，說「戎狄憑陵，中原無主，令藩鎮外附，吾為方伯，良可愧也！」劉知遠說這句話，其實就是給自己打造憂國憂民的政治形象。二，在部下的勸說下，劉知遠雖然於遼會同十年（九四七年）二月十五日，劉知遠在太原宮正式稱帝。但劉知遠並沒有起定新國號，國號依然是晉，甚至都沒有起新年號，而是捨棄石重貴的開運年號後，直接延承了石敬瑭的天福年號，稱是年為天福十二年。劉知遠這麼做的理由很簡單，「予未忍忘晉也」，石敬瑭主政七年，愛敬士民，人望很高，而劉知遠稱帝卻不改國號年號，感動了無數不忘晉德的士民，為他進入中原打下了堅實的民心基礎。

不過劉知遠也有演戲演過頭的時候，聽說契丹人押解晉少帝石重貴北上時，劉知遠裝模作樣的聲稱要派兵救下石重貴，實際上根本沒動靜，坐視石重貴北遷。以劉知遠的脾氣，石重貴真要被他解救下來，等劉知遠統治穩定之後，也難逃一死。

在確定石重貴不再會影響自己制霸天下後，以及被憤怒的中原漢人趕跑的契丹大皇帝耶律德光已在河北殺胡坡病死，放下心來的劉知遠接受了大將郭威正確的南下路線，即放棄走契丹殘餘勢力密集的河北，而是走汾河谷地，下洛陽、趨大梁。天福十二年五月十二日，大「晉」皇帝劉知遠兵發太原城，下山摘桃子．晉朝完了，契丹人也跑了，在中原留下了巨大的政治真空，很多守城將領都不知道是在為誰守城。雖然在南下的過程中也遇到一點小麻煩，但基本都是一些零星抵抗，劉知遠幾乎一路遊山玩水的南下摘挑子。如果要論當皇帝的幸運指數，除去史上最幸運的趙匡胤之後，大致也就算得上劉知遠了。

從太原到洛陽至少有三百公里，再加上山路難走，但劉知遠的大駕也只用了二十天就到了洛陽。而原晉朝百官們早就在滎陽等待劉知遠的大駕，這夥變臉如同翻書的大員們終於在六月初八這一天見到了他們朝思暮想的劉知遠，衝著大「晉」皇帝搖頭擺尾，醜態百出。三天後，春風滿面的劉知遠大駕進入汴梁城。給劉知遠當孫子的何止是這些變臉大員，地方上那些藩鎮變臉的速度同樣驚人。

這些人派來的官方代表早就擠滿了汴梁，俟大駕一到，這夥人一擁而上，磕頭舞蹈山呼萬歲，鞋子擠掉了一地，「甲子（十一日），帝至大梁，晉之藩鎮相繼來降。」大家都是闖蕩江湖的，江湖規矩必須嚴格遵守——誰槍桿子多，誰就是老大。

此時形勢粗定，而劉知遠演夠了讓人作嘔的忠臣戲，摘下面具，把「晉」國號扔進了臭水溝裡。六月十三日，大「晉」皇帝搖身一變，成了大「漢」皇帝，但天福年號不變，理由還是那句早已發臭變味的「餘未忍忘晉也」。而劉知遠後來的廟號非常有意思——漢高祖。

國號沒人在乎，年號也沒人在乎，大家在乎的是高官厚祿，真金白銀。劉知遠自然也不敢得罪這些官場妓女，剛入汴梁就下詔承認契丹之前任命的原晉朝官員的職務不變，最大程度穩定了人心。

說來諷刺的是，當年李存勗在河上與梁人苦戰十六年，才滅掉梁朝，成了半吊子的「唐光武」。可李存勗不會想到，二十四年後，真正的「光武帝」才出現。劉知遠幾乎是在一夜之間恢復了漢朝的法統，上尊太祖高皇帝（劉邦）、世祖光武皇帝（劉秀）。人們這才驚愕地發現，「漢光武」原來是劉知遠。

可更加諷刺的是，李存勗的「唐光武」好歹坐了四年時間，而劉知遠這個「漢光武」甚至還沒有來得及數清汴梁城有多少街道巷子，半年後就嚥氣了。

人頭落地，血流成河——史上最殘暴的政權後漢

歷史上有兩個後漢，一個是劉秀建立的漢朝政權，史家也稱為後漢，如范曄的《後漢書》。另一個就是劉知遠幾乎是白撿來的漢朝政權，宋人也稱後漢。兩個後漢相比，劉秀的帝國遠比他的冒牌子孫劉知遠的帝國偉大得多，僅國祚，東漢就福延一百九十六年，而劉知遠的大漢帝國則成為歷史上國祚最短的正統政權，掐頭去尾，五代後漢只存在了四年。一眨眼，後漢帝國建立了，再一眨眼，後漢帝國突然就沒了。

後漢政權（以下皆指五代後漢）為什麼只存在了短短四年，原因很複雜，但用時任判司天監事的王處訥的話來說，「第以高祖（劉知遠）得位之後，多報仇殺人及夷人之族，結怨天下，所以運祚不長。」

換言之，後漢之亡，歸結於一個原因——殺人如麻！

後漢政權的殺人傳統，自然是源於他們的高祖皇帝劉知遠。劉知遠在政治上非常成熟，特別是在晉亡之後爭取晉朝人心上，劉知遠做得非常漂亮，但這並不影響劉知遠舉起他的屠刀。早在李從厚逃奔石敬瑭時，劉知遠就體現了他凶狠好殺的性格，殺光了李從厚侍衛，雖然在這件事上，李從厚也有一定責任。而石敬瑭與張敬達於晉安寨大戰時，有一千多名唐軍投降石敬瑭，石敬瑭打算把這些人編入親衛部隊，劉知遠就以這些降兵有可能再次歸唐為由，勸石敬瑭殺掉了這些人。「帝盡

殺之」。一個「盡」字，鮮血淋漓。

劉知遠做事手段非常剛狠，在石敬瑭初定洛陽時，劉知遠負責城中治安工作，劉知遠雖然此時沒有殺人，但從「（士民）無敢犯（劉知遠之）令」來看，劉知遠是沒少揮舞大棒子的。劉知遠向來崇尚暴力哲學，我說不服你，但我可以打死你！

晉朝宰相馮道和李崧因為受石敬瑭逼迫，不得不吹捧大貪官杜重威，石敬瑭藉此讓杜重威取代了劉知遠的都指揮使職務，劉知遠恨透了馮李二人。等到他繼位後，因為馮道官場地位太高，劉知遠不敢輕舉妄動，但也沒收了馮道的全部家產。對李崧，劉知遠下手更是狠毒。劉知遠先把李崧的家產全部轉送他麾下殺星蘇逢吉，然後又縱容蘇逢吉構陷李崧暗中勾連契丹，殺光了李崧家族，「舉家遇害，少長悉屍於市，人士冤之。」

李崧多少還算得罪過劉知遠，但沒有得罪劉知遠卻因為阻礙劉知遠發財的，照殺不誤，比如唐明宗李嗣源的幼子李從益。李從益從來沒做過對不起劉知遠的事情，僅僅因為契丹人撤出中原時，契丹大將蕭翰詐稱契丹皇帝有命，讓李從益「權知南朝軍國事」，然後拔腳溜之。李從益只是一個被人擺布的傀儡，劉知遠廢掉軟禁也就行了，劉知遠卻暗中派馬仔逼死了李從益和他的養母花見羞。當時輿論對李從益的死大呼冤枉，但劉知遠卻只管殺人，誰影響到我的利益，都得死！

有什麼樣的老大就有什麼樣的狗腿子，劉知遠殺人上癮，他手下那夥文武將相個個都是殺人變態狂。後漢最著名的一文一武兩個殺人狂，文者蘇逢吉，武者史弘肇。

蘇逢吉其實也是個半吊子文人，他的父親蘇悅是個酒鬼，曾經在劉知遠麾下任職，便把兒子蘇逢吉推薦了劉知遠，甚見信用，「（別人很難見到劉知遠，而）逢吉日侍左右」，從此飛黃騰達。

而劉知遠信用蘇逢吉，除了蘇逢吉稍通文墨外，主要還是二人投脾氣。劉知遠為人「嚴毅」，而蘇逢吉「深文好殺」，自然臭味相投。

蘇逢吉酷愛殺人，在太原時就已沾滿了別人的鮮血。當時蘇逢吉主管太原的司法工作，太原監獄人滿為患，劉知遠讓蘇逢吉清理監獄。清理監獄？這個簡單，殺光就是了！「逢吉盡殺禁囚以報。」監獄裡關著多少囚犯，史無記載，但以太原城的人口規模，至少也有數百名囚犯。蘇逢吉一聲令下，監獄裡滾滿了人頭……

等到劉知遠坐天下後，蘇逢吉依然主持司法，這幾乎就成了天下盜賊們的災難。蘇逢吉治盜，還是那個簡單邏輯——殺！殺！殺！具體做法就是連坐制度，一人犯法，九族和鄰居都得死光光。蘇逢吉甚至親自起草以皇帝名義頒發的詔書，略云「應有賊盜，其本家及四鄰同保人，並仰所在全族處斬」。因為這個制度過於酷烈，有些人非常反對，認為從來沒有偷盜者誅滅九族的法律邏輯，更何況鄰居與保人何罪？在輿論高壓下，蘇逢吉才極其不情願地去了「全族」二字，但依然是全家坐斬。並還有一個血淋淋的例子，附在《舊五代史・蘇逢吉傳》中，鄆州有個捕快頭子張令柔，因為奉了朝廷頒發的新捕賊制度，「盡殺平陰縣十七村民」。這個十七村民，顯然不應該僅是十七個人，而是十七村民被控偷盜罪，十七人的全家悉數被殺。而《新五代史・蘇逢吉傳》則說是「盡殺平陰縣十七村民數百人」，可以印證確實是「殺全家」。

上有所好，下必甚焉。衛州刺史葉仁魯為了巴結蘇逢吉撈功，不管是賊不是民，抓住就殺，甚至是前往抓賊的百姓被葉仁魯抓到也被定為盜竊犯，進行慘無人道的虐殺。當時輿論對葉仁魯的殘暴千夫所指，但蘇逢吉卻認為葉仁魯是天下第一捕快。既然朝廷認為殺人無罪，「由是天下因盜殺人滋濫」。

而蘇逢吉殺人的最經典案例，無疑是晉朝宰相李崧之死。蘇逢吉與李崧本來素不相識，但李崧曾經得罪過皇帝劉知遠，劉知遠是一定要整死李崧的。而因為劉知遠把李崧的家產悉數賞給了蘇逢吉，為了保住這不義之財，蘇逢吉也有足夠的動力置李崧於死地。

李崧本人倒對家產被奪看得非常開，絕口不在蘇逢吉面前表露心中所想，甚至還巴結過蘇逢吉，「謙挹承顏，未嘗忤旨」，但事情卻壞在李崧兩個飯桶弟弟李嶼、李鵜身上。二李素無見識，對李家的財產被奪耿耿於懷，經常對蘇家子弟提及家產被奪的事情。蘇逢吉知道後，自然加快了陷害李崧的步伐。

要給李崧定罪，最有力的辦法就是給李崧扣一頂裡通外國的漢奸帽子。而所謂李崧家的家丁葛延遇向官府舉報李崧勾結契丹，明眼人一看就知道這是蘇逢吉買通了葛延遇。至於什麼李崧那封寫給契丹的蠟丸密信，當時輿論認為是蘇逢吉偽造的。

劉知遠已在乾祐元年（九四八年）二月駕崩，劉承祐初繼位，而河中節度使李守貞、鳳翔節度使王景貞在關中作亂，當時政治形勢非常不穩，在這個敏感時期給李崧定罪再合適不過。

蘇逢吉把李家兄弟悉數下獄，並對李嶼嚴刑拷打，李嶼吃不過打，只好供偽狀，稱李崧與家人二十人欲在高祖皇帝（劉知遠）靈柩下葬時，在汴梁城放火謀反。有了李嶼這個偽狀，蘇逢吉還嫌不足，二十人太少了，蘇逢吉把「二十人」改成了「五十人」。不久詔下，李崧舉族被誅，所有屍體均曝晒街頭，「時人冤之，歸咎於逢吉」。

蘇逢吉這個半吊子文人都殺人上癮，武夫出身的侍衛親軍都指揮使（禁軍頭子）史弘肇自然不遑多讓。

史弘肇家世為農，因為史弘肇有一身好拳腳，又能日行二百里，跑得比馬還快，是天生吃兵餉的。其實史弘肇早年在梁軍中混過飯，後來一直跟著晉高祖石敬瑭，算是石敬瑭的心腹人馬。後來劉知遠守河東，便把久仰其名的史弘肇要了過去，結果一路升遷。在劉知遠稱帝時，史弘肇已是劉知遠頭號心腹兼武裝部隊總司令。

史弘肇治軍不可謂無方，「（史弘肇）嚴毅寡言，部轄軍眾，有過無捨，兵士所至，秋毫不犯。」但為人過於凶狠，下手太重，而這一點，又與劉知遠臭味相投。部下但有犯令者，即使是小過，也當眾打殺之，「將吏股慄」。

漢朝坐天下後，史弘肇負責京城汴梁的治安巡防。因為晉朝大亂，遍地盜賊，史弘肇面對的壓力非常大。而史弘肇的辦法和蘇逢吉一樣簡單：寧可錯殺一千，不可放過一個！史弘肇經常帶著精悍禁軍在城中來回巡防，只要發現一個小偷，即使這個賊只偷了一文錢，照殺不誤，甚至都不上報朝廷。而被殺者的家人，因為畏懼史弘肇的權勢，根本不敢上訪，否則也難逃一死。史弘肇一番殺戮，雖然「奸盜屏息」，但「冤死者甚眾」，這樣的治安手段，和契丹人對中原漢人的屠殺又有什麼區別？

因為史弘肇可以不上報朝廷濫殺人，導致禁軍士兵可以假公濟私，甚至公報私仇。如果有禁軍官吏看上某人財產，強逼此人交錢，如果不交，好辦，扣一頂盜賊帽子，立斬！甚至有個醉酒百姓因為和禁軍士兵吵了幾句，被就誣告成賊，殺之，更不用說斷舌、決口、斫筋、折足等酷刑每天都在發生。

比殺人更可怕的是，史弘肇為了揪住更多盜賊，竟然讓民間互相監視告密。《宋史・邊歸讜傳》記載，「史弘肇怙權專殺，閭里告訐成風。」結果導致民風大壞，人人自危。告密有錢賺，所以有些宵小之徒從中看到了商機，到處揭發人，「讒夫得以肆其虛涎」，官員同樣發了財，「貪吏得以報復私怨」，而其中自然包括史弘肇本人。史弘肇本人看上了商人何福殷的數十萬貫家產，就收買何家僕人，誣告何福殷勾連契丹，即日捕拿，酷刑伺候，然後殺頭，數十萬貫輕鬆到手。最讓人髮指的是，史弘肇甚至還和他手下弟兄瓜分了何福殷的老婆女兒。

除了蘇逢吉、史弘肇兩大殺星，主管軍事的樞密使楊邠和主管經濟的三司使王章雖然沒有直接殺人，但也同樣戾氣深重。漢朝由這些好殺人、好淫人妻子、貪婪無度的魔鬼當政，自然是普通百姓的晦氣。

後漢君臣不但用長槍錐子殺人，同樣會用算盤殺人，後漢經濟掠奪之酷烈，堪稱史所罕見，而幾年後，周世宗柴榮進行全面經濟改革，其主要改革對象就是後漢的經濟掠奪政策。關於後漢的算盤殺人，之後會在柴榮的幾篇中進行詳解。

後漢這些帝王將相們殺人上了癮，實在沒人可殺，那就自己人殺自己人，互相掄著大刀片子，像古惑仔一樣在街頭對砍。說來極為諷刺的是，蘇逢吉和史弘肇是兩大殺人狂，可這兩個殺人狂之間同樣矛盾重重，都恨不得將對方大卸八塊。

後漢君臣的殘殺，則引出了五代史上最為血腥的官場火拼案——乾祐之變。

而正是這場在歷史上並不太引人注目的乾祐之變，直接影響了之後的歷史發展。甚至可以說，沒有乾祐之變就不會有郭威建立周朝，更不可能有趙匡胤白撿了一個北宋王朝。

自作孽，不可活——乾祐之變始末

後漢帝國把自己無情埋葬的速度加快，但在這個帝國暴卒的過程中，有一個時間節點不太引人注目，天福十二年（九四七年）十二月十一日，漢朝皇位第一順位繼承人，時任開封尹的劉承訓猝死於開封府衙門，時年二十六歲。「少溫厚、美風儀」的劉承訓意外去世，完全打斷了劉知遠對皇位的安排，劉知遠在自己身患重病的情況下為兒子的去世痛哭流涕，「哭之慟」，最終劉知遠的身子也哭垮了，不久駕崩。

劉承訓完全就是個天生當明君的料子，為人「孝友忠厚，達於從政」。可以說，只要劉承訓繼位，那麼他必將改變漢朝政府血腥殘酷的治國模式，以文德治國，後漢政權長命百歲並不是奢想。所以當坊間聽說劉承訓死後，「人皆惜之」，而在五代短命的帝王宗室中，能得到老百姓「人皆惜之」評語的，只有兩個人，一個柴榮，一個劉承訓。

劉承訓死後，雖然還有次子劉承勳可以選擇，但劉承勳是個天生殘疾，劉知遠只能不太情願地選擇了二十歲的小兒子劉承祐。

劉知遠知道小兒子能力有限，為了防止他胡作非為，劉知遠拼盡最後一口氣，給帝國留下了一幅堪稱經典的託孤格局，這在五代史上也是罕見的。

按劉知遠的安排，樞密使楊邠、侍衛親軍指揮使史弘肇、左僕射蘇逢吉，以及樞密副使郭威同為顧命大臣，另外還有三司使王章也深豫顧命事，實際上是一個執政五人組，有些類似清咸豐死後留下的以肅順為首的顧命八大臣。

在顧命五大臣中，王章主要負責帝國的財政營運，很少參與軍事議政。而樞密副使郭威的地位又略遜於以上四人，郭威是帝國著名的救火隊長，主要負責防禦契丹以及鎮壓境內不臣勢力，基本不干涉政務。特別是劉承祐繼位不久，原永興節度使軍校趙思綰佔據京兆府（陝西西安），鳳翔巡檢使王景崇在討伐趙思綰的過程中也扯旗造反，隨後鎮守河中的護國軍節度使李守貞公然對抗朝廷，郭威奉詔率官軍西討三叛，根本不在京中。在朝中真正拿大主意的，還是楊邠、蘇逢吉、史弘肇三人。

在「三角組合」中，楊邠和史弘肇私交極好，和蘇逢吉關係一般，而史弘肇又與蘇逢吉是死對頭。再擴大範圍，郭威、王章其實都是楊、史一黨，四人就差喝雞血拜把子了，蘇逢吉則甩膀子單幹。

蘇逢吉向來是反對武人專權的，幾乎不遺餘力抑制武人，後來北宋的「胥吏名相」趙普提出以文抑武，不過是在炒蘇逢吉的冷飯。蘇逢吉執政之初，就唆使傀儡宰相李濤上表，想踢掉楊邠和郭威兩大樞密，發配到藩鎮，但在各方勢力的運作下，蘇逢吉沒有得逞。

等到郭威平定關西三叛，得勝還朝時，郭威的地位威望急速上升，這是蘇逢吉不願看到的。蘇逢吉再次準備拿郭威開刀，底線是絕不能讓郭威留在京城，否則以他在軍界中的地位，蘇逢吉會多一個強硬的對手。適時有契丹入寇河北，必須有大將坐鎮鄴都防禦契丹，而現在能動的正國級人物也只有郭威，這是蘇逢吉在最高國務會議上推動的結果。

史弘肇自然也願意讓郭威坐鎮河北，畢竟一旦事急，河北隨時可以成為楊史一黨的戰略大後方。雙方很快達成了初步協定，但卻在郭威以什麼樣的身分去河北，蘇逢吉和史弘肇發生了爭議。郭威以前就是樞密副使，史弘肇希望郭威能以樞密使的身分鎮鄴，理由是郭威成了最高軍事統帥，可以威服眾將。而蘇逢吉是極力打壓武人的，以郭威加樞相銜必然會導致「槍桿子對準筆桿子」為由，堅決反對。後來皇帝劉承祐出於大局考慮，同意了史弘肇的意見，讓郭威出任河北大帥，總管兵甲錢穀。

蘇逢吉對此極為不滿，史弘肇也反感蘇逢吉多嘴饒舌，兩位顧命大臣互相吹鬍子瞪眼。等到第二天，帝國的決策者們在宰相竇貞固府上喝酒，始終沒嚥下惡氣的史弘肇故意給蘇逢吉難看，站起來給郭威敬酒，說什麼「昨天的事，有人就想出鋒頭」，蘇逢吉自然聽出來話外意，但滿座多是楊史一黨，蘇逢吉不想惹事，反而放低姿態，也舉杯敬郭威，說昨天的爭議只是國事上的分歧，並無個人恩怨，請郭威和史弘肇不要介意。郭威自然不會介意，但史弘肇卻惱了，立刻拍桌子衝著蘇逢吉狂吼：「閉上你的鳥嘴！安定國家，在長槍大劍，安用筆桿子。」目標直指蘇逢吉的文人身分。

史弘肇明顯是想把事態擴大，順勢剷除蘇逢吉。在各位大老的極力斡旋下，這場不愉快的酒會很快結束，但「將相始有隙」。不過這場爭議畢竟主要還集中在國家政治領域，而接下來發生的一幕則讓史弘肇與蘇逢吉勢同水火，必有一死一生。

這一次是蘇逢吉主動挑事，戳痛了史弘肇最不願意讓外人道的「感情傷疤」。

幾天後，眾權貴又在王章府上飲酒，這次無關朝局。席間，眾人玩起了時興的一種手指遊戲——手勢令。比如說甲方「亞其虎膺」，乙方則伸手掌；乙方說「以蹲鴟間虎膺之下」，甲方則屈大姆指，「以鉤戟差玉柱之旁」，則伸中指，伸錯了則罰酒。

遊戲非常簡單，但要命的是史弘肇根本不會，而坐在他身邊的客省使閻晉卿倒嫺熟此道，不厭其煩的教史弘肇。蘇逢吉正坐在史弘肇對面，看到史弘肇笨手笨腳，突然冷笑著來了一句：「不會不要緊，身上坐著一個姓閻的，還有什麼不會的。」

蘇逢吉這句話，其實是在諷刺史弘肇的老婆閻氏。史夫人雖然現在混得人五人六，但早年卻是酒肆倡伎出身，這是史夫人永遠洗不掉的污點，也是史弘肇最忌諱別人提的。蘇逢吉卻專揭史弘肇的傷疤，史弘肇頓時火冒三丈，當時就和蘇逢吉翻了臉，站起來衝著蘇逢吉一頓罵，蘇逢吉裝聾作啞。史弘肇不過癮，踢翻桌子準備揪住蘇逢吉一通胖揍，蘇逢吉拔腳溜之，史弘肇還不善罷甘休，拔劍要追蘇逢吉，還是楊邠死死抱住史弘肇，苦勸半天，才讓史弘肇放手。不過，二人的關係從此徹底破裂，再無轉圜的可能，「於是將相如水火矣！」

蘇逢吉既恨史弘肇，又怕史弘肇，畢竟史弘肇主管京城禁衛，只要史弘肇一句話，蘇逢吉立時就能被砍成肉泥。「吾去朝廷（官署辦差），止煩史公一處分，吾齏粉矣！」可蘇逢吉也知道，要扳倒史弘肇，僅憑他一個人的力量是辦不到的。

其實蘇逢吉並不孤獨，他還有一個更加重要的政治盟友，就是二十歲的小皇帝劉承祐。

當初劉知遠託孤五大臣，主要是考慮劉知遠「幼弱」不懂事，但劉承祐卻從來不這麼想。二十歲的年輕人，人生觀早已成熟，即使從政經驗略顯幼稚，也應該適當的放權鍛鍊。再者，二十歲的帝王還不親政，只能說最高權力分配出了大問題。

問題其實就出在楊邠和史弘肇身上。

楊邠是首席顧命大臣，相當於清朝顧命八大臣中肅順的地位，「總機政」，而掛著歸德軍節度使頭銜的侍衛親軍都指揮使史弘肇則負責汴梁城及皇宮安保，王章照樣拔弄他的算盤珠子，天天叫囂「筆桿子不如槍桿子，槍桿子不如算盤珠子」。

這三位大爺仗著是跟著老皇帝劉知遠血雨腥風中闖蕩出來的老一輩，向來瞧不上乳臭未乾的劉承祐，雖然在君臣禮節上極盡恭順，但具體落實到現實利益上，他們的態度非常明確——大人的事情，小孩子不要插嘴。

如傀儡一般的劉承祐何止是插不上嘴，甚至他想得到一件玩具，都得先讓幾位顧命大臣玩膩了才能給他。《資治通鑒》明確記載：「（楊邠）雖不卻四方饋遺，有餘輒獻之。」說得直白些，就是楊邠貪財，地方上貢獻給朝廷的財物，都進入了樞密府，成了楊邠的私產。而楊邠總要顧及小皇帝的面子，在一堆金珠寶貝中挑些次等貨，隨手就扔給了叫花子劉承祐。

這等無禮的羞辱，換了你，你還會心平氣和？劉承祐不恨楊邠，簡直就沒有天理了。

當時有堪稱算盤天才的王章坐鎮經濟戰線，帝國財政非常健康，「承契丹蕩覆之餘，公私困竭，章捃摭遺利，吝於出納，以實府庫。屬三叛連衡，宿兵累年而供饋不乏。及事平，賜予之外，尚有餘積。」而劉承祐盯上的，就是這個「餘積」。劉承祐不傻，手上沒錢，自己就拉不起一個山頭。身邊沒幾個得力狗腿，腰桿子就硬不起來。何況作為天朝皇帝，平時需要的花銷太多，可那幾個該死的老頭死掐錢袋子不給錢，劉承祐臉上也沒有面子。

不僅是錢，權力也是劉承祐急須插手的領域。劉承祐對外姓權臣霸佔劉家天下非常不滿，須知天下姓劉，不姓楊不姓史不姓王。隨著劉承祐逐漸長大，他身邊聚集了一夥帝國權力的邊緣者，如樞密承旨聶文進，內客省使閻晉卿，飛龍使後匡贊、翰林茶酒使郭允明，以及劉承祐的舅舅李業。

其他小魚小蝦可以慢慢想辦法往上爬，但李業是先皇帝的小舅子，今皇帝的大娘舅，早在劉知遠時期就主管皇宮錢袋子。劉承祐想讓舅舅出任當時出現空缺的宣徽使，為了能讓顧命大爺們成全他，劉承祐甚至都搬出了滿頭花白的李太后，希望楊史等人能給哀家一個薄面。

但楊邠和史弘肇並沒有給老太后面子，而且直接當眾打臉，不行！理由是官員升職的規矩是按資歷慢慢爬，而不能隨時超車加塞，更何況李業是外戚，自古外戚禍國的例子比比皆是。遠的不提，近的如馮玉亡晉……

李業沒能爬上去，而聶文進、閻晉卿等人雖然都是劉承祐的心腹，但他們的升遷之路也被楊史等人堵死。這些人升不了官發不了財，自然「共怨執政」。

雖然楊邠和史弘肇對劉家天下忠心不二，但實際上他們可能更忠於先帝劉知遠，對於劉承祐，他們想怎麼羞辱就怎麼羞辱，半點面子也不給。劉承祐也不是特別缺錢，他總還是可以從楊邠那裡領到一些珍玩寶貝，而劉承祐又喜歡聽歌看戲，身邊養著幾個戲子伶人。有一次劉承祐爽了，就賞給戲子錦袍和玉帶，而戲子們知道史弘肇的家法，只好硬著頭皮去史府感謝史弘肇。而史弘肇聽說劉承祐給戲子們發錢，當時就惱了，說：「士卒守邊苦戰，忍寒冒暑，都還沒有得賞賜，你們是什麼鳥人，何功而得此！」

劉承祐惱火至極，打狗不看主人面，是把主人當狗看。

讓劉承祐更沒面子的事情還在後面。劉承祐已過弱冠，到了立皇后的年齡，而劉承祐最喜歡的是耿夫人，劉承祐打算立耿夫人為皇后。立誰為皇后，這本是皇家私事，楊邠居然連這個事情都要插手，反對皇帝立皇后，理由竟然是不三不四的「太著急了」。劉承祐笨嘴拙舌，否則可以反擊楊邠：你怎麼不一直打光棍？幹嘛娶老婆？

顧命大爺們對劉承祐呼三喝四如同使喚奴僕，更遑論讓劉承祐插手軍國重事，權力蛋糕早就被他們視為自家私產，斷不能讓外人劉承祐染指。劉承祐自然不會願意劉家的最後一塊私產被外人霸佔，二十歲都還沒有親政的皇帝，除了「優遊卒歲」的後主劉阿斗，聞所未聞，說出去顏面何存。劉承祐開始向顧命大爺伸手要權力，「我爸爸名下的大餅作坊，我這個少東家總能吃上兩塊吧。」

當劉承祐在楊邠、史弘肇討論國家大事時提出自己的意見時，二人覺得劉承祐過於放肆，也不稱稱自己幾斤幾兩重？楊邠當即打臉，「陛下但禁聲，有臣等在！」

劉承祐徹底憤怒了，腦海中已浮過殺機。

而楊邠等人得罪了最不應該得罪的皇帝，魚游沸鼎而不自知，依然花天酒地，不可一世。楊邠為人雖然「長於吏事」，但「不識大體」，眼光短淺。楊邠認為自己掌政權，史弘肇掌內衛兵權，王章掌財賦稅收，郭威掌天下兵馬，劉承祐尊嚴受到了傷害，那又如何！老子就是瞧不起你。

楊邠等人繼續招搖朝野，而劉承祐則憤怒而孤獨地舔噬著傷口，「帝積不能平」。他身邊那些早就受夠楊邠、史弘肇霸道之苦的小夥伴們則看到了扳倒楊史二人的良機，紛紛湊到劉承祐耳邊，「邠等專恣，終當為亂。」其中以大娘舅李業最為賣命叫喚。

「帝信之。」其實以劉承祐的智商，他未必相信楊史二人會推翻大漢天下，但就他個人來說，倒是極有可能被楊史等人廢除帝位，這顯然是劉承祐不能接受的。為了奪回本就屬於自己的利益，劉承祐也必須冒險一搏。

一桶豬油澆在了乾柴上，而坐山觀虎鬥的蘇逢吉覺得是時候和劉承祐聯手除掉楊史一黨了，蘇宰相又往乾柴上澆了一桶豬油。「蘇逢吉既與弘肇有隙，知李業等怨弘肇，屢以言激之。」李業等人本就恨透楊史一黨，蘇逢吉火上燒油，李業等「卒」殺楊史等人。這個「卒」字，說明正是蘇逢吉的話才最終讓李業下定殺楊史一黨的決心。而蘇逢吉非常狡猾，他沒有直接去挑撥劉承祐，而是拐彎抹角去刺激李業，再讓李業去找劉承祐商議，自己絕不參加這種容易授人以柄的會議。而一旦劉李殺楊史一黨，蘇逢吉坐收漁人之利；若楊史一黨廢劉李，蘇逢吉也幾乎可以自保上岸。

劉承祐、李業、聶文進、後匡贊、郭允明，外加隔岸觀火的蘇逢吉，加緊了對楊史一黨突襲的行動。這一切自然是在極端保密的情況下進行的，不過劉承祐還是把這件事關劉家天下的大事告訴了母親李太后。李太后是個平庸婦人，她只想過安穩日子，不想幹這種一旦賭輸人頭落地的買賣，勸兒子不要衝動。但劉承祐已經被楊史一黨刺激成狂，見母親不上路，氣得大罵「國家之事，非閨門所知！」

李太后不敢得罪楊史一黨，但畢竟劉承祐是她兒子，她不支持兒子的莽行，也不會去告密。其實楊史一黨差點就知道了這場絕密計畫，事情出在閻晉卿身上。李業做事不縝密，竟然把這個計畫告訴了外人閻晉卿。而閻晉卿不敢上這條賊船，打算去告密請賞，結果等到閻晉卿來到史府欲見史弘肇，史弘肇不知道出於什麼原因，拒絕接見閻晉卿。

李業是在乾祐三年（九五〇年）十一月十二日把計畫告訴閻晉卿的，而劉承祐集團動手的時間是在次日清晨，說明閻晉卿肯定是當天就去找史弘肇，而劉承祐得到閻晉卿洩露了消息，情急之下只能把計畫提前。不過劉承祐們可以確認的是，楊邠、史弘肇、王章這些國賊對此事絕對是不知情的，否則等待劉承祐的只有亂刀剁成肉泥。

接下來發生的事情就非常簡單了。引《資治通鑑》對這場政變的精彩記述：

丙子旦，邠等入朝，有甲士數十自廣政殿出，殺邠、弘肇、章於東廡下。文進亟召宰相、朝臣班於崇元殿，宣云：「邠等謀反，已伏誅，與卿等同慶。」又召諸軍將校至萬歲殿庭，帝親諭之，且曰：『邠等以犛子視朕，朕今始得為汝主，汝輩免橫憂矣！』皆拜謝而退。又召前節度使，刺史等升殿諭之，分遣使者帥騎收捕邠等親戚、黨與、傔從，盡殺之。」

權勢威赫一時的顧命大臣楊邠、史弘肇、王章甚至還沒有來得及反應怎麼回事，人頭就已經落地。隨後劉承祐向群臣宣布自己是這場賭博的勝利者，並接管了之前由史弘肇嚴密控制的禁軍兵權。大事底定！劉承祐終於痛快地復仇了。劉承祐派大批殺手，分赴楊府、史府、王府，凡是楊、史、王三賊的親屬、黨羽、狗腿悉數砍頭，從耄耋老者到剛初生的嬰兒，一個不許留，全都殺光。甚至是王章早年得病臥床不起的女兒，也被禁軍從床上拉起來，摁跪在地上砍頭。

其實這場政變不過是帝室集團和權相集團之間爭奪權力的血腥群毆，本來也不會影響到歷史的宏大進程，劉承祐除奸成功，掌握最高權力，開啟自己的時代也就是了。但劉承祐可沒有忘記，還有一個人，他還沒有殺呢。

郭威！劉承祐怎麼可能忘記楊邠、史弘肇這個關係極為親密的小兄弟。更讓劉承祐坐立不安的是，郭威總控河北軍政財權，凡兵馬錢穀一悉咨威。如果不除郭威，一旦郭威以清君側為由起兵南下，劉承祐僅憑這點禁軍，可能很難扛過郭威。

其實劉承祐制約郭威的底牌還有很多，最重要的，郭威雖然北上，但他的家眷都留在汴梁，這些人質足夠劉承祐周旋郭威的。但劉承祐卻利令智昏，他認為他有辦法除掉坐鎮鄴都的郭威，所以郭威的家小，留下來也沒什麼意思。

開封尹劉銖奉皇帝詔命，率大隊殺手闖進郭府，凡是郭家老小，一個不留。被殺者，計有郭威夫人張氏以及張氏所生兩個兒子郭青哥、郭意哥，郭威的侄子郭守筠、郭奉超、郭定哥。而必須著重提及的，在劉銖屠殺的郭家人中，還有郭威養子郭榮留在府上的夫人劉氏，以及劉氏所生三個還沒有留下名字的兒子，郭榮本人其時正跟著養父郭威坐鎮鄴都。而同樣跟著郭威在鄴都辦差的河北監軍王峻的家人，因為王峻是郭威心腹，也誅夷滿門。

郭榮是誰？他本姓柴，因為姑母嫁給郭威，所以他被姑父收養，改姓郭。不過歷史上還是習慣稱呼他為柴榮。至於柴榮是誰，已經不必多做介紹了。而在這場血光之災中，郭家幾乎滿門抄斬，除了郭威、郭榮在外沒有被殺外，還有郭威的繼室董氏因各種原因僥倖逃過一劫。

自古一人得道，雞犬升天，一人失勢，雞犬不留，這是權力遊戲的基本規則，參賽雙方都要遵守。但就這場乾祐之變來說，也許楊邠、史弘肇的家眷必須要為他們本主的飛揚跋扈付出生命的代價，但郭威家小被殺，則引起了輿論的巨大同情。

得罪劉承祐的是楊邠、史弘肇，而不是郭威。事實上，郭威一直對楊邠、史弘肇的狂妄跋扈感到憂心，沒少勸兩個老大哥做事要收斂一些，畢竟皇帝大了，多少要給三分面子，但楊史二人不聽。而郭威本人對劉承祐也是非常尊重的，李守貞等三叛禍亂關西，是郭威總帥全域，撲滅反亂。論功，郭威第一，誰都沒有異議，但郭威還是把這次平叛的勝利歸功於皇帝聖明，甚至拒絕了劉承祐的加賞。郭威很會做人，而且在郭威與劉承祐的直接交往中，郭威絕對不像楊史二人那樣猖狂，每次必極盡臣禮。這樣模範忠臣的家眷，劉承祐說殺也就殺了，沒給郭威半點面子。

郭威不恨劉承祐，也就沒有天理了。

被逼著做皇帝的郭威

接下來講的是郭威。

簡單說一下郭威的發跡史：

郭威，字文仲，唐天祐元年（九〇四年）七月二十八日，生於邢州堯山（河北隆堯）。至於《舊五代史》所載郭威出生時，「赤光照室，星火四迸」，全是一毛錢都不值的無聊馬屁。郭威姓郭，不過也有一種說法，郭威本姓常，因為父親常簡早年在晉燕大戰中戰死，郭母改嫁郭氏，冒姓郭。

郭威三歲喪父，五歲喪母，是姨媽韓氏含辛茹苦把郭威拉扯成人。特殊的家庭背景，養成了郭威「負氣用剛，好鬥多力」的處事方式。年僅十八歲時，郭威就跟著昭義節度使李繼韜闖蕩江湖，手腳不太乾淨。而提及郭威的少年時代，就不得不提到《水滸傳》中一個再經典不過的角色——花和尚魯智深。沒錯，那段家喻戶曉的《魯提轄三拳打死鎮關西》，原型就是郭威。那一年，郭威年僅十八歲，正是青春閃亮的年紀。

郭威當時正在潞州當兵，一個陽光刺眼的午後，醉酒的郭威來到一家肉鋪買肉。實際上，郭威聽說肉鋪老闆是個街霸王，郭威不服，專門來砸場子的。郭威讓屠戶割肉，然後藉口屠戶割的肉不滿他的意，對屠夫劈頭蓋臉一通罵。屠夫被罵急了，挑釁郭威：「你有種，刺我一刀！別光放嘴炮。」郭威冷笑著，操起殺豬刀，直接就捅進了屠夫的胸膛……

光天化日之下殺人，市場管理員立刻捉拿郭威去官府報案。好在李繼韜憐惜郭威是條漢子，沒捨得殺他，繼續留在軍中效力。三年後，李繼韜謀反失敗被殺，李存勗將潞州牙兵分配到自己的騎兵衛隊，而郭威也在其中。進入中央軍，郭威人生的道路開始變得寬闊，在這裡，郭威遇到了他人生中第一個貴人——石敬瑭。

有人經常哀歎遇不到貴人所以命運不濟，但貴人幫扶的前提是你肚子裡得有真材實料。郭威從軍後開始讀書，因為他悟性好又「長於書計」，被石敬瑭相中留在身邊聽用，「令掌軍籍」，但也僅此而已，郭威並沒有擠進石敬瑭的核心圈子。而真正讓郭威平步青雲的是劉知遠。郭威和劉知遠性格相近，劉知遠又非常器重郭威的才幹，很快就「尤深待遇，出入帷幄，受腹心之寄。」成為劉知遠集團中僅次於楊邠、史弘肇、蘇逢吉之後的第四位要員。

在劉知遠主政河東期間，郭威沒少在軍事上替劉知遠謀劃，比如劉知遠招降了朝三暮四，視叛變如家常便飯的吐谷渾大酋長白承福，其實就是郭威的傑作。而在契丹大舉進攻後晉時，劉知遠擔心自己的前程，還是郭威堅定了劉知遠的信心，「河東山川險固，風俗尚武，士多戰馬，靜則勤稼穡，動則習軍旅，此霸王之資也。」而如果不是郭威這幾句話，劉知遠一時動搖，可能就投降契丹了。

當然，以上這兩件事對郭威來說只是小菜，真正讓郭威在歷史上大出鋒頭的，是契丹人撤出中原後天下無主，劉知遠決定下山摘桃，郭威為劉知遠制定最有效的南下路線。

當時有兩條可以選擇的路線：一，以史弘肇為首的武將提議，河東兵東向出井陘關，攻取河北重鎮鎮定、鄴都，先定河北，河南不戰自降。二，劉知遠本人提議，從太原南下，過石會關直接插潞州，渡河後就是汴梁。

針對這兩條線，郭威提出了讓人大開眼界的第三條線，即大軍出太原後，沿汾河谷地走西南方向。汴梁在太原東南，捨東南而取西南，眾人不解。郭威的理由則非常充分：雖然方向不對，但汾河兩岸沒有軍事重鎮，而且地勢平坦，有利大部隊快速挺進，我們幾乎不會遇到強有力的抵抗，兵法「以迂為直」，我們會以最快的速度來到洛陽。拿下洛陽，不出二十天，汴梁底定。

而郭威否定出河北的計畫，理由是契丹殘餘部隊在河北實力還很強，如果我們遇到契丹人的抵抗，則必然會拖慢我們進入汴梁的速度。一旦南唐軍隊渡淮河北上，肯定會比我們先到達汴梁，如此則大事去矣。而劉知遠的上黨線計畫，同樣被郭威否定，理由是石會至上黨一線山路難走，而且糧草供應困難，也會拖慢進入汴梁的速度。

最終劉知遠同意了郭威幾乎天才般的戰略謀劃，果然不出兩旬，底定中原。如果沒有郭威這段精彩至極的戰略規劃，劉知遠入主中原的夢想很可能會被其他勢力實現。換言之，郭威是後漢政權建立的頭號功臣，劉知遠都只能排第二。

在政權建立後，郭威得到了樞密副使的官位。雖然序列依然排在楊邠、史弘肇、蘇逢吉之後，但卻掌握了帝國最至高無上的軍權，而楊邠只是文官樞密使。等到劉知遠駕崩時，郭威很自然的就成了託孤大臣之一。

前面講過，在顧命五大臣中，真正率兵打仗的，只有郭威。郭威一人成敗，事關漢帝國的安危存亡。當李守貞、王景崇、趙思綰作亂關西時，朝議認為除了郭威，再也沒有合適人選。

郭威本人對後漢政權忠心不二，面對帝國的存亡大事，自然也不會推三諉四。在老油條馮道的點拔下，郭威率軍西征時帶足了公款，一路走一路發，等到河中時，郭威已把弟兄們餵飽了。雖然李守貞曾經是官軍弟兄們的老大，但李守貞是隻鐵公雞，向來一毛不拔，弟兄們自然願意替郭威賣命。三軍用命，李守貞逃無可逃，一把火斷了秦王荒謬的帝王夢想。

平定三叛，並不是郭威戎馬生涯的終點。在契丹人大舉壓境，河北形勢危急時，郭威很自然的繼續替老劉家賣命，主政河北軍政事務，成為名副其實的河北王。

這是一個影響歷史的決定。如果郭威留在汴梁當官，當乾祐之變時，郭威鐵定要陪同楊邠、史弘肇等人下地獄。郭威如果死了，之後的趙匡胤也不知道會去哪裡玩泥巴了。

人之常情。當郭威得知乾祐之變，楊史王滿門以及自己的家小悉數被殺時，郭威直接哭倒在地，而站在郭威旁邊的那個郭榮三個兒子也沒了，同樣淚流滿面。

但還沒等郭威痛苦地回憶與家人在一起的快樂時光時，劉承祐已經率先向郭威發起了攻擊。劉承祐派供奉官孟業秘出汴梁城，北上鄴都，聯繫河北武將，讓他們秘密處死郭威及王峻。不過孟業在赴鄴都之前，先去了澶州，找到鎮寧節度使李洪義（李太后弟），要求李洪義先處死郭威的死黨、侍衛步軍都指揮使王殷。李洪義並沒有接受外甥皇帝的指令，而是非常意外地把消息透露給了王殷，王殷立刻把消息轉發給郭威。

史料記載，郭威面臨著兩難的抉擇。要麼把自己和養子郭榮的腦袋交給劉承祐，郭家滅門。要麼聽從樞密吏魏仁浦的建議，發兵南下，找皇帝討說法。實際上郭威根本不可能選擇前者，除了梁武帝蕭衍兄長蕭懿那樣的傻子，誰甘心送死？

劉承祐幻想河北軍將亂刀砍死郭威，可這些大將都是郭威一手調教出來的，對郭威感情極深，比如鄴都行營馬軍都指揮使郭崇威（後來避諱改稱郭崇，以下皆稱郭崇），步軍都指揮使曹威等人。而且郭威治軍寬嚴相濟，整個河北軍界都極為同情郭威，所以郭威決定南下清君側自保，弟兄們沒有說二話的。

乾祐三年十一月十五日，郭威終於開始了他人生中最後一次冒險之旅，此時的郭威可以幻想他坐在汴梁城宮殿的場面了。

當然，託孤大臣之一的郭威向自己的小主子開刀，和同樣是託孤大臣之一的趙匡胤向自己的小主子開刀，性質是完全不同的。宋朝文人極力宣傳趙匡胤在陳橋兵變當夜醉酒，對士兵們的計畫毫不知情。這種紙糊的「歷史」早就被各種資料和符合邏輯的推理戳得千瘡百孔，趙匡胤根本不是被迫當皇帝，而是主動策劃，發動了這場陳橋叛變。郭威才是真正被逼著當皇帝的，不是劉承祐殺郭威家眷，郭威斷然不會如此。而如果劉承祐聰明些，把郭威家眷扣作人質，郭威更不敢刀兵相向。換言之，是劉承祐逼反了郭威，柴宗訓可從來沒有逼反趙匡胤。

郭威南下為自己武裝伸冤，但還是考慮到要保障河北根據地萬無一失，郭威留下了能力超強的養子柴榮坐守鄴都。

郭威伸冤心切，從鄴城出發僅僅兩天後，他的部隊就殺到了澶州，李洪義根本沒和外甥皇帝站在一條船上，郭威一到，李洪義立刻投降。澶州是保障汴梁安全的河北重要門戶，澶州沒了，劉承祐這才知道自己闖了多麼大的一場禍。為了偵察郭威，劉承祐派小太監鸗脫到前線偷竊，結果被郭威當場捉住。

郭威在政治上無疑是成熟的。他起兵的旗號就是清君側，比如殺害楊史王的李業、聶文進、郭允明等人，此時的郭威還沒有公開推翻劉承祐的政治條件，所以郭威對劉承祐是極為客氣的。郭威寫了一封自辯信，讓驤脫帶回汴梁交給劉承祐。但臣子無端起兵總是難圓其說的，郭威早就找到替罪羊：這是郭崇、曹威等人逼臣幹的。

劉承祐有沒有看這封信，對郭威來說根本不重要，這只是郭威要的一個政治花招。又過了兩天，十一月十七日，郭軍兵臨黃河南岸的滑州，義成節度使宋延渥開門接客。宋延渥在歷史上不出名，但他有個著名的皇后女兒，就是趙匡胤的小宋后。

滑州以南，就是汴梁城，再無摭攔。劉承祐是真急了，他對禁軍能否戰勝河北軍毫無勝算，但泰寧節度使慕容彥超卻認為郭威乃烏合之眾，不堪一擊，劉承祐相信了叔父，讓慕容彥超出城迎戰郭威，慕容彥超是漢高祖劉知遠同母異父的弟弟。

慕容彥超自信滿滿，但沒想到在汴梁城外劉子陂一戰，還沒等慕容彥超出戰，他的坐騎就一個馬啃屎栽倒地上，慕容彥超狼狽逃回。不過慕容彥超的泰寧軍卻不看好慕容彥超，他們更願意把賭注押在郭威身上。當天夜裡，泰寧軍就奪營而出，認郭威做了老大。牛皮吹破天的慕容彥超光棍一般的逃回鄆州，而督戰的劉承祐發現自己也成了光棍。

劉承祐帶著驚慌失措的蘇逢吉、蘇禹珪、竇貞固三大宰相和幾十個亂七八糟的鳥人準備回汴梁城避難，結果卻吃了開封府尹劉銖的閉門羹。進不了城，劉承祐等人只能在汴梁城外的趙村如孤魂野鬼般遊蕩。郭威的軍隊發現了劉承祐的動向，立刻包抄過來，雖然郭威下令不許傷害皇帝，但在一場混亂的踩踏事故中，劉承祐不知道被誰一刀砍死。而徹底得罪郭威的蘇逢吉知道一旦落入郭威之手斷沒有活路，一劍抹了脖子。

劉承祐的死，意味著剛建立僅有四年的後漢帝國行將走進歷史的墳墓，知情人是絕對不會相信郭威會再忠於劉家的，畢竟這場血海深仇的疙瘩是根本解不開的。公平一些說，郭威對劉承祐還是有感情的，當得知劉承祐被殺的消息時，郭威痛哭流涕，「老夫之罪也！」有些作秀成分，但也是郭威感情的真實流露。歐陽修指責郭威「久有異圖」，其實這句評語送給了歐陽修的本朝主子趙匡胤最合適，趙匡胤在陳橋叛變中的表演是非常拙劣可笑的。而趙匡胤之所以能順利篡位，是因為他控制著由柴榮親手調教出來、打遍天下無敵手的禁軍。而郭威之所以沒有在劉承祐死後立刻即位，主要顧慮到河東皇叔劉崇控制著番漢精卒，在穩住劉崇之前不能輕動。

宋人經常吹噓陳橋叛變後回汴梁兵不血刃、市不易肆，而攻擊郭威軍入汴梁則四處搶掠，還唯恐世人不知這是郭威主動下的搶劫令。實際上，二者所處的時代背景有很大不同，宋人強行將二者進行比較，是有失公允的。

郭威是在進入滑州後就承諾只要進入汴梁，公私財物一任弟兄們哄搶。但當時郭威並沒有完全控制這支他剛帶不久，來自五湖四海人心各異的軍隊，所以不能輕舉妄動。而趙匡胤雖然下了禁劫令，那時因為這支禁軍是趙匡胤常年帶領的，都是小團夥，自然不必擔心有人不聽話。其實趙匡胤也是下過搶劫令的，就是在滅後蜀的時候，趙匡胤就告訴王全斌：「凡克城寨，止籍其器甲、芻糧，悉以錢帛分給戰士，吾所欲得者，其土地耳。」

郭威在穩定汴梁局勢時，立刻下令禁止搶劫，違者斬，弟兄們都非常聽話。而宋軍入蜀後，大肆燒殺搶掠，動輒屠城，蜀人民憤極大，其實這一切的根源就那句「悉以錢帛分給戰士」。

此時的郭威確實想到了做皇帝，只是當時時機不成熟，但並不是像歐陽修所謂的「漢大臣不即擁立（郭威）」，如果郭威沒有受到來自劉崇的壓力，郭威又怎麼會在乎那些手無寸鐵的漢大臣？

趙匡胤篡周，雖有孤臣李筠、李重進反宋，但因為柴榮收天下精兵入禁軍，二李的軍隊如同紙糊的一般，趙匡胤自然不必在乎。

而郭威為了穩住劉崇，使出了一招緩兵計。在他主張下，朝議決定迎立鎮守徐州的武寧軍節度使、湘陰公劉贇，而劉贇正是劉崇的長子。郭威這招極為精妙，本來劉崇還在猶豫是否發兵南下震懾郭威，但聽說自己的兒子將要即位，那自己就是太上皇，劉崇也就按兵不動，白白給了郭威難得的戰略緩衝期。等到郭威利用這段時間完全控制局勢後，劉贇這塊抹布很自然的就被丟進歷史的角落裡。等到劉崇發現被郭威給耍了之後，再有所反應已經來不及了，甚至連劉贇的小命都沒有保住。

不得不承認的是，郭威是對不起劉贇的。劉贇和郭威無怨無仇，只是因為劉贇被朝議定為嗣皇帝，所以犯了郭威的忌，甚至劉崇哭天搶地給郭威寫信，請求把劉贇放回河東，郭威都沒答應，直接把劉贇弄死在宋州。但從另一個角度講，郭威萬不能放劉贇，畢竟劉贇有嗣皇帝的身分，一旦劉崇拿這個身分大做文章，在政治上對郭威來說幾乎是致命的。宋人司馬光義憤填膺地在《資治通鑒》記載「（郭威）殺湘陰公於宋州」，但他絕對不會寫趙匡胤入宮時，要殺掉柴榮託孤給他的三個幼子，甚至潘仁美苦勸時，趙匡胤大罵潘仁美：「汝以為不可耶！（不能殺掉這幾個小兔崽子嗎！）」而且周廢帝柴宗訓之死疑點重重，不能完全排除趙匡胤毒殺的可能性。

歷史，從來都是血腥骯髒的，誰也不比誰高尚多少。

劉贇死了，權杖上的最後一根棘刺被拔掉，至於劉崇哭天搶地的要找郭威血債血還，郭威已經不在乎了。但郭威還是沒有立刻稱帝，而是以漢朝執政的身分把持朝政，因為郭威急需做一件天大的功勞，來覆蓋這次武裝伸冤留給輿論炒作的空間，畢竟這件事情並不怎麼光彩。就在這個時候，契丹皇帝耶律阮突然率數萬騎兵大舉南下，抄掠河北，形勢異常危急。而現在朝野還具備大帥資質的，除了郭威沒有第二個人。

郭威率兵過黃河北上抵抗契丹，與趙匡胤率兵過黃河北上抵抗契丹。歷史又一次驚人的巧合，可郭威這次北上是貨真價實的抗遼，《遼史》中對此次南下有明確記載，而趙匡胤只不過打著契丹南下的幌子，把軍隊調到陳橋，然後再殺回汴梁篡位。

歷史又在重合。在澶州，又是凌晨，郭威正在睡覺，突然有數千將士圍住郭威，要求郭威繼位當皇帝。他們的理由是「將士已與劉氏為仇，不可立也！」有人迫不急待地撕下了軍中的黃旗，強行裹在了郭威身上，「呼萬歲震地，因擁威南行。」而這些人中，就有趙匡胤的身影，他目睹了這震撼人心的一幕，並把郭威的劇本完全抄默心中。十年後，他照葫蘆畫瓢，上演了一齣漏洞百出的蹩腳鬧劇。

天下，不可逆轉的屬於郭威。其實這也是郭威應該得到的，畢竟漢朝能建立，郭威功居十之七八，何況郭威家眷慘死，也為郭威贏得了太多的輿論同情。

郭威的速度也比較快。十二月二十七日，郭威出任大漢監國，江湖上的老油條們紛紛上表勸郭威稱帝。八天後，也就是漢乾祐四年（九五一年）正月初五，四十八歲的郭威歷經艱難磨難，終於龍飛九五，登上了天子的寶座。

時人已經看慣了「梁唐晉漢周，朱李石劉郭」走馬燈般換老大的歷史鬧劇，覺得郭威不過是個石敬瑭、劉知遠之類的亂世梟雄。但當時人很少有人能想到的，正是這個脖子上雕著一隻青雀的郭雀兒，氣勢恢宏地拉開了中原政權統一天下的雄壯大幕。

世人都知道北宋趙氏兄弟用了十九年時間削平諸國，統一中原，實際上按順序來說，中原的統一大業始於郭威，盛於柴榮，成於趙匡胤，終於趙匡義。

郭威是個好皇帝

郭威開啟了屬於自己的偉大時代，不過他的時代實在太短，從西元九五一年二月，到西元九五四年正月，滿打滿算不過三年時間，駕崩的時候也不過五十一歲。

在這三年時間裡，郭威只做了兩件正確的事情：一，在他的親生兒子悉數被劉承祐殺害的情況下，他選擇了與自己毫無血緣關係的養子柴榮為嗣皇帝，這才有了之後二十多年轟轟烈烈的統一進程，也為歷史留下了一段極為珍貴的回憶。二，改變後漢政權幾乎泯滅人性的經濟掠奪政策，為處在亂世黑暗中的百姓打開了一扇並不太大卻充滿著希望的光明之窗。南宋遺民陳櫟稱讚五代之君，「周世宗第一，唐明宗第二，周太祖第三」，不是沒有道理的。

郭威是武人，以軍功與戰略謀劃著稱於史，但實際上郭威身上的「仁」卻很少為歷史所注目。郭威在控制汴梁後，曾經殺他滿門的劉銖已被有關部門控制，只要郭威願意，劉銖滿門老小即使為被殺的郭家老小以命賠罪，相信輿論也不會說什麼。雖然郭威也打算殺劉銖全家，但最後時刻郭威還是放棄了，他只是殺劉銖一人，「餘悉皆活」。即使是乾祐之變的罪魁禍首了蘇逢吉，蘇家人也都得到了郭威的饒恕，一個不殺。這份寬廣的心胸大度，不是其他「仁君」能比得了的，那些「仁君」得志之後，敲打羞辱那些曾經得罪過他的官員，一個都沒放過。

郭威也是個有脾氣的人，但郭威說到底還是個仁人君子，他骨子裡的善在生活中的一點一滴都能體現出來。而郭威的這種善，無一不體現在他的治國方略中。

郭威對於苦難人民的仁愛，真是不勝枚舉，因篇幅有限，只提郭威的九條善政。

一、勤儉節約。郭威即位之初，就下詔停罷地方藩鎮向朝廷進貢奇珍美味，他用不著這些玩意。郭威有句話說得非常感人：「朕起於寒微，備嘗艱苦，遭時喪亂，一旦為帝王，豈敢厚自奉養以病下民乎！」郭威富貴至極，卻仍然掛念在戰亂中飽受痛苦的底層百姓，難能可貴。郭威是從民間走出來的皇帝，他了解民間疾苦，他知道老百姓最需要他做什麼。

二、允許境內商人和外國人（蕃人）進行商品貿易

三、同意發生旱災的南唐沿淮（河）百姓進入周朝統治區購糧，郭威並沒有因為他們是敵國百姓而對他們抱有戒心，國家有罪，百姓何辜！雖然郭威此舉有收買人心的嫌疑，但至少郭威敢這麼做，說明他心中還是有百姓的。有些混蛋皇帝連表面文章都懶得做了，直接搶百姓的救命糧。

四、將被官府籍沒的罪犯名下地產還給他們的家眷。一人有罪，九族無辜，此舉極有人情味，千載之後仍讓人感動不已。

五、恢復農業生產。對於那些無家可歸的流浪者，官府給他們畫撥無主土地，讓他們耕種。同時官府減免各種賦稅，讓他們安心生產。郭威是個明白人，只有百姓富裕了，國家才能實現真正的富裕，他說過「苟利於民，與資國何異。」

郭威還下令，如果流亡百姓想離開周朝去敵國生活，朝廷不但不橫加阻攔，而且撥付路費。在生產力不發達的古代，勞動力是最重要的社會資源，歷朝政府都在挖空心思增長勞動力，甚至不惜動用暴力手段。郭威卻反其道而行之，不是郭威不懂勞動力的重要性，而是他認為要以德留人，如

果暴力截留，這樣只能喪失民心。

六、改革鹽曲法。後漢對販私鹽的打擊極為嚴酷。只要有私造鹽者被抓，販一克鹽也要殺頭。郭威深知鹽弊，下詔規定私製食鹽超過五斤者才論死。郭威這麼做，主要是考慮到有些人製私鹽並不是為了賺取暴利，僅僅是養家糊口。

七、改革牛皮徵收制度。牛皮是冷兵器時代稀缺的戰爭物資，歷代官府都在民間強行徵收牛皮，說白了就是搶，一文錢不給，百姓怨聲載道。郭威對此進行有力的整改，他規定在民間按土地佔有量進行牛皮徵收，以每五十畝地為一張牛皮的徵收標準，百姓深受其利。當然郭威也有一個附加條件，不許百姓將牛皮賣給敵對國家，但可以在境內自由交易。畢竟郭威也要考慮到國家的軍事安全。

八、除去牛租。六十年前，朱溫與淮南王楊行密大戰，從淮南搶回幾十萬頭耕牛。這些牛被分配給了農戶，農戶每年向朝廷交點牛租。而「偽梁」滅亡後，雖然當年那些牛都死光了，但正統的唐、晉、漢三朝還在強行向百姓徵收牛租。李存勗、石敬瑭等人只顧自己享受，哪管百姓死活？但郭威最見不得百姓受苦，下詔取消了牛租，他不缺這點錢，他最缺的是民心。

九、重用人才。郭威知道自己有幾斤兩的文學水準，他從來不寫什麼打油詩。郭威經常說自己「不親學問，未知治天下之道」，所以郭威非常注重選拔人才，周宋很多名臣大員多是被郭威提拔栽培的，文如王朴、鄭仁誨、范質、魏仁浦、王溥、李穀，武如郭崇、韓令坤、石守信、王審琦及趙匡胤。

因為時間有限，郭威也沒來得及做出更大規模的改革，而且和他養子柴榮規模空前的改革力度相比，郭威所為也就如蜻蜓點水。但也正是郭威的「蜻蜓點水」，徹底啟動了自唐末以來如死水一般沉寂的社會，也從某種角度啟發了柴榮。柴榮的改革，很明顯是建立在郭威改革的基礎上的，至少郭威給養子點明了某種充滿希望的方向。

郭威這輩子很不容易，早年喪父（母），中年喪妻，晚年喪子，人生三大不幸，郭威一個不少。郭威從小生長在缺少嚴格管教的寄養家庭中，再加上殺人如同碾死一隻螞蟻般的唐末五代大背景，郭威的性格不是特別成熟，很容易受到外界一些事情的影響，有時也會暴怒，殺人如草芥。

後漢遺臣慕容彥超據兗州發動叛亂，雖然郭威親征，很快就平定了兗州之亂，但盛怒之下的郭威顯然不想放過慕容彥超的黨羽。郭威下了一道非常狠毒的命令：所有跟著慕容彥超謀反的官員，立斬！一個不留！

如果放在平時，郭威也許早就釋放了這些叛亂者，因為郭威曾經的老大哥王峻在任樞密使時專橫跋扈，郭威又不忍和王峻翻臉，只能把怨氣撒在兗州官員身上。還是戶部郎中竇儀找來了德高望重的太師馮道和深受郭威信任的宰相范質，一番心平氣和的勸說下，郭威消了氣才收回了屠殺令。

就本性來說，郭威不是一個惡人，他是非常重感情的。一起闖蕩血雨腥風江湖的老兄弟，不到萬不得已時，郭威是絕對不會翻臉的。而從某種角度講，郭威有兄弟，而趙匡胤沒有，石守信那班人，和趙匡胤不過是互相利用的關係。

而郭威人生中最重要的一個兄弟，無疑就是王峻。

王峻其實是個帥哥，模樣俊俏，膚色白皙，早年生活落魄時，王峻曾經被梁朝權臣趙岩包養過。梁朝滅亡後，王峻在江湖上流浪，最終結識了劉知遠，而又通過劉知遠認識了郭威。二人極投脾氣，很快就金蘭為證，結為異姓兄弟。後漢朝，郭威坐鎮河北，王峻則出任監軍，與郭威形影不離。而乾祐之變時，因為受到了郭威的連累，王峻的家人被劉承祐殺了個精光，因為這件事情讓郭威對王峻產生了極大的愧疚感。郭威建周後，朝中最具實權的樞密使職務，當時除了王峻，根本不可能有第二個人選。郭威用王峻，一方面是能力因素，郭威武裝伸冤，王峻「從太祖赴闕，綢繆帷幄，贊成大事，峻居首焉」，堪稱功首，用王峻別人也無話可說。另一方面就是感情因素，郭威自認欠王峻的實在太多了，這輩子都還不完。所以郭威給了王峻幾乎除了帝位之外的所有權力，是人所共知的二皇帝，比當年的安重誨勢力還大。不僅如此，郭威對王峻本人是非常敬重的，因為王峻長自己兩歲，所以貴為天子的郭威見著王峻向來都稱「王兄」，而不直呼其名。在當時能得到這種待遇的，只有兩個人：早已修鍊成了精的太師馮道，以及王峻。

客觀來講，郭威對王峻幾乎到了除了老婆不能分享，我所有就是你所有的地步。蘇逢吉敗後，郭威打算把被蘇逢吉霸佔的李崧財產都送給王峻，王峻覺得李崧族誅事不吉利推辭掉了，但也說明郭威對王峻已是仁至義盡。

但反過來講，正是郭威在感情上的這種傾情回報，反而養成了王峻狂妄跋扈的習氣。郭威對王峻低三下四，而王峻覺得這一切都是理所應當，坦然受之。很明顯，王峻把郭威這種低姿態的友好當成了軟弱可欺，王峻開始不停的騷擾郭威，他認為自己還可以從郭威身上得到更多。

王峻其人，演技較差，脾氣太大。經常發生在朝堂的不和諧一幕：御前會議上，王峻與郭威議事，一旦郭威的表態不符合王峻的心意，當著滿朝文武衝著郭威破口大罵，郭威的祖宗十八代無一倖免。

郭威不是傻子，他當然知道自己對王峻太過友好，這會助長王峻的猖狂，但郭威始終對王峻抱有內疚，再加上「國家新造，四方多故，王峻夙夜盡心，知無不為，軍旅之謀，多所裨益」，還是不忍對王峻下手。否則以郭威早年街頭霸王的脾氣，再加上現在隨意可以殺人的無上權力，十個王峻的人頭也被砍掉了。

郭威希望王峻能痛改前非，可王峻的膽子越來越大，甚至開始干預事關帝國安危的人事任免權，甚至是郭威不可能讓步的皇位繼承人的選擇權。

哪個皇帝會讓大臣挑選帝位繼承人？從來都沒有。

王峻心胸狹窄，見不得別人升官發財，郭威的部下向訓不過封了個宮苑使的差事，王峻就撒潑打滾，甚至要無賴要辭職。郭威對王峻一再忍讓，甚至親赴王峻府上，低三下四給王峻賠好話。

到了後來，王峻居然公然要求郭威罷掉宰相范質、李穀，改任自己提出的人選。對此，郭威已經出離憤怒，但郭威還是念及舊情，忍了。

對於王峻的潑皮行徑，郭威雖然不滿，但總不忍對王峻發作。可當王峻開始插手帝位繼承人安排時，郭威再也忍不住了。

郭威的親生兒子都死光了，而在名義上郭威還有一個兒子，就是養子柴榮。但在周朝建立時，並沒有官方文件說要把江山傳給柴榮，此時的郭威還在考慮到底把帝國傳給誰，而除了柴榮，郭威手上還有很多選擇。

郭威有幾個晚輩的親戚，如外甥李重進、女婿張永德、前妻張夫人的外甥曹彬，養子兼內侄柴榮，還有一個平輩的親戚——妹夫楊廷璋。

曹彬和楊廷璋和郭威關係太遠，郭威不可能選擇他們，而能選擇的只有外甥、女婿和養子（內侄）。李重進與郭威有血緣關係，按理最應該選擇李重進。郭威又疼愛女兒，張永德同樣有機會，但郭威最終還是選擇了和自己沒有任何血緣關係的養子柴榮（**柴夫人是柴榮姑姑，沒有生育**）。

柴榮的優勢有兩點：一，柴夫人是郭威的患難夫妻。郭威和柴夫人感情極深，柴夫人死得早，郭威終身不立皇后。二，郭威早年落魄窮困，養子柴榮走南闖北做小生意養活姑父。郭威發達後，視柴榮如親生，感情極深。

聽說柴榮成為實際上的太子人選，王峻當時就急眼了。

王峻要想在郭威死後繼續把持權力，就只能希望下一任皇帝慵弱無能，但能力強悍的柴榮一旦上臺，必將在政治上判王峻的死刑，「峻素憚世宗（柴榮）之聰明英果」。

王峻開始拆柴榮的臺。

王峻主要做了三件事情：一，在慕容彥超叛亂時，郭威本打算讓柴榮討伐慕容彥超，王峻卻擔心柴榮得勝後威望更著，極力反對此議，郭威只好親自上馬。二，想盡一切辦法，阻止坐鎮澶州的柴榮回汴梁見養父。

第一件事，郭威忍忍也就算了，可見不到自己唯一的兒子，郭威感情上受到了很大的傷害。他甚至在朝堂不顧皇帝臉面，對大臣們哭鼻子，「王峻陵朕太甚，欲盡逐大臣，翦朕羽翼。朕惟一子，專務間阻，暫令詣闕，已懷怨望。豈有身典樞機，復兼宰相，又求重鎮！觀其志趣，殊未盈厭。無君如此，誰則堪之！」

郭威終於忍無可忍，在朝堂上拿下了還在夢想更大權力的樞密使，將王峻貶為商州司馬，即刻轟出汴梁城。

王峻的所有所為，已經稱得上是大逆不道，換成其他帝王，早把王峻滅了滿門。只是郭威脾氣實在太好，而且太重感情，不是王峻把他逼到了牆角，郭威是不會動王峻的。即使拿下了王峻，郭威也還在念著當日的兄弟情。聽說王峻在商州得了病，郭威「愍之」，讓王峻老婆去商州探親。

如果石守信做了王峻這樣的事情，趙匡胤早就把石守信一門老小都砍光了。當然，石守信等人也有沒這樣的機會，杯酒釋兵權算是給足了兄弟面子。趙匡胤和石守信之間本就是利益交換，只不過趙匡胤得志後，並沒有遵守當初的盟約。

歷史上有很多皇帝被稱為仁君，但很少提及郭威。實際上郭威的仁厚，放在歷代帝王中都是數一數二的。

再提最後一件郭威讓歷史感動的事情，廣順四年（九五四年）正月十七日，五十一歲的郭威病逝於汴梁滋德殿。郭威拼盡最後一口氣，對床前的養子柴榮提出了最後一個要求，等他死後必須薄葬。「我死，當衣以紙衣，斂以瓦棺；速營葬，勿久留宮中；壙中無用石，以甓代之；工人役徒皆和雇，勿以煩民；葬畢，募近陵民三十戶，蠲其雜傜，使之守視；勿修下宮，勿置守陵宮人，勿作石羊、虎、人、馬，惟刻石置陵前云：『周天子平生好儉約，遺令用紙衣、瓦棺，嗣天子不敢違也。』」

郭威要求薄葬，直接的誘因是他當年西征李守貞時，看到唐朝的十八座帝陵因為墓中寶貝太多，被人盜了墓，郭威不想死後再被人打擾。但從深層次講，郭威主要還是「愛惜民力」，不忍生活困難的百姓再為一個死人勞力破財。所以郭威死後，簡單的墓室裡既沒有金腰帶，也沒有夜明珠。

英雄敵不過天意——漫談周世宗柴榮之生平

毛澤東那闕橫絕千古的《沁園春・雪》幾乎是家喻戶曉，毛澤東在詞中提到了歷史上五大帝王，「惜秦皇漢武，略輸文采；唐宗宋祖，稍遜風騷。一代天驕，成吉思汗，只識彎弓射大鵰。」其中的宋祖，就是大名鼎鼎的北宋太祖趙匡胤。

實際上，趙匡胤只是歷史的一個備胎。如果歷史不發生那一次莫名其妙的意外，與風流唐太宗李世民齊名的，將是一個對人們來說有些陌生的名字——柴榮。而毛澤東的《沁園春・雪》，也將寫成「秦皇漢武，唐宗周祖」。

趙匡胤風流千古，但他從來不承認他所建立的文治武功其實都是柴榮打下來的，他只不過隨手撿了個大便宜。他所做的只是在柴榮的基礎上有所增益而已。但趙匡胤不承認，不代表歷史不曾發生過，歷史也同樣不會忘記在趙匡胤之前，那個震驚整個東方世界的郭家養子。

幾乎所有的歷史評論家都眾口一辭：如果不是柴榮意外地英年早逝，他必然能建造一個功比漢唐的偉大帝國，而他也將成為與秦皇漢武齊名的千古大帝。

「偉大的征服者」，這是最符合柴榮生平的歷史標籤。英雄敵不過天意，但英雄可以征服歷史。而做到這一切，柴榮僅僅用了五年零六個月。

有關柴榮的篇幅很長，但這一切都是值得的，畢竟他是歷史上獨一無二的柴榮，一個震撼歷史的偉大征服者。

梁龍德元年（九二一年）九月二十四日，柴榮出生在河北邢州隆堯縣一個破落地主的家裡，他的父親名叫柴守禮，柴守禮時年二十七歲。不過因為柴榮出生時，隆堯屬於晉王李存勗的地盤，晉國奉唐朝天祐年號，所以《舊五代史》稱柴榮生於唐天祐十八年。

不知道從哪一輩起，曾經富甲一方的柴家就衰落了，雖不至於精窮，也活得捉襟見肘。有說法認為柴榮是唐朝開國元勳——霍國公柴紹的後人，即使是，那又如何，劉備還是正宗漢景帝玄孫、中山靖王劉勝之後，還不是到處「要飯」？

每日為家庭奔忙的柴守禮，自然不會知道他的這個兒子將來會有怎樣的人生，但柴家窘迫的情況下，迫使少年柴榮不得不用他稚嫩的雙肩，挑起一個家庭生存的重擔。

有人是天生做生意的，比如胡雪岩、盛宣懷；有些人是天生做皇帝的，比如劉邦、朱元璋。有沒有既會做生意，也會做皇帝的？有，就是柴榮。

不知道是什麼時候，什麼地點，通過什麼管道，柴榮結識了北方著名的茶老闆頡跌氏。頡跌氏是做茶葉商貿流通的，就是批發茶葉販到外地銷售，賺取差價。頡跌氏似乎很喜歡柴榮，就把柴榮帶在身邊，在江湖上四處闖蕩賺錢。不過有說法認為柴榮其實是個賣雨傘的，傘利微薄，不如茶葉賺錢，應該是柴榮在跟著頡跌之前賣傘。

柴榮不辭風裡雨裡，賺點辛苦錢，其實是養家用的，他本人花錢是很節省的。柴榮需要養活兩個長輩懶漢，一個是他百無一用的父親柴守禮，一個就是他的姑父，當時混得一蹋糊塗的郭威。

柴榮還有一個姑姑，因為生有絕色，被唐莊宗李存勗納入宮中，做了一個嬪御，但沒有混出頭。李嗣源稱帝後，大放宮人，柴姑姑被放出宮，可以自由婚嫁。柴姑姑身分高貴，身邊又帶著不少錢，她卻一眼就看上了當時邋裡邋遢的兵頭子郭威。任憑柴榮祖父母苦勸，柴姑姑只嫁郭威，柴家最終妥協，把女兒嫁給了郭威。柴榮就是這樣和郭威扯上關係的，郭威也知道老婆在老家還有一個在江湖上跑單幫做生意的侄子。

因為柴夫人一直沒有生育，而郭威又想要個兒子，柴姑姑提出一個建議——把老家侄子柴榮收養過來。因為郭威很喜歡柴榮，也就同意了。從此，郭威和柴榮既是姑侄，又是父子，親上加親，雙喜臨門。當時的郭威非常精窮，還是柴榮四處跑生意，賺了錢養活養父。郭威也知道養子對他恩重如山，等到郭威發達之後，他首先提攜的就是養子柴榮。後漢建立後，郭威平定了李守貞等人叛亂，威望如日中天之際，奉命北上坐鎮鄴都防禦契丹，郭威只帶上了養子柴榮。當然，郭威不可能預知到，正是他這個無意之舉，才為歷史保留了一段不可複製的偉大傳奇。

等到郭威建立周朝時，他的親生兒子都被殺光，而他需要確定一個皇位繼承人。柴榮之所以中選，原因在上篇已經提及。不過相對於柴榮曾經照顧過養父，郭威看重柴榮的還是他那橫絕一世的能力。如果僅是出於對柴榮當年照顧自己的感情，郭威大可以封柴榮為大藩，不至於把整個帝國都交給與自己沒有血緣關係的養子。

在確定由柴榮繼位後，郭威甚至把與自己有血緣關係的外甥李重進叫進宮，讓比柴榮年長六歲的李重進給柴榮下跪磕頭，以定君臣之分。至於王峻的反對，因為郭威鐵了心要把皇位傳給養子柴榮，即使王峻是自己一輩子兄弟，涉及到自己的根本郭威也不會客氣。

剷除了王峻，天下人都不會懷疑，柴榮將是下一任中原帝國的主人。其實早在柴榮坐鎮鄴都時，因為善理民政，就得到當時輿論的一致好評。郭威病重時，天下惶恐，而聽說柴榮主政汴梁軍政時，各界輿論都鼓掌稱頌，皆謂皇帝選對了人，汴梁形勢迅速被安定下來。「時太祖寢疾彌留，士庶憂沮，及聞帝總內外兵柄，咸以為愜。」這個記載，說明柴榮在郭威稱帝時代就已賢名著於朝野，而當趙匡胤篡位時，江湖上都不知道趙匡胤是何許人。

廣順四年（九五四年）正月十七日，五十一歲的郭威病逝於汴梁滋德殿。柴榮自然也以皇位繼承人的身分，毫無懸念的在養父靈前即皇帝位。不過柴榮心裡也清楚，在殿下給自己三跪九叩、舞蹈山呼的文武百官，真正能瞧得起自己的沒有幾個人。

此時的柴榮是孤獨的。

英雄敵不過天意——漫談周世宗柴榮之戰高平

高平，是現在山西晉城下轄的一個縣級市，緊依太行山，自古就是從山西進入河南的天險要道。而高平在歷史上之所以出名，主要還是源於一千多年前那場震驚天下的鐵血大戰，而這場戰爭，則拉開了周宋帝國統一天下的雄壯大幕。

高平之戰，因為柴榮，甚至因為趙匡胤，歷史從來沒有忘記。

發動這場戰役的，是柴榮養父的仇人劉崇，劉崇永遠都不會饒恕郭威殺死自己親生兒子劉贇的血海深仇。後漢被郭威取代後，劉崇流著淚在太原衙門稱帝，國號還是漢，史稱北漢。北漢建立後，劉崇就開始找郭威討還血債，不過他根本不是郭威的對手，幾回合下來，劉崇被郭威揍得鼻青臉腫，也老實了兩年。但當劉崇聽說郭威死了，繼位的是郭威養子柴榮時，劉崇放聲狂笑，「吾兒之仇得報矣！」不過為了穩妥起見，劉崇還是請來了他的盟友——契丹人，契丹皇帝耶律璟也願意渾水摸魚，派北院宣徽使耶律敵祿（**即楊袞**）率六七萬騎兵挺進太原，與劉崇麾下的三萬北漢軍會合，然後浩蕩南下。

劉崇南下的路線，其實是他大哥劉知遠當初要選擇卻又放棄的路線，即出團柏（山西太谷），直取潞州（山西長治），渡過黃河進攻汴梁。現在劉崇要做的，就是拿下晉南頭號軍事重鎮潞州（**古稱上黨**）。

周朝國葬還沒有結束，劉崇就大舉入寇，並在潞州太平驛大破周昭義節度使李筠部下穆令均所部兩千人，「俘斬（周）士卒千餘人」。消息震撼了汴梁城，柴榮立刻召開臨時御前會議，商議對策。與會者都認為既然劉崇打上門，那我們就奉陪到底。唯一的分歧是，柴榮想親征，大臣們則認為派一大將足矣。

柴榮想親征，非常好理解。柴榮初即位，在江湖上還沒有像樣的成績，大家對他不過是口服心不服。而如果打敗劉崇，則天下畏服。而大臣們也是出於好心，勸柴榮不要冒險，其實他們都不好意思把實話說出來：就憑你？親征劉崇？省省吧！

而反對柴榮最為激烈的，竟然是馮道。馮道對柴榮半點情面也不留，直接打了柴榮的臉，柴榮自比唐太宗，馮道冷笑道你不是唐太宗，柴榮自比泰山壓頂，馮道還是冷笑說你也不是泰山，氣得柴榮差點當場發飆。關於馮道為什麼阻止柴榮親征，將在《馮道篇》詳細解讀。

柴榮之所以堅持親征，其實還有一個不便與外人道的原因。而明末王夫之則揣透了柴榮的心思，他評論道：「朱友貞、李存勗、李從珂、石重貴、劉承祐之亡，皆非外寇之亡之也。驕帥挾不定之心，利人之亡，而因讎其不軌之志；其戰不力，一敗而潰，反戈內向，殪故主以迎仇讎。」如果柴榮派大將出征，軍權就要旁落，一旦大將有異心，像杜重威、張彥澤那樣，柴榮手上無兵，只能坐以待斃。柴榮必須親征，將軍權牢牢抓在手上。否則石重貴、劉承祐就是柴榮的前車之鑒。

顯德元年（九五四年）二月初九，大周皇帝柴榮下詔親征，並在出發前頒詔天下，討伐劉崇。這道詔書文采極佳，略云：「朕自遘閔凶，再經晦朔，山陵已卜，日月有期，未忘荼蓼之情，豈願干戈之役？而河東劉崇，幸災樂禍，安忍阻兵？乘我大喪，犯予邊境，勾引蕃寇，抽率鄉兵，殺害生靈，覬覦州縣。朕為萬姓之父母，守先帝之基扃，聞此侵陵，難以啟處。所宜順天地不容之意，從驍雄共憤之心，親御甲兵，往寧邊鄙。務清患難，敢避驅馳？凡在眾我，當體茲意。」

柴榮講了三點：一，周朝本想守兩國之好，是劉崇主動發動戰爭的。二，劉崇勾結契丹人南犯中原，是當代大漢奸。三，為了百姓平安，朕不惜冒險親征。軍事，是政治的延伸，柴榮很巧妙的把戰爭責任推給了劉崇，並且把自己打扮成人民的大救星。這在政治上是非常聰明的，雖然柴榮對這場即將到來的惡戰能否取勝，心中也沒有底。

二月十一日，柴榮率大軍出汴梁，急速向澤州方向行進，柴榮承擔不起潞州丟失的代價。而為了這場事關大周帝國生死存亡的大戰，周朝軍界幾乎是精英盡出，計有：老將符彥卿、郭崇、樊愛能、劉詞、藥元福、王彥超、白重贊，新銳李重進、張永德、趙匡胤、石守信、高懷德、韓重贇、韓令坤、慕容延釗、李崇矩、潘美、尹崇珂、曹翰、米信、馬仁瑀。

劉崇在高平擺下戰場，但柴榮顯然不會被動應戰，他需要把戰火燒到劉崇的大後方。柴榮讓駐鎮河中的護國軍節度使王彥超會同駐鎮陝州（河南三門峽）的保義軍節度使韓通，取晉州路東進，進攻北漢西部邊境，分散劉崇的注意力。同時，駐鎮魏州的天雄軍節度使符彥卿會同駐鎮澶州（河南濮陽）的鎮寧軍節度使郭崇，取磁州（河北磁縣）路，進入北漢境內，給北漢人製造周軍要奇襲太原城的假象，對劉崇進行戰略恫嚇，以減輕高平方面周軍所面臨的軍事壓力。

周軍的先鋒是向訓、樊愛能，何徽、白重贊，他們的任務火速增援潞州李筠。柴榮隨後出汴梁，向東沿黃河東進，至懷州（河南沁陽）折頭北上。

二月十六日，柴榮抵達懷州。二月十八日，周軍主力迅速抵達澤州，柴榮沒有停留，直接把大部隊拉到澤州東北十五里的高平。

可能是情報有誤，劉崇根本沒有先取潞州的打算，「過潞州不攻，引兵而南」，準備直取洛陽，再取汴梁。好在周軍行動迅速，在潞州以南數十里的高平堵住了北漢軍進一步南下的步伐。兩軍相遇。

劉崇這才知道柴榮親自來了。雖然當初劉崇出兵時，就認定「旻（劉崇改名）幸周有大葬，而天子（柴榮）新立，必不能出兵，宜自將以擊其不意」，但柴榮既然來了，那今天就讓你替你老子郭威償還血債。

決定歷史命運的大決戰即將開始。

二月十九日，天剛放亮，柴榮就率主力和北漢軍在一片高地上試探性地交鋒，「擊之，北漢兵卻」。北漢軍沒佔什麼便宜，往後撤了一段距離。但柴榮卻「趣諸軍亟進」，緊追北漢軍不放。劉崇把軍隊後撤至巴公原，再次迎擊周軍。劉崇將北漢軍分成兩部分，自己帶中軍，大將張元徽坐鎮左路，耶律敵祿率契丹軍坐鎮右路。

北漢軍「眾頗嚴整」，而周軍都是老兵油子，向來是「出工不出力」。兵大爺們看北漢軍陣形嚴整，就有了畏戰心思。再加上周軍不到三萬人，最多兩萬人，寡眾不敵，「（周軍）眾心危懼」。

周軍在距離北漢軍的不遠處也擺出了「山」字陣：

左軍：義成節度使白重贊、侍衛馬步都都虞侯李重進等部。

右軍：馬軍都指揮使樊愛能、步軍都指揮使何徽等部。

中軍：宣徽南院使向訓、鄭州防禦使史彥超等部。

大周皇帝柴榮「金盔金甲淡黃袍，五股攢成袢甲條。護心鏡，放光豪。絲鸞帶，紮穩牢。魚褟尾，護襠口。戰裙又把膝蓋罩。」騎馬站在「山」字陣形的最前面，殿前都指揮使張永德率禁軍在柴榮身後，負責保衛皇帝安全。

劉崇已經看到了柴榮，但劉崇這時才知道周軍人數不多，他開始有些後悔把契丹人招來分功，劉崇認為憑自己的北漢軍，足以吃掉柴榮的這點蝦兵蟹將。不知道是出於拍馬屁的心理，還是確實認為周軍不如北漢軍，北漢將領「皆以為然」。但在旁邊觀陣的楊袞卻認為周軍不可小視，「勁敵也，未可輕進」。劉崇不聽，「時不可失，無妄言也」。

兩軍初對陣時，巴公原便一直在颳著強勁的東北風。東北風對北漢軍是非常有利的，可劉崇剛要下令進擊，突然又變成了南風，反而對北漢軍不利。逆風作戰不利這是基本的戰爭常識，但北漢官員卻認為時機已到，請劉崇下令，劉崇利令智昏竟然同意了。北漢的樞密直學士王得中上前拉住劉崇的馬頭，苦勸劉崇不要意氣用事，可以再等等。但劉崇根本瞧不上周軍，南風又如何，照樣切瓜剁菜！劉崇對王得中說：「老措大！毋妄沮吾軍！」劉崇下令張元徽率東軍進擊與其對應的周軍樊愛能、何徽等部。

可意外卻發生了。還沒等北漢軍衝進周軍陣中，周軍樊愛能與何徽竟然帶著幾十名親兵不戰而逃，丟下了無頭蒼蠅一般的周右軍。

主將跑了，弟兄們怎麼辦？答案驚人的一致：投降劉崇。反正跟著柴榮是吃肉，跟著劉崇也是吃肉，他們又不是沒賣過石重貴、劉承祐。還沒等在後面督戰的柴榮反應過來，周右軍「步兵千餘人解甲呼萬歲」。

劉崇激動得仰天大笑。

周右軍突然不戰自潰，對周軍其他陣營造成了極大的心理震撼，中、左兩軍士氣大受打擊。在這個時候，只要統帥柴榮意志稍有薄弱，效仿樊、何臨陣脫逃，周中、左二軍勢必投降劉崇。勢若山崩，柴榮的末日也就到了。

柴榮的反應非常激烈，「帝見軍勢危，自引親兵犯矢石督戰。」用現代藝術語言演繹，柴榮狠狠地往地上吐了一口唾沫，把手中大劍斜指上蒼，大喝：怕死的，或走或降。不怕死的，還是個爺們的，跟朕上陣送死！說罷，柴榮雙腿夾馬，駿馬如利劍一般直衝北漢軍大陣。

三軍用命，其功在將。只要主帥肯用命，弟兄們還有什麼好說的，何況是九五至尊的皇帝！周軍的新銳將領們正是血氣方剛的年紀，見柴榮都拼了，咱們還有什麼好說的。殺他娘的！

數十名年輕的周軍將領率各部，如泰山壓卵一般，吼叫著，跟著柴榮衝進了北漢軍的陣中。

此時，柴榮不再孤獨。

出於對本朝主子的吹捧，司馬光在《資治通鑒》只用一句話記載柴榮親自上陣，卻用一大段描寫趙匡胤的英勇，厚此而薄彼。當然，趙匡胤在高平之戰中的表現堪稱英雄之風，「太祖皇帝（趙匡胤）身先士卒，馳犯其鋒，士卒死戰，無不一當百，北漢兵披靡。」

實際上，根據趙匡胤在位時編撰的《舊五代史》記載，第一個跟著柴榮殺過去的，是內殿直馬仁瑀。「（馬仁瑀）從世宗親征劉崇，王師不利，仁瑀謂眾曰：『主辱臣死！』因躍馬大呼，引弓連斃將卒數十，士氣始振。」然後才是趙匡胤跟上。司馬光把馬仁瑀衝陣放在了趙匡胤之後，不過是奉迎拍馬而已，還不如趙匡胤本人豁達。

李重進、張永德、石守信、高懷德、韓重贇、韓令坤、慕容延釗、李崇矩、潘美、尹崇珂、曹翰、米信、董遵誨，馬全乂，還有狗肉販子出身的小卒唐景思，一群年輕人，在同樣年輕的柴榮感召之下激動得不能自已，都山崩海嘯般與北漢軍血戰到底。

死，也要死出個男人樣。

周右軍自潰，周軍形勢異常危急，但北漢軍陣中誰都沒想到，幾乎是死到臨頭的柴榮竟然親自上陣，及時挽救了行將山崩的周軍。

南風越颳越大，狂風夾雜著塵土碎石，北漢軍被風石打得睜不開眼。劉崇這才後悔沒聽王得中的建議，可再想撤退時，周軍豈能讓你來去自如？北漢大將張元徽在與軍作戰時，戰馬突然撲倒在地，周軍不和他客氣，亂刀剁成肉泥。

張元徽是北漢的標誌性大將，他的死給北漢軍本就不強的士氣造成了極大的心理打擊。周軍則趁熱打鐵，一舉擊潰北漢軍。

「（周）戰士皆奮命爭先，賊（北漢）軍大敗。」

其實北漢軍還有一路援軍，就是坐鎮西路的楊袞數萬契丹騎兵。現在周軍已經殺紅了眼，楊袞當然不會陪劉崇下葬，直接拐了馬頭，溜之大吉。

契丹人見死不救，劉崇氣得渾身顫抖。老皇帝手舉紅旗，四處收攏敗兵，可北漢兵像鴨子一樣到處被周軍追殺，誰還顧得上那個老頭子。劉崇沒辦法，只好帶著好容易收回來的一萬多敗兵，「阻澗而陣」，利用險要地勢企圖死守，但卻把自己置於死地。

當天傍晚，周河陽節度使劉詞帶來的援軍趕到巴公原，稍事休整後，與周軍主力在第二天向劉崇殘部發起總攻。一萬多北漢軍擠在狹小的山澗谷地裡，活動空間有限，幾乎是等著周軍屠殺，那柴榮就不會客氣了。

這是一場毫無懸念的戰役。「北漢兵又敗」。劉崇像驚弓之鳥一樣狼狽逃出山澗，卻丟下了無數弟兄們的屍體，大量軍資器械及牛馬驢豬，「僵屍棄甲填滿山谷。所獲輜重、兵器、駝馬、偽乘輿器服等不可勝紀。」周軍大獲全勝，只是跑了劉崇。

劉皇帝此時已經換上粗布衣服，戴上斗笠，扮成百姓，騎著契丹皇帝送給他的黃騮馬，帶著一百多親衛騎兵，連夜逃回太原。但由於天太黑，結果迷了路。劉崇讓當地村民給他帶路，結果村民帶錯了路，帶著劉崇朝西邊的晉州方向逃竄。跑了一百多里路，劉崇才發現方向不對，殺了村民，改道向北，勉強才逃回太原城。大難不死的劉崇為了感謝這位救他一命的馬大爺，封黃騮馬為「自在將軍」，享受三品俸祿。劉崇想不到為北漢存亡立功的竟然是一匹馬，歷史實在過於諷刺。

「乳臭未乾」的柴榮贏得了這場高平之戰的最終勝利。《舊五代史》的史官們對他們曾經侍奉過的皇帝給予了極高的評價：「是日，危急之勢頃刻莫保，賴帝英武果敢，親臨寇敵，不然則社稷幾若綴旒矣。」一個「賴」字，說明這次震驚天下的高平之戰，首功是柴榮，而不是其他什麼人。

高平之戰，如同一聲驚雷，震醒了在黑暗中沉睡近百年的歷史。世人這才知道郭威有個養子叫郭榮，在高平大戰教訓了不可一世的北漢老皇帝劉崇，一戰成名天下知。

其實這場高平之戰，更大的意義並不僅是柴榮打出了自己的威名，而是徹底擊碎了北漢政權南下吞併中原的野心。終北漢存在之世，北漢再也不敢主動發動對中原政權的戰爭，不過困獸死守而已。柴榮打怕了當時天下戰鬥力最為頑強凶悍的北漢人，可以無北顧之憂地開啟帶有柴榮標籤的轟轟烈烈的統一戰爭。歐陽修雖然有時會胡言亂語，但他也不得不承認高平之戰對於統一的重要性——「世宗取淮南，定三關，威武之振自高平始。」

在取得高平之戰的勝利後，柴榮有些被勝利沖暈頭腦，決定畢其功於一役，準備趁熱打鐵，進圍太原，一舉消滅劉崇。雖然將領們都反對這次冒險之旅，但柴榮有些無賴似的要求將領們必須執行他的命令。

柴榮大勝高平之後立刻向北進軍，實際犯了兵家最忌的疲勞行軍，等到各路周軍雲集太原城下，勝利之師已成疲憊之師。雖然周軍各部陸續攻克北漢州郡，但太原城始終拿不下來，劉崇希望自己至少能守住太原，將來再逆轉翻盤。

劉崇的夢想最終還是實現了，周軍被迫灰溜溜的離開河東。具體原因，大致有以下幾點：一，周軍是上承梁唐晉漢的舊式軍隊，弟兄們偷奸耍猾已成習慣，到了太原城下，兵爺們開始四處抄掠百姓，徹底得罪了河東百姓，周軍糧食接濟成了問題。

二，數十萬周軍在太原城下遊手好閒，幾乎成了官方土匪。好在柴榮及時做出了調整，下詔安慰河東百姓，放寬河東百姓的交稅期限，並嚴禁周軍搶劫，河東民心稍稍安定。不過河東本就地瘠民貧，即使所有河東百姓傾囊相助，周軍也得之甚微。

三，契丹人不會允許北漢滅亡，出兵在代州一帶襲擾周軍，並成功的擊殺了周朝大將史彥超，周軍為之奪氣。

四，天公不作美，連旬大雨，周軍泡在雨中，並且發生大規模疫情，軍情不穩。

綜合各種考慮，柴榮不得不咬牙暫時中斷自己的夢想，於六月二日下詔撤軍。柴榮率周軍倉皇撤退，之前攻克北漢各州郡的周朝官員也不得不狼狽撤出，一場本可以名垂青史的大戰，就這樣稀裡糊塗的泡湯了。

不過，柴榮第一次北伐滅漢沒有成功，並不影響高平之戰巨大的歷史意義。圍攻太原，本就是柴榮一時心血來潮之舉，

柴榮不是聖人，從來都不是。

英雄敵不過天意——漫談周世宗柴榮之戰壽州

眾所周知，西元九七五年，北宋太祖趙匡胤在篡位後的第十六個年頭，終於一鼓作氣，消滅了割據江南近百年的（楊吳）南唐政權，天下大勢已定。其實要說對宋滅南唐貢獻最大的，並不是趙匡胤本人，而是趙匡胤的舊主周世宗柴榮。不是柴榮幾乎傾全國之力，用了三年時間，拼掉了南唐最精銳主力，趙匡胤是不會輕鬆拿下李煜的。

不過柴榮三打南唐並不是一場戰役，而是歷時三年多，戰線長達一千多公里的漫長戰爭，周朝與南唐的攻守戰和，刀兵與外交，情況非常複雜。因為篇幅有限，所以只節選柴榮在三打淮南過程最為精彩的一幕——戰壽州，兩個偉大男人之間一場震撼歷史的對決，柴榮決戰劉仁贍。

周朝攻南唐，起源於時任周朝比部郎中王朴那篇著名的《平邊策》，而這篇《平邊策》也是柴榮給大臣們布置的作業中最精彩的一篇。王朴的《平邊策》很長，但取其精華，大意是「先易後難」，先取後蜀，再攻南唐（除了最硬的那根骨頭北漢和契丹）。不過柴榮並沒有完全按照王朴的計畫走，後期改成「先難後易」，王朴的「先易後難」則被趙匡胤和趙普全文抄襲過去。

當時除了周朝之外，無論是從疆域、人口、經濟實力、兵力，天下第一強國非南唐莫屬。「其地東暨衢、婺，南及五嶺，西至湖湘，北據長淮，凡三十餘州，廣袤數千里，盡為其所有，近代僭竊之地，最為強盛。」南唐是唯一可以與周朝爭雄天下的大國。

周顯德二年（九五五年）十一月初一，大周皇帝柴榮正式頒詔天下，討伐不庭，詔書寫得洋洋灑灑，氣勢雄大。柴榮向來喜歡親征，這次征南唐也不例外。這次南征，幾乎派去了帝國最精銳的部隊和戰將，先鋒是宰相李穀，忠武軍節度使王彥超為副，侍衛馬軍都指揮使韓令坤以下十二將，各率本部兵隨李穀出征。

周朝與南唐有著長達一千多公里的邊界線，基本以淮河分界，而南唐淮河防線的頭號重鎮就是壽州（安徽壽縣）。只要拿下壽州，周軍就能佔據淮南之戰的主動權，雖然柴榮也知道坐鎮壽州的是南唐頭號名將劉仁贍。

此時是冬季，淮河水淺，再加上南唐皇帝李璟突然撤掉守衛淮河的「把淺軍」，周軍先鋒部隊利用這一有利時機，迅速在淮河上搭建浮橋，從正陽（壽縣西南）方向在無敵軍防守的情況下順利渡過淮河，進入淮南腹地，並在壽州城下兩次打敗南唐偏軍。

而顯德三年（九五六年）正月初八，柴榮率周軍主力部隊離開汴梁浩蕩南下，邁出了征服天下的第一步。

而周軍大舉南下，震動了整個文恬武嬉已久的南唐官場。李璟雖然昏庸疏狂，但也知道壽州的戰略地位，李璟很快派神武統軍劉彥貞率三萬人北上救援壽州。劉彥貞是個大貪官，賺錢本事一流，根本不會打仗。不過剛開始的時候，劉彥貞下令打造了數百條大船，準備衝擊周軍浮橋，對李穀造成了很大的震懾。李穀連夜帶周軍先頭部隊扔下浮橋，撤回淮河北岸，俟機再南渡作戰。柴榮本人非常反對北撤，因為等到淮河水位暴漲，到時周軍就很難再過淮河。柴榮讓李重進火速前往正陽，不惜一切代價也要保住淮河浮橋。

李重進南下，劉彥貞北上，兩軍在正陽附近相遇。本來劉彥貞率軍抵達壽陽時，劉仁贍曾勸劉彥貞先休整部隊，畢竟「強弩之末不能穿於魯縞」，但劉彥貞立功心切，不聽，率餓得兩眼直冒金星的南唐軍北上。

劉彥貞的作戰方式非常奇特，南唐的一萬多匹戰馬都用鐵鍊拴住馬腿，組成一個同進同退的大陣，號稱「揵馬脾」。同時派人在陣前放置很多皮袋子，裡面裝滿鐵蒺藜。更讓李重進看不懂的，是劉彥貞用木塊刻成老虎獅子，在陣前晃來晃去。李重進沒興趣陪劉彥貞耍寶，一聲令下，吃飽喝足的周軍將餓得找不著北的周軍打得更找不著北。是役，周軍「斬首萬餘級，追奔二十餘里，殺大將劉彥貞，擒裨將盛師朗數十人，降三千人，獲戈甲三十萬」，只有少數殘兵逃回壽州。

這場正陽之戰在整個周唐淮南作戰史上的地位非常重要，劉彥貞的敗死，直接敲響了南唐政權的喪鐘，嚴重打擊了南唐人抵抗周軍的決心，所以陸游評價說：「唐喪地千里，國幾亡，其敗自彥貞始。」但更嚴重的問題是，劉彥貞所部被殲，導致孤城壽州直接暴露在周軍強大的攻擊面前，而劉仁贍似乎也隱隱感覺到了一絲不祥。

來介紹一下另一位主角劉仁贍。

劉仁贍，字守惠，歐陽修認為他是徐州人，陸游則說他是淮陰人。劉仁贍父親名叫劉金，曾任楊吳濠州團練使，他的哥哥劉仁規還是吳王楊行密的女婿。

劉仁贍「略通儒術，好兵書，有名於國中」。南唐開國烈祖李昪非常欣賞劉仁贍，封為武昌節度使。後來李璟滅楚，劉仁贍率武昌水軍進取岳陽，一路秋毫無犯，大得楚人之心。《江南野史》評價劉仁贍：「性淳謹，器度偉重，喜怒不形於色。總令兵士嚴而不殘，有良將之才。出典郡符，鄆治無滯，有政績能名，軍民樂其仁信。」

有這樣的名將坐鎮淮南頭號重鎮壽州，李璟非常放心，而就在劉仁贍上任後的同年，柴榮就殺了過來……

劉仁贍深知柴榮的厲害，早在周軍南下之前，他就曾經勸李璟不要撤掉「把淺軍」，但李璟不聽，結果周軍輕鬆進入淮南，終成大患。而劉彥貞不聽劉仁贍的正確判斷自去送死後，劉仁贍就知道劉彥貞必敗，柴榮必來，所以劉仁贍加緊城防，準備與柴榮一決生死。

劉仁贍終於在壽州城頭上，隔著茫茫淮河，遙遙望見了生活在傳說中的柴榮，柴榮率周軍主力駐於淝水北岸，這一天是周顯德二年（九五五年）正月二十二日。

柴榮做事向來雷厲風行，四天後，周軍利用之前李穀搭建的浮橋，迅速渡過淮南，在壽州城下向困守的劉仁贍炫耀著自己的肌肉。

柴榮知道劉仁贍是根硬骨頭，勸降是不可能的，只有用實力解決問題。二十三日，柴榮一劍直指，各地被徵調來的數十萬民工，與周朝正規軍一起向壽州城發起了如潮般的進攻。

這是五代史上罕見的城防大戰。

無數艘戰船遊弋在淮河中，船上都裝著一種先進的遠距離投射武器——石砲。所謂石砲，簡單來說就是彈弓的放大版，把大石頭放在巨型弩機的發射口，然後用力射向遙遠的城池。目標是砸壞壽州城牆，有利於周朝的地面部隊攻克城池。

同時，柴榮又「束巨竹數十萬竿，上施版屋，號為『竹龍』，載甲士以攻之，又決其水砦入於淝河。攻之百端」。

可惜，守城的是劉仁贍，一位不世出的名將，柴榮迅速拿下壽州城的計畫落空了。這場戰役一直打了四個月，柴榮「駐蹕於其壘北，數道齊攻，填塹陷壁，晝夜不息，如是者累月」，但壽州城依然堅如磐石，大唐王朝的旗幟迎風不倒。

數十萬大軍拿不下一個壽州城，大周皇帝怒了，他要親自上陣找劉仁贍決戰。

北宋人龍袞在《江南野史》第五卷記載了這個極為傳奇的決鬥故事。

與其說柴榮是找劉仁贍決戰，不如說柴榮是去送死。

其實自攻城以來，柴榮一直在城下督戰，只不過劉仁贍沒發現而已。但有一次，劉仁贍發現城下有一個周軍大人物坐在胡床上，指揮周軍進攻。劉仁贍不認識這人是誰，但從周軍對此人的恭敬態度，以及裝束來看，此人必是傘販子柴榮！

劉仁贍抑制心中的狂喜，柴榮近在眼前，只要一箭射死敵酋，周軍必退。

劉仁贍射術極好，「猿臂善射，發無不中」，射死柴榮不成問題。在柴榮身邊的侍衛還沒有反應過來的時候，一支利箭就穿透了時空，直射柴榮。不過因為距離有些遠，這支箭落在了柴榮所踞胡床的不遠處。

柴榮看到了這支箭，只是冷笑。

而周朝大臣們則嚇出了一身冷汗，勸柴榮立刻後撤，不要成為劉仁贍的箭靶子。柴榮望了一眼風雲無恙的壽州城，冷笑道：「一箭射殺一天子，天下寧復有天子乎！」

這就是柴榮對劉仁贍的回答。也只有柴榮，才能做出這樣霸氣的回答。柴榮平生最不信邪，你越逞強，我越不怕你！劉仁贍我也不鳥你！

柴榮讓侍衛把胡床往前搬，理由是近些，劉仁贍的箭可以夠得著。弟兄們都嚇壞了，但柴榮不再理睬他們，只是微笑著遙望著城頭上的劉仁贍。

劉仁贍不客氣，你自己尋死，我自然要成全你。劉仁贍再次搭箭，滿月流星，一箭直射柴榮，但箭依然在胡床前幾公尺落下塵埃。

柴榮笑了。劉仁贍則仰天長歎：此天意，吾不勝天。一把把弓扔在地上。

龍袞這樣稱讚柴榮這次不可思議的霸氣，「以周世宗之神武確斷，當矢石而不懼。予觀自古帝王之達者一人而已。」

而龍袞是北宋人。

柴榮無恙，而劉仁贍也知道自己失去了最後一次自救的機會。其實只要劉仁贍向柴榮屈膝，以柴榮對劉仁贍的欣賞，劉仁贍可以得到任何他想到的東西。但劉仁贍食李氏之祿，是絕不可能投降的。劉仁贍告訴部下，我今日有死而已，斷不做屈膝將軍。因為劉仁贍待部下如兄弟，所以劉仁贍選擇殺身成仁，弟兄們也沒二話，守城意志更加堅定，周軍無論如何撲咬，始終拿壽州城毫無辦法。

數十萬周軍屯於壽州城下，實際上是對南唐非常有利的，至少淮南其他州郡可保無恙，柴榮豈能容此！既然劉仁贍這顆硬核桃暫時啃不動，那就先去捏軟柿子。圍點打援，在機動戰中消滅南唐精銳部隊，最後再攻壽州。周軍在異國作戰，沒有守土之責，機動性非常強，可以在部分作戰區域形成多數對少數，若稍有不利，便進行戰略收縮，但南唐軍需要守土，靈活性遠不如周軍。

柴榮盯上了南唐國都金陵的江北門戶——滁州。替柴榮攻取滁州的，是柴榮非常欣賞和喜愛的大將趙匡胤。趙匡胤雖然篡位備受歷史爭議，但趙匡胤的作戰能力是勿庸置疑的。趙匡胤在渦口

（安徽懷遠附近）大破南唐兵馬都監何延錫，殺萬餘人，同時活捉了劉仁贍的侄子、天忠指揮使劉崇浦。本來要北上救援壽州的南唐軍皇甫暉部與姚鳳部被趙匡胤打怕了，退守清流關，不敢北上。

趙匡胤急需打出名氣，作戰欲望非常強烈。趙匡胤隨後在滁州北的清流水前生擒皇甫暉和姚鳳，輕鬆拿下滁州。

滁州的丟失，導致金陵在江北無險可守，迫使李璟把重兵布置在金陵附近，這樣就減輕了圍困壽州的周軍所面臨的軍事壓力。而李璟迫於湖南戰事的壓力，以及東南鄰居吳越又在柴榮的調令下出兵，李璟承受不住巨大的壓力，派人來找柴榮求和。條件是奉柴榮為兄，向周朝獻歲幣。

這樣的條件不可能打動柴榮，柴榮不是奔著這點銀子來的，他要的是整個天下，所以斷然拒絕了李璟的求和。周軍弟兄們也確實給柴榮掙面子，隨後不久，侍衛馬軍都指揮使韓令坤就攻克南唐江北頭號重鎮揚州，隨後又克泰州，給金陵城製造了空前的生存壓力。周軍其他各部也都沒有閒著，光州（河南潢川）、舒州（安徽潛山）、蘄州（湖北蘄春）先後被周軍拿下。

此時的李璟還在幻想求和，提高了和談條件，願做周朝外藩，每年歲貢百萬，割壽濠泗楚光海六州。柴榮相信不久後就可以拿下整個淮南，他根本沒興趣和李璟和談，我能打得過你，為什麼要和你和談？

既然柴榮不給面子，李璟也怒了，血性上來，這位天才的藝術家決定和柴榮死戰到底。李璟在打退了吳越兵之後，派四弟、齊王李景達率重兵北上救援壽州。李景達是個飯桶，根本不懂軍事，而奉命監視李景達的監軍陳覺更是南唐著名奸臣，有這樣的組合，豈能是柴榮的對手。甚至柴榮都沒有親自出手，替他出面的還是趙匡胤。

「居數日，唐出兵趣六合，太祖皇帝奮擊，大破之，殺獲近五千人，餘眾尚萬，走渡江，爭舟溺死者甚眾，於是唐之精卒盡矣。」六合之戰，幾乎嚇破了李璟的膽，但卻依舊沒有動搖壽州城中孤臣劉仁贍殺身成仁的決心，柴榮對此極為不解，卻又無比敬重這位南唐孤臣。

劉仁贍已成城中困獸，卻依然有能力出城襲擊周軍，更讓柴榮非常難堪。「壽州賊軍犯我南洞子，王師死得數百人。先是，帝（柴榮）命繼勳領兵於壽州之南構洞屋，以攻其城。至是，繼勳以怠於守禦，為其所敗，我之洞屋悉為賊所焚。」再加上天降連旬大雨，糧草運輸跟不上，周軍士氣被消磨殆盡，軍事管理一片混亂，逃亡事件不斷發生。因為柴榮的大符皇后得病，柴榮必須回汴梁一趟，但李重進等人繼續守在壽州城下，陪劉仁贍折騰到底。

壽州城始終拿不下來，周軍在沿江招討使向訓的安排下，所有在淮南的主力悉數撤出所在城池，全部集中於壽州。只要拿下壽州，一則能沉重打擊南唐士氣，二則再戰淮南無後顧之憂，這也是柴榮同意的。

這招對劉仁贍來說幾乎是滅頂之災，「由是周兵皆聚於正陽，而壽州之圍，遂不可解。終失淮南。」而李璟則在壓力非常大的情況下又調集五萬大軍，再次援救劉仁贍。

這支南唐部隊行軍迅速，很快就抵達了壽州城外的紫金山下。李璟與劉仁贍都知道，這將是他們人生中的最後一次救贖，一旦再敗，一切都再挽回之機。

很遺憾，雖然柴榮不在現場，但周軍主將各個都是虎狼之輩，向訓、張永德、李重進，都是人中龍鳳，顯然不是南唐那夥飯桶可以相比的，雖然南唐軍中也有林仁肇這樣的名將。

此時，柴榮已經返回前線，並帶著了數千人的水軍部隊，極大地豐富了周軍的作戰選擇。顯德四年（九五七年）三月初二，柴榮率大軍渡過淮河，與向訓等人會合，準備與南唐軍的決戰。

南唐軍現在最需要做的，就是保障壽州城的吃飯問題。南唐軍修建了甬道，準備通過甬道向城中送糧。但就在甬道即將挖到城中時被周軍發現，李重進自然不能讓他們得逞，大刀闊斧之後，南唐甬道被徹底破壞，還戰死了五千人。

即使如此，南唐軍依然保持著強大的戰鬥力，柴榮未必有把握一戰勝之。但沒想到南唐大監軍陳覺的奸臣病又犯了，猜忌大將朱元，暗中上書詆毀朱元，李璟決定拿掉朱元。朱元見李璟如此昏庸，一怒之下率隊投降了柴榮。朱元是南唐名將，他的倒戈，極大挫傷了南唐軍的鬥氣。柴榮趁熱打鐵，於三月初五的清晨，在紫金山下對南唐軍發起了總攻。

南唐軍已經鬥志渙散，周軍則士氣高昂，結果不問可知。南唐軍慘敗，死傷萬餘，剩下的四萬人沿著淮河南岸向東瘋跑。柴榮親自率軍狂追二百里，除了把一部分唐軍擠進河裡淹死，其他唐軍悉數投降。

紫金山之戰的結果，已經病入膏肓的劉仁贍看在眼裡，他沒有任何表情，他知道有陳覺帶隊，早晚會有這一天。

柴榮收拾了南唐援軍，接下來就可以直接與劉仁贍對話了。柴榮再派人入城告訴劉仁贍，勸劉仁贍「自擇禍福」，但劉仁贍態度明確——寧死不降。誰敢議降，斬！

劉仁贍的兒子劉崇諫不想陪老爹殉國，暗中出降周軍，結果被巡邏部隊抓到，送回劉仁贍面前。劉仁贍惱羞成怒，不顧將士們的哭勸，毅然將兒子斬首示眾，再敢降者，就是劉崇諫的下場！

劉仁贍大義滅親，深深感染了已經餓到虛脫的南唐將士，都是男人，橫豎是個死！

而柴榮此時又來勸劉仁贍投降。其實勸不勸，壽州城都已經指日可待。苦苦撐了一年多，饑餓、作戰以及斬子帶來的精神上的痛苦，劉仁贍再也站不起來了，臥床昏迷不醒。

城中唐軍知道打不下去了，在壽州監軍周廷構和營田副使孫羽的倡議下，城中高層以劉仁贍的名義給柴榮寫了降表，這一天是三月十九日。兩天後，柴榮以勝利者的身分在壽州城下接受南唐軍的投降。

柴榮終於近距離見到了讓他為之心折的那位南唐名將。奄奄一息的劉仁贍是被周廷構派人放在床上抬到柴榮面前的。柴榮對劉仁贍盡臣節非常感動，下詔褒獎劉仁贍，「劉仁贍盡忠所事，抗節無虧，前代名臣，幾人可比！予之南伐，得爾為多。」而就在當天，劉仁贍溘然長逝於他苦守一年多的壽州城。

滿城盡哀。李璟得到消息後，再也忍不住號啕痛哭，可這又有什麼用呢？壽州的丟失，導致淮南無險可守，即使唐軍依然可以與周軍大打出手，但在戰略上唐軍是非常被動的。柴榮帶著周朝軍界的精英們，幾乎是沿著淮河一路掃蕩，克濠州、攻楚州，殲滅南唐主力無數。而等到了顯德五年（九五八年）的時候，李璟實在撐不下去了。為了保住江南半壁，李璟只能向柴榮屈膝服軟。

李璟求和的條件不可謂不重：一，自去唐國號，改稱江南國主，向周朝稱臣。二，割讓淮南十四州入周。李璟為了討好柴榮，甚至不惜男人的尊嚴，稱比自己還小五歲的柴榮為「父」。

苦戰三年，柴榮終於得到了他想得到的：州十四、縣六十、戶口二十二萬六千五百七十四，人口百餘萬。

周朝拿下壽州，南唐事，已不可為矣！

英雄敵不過天意——漫談周世宗柴榮之軍事、政治、佛教改革篇

柴榮是一個偉大的政治家、偉大的軍事家，但人們並不太清楚的是，柴榮其實還是一個偉大的改革家。世人皆知趙匡胤篡位後對唐末五代以來的弊病進行了一定程度上的矯正，實際上趙匡胤是在柴榮改革的基礎上進行敲敲補補的，甚至可以說，在商鞅變法與王安石變法之間，完全可以加入開北宋興隆之局面的周世宗變法。

這是一場真正的觸及社會根底的整體性改革，影響所及，震古鑠金。而柴榮完成這一切，只用了區區五年半。

柴榮最先進行的改革領域，是事關帝國安危的軍隊。而這場深刻影響宋朝歷史的軍事改革，其發端就是高平之戰時，周右軍樊愛能、何徽臨陣脫逃，險置柴榮於死地。

高平之戰，柴榮在江湖上打出了自己的威名，但同時他發現了軍隊的積弊，特別是驕兵之弊。柴榮深知如果不改革軍隊，將來還會出現第二個樊、何，繼續把自己當大禮包送人。

趙匡胤「杯酒釋兵權」，解除了地方藩鎮的兵權，留芳千古。但實際上早在五代初年，有識之士就意識到地方兵權的下放是導致連年戰亂、兵大爺禍害民間的根本原因，廢除地方兵權並不是趙匡胤的天才發明。河東軍隊仗著有功於李克用，到處擾民，有人勸李克用整治軍隊，李克用歎道：

「此輩膽略過人，數十年從吾征伐，比年以來，國藏空竭，諸軍之家賣馬自給。今四方諸侯皆懸重賞以募勇士，吾若束之以法，急則棄吾，吾安能獨保此乎！俟時開運泰，吾固自能處置矣。」而趙匡胤之所以能輕鬆的「杯酒釋兵權」，其實就是趙匡胤處在了一個「時開運泰」的歷史時期而已。換言之，是柴榮創造了趙匡胤可以輕鬆享受的「時開運泰」。

柴榮種樹，趙匡胤乘涼。沒有柴榮種樹，趙匡胤只能曬太陽。

用文官取代武將管理地方州縣，也不是趙匡胤的天才發明，早在南漢高祖劉龑時代，劉龑就用用文官主政地方州縣。而宋朝著名的知州制度，就是「權知某軍州事」，早在南唐時就已經使用。南唐用文官代理節度使事，稱為「知節度使事」，後來衍變成「知軍州事」。解決地方兵權下放引發的驕兵問題，是一代代有識之士共同努力的結果，並非是一個人的功勞。

除了驕兵，當時軍界還有一個大問題，就是冗兵，即軍隊人數雖多，卻戰鬥力渙散。冗兵的原因是老兵不退役，而軍閥又不敢得罪這些人，只能任由他們賴在軍中混飯吃。驕兵、冗兵最擅長的不是打仗，而是臨敵賣主，石重貴就是這樣被他們廉價賣掉的，柴榮也險些被賣掉，所以史稱「每遇大敵，不走即降。其所以失國，亦多由此」。

軍隊已經到了不改革就會亡國滅種的地步，更何況柴榮志在統一天下，就必須打造一支鐵血部隊，所以軍隊改革勢在必行。

在高平之戰斬殺樊愛能、何徽等逃跑將校七十餘人後，柴榮在汴梁宮中與大臣們議事，就明確提到裁減冗兵。柴榮認為「凡兵務精不務多，今以農夫百未能養甲士一，奈何浚民之膏澤，養此無用之物乎！且健懦不分，眾何所勸！」

轟轟烈烈的軍隊改革就此拉開帷幕。首先，柴榮裁撤掉老弱殘兵，這些人除了吃空餉百無一用。然後招募強壯的農民進來頂替名額。在新兵入伍後，柴榮實行了「精銳者升之上軍，羸者斥去之」的競爭制度，誰有本事誰吃肉，沒本事的淘汰出局。只有競爭才會生產出優質產品，其實部隊也是一樣。

除了在部隊內部進行競爭，柴榮認為最重要的軍事改革，就是把募兵權牢牢控制在中央政府手中，絕不允許由地方政府募兵。同時，柴榮還制定了對宋朝歷史有直接影響的禁軍實衛京畿的制度，即把地方部隊上的精兵全部上調中央禁軍，實行「強幹弱枝」。在過去，中央軍和地方軍的戰鬥力相當，所以地方軍經常打敗中央軍，但自強禁軍而弱地方軍後，地方藩鎮再無力對抗中央政府，這就斬斷了藩鎮割據的基礎，為後來趙匡胤「杯酒釋兵權」打下良好的基礎。

「由是士卒精強，近代無比，征伐四方，所向皆捷，選練之力也。」這是司馬光在《資治通鑒》對柴榮進行軍事改革後的成果的經典評價。而《舊五代史・周世宗本紀》對柴榮整軍的記載更為精確，「帝自高平之役，睹諸軍未甚嚴整，遂有退卻，至是命今上一概簡閱，選武藝超絕者，署為殿前諸班，因是有散員、散指揮使、內殿直、散都頭、鐵騎、控鶴之號。覆命總戎者，自龍捷、虎捷以降，一一選之，老弱羸小者去之，諸軍士伍，無不精當。由是兵甲之盛，近代無比，且減冗食之費焉。」

宋人經常歌頌趙匡胤罷地方兵權，為安穩社會做了巨大貢獻，實際上這是柴榮的傑作。

從時間上看，柴榮在軍改之後，緊接著進行的是政改。在封建政治體制成熟運作的情況下，柴榮不可能進行觸及社會根本制度的政治體制改革，只是在這個基礎上有所增益。因為受篇幅限制，這裡只講柴榮對人才的重視。

特別五代亂世，一些奸猾官員把持朝政，真正的才學賢士上不來，最終損害的還是政權利益。柴榮求賢若渴，在顯德二年（九五五年）春，柴榮就下詔求賢。歷代帝王都會求賢，但有人只是在演戲，有人則是動真章，柴榮顯然是後者。與其說柴榮求賢，不如說是柴榮命令省府各司官員去尋賢，而且柴榮也直接告訴大員們：這是無法完成就必須受到懲罰的政治任務！

「應在朝文資官翰林學士兩省官內，有曾歷藩郡賓職州縣官者，宜令各舉堪為令錄者一人，務在強明清慎，公平勤恪。其中有已曾任令錄，亦許稱舉，並當擢用。不拘選限資敘，雖姻族近親，亦無妨嫌，只須舉狀內具言。除官之日，仍署舉主姓名。若在官貪濁不公，懦弱不理，或職務廢闕，或處斷乖違，並量事狀重輕，連坐舉主。」

大意是曾經在地方上任過職的中央文官們，每人至少推薦一位賢人，條件是「強明清慎，公平勤恪」，至於身世背景，不限，即使是近親也無妨。但如果這個人在當官之後，朝廷發現此人昏聵糊塗，甚至貪污腐敗時，那就嚴厲追求舉薦者的政治責任，謂之「連坐」。

除了逼官員們舉賢，柴榮還頒詔內外，各級官員以後都可以隨意上章，直接評論柴榮本人的為政得失，這也是政治任務！「應內外文武臣僚，今後或有所見所聞，並許上章論諫。若朕躬之有闕失，得以盡言；時政之有瑕疵，勿宜有隱。方求名實，豈尚虛華，苟或素不工文，但可直書其事。」沒有山海一般的胸量，是做不到這一點的。柴榮同時還要求官員們在外辦事時，體訪當地民情，回來後具本上奏，「臣僚有出使在外回者，苟或知黎庶之利病，聞官吏之優劣，當具敷奏，以廣聽聞。」這樣有助於柴榮更好的施政。

柴榮不是一個自負的君主，他從來不會說自己無所不能。柴榮為人謙遜謹慎，待人真誠，他深知自己的優點與缺點，每次施政都要認真聽取各方意見，權衡利弊，而不是頭腦一熱，自稱當代佛祖，亂開藥方。

說到佛祖，自然就會引入有關柴榮與宗教有關的著名事件。

佛教史上有一個著名典故，「三武一宗法難」，說是的中國歷史上有四位帝王曾經無情地打擊過佛教，三武是指北魏太武帝拓跋燾、周武帝宇文邕、唐武宗李炎，一宗指的就是周世宗柴榮。

三武反佛，主要是從政治角度考慮，這三位帝王都信奉道教，所以他們自然會排斥佛教。宇文邕和李炎行事還算溫和，只拆寺廟不殺人，而拓跋燾非常乾脆，把國內的和尚尼姑全都殺光了。

柴榮和佛教本無瓜葛，為什麼他突然會把「改革屠刀」伸向佛教，原因很複雜。綜合來說，佛教自東漢引入中國，在南北朝時就成了中國的主流宗教，進而利用自己的政治優勢四處撈錢，圈點耕地，禁錮勞力，甚至用銅器建造佛像，在一定程度上導致了政府財政的困難。在柴榮當政時，周帝國境內竟然存在著三萬三千零五十四座寺廟，後周有九十州，平均每州約有寺廟三百多。寺廟多，必須佔據大量耕地和大量勞力，而這些都是政府稅收的來源。更要命的是，寺廟佔有耕地和勞力，卻不用向政治交稅。柴榮當皇帝，那是要花錢的，沒錢誰跟你玩？錢都讓和尚們撈了去，不找和尚們要錢，讓柴榮喝西北風？史稱周朝「久不鑄錢」，根本原因還是缺少銅料。

顯德二年（九五五年）的五月，柴榮終於對佛教舉起了「屠刀」。

首先，柴榮消減了寺院的數量，只保留「敕額」的寺院，凡無「敕額」者皆取締。敕額即朝廷官方頒賜的寺院匾額，這是官方承認的合法寺院。「退寺還耕」，收回這些寺院所圈佔的耕地。不過柴榮取締了無敕額的寺廟，但還允許這些寺廟的僧尼繼續住在原寺廟裡，這一點非常的人性化，而不是一拆了之。經過整治後，周朝的寺院只剩下兩千六百九十四座，僧尼六萬一千兩百人。

其次，禁止有敕額的寺院在沒有得到官方許可下私度僧民，與政府搶社會勞力。與其同時，政府規定凡是想出家的年輕人，必須得到直系親屬同意其出家的書面證明。得到同意之後，必須接受嚴格的佛教理論考試。當時的規定，和尚「念得經文一百紙，或讀得經文五百紙」才能出家，尼姑必須「念得經文七十紙，或讀得經文三百紙者」，凡是沒有經過考試就出家的，政府一律不承認其僧尼地位。為防止有人混入寺院，政府在每座寺院都造花名冊，政府一本，祠部（屬禮部）留一本，每年四月都要進行檢查。冊上無名的僧尼，都要強行還俗。

再次，所有寺院在五十天期限內都必須交出政府不承認的銅鑄佛像器物，由政府鑄錢。當然這不是政府搶劫民間財富，而會用同等價值的物品交換，不會讓僧人吃虧。但如果不交者，五斤以上就要殺頭。

最後，政府還禁止了和尚尼姑們進行迷信的街頭表演，如「妄稱變現還魂坐化、聖水聖燈妖幻」，如「捨身、燒臂、煉指、釘截手足、帶鈴掛燈」，柴榮向來反感這些封建迷信，一律禁止，其實這也是愛護僧尼的表現。

柴榮對佛教進行改革後，寺院逐漸回歸其宗教性的本真，同時政府回收了大量土地、銅料和勞動力，在相當程度上增強了周朝的國力。

不過有些信奉佛教的大臣擔心柴榮對佛不敬，會遭到佛祖現報。柴榮對大臣們說了一段非常真摯感人的話：「卿等勿以毀佛興利，而有難色。夫佛聖人也。廣其善道，以化人心，心能奉道，佛則不遠。存其像也，非重佛之至也。行其道乃奉佛之深也。今興利所以濟人也。濟人即佛道也。況聞大聖舍頭目之喻。若朕身可濟民亦將不惜也。」

柴榮心中有佛，亦有百姓，而不像有些帝王，心中只有他自己。司馬光對柴榮的愛佛愛民善行大加稱讚：「若周世宗，可謂仁矣，不愛其身而愛民；若周世宗，可謂明矣，不以無益廢有益。」

雖然佛教界有些觀點認為柴榮不敬佛，所以最後遭到了報應，實際上不過是一些人對柴榮收回寺院特殊利益的不滿發洩，不足為信。否則，梁武帝蕭衍捨身為佛奴，對佛崇拜到了無以復加的程度，又怎麼會餓死於臺城？

因為周世宗「毀」佛在歷史上名聲太大，柴榮對佛教的禮敬反而不太為人所熟知。柴榮伐北漢時，就在在團柏谷的寺院裡拜謁了佛像，並賜主寺僧人紫衣。顯德元年（九五四年）九月，柴榮將潛龍宮改造成皇建禪院。齊州（山東濟南）僧人義楚向柴榮進獻了佛教書籍六帖三十卷。柴榮「覽而嘉之」，賞賜義楚，將書籍付藏於史館。顯德四年（九五七年）十月，柴榮給京城汴梁新建的四座寺院題寫匾額，賜名天清寺、顯靜寺、顯寧寺以及聖壽寺。顯德五年（九五八年）四月，柴榮從淮南前線回京，遊覽泗州普光王寺，賞賜給僧人帛絹。六月，柴榮從內府倉庫中拿出衣服六百件、四十萬錢，由僧人出面修建院。

世上豈有如此「毀」佛？

英雄敵不過天意
——漫談周世宗柴榮之土地、貨幣、工商業改革篇

唐末五代以來，天下戰亂不止，農業生產遭到了極大的破壞，土地荒蕪，同時大地主階級兼併土地，不向朝廷交稅，這兩點都導致政府財政收入的大量減少。先說第二點。

柴榮深知土地問題是政權的基石，土地問題不解決，帝國大廈沒有地基，隨時可能崩塌。因為五代十國的大地主多是軍閥、立軍功者，他們的態度直接影響到帝國安危，所以柴榮暫時沒有動他們的土地所有權，但還是想辦法從他們兜裡掏錢。柴榮的辦法是——取消所有權貴的免稅特權，不管你是誰，你只要佔有土地，就必須向朝廷納稅。柴榮在地方上派駐「苗使」，清查土地畝數，然後按畝收稅，甚至是至聖先師孔子所在的孔廟也要交稅，一個銅子也不能少！

「歷代以聖人之後，不預庸調，至周顯德中遣使均田，遂抑為編戶。」敢向孔子收稅，敢與暮氣沉沉的舊世界徹底決裂，柴榮前無古人。

顯德五年（九五八年）十月，柴榮派遣散騎常侍艾穎等三十四名「分行諸州，均定田租」。行前，柴榮把自己對土地的態度告訴艾穎等人，「夫國以民為本，本立則國家安。朕以近代已來，賦租不等，貧者抱虛而無告；富者廣植以不言。州縣以舊額為規，官吏以相承為准。須行均定，用致蘇舒。卿等宜正身蒞事，副朕茲意。仍與逐處長吏和順商榷。但務從長共集其事。無使朕之赤子枉

羅於峻法也。」

柴榮的態度再明確不過：絕不允許讓少數人犧牲多數人的利益享福，無論他們的口號多麼漂亮。在少數衣冠楚楚的達官權貴與衣衫襤褸的窮苦百姓間，柴榮毫不猶豫的站在窮人中間。

柴榮出身窮苦，他知道底層百姓生活不易。要安撫百姓其實對柴榮來說並不難，因為戰亂連年，導致大量土地荒廢，可以讓百姓種地。在柴榮的主導下，政府規定農民可以向政府申請耕種土地，稱為「請射」，政府在審查合格後，把土地使用權交給農民。

這些土地以前都是有主的，只是在戰亂中或死或逃，如果舊主回來要地怎麼辦？柴榮天才地想到了一個辦法。

顯德二年正月二十五日，柴榮下詔：「應逃戶莊田，並許人請射承佃，供納稅租：如三周年內本戶來歸者，其莊田不計荒熟，並交還一半；如五周年內歸業者，三分交還一分；如五周年外歸業者，其莊田除本戶墳塋外，不在交付之限。其近北地諸州，應有陷蕃人戶，自蕃界來歸業者：五周年內來者，三分交還二分；十周年內來者，交還一半；十五周年來者，三分交還一分；十五周年外來者，不在交還之限。」大意是舊主在三年內回來，則交還一半，餘者為請射者所有。五年之內回來，交還三分之一。如果五年內不回，則失去土地所有權，不過舊主的墳墓不在此例。而對於逃到境外的土地舊主，柴榮則把期限放寬至十五年內。

但這裡還有可能產生一個問題，誰敢保證申請耕地的人不是在冒充舊有逃戶？針對這個有可能出現的情況，柴榮特別規定，一旦有人冒充逃戶詐領耕地，舊主回來，則該人無條件喪失土地使用權，沒有年限限制。

更難能可貴的是，柴榮還考慮到老百姓文化水準較低，把詔書寫得天花亂墜，百姓未必看得懂，會讓一些官員鑽空子，進而影響到土地政策的施行。所以柴榮在詔書上用的都是極為淺顯的白話。南宋人洪邁稱讚柴榮此舉，「今觀周世宗顯德二年射佃逃田詔敕，其旨明白，人人可曉，非若今之令式文書盈幾閣，為猾吏舞文之具。」

農民有了耕地，就會生產出糧食，政府可以在夏天和秋天兩次收糧，稱為夏稅和秋稅。但有些官員經常在交稅期限沒到就上門收糧，百姓怨聲載道，柴榮在顯德三年的十月，下詔「今後夏稅以六月一日起徵，秋稅至十月一日起徵，永為定制」。而有時土地歉收，柴榮還會下詔減免稅糧。《冊府元龜》記載，柴榮在在位的五年半時間內，就先後推行十次稅收減免，平均半年一次，這是非常了不起的。

接下來簡單談談柴榮的貨幣改革。

因為戰亂原因，五代自周之前，已經很少燒爐鑄錢了。柴榮就說過：「近朝已來，久絕鑄造。」因為錢太少，所以市場上主要還是流通唐朝的錢幣，以開元通寶錢最為通行。柴榮深知沒有錢就沒有活路，為了帝國能活下去，柴榮寧背千古罵名，也要鑄錢。

顯德二年（九五五年）九月初一，柴榮正式頒布了《令毀銅器鑄錢敕》：「國家之利，泉貨為先。近朝已來，久絕鑄造。至於私下，不禁銷熔，歲月漸深，奸弊尤甚。今採銅興冶，立監鑄錢，冀便公私，宜行條制。起今後，除朝廷法物軍器官物及鏡，並寺觀內鐘磬鈸相輪火珠鈴鐸外，其餘銅器，一切禁斷。應兩京諸道州府銅象器物，諸色裝鉸所用銅，限敕到五十日內，並須毀廢送官。其私下所納到銅，據斤兩給付價錢。」

鑄錢，首先得有大量銅料。柴榮除了從寺院裡徵收銅佛像，還規定民間除了一些生活中必不可少的銅器，如銅盆之外，不允許私存銅器，所有銅器必須在五十天之內上交朝廷，由朝廷按照銅器價值合理補償，逾期不交者，自有國法伺候。

周朝的銅禁法比較嚴，私藏銅料一兩至一斤者，並知情者處罰兩年有期徒刑，轄區官員和鄰居領七十杖刑，舉報人賞銅錢十貫。如果私藏銅料愈一斤而不滿五斤，相關人員各徒三年，官員等打九十杖，舉報人得二十貫。如果超過五斤，私藏者斬，其他有罪人員杖一百，賞舉報人三十貫銅錢。

為了引誘老百姓上交銅器，柴榮採取了贖買政策，絕不會動用槍桿子去搶老百姓的財富。根據相關規定，百姓如果把私藏銅器主動上交，則每一斤熟銅，政府補貼一百五十文錢，每一斤生銅，補貼一百錢。

到了顯德四年，柴榮又推出收銅新政策。新政將原來的每斤二十兩制，下調為每斤十六兩，這樣有利於百姓創收，不至於因上交銅器而吃虧。

更讓人感動的是，柴榮知道百姓生活中不可能離開新的銅器，便設立了國家鑄銅廠，打造銅盆、銅鏡，然後在京城成立銅器市場，方便百姓購買。同時政府也允許百姓在銅器市場上批發銅器，然後到地方上販賣，賺取差價。

與此同時，柴榮也積極展開與國外的經濟貿易，用中原的絲綢換取高麗國的銅料，所獲甚豐，而在顯德六年，高麗王王昭就送給柴榮五萬斤銅。

手上有了銅料，柴榮就可以大規模燒爐鑄錢。政府有了錢，就可以穩定社會，穩定軍心人心，天下大定，柴榮積極的貨幣政策是立了大功的。

接下來再講一講柴榮有關工商業的改革。

有一個觀點深入人心，即中國歷史上工商業最為繁榮發達的時代是趙匡胤建立的宋朝。這點並不否認，但宋朝工商業的發展絕不是從天上掉下來的，而是上承唐末五代十國工商業爆炸式發展的基礎。換言之，無論誰在周朝之後建立新朝，工商業都會照常向前發展。

安史之亂以來，黃河流域飽受戰亂之害，土地、人口流失嚴重，遠不如江南地區受戰亂影響較小，工商業發展更為迅猛。五代初期因為財政緊張，政府有意搜刮天下。比如唐莊宗李存勗就任命大財迷孔謙為租庸使，在大小道路上設官方稅務機構，務必雁過拔毛，人過留錢，一隻螞蟻也不能放過！

柴榮繼位後，深知工商業之利弊，必須對此進行改革。柴榮非常反對官府在本屬於全民資產的公路交通設卡拔毛，他在顯德五年（九五八年）六月就下詔規定「應有商賈興販牛畜者，不計黃牛、水牛，凡經過處並不得抽稅」。過往牛隻向來是政府抽稅的大頭，柴榮取消了過牛稅，在很大程度上繁榮了商貿流通。如果牛商就地進行貿易，柴榮同時規定稅務機構每次只能向交易雙方徵收百分之二的利益，「如是貨賣處，祇仰據賣價每一千抽稅錢二十，不得別有邀難」，嚴厲禁止亂收費。牛隻不收稅，推而廣之，羊、驢、狗、雞、兔子也自然都取消了過路費。

除了過牛稅，柴榮還取消了酒禁與醋禁，允許百姓自由生產買賣酒醋。五代除後周外最為開明的朝代梁朝就曾允許百姓私下釀酒，「聽諸道州府百姓自造麴，官中不禁。」但到了後唐，雖然也不反對，但卻規定每畝必須交納所謂麴錢，與夏秋兩稅同時上交。柴榮對此非常不滿，顯德四年（九五七年），柴榮規定「罷先置賣麴都務，鄉村人戶今後並許自造米醋」。都說宋朝具有市場經濟雛形，實際上唐末五代哪個不也是市場經濟。

酒醋其實未必就是百姓生活中的必需品，但誰都不可能離開食鹽，所以鹽務改革是柴榮全面經濟改革中的重中之重。

歷代都對鹽實行官營官賣制度，嚴厲打擊私鹽販子。而到了五代後漢，制定了堪稱歷史上最為嚴厲殘酷的鹽法，即使只販一粒鹽，抓住也要砍頭，百姓對此意見非常大。郭威建政後，下調了販私鹽者處死的標準，即販五斤鹽以上者才殺頭。

當時的食鹽其實分為兩種，一種是鹽池產的鹽，稱為「顆鹽」或「監鹽」，一種是海鹽、井鹽或鹼水煮鹽，統稱為「末鹽」或「散鹽」。末鹽的重要性不如顆鹽重要，原因是海鹽距離內地路途遙遠，交通運費成本太高，而顆鹽生產就在河東的解州，運輸方便。

柴榮在剛繼位時，就規定距離海邊較遠的曹州、宋州以西十餘州棄末鹽而用顆鹽。柴榮這麼做主要還是考慮末鹽的運輸成本，畢竟初建國時國家財力不豐，當時柴榮還沒有收繳寺院及民間銅器並鑄錢。曹宋以西改用顆鹽也是無奈之舉，柴榮在改革時從來都會對改革利益受損者留活路，不像有些改革直接把人逼上絕路，還美其名要以大局為重。曹宋以東諸州還可以繼續買賣末鹽，不至於讓末鹽產戶活不下去。

除兩鹽之外，還有兩種鹽稅形式，即蠶頭鹽與察頭鹽，先說蠶頭鹽。蠶頭鹽是指政府把食鹽借給農民，然後等到每年蠶絲上市，農民把之前的鹽稅折成絲綢再還給官府，也就是說政府借鹽，收回的卻是絲綢。蠶頭鹽因為涉及國家經濟命脈，所以周朝官府對蠶頭鹽管控非常嚴，「諸州府人戶所請蠶鹽，不得於鄉村衷私貨賣，及信團頭、腳戶、縣司、請鹽節級、所由等克折糶賣，如有犯者，依諸色犯鹽例科斷。」換句話說，蠶頭鹽不能在市場上流通。但柴榮在蠶頭鹽的改革上做的有些冒進，他規定滄、棣、濱、淄、青五州農戶，無論年收入多寡，都要交相同數量的蠶頭鹽，即絹一匹。不過後來柴榮覺得一匹絹對收入高的農民太少，又把蠶頭鹽稅提高到兩匹，但卻沒有考慮收入小的農民負擔更重了。但相對於宋朝的蠶頭鹽制度，柴榮已經對得起農民了。宋朝拒絕把鹽借給老百姓，卻依然強行徵收蠶頭鹽，「自是諸州官不貯鹽，而百姓蠶鹽歲皆罷給，然使輸錢如故。」宋朝所謂的經濟繁榮，國庫充盈，大抵都是從老百姓口袋裡搶過來的。

還有就是察頭鹽。察頭鹽是指政府在每年秋播時把鹽賣給農民。不過察頭鹽價格較高，無論家庭收入多少，是否天災人禍，每戶都要收察頭鹽三千文錢。柴榮覺得這樣做極不合理，在顯德三年時，柴榮廢除了這一規定，改為每石鹽交一千五百文，極大的減輕了百姓負擔。

英雄敵不過天意——漫談周世宗柴榮之城建、治河篇

前面在《明君石敬瑭》中提到過，石敬瑭把國都從洛陽遷往汴梁，正式拉開了汴梁城做為中原政治中心長達二百年的序幕。但石敬瑭時期的汴梁城，非常的狹小擁擠，還不能算是國際一線大城市。而真正讓汴梁城飛上枝頭成為東方世界中心的，還是幾乎無所不能的柴榮。雖然宋朝歷代諸帝都曾經擴修過汴梁城，但他們只是修修補補，柴榮則真正奠定了北宋二百年繁榮汴梁城的基石。

柴榮認為他接手的汴梁城，「人物喧闐，閭巷隘狹，雨雪則有泥濘之患，風旱則多火燭之憂。每遇炎熱相蒸，易生疾沴。」城市狹小擁堵，一旦發生重大災情，後果是不可想像的。而為了避免天災，最有效的辦法就是擴建城市，把人口稀釋在巨大的地理空間中。

顯德二年（九五五年）四月十七日，柴榮對外頒布《京城別築羅城詔》，正式拉開了擴建汴梁城的大幕。這道詔書具體講述了擴建汴梁的原因，「東京華夷臻奏，水陸會通，時向隆平，日增繁盛，而都城因舊，制度未恢，諸衛軍營，或多窄隘，百司公署，無處興修。加以坊市之中，邸店有限，工商外至，億兆無窮，僦賃之資，添增不定，貧闕之戶，供辦實艱。而又屋宇交連，街衢湫隘，入夏有暑濕之苦，居常多煙火之憂。將便公私，須廣都邑。」

不過當時並沒有動土，原因有兩點，一是此時是農忙時節，柴榮不想耽誤農民務農，想等到農閒時再動土。二是城外還有很多百姓祖墳，需要給百姓時間遷墳，但條件是新墳要遷到新城以外七里。

特別是遷墳問題，曾經遭到了很大非議，有人認為柴榮太不近人情，甚至罵柴榮無道。柴榮知道後，對大臣們感慨說：「朕豈不知修城，死人、活人都要到影響，但爾等誰又能理解朕的苦衷？有些人罵朕，朕自當之，他日終為人利。」

顯德三年（九五六年）正月初四，農閒時節，柴榮一打南唐之前，正式下達了擴建令，「發開封府、曹、滑、鄭州之民十餘萬築大梁外城。」京城都巡檢韓通出任新城區建設總指揮，左龍武統軍薛可信、右衛上將軍史佺、右監門衛上將軍蓋萬、右羽林將軍康彥環分督四面。

十幾萬人的日夜辛勞沒有白費，一座雄偉的汴梁新城驕傲地佇立在黃河南岸的中原大地上。汴梁新城區的面積非常大，比舊城面積大了四倍，面積二十五平方公里，周長「新城周回四十八里二百三十三步」，即周長二十二公里，比舊城周長擴大了四倍。而且更為重要的是，這座新皇都不僅有著重要的政治意義，還有非比尋常的軍事意義。根據清朝人顧祖禹在《讀史方輿紀要》的記載，柴榮用虎牢關的土奠基汴梁新城，「堅密如鐵」，蒙金大戰中，蒙古大將速不台攻打汴梁，「用炮石晝夜擊之，不能壞，乃因外壕築城，圍百五十里，晝夜攻擊，竟不能拔按。」堅固的汴梁城，對後來北宋王朝的統治起到了非常大的作用，金人攻汴極為艱苦，這未始不是柴榮之功。而北宋之亡，是亡於北宋主趙佶的昏庸無道。

柴榮為後人留下了一座幾乎百年不用修繕的堅固城池，而下一次大規模擴建汴梁，則是北宋大中祥符九年（一〇一六年）。古代建築水準較低，而一座城市建築使用六十年沒有大修，說明柴榮主建的這座開封新城是一座負責任的良心工程。

一座新城是不是良心工程，一則看它的建築品質，二則看是否照顧到了普通百姓的利益。在第二點上，柴榮做得非常好，他從來沒有忘記百姓的利益。

在新城剛擴建時，柴榮就宣布除了官方徵用用來蓋房子的土地外，其他土地任由百姓們建房，政府絕不強拆。再者，新城只是面積擴大了，但城中的街道布局並沒有大的變動，依然狹窄短促，而且道路彎曲如盤羊小道，不利於百姓安居和交通出行。柴榮再出大手筆，把這些盤羊小道全部拆掉，改成寬闊的直道，分為二十五步、三十步、五十步三種標準的直道。街道擴寬了，但路兩邊卻光禿禿的，影響城市美觀。柴榮下令讓百姓在街道兩旁種樹植花，甚至還可以挖水井，搭涼棚，留作夏日避暑之用。

說到汴梁城擴建工程，就不能不提宋朝以汴梁為中心、繁榮至極的市民商業文化。很多觀點都認為宋朝是中國市民商業文化的起點，實際並非如此，早在唐朝安史之亂後，江南等經濟發達地區已經出現了市民商業文化。宋朝流行的酒肆文化，廟會遊街，在唐末五代就已流行，只不過發展到宋朝集大成而已，並非宋朝一代之功。甚至是宋朝酒樓流行的城面裝飾，其實都是上承後周時的商業發展。「如酒肆門首，排設杈子及梔子燈等，蓋因五代時郭高祖（郭威）遊幸汴京，茶樓酒肆俱如此裝飾，故今店家仿效成俗也。」

說完了城建，再來說說柴榮在治理水患上的突出成就。

而歷代治理河患，其實主要都是指治理黃河，黃河水患向來是困擾歷屆政府的大問題，柴榮也不例外。

黃河水患，主要是黃河中的積沙太多，從黃土高原東下時，捲雜著大量的泥沙，等到流經河南山東的平原地帶時，河床上的積沙越積越多，最終導致黃河水位上漲而決口。

隋唐五代時期是黃河水患的爆發期，特別是五代。隋唐五代黃河決口共四十三次，存在三十八年的隋朝決口四次，存在二八九年的唐朝決口二十一次，而存在僅僅五十三年的五代則決口十八次，平均三年決口一次，這個比例是非常恐怖的。而到了周朝顯德元年（九五四年）下半年，黃河在楊劉鎮（山東東阿以北六十里）至博州一百多里河段爆發規模空前的洪災。因為這裡是平原，黃河在楊劉決口，捲雜著泥沙沖襲千里平原，淹沒了齊棣淄鄆青等州，奪路東奔入海。這場洪災「溢壞民廬舍，佔民良田，殆不可勝計」。

剛剛繼位不久的柴榮在第一時間就派人去善後楊劉洪災，但效果均不太理想。柴榮向來重視百姓安危，他派宰相李穀去災區善後。李穀是一代橫平天下的名臣，但同時也是治河名吏，在李穀主持下，政府徵募了六萬民工，不分晝夜地固堤堵漏。用時一個月，不知道付出了多少辛勤的汗水，終於修固了黃河堤壩。

穩定黃河水患後，柴榮接下來要做的，就是對汴河動大手術。

其實汴河治理和修建汴梁新城是一個配套工程。柴榮擴建汴梁城的目的是要把汴梁打造成天下最大的商貿物流中心，而當時汴河久塞不通，不利於大型船隻來到汴梁進行貿易，所以欲擴建汴梁，必浚通汴河。

汴河就是那條由隋煬帝楊廣修建、溝通黃河與淮河的著名人工河流，起於黃河汴口，於泗州入淮河。汴河最大的意義就是商品流通，江南貨物通過汴河以最快的速度送到黃河流域的兩京長安與洛陽，保證了朝廷的正常運轉。但到了唐末大亂，淮南王楊行密為了阻止朱溫南下，刻意堵塞了汴河，結果汴河流域都成了泥沼地，「唐末楊氏據淮甸，自甬橋（安徽宿州埇橋）東南決汴，匯為汙澤。」

從唐末到周朝，歷經六十餘年，汴河淤泥越積越深，完全不利於航行。而且當時柴榮正三打南唐，如果從汴河運輸物資要比陸運更快，所以浚通汴河成了當時的重中之重。

顯德二年（九五五年）十月，柴榮命駐徐州的武寧節度使武行德發動當地民工，在汴河埇橋至泗上的舊河道上進行清淤。不過當時就有反對聲音，但柴榮堅持自己的判斷，他告訴反對者：給朕兩三年，朕讓你看到一條千帆競發的新汴河。

顯德五年（九五八年）三月，柴榮再次徵調民工浚通汴口。「導河流達於淮，於是江、淮舟楫始通。」從這一年開始，長江流域的大型船隻可以通過淮河轉入汴河直抵汴梁，真正實現了南北河道大動脈的暢通。後來柴榮又在汴梁城東郊修建了一條起於汴梁，終於蔡河的人工河道，徹底打通了河南地區的漕運通道。

浚通汴河的成效如何，一貫反柴榮的北宋享受型和尚文瑩在《玉壺清話》中有詳細記載，「周世宗顯德中，遣周景大浚汴口，又自鄭州導郭西濠達中牟。景心知汴口既浚，舟楫無壅，將有淮、浙巨賈貿糧斛賈，萬貨臨汴，無委泊之地，諷世宗，乞令許京城民環汴栽榆、柳，起臺榭，以為都會之壯。世宗許之。景率先應詔，踞汴流中要起巨樓十二間。方運斤，世宗輦輅過，因問之，知景所造，頗喜，賜酒犒其工，不悟其規利也。景後邀巨貨於樓，山積波委，歲入數萬計，今（北宋仁宗時期）樓尚存。」北宋時期的東京汴梁城之所以繁榮甲天下，根本原因就是柴榮擴建汴梁城以及浚通汴河，這份功勞是屬於柴榮的，北宋帝王只是坐收漁利。

河南地區的水運交通網建成之後，柴榮接下來要做的，就是打通河南與山東的水路運輸線，減輕兩地貿易往來的運輸成本。

顯德四年（九五七年）五月二十七日，柴榮做出了一個驚人的決定——「疏汴水一脈北入於五丈河。」其實就是挖一條人工運河，直達山東境內的黃河，而這條人工河，就是著名的五丈河。五丈河的開通，極大便利了山東與河南的貿易交往，「至是齊魯之舟楫亦達於京師矣。萬世之利，其斯之謂乎！」

至此，周朝境內的水路運輸網已經基本建成，但如果沒有與時俱進的航運新政，也會打擊商業領域的信心。所以柴榮在通河之後，緊接著就出臺了各項有利於航運的新政策。

從外地經河道運送物資抵達汴梁，不可避免的會出現物資漏損的情況，這在官方文件上稱為「斗耗」。五代後漢以前，歷代政府都允許「斗耗」的存在，但後漢為了摟錢，廢除了「斗耗」，規定一文錢的斗耗都不允許存在，從甲地運出多少，到了汴梁就必須是多少。否則則嚴厲處罰相關人員，以及強令甲地官府補償所謂的斗耗漏損，「亡身破家，不可勝計」。

柴榮非常反感後漢政權幾乎是毀滅性的經濟政策，他在顯德二年時與大臣們議事時就提到「斗耗」問題。「倉稟所納新物，尚破省耗，況水路所般，豈無損失，今後每石宜與耗一斗。」即地方上所運貨物中，每一石可以有一斗的損耗率。

與民無爭，柴榮說得出也做得到。

英雄敵不過天意
——漫談周世宗柴榮之刑法改革及文化改革篇

這一篇講的是柴榮的刑法改革。

五代的刑法體系，實際上是唐朝刑法體系的延承，而五代各朝都非常重視刑法體系建設。梁有《大梁新定格式律令》一百零三卷。後唐有《同光刑律統類》十三卷，後晉有《天福編敕》三十一卷。後漢沒有專門的刑法典，但後漢的刑法是五代最為嚴酷的，這也是後漢四年短促而亡的主要原因之一。郭威建周後，一改後漢殘酷舊習，推行寬仁之政，頒布了《大周續編敕》三卷十六條，附在了晉《天福編敕》之後。柴榮即位，主要精力都放在了南征北戰，直到顯德四年（九五七年），柴榮才開始動手對刑法進行改革。

柴榮特意研究了前朝的刑法條文，發現這些刑法條文過於繁雜，而且文義深奧，當時教育普及不廣，百姓們根本看不懂，這不利於司法普及，也利於「貪猾之徒」鑽法律空子。更為重要的是，當時五代用的刑法是一百多年前的唐《開成格》、《大中統類》以及前四朝的刑法，已經不適用於柴榮所處的時代。「有輕重未當，便於古而不便於今。矛盾相違，可於此而不可於彼。」

柴榮下詔，讓尚書省四品以上、中書省和門下省五品以上官員，以及御史台官員在尚書省參加司法改革的大討論。顯德五年（九五八年）七月，大臣們終於制定了一套完整的刑法系統，這就是歷史上著名的《大周刑統》。

《大周刑統》對宋朝的刑法制定產生了直接影響，趙匡胤篡位後編撰的《宋刑統》三十卷，其實不過是抄襲《大周刑統》而已，並沒有什麼新意。

可惜的是，堪稱唐五代宋法制史上大百科全書的《大周刑統》並沒有留傳下來，但在僥倖殘存的幾篇刑法條文中，依然可以看出周朝法律的先進與人性化。

比如周朝規定司法部門審訊犯人不得濫用刑訊。顯德五年（九五八年），柴榮下敕。「州縣自長官以下，因公事行責情杖，量情狀輕重，用不得過臀杖十五；因責情杖致死者，具事由聞奏。」誰打死了犯人，誰就要受到行政處罰。

周朝刑法最先進的一條，應該是歷史上幾乎沒有出現過的「盜竊類犯罪行為的三次改過制度」。所謂三次改過，就是政府給盜竊犯三次改過自新的機會，如果「諸盜經斷後仍更行盜，前後三犯，並曾經官司推問伏罪者，不問赦前後、贓少多，並決殺」。偷一次，坐牢悔過；偷兩次，坐牢悔過；偷三次，哪怕只偷一文錢，殺！柴榮的邏輯非常清楚：我給了你兩次改過自新的機會，你都置之不理，那麼朕不會再給你第三次機會。

柴榮對犯人非常嚴厲麼？其實不是，柴榮有一點其實做得非常好，那就是他非常尊重犯罪份子在監獄中的人權。甚至可以說，犯罪份子在周朝監獄中的生活是幸福的，某種程度上周朝罪犯的生活水準要強於被美化過度的宋朝百姓，至少他們不會餓肚子。

顯德二年（九五五年）四月二十五日，周朝政府對外頒布《供給無家罪人水米敕》，「應諸道見禁罪人，無家人供備吃食者，每人逐日破官米二升，不得信任獄子節級減稍罪人口食。仍令不住供給水漿，掃灑獄內，每五日一度洗刷枷杻。如有病疾者，晝時差人看承醫療。」

柴榮力推公文普及化，一千年後的人們也能輕鬆看懂其意。柴榮要求監獄必須保障家庭貧困的罪犯的飲食起居，每人每天至少要吃上官米二升，相當於現在的一．五公斤，還有乾淨的飲用水。如果確定罪犯家中無人，則供養待遇更高，達到每人每天三升米。如果罪犯得了病，監獄必須無償救治，不得推諉扯皮，一切費用均由政府開銷。

犯罪份子進了監獄「享福」，苦的卻是監獄管理人員。宋朝的牢頭們可以吃香喝辣，打死人如捏死一隻螞蟻，如神行太保戴宗，但周朝的牢頭們卻叫苦連天。他們不但無法享福，反而要把犯人當大爺伺候。根據周朝的監獄管理制度，牢頭們每天都要主動打掃獄舍，保持清潔衛生，防止疾病流行，甚至還要每隔五天給罪犯清理木枷一次。想當獄霸，在柴榮時代想都不用想，完全沒可能。

有時懷疑柴榮真是從現代文明社會穿越過去的，因為柴榮的很多司法措施甚至比現代司法制度還要先進，更人性化。

柴榮嚴厲打擊犯罪，其實他更看重預防犯罪，而要預防犯罪，必須打造全社會參與的群防群治體系。因為處在小農經濟社會，所以在農村打造天網體系迫在眉睫。顯德五年（九五八年）十一月二十三日，柴榮頒詔，規定「諸道州府，令團並鄉村。大率以百戶為一團，每團選三大戶為耆長。凡民家之有奸盜者，三大戶察之；民田之有耗登者，三大戶均之。仍每及三載即一如是」。大意是每一百戶居民成立一個「團」，每團選出三名在當地有名望的士紳做耆長，每三年一屆。政府不過問耆長的人選問題，由當地居民自行選舉。

這樣的舉動，一則涵蓋了現代民主自決制度；二則提倡群防群治，因為耆長的任務除了替政府收稅，還負責「察民家之有奸盜者」，各耆長之間互通有無，一旦發現問題，立刻起用聯保機制，保障了各轄區內的治安。

如此先進的司法制度出現在一千多年的封建時代幾乎是不可思議，但也是能夠理解的，畢竟這是柴榮做出來的決定，柴榮是罕見的天才，這一點是無可否定的。

利用最後一點篇幅，講一講柴榮有關文化建設上的貢獻。

有一種說法流行古今一千年，說五代十國的文化天空是黑色的，而宋朝的文化則空前繁榮燦爛。

宋朝的文化真的是空前繁榮嗎？繁榮則有之，空前則未必。首先，宋朝文化就不可能超越奠定中華民族文化思想體系的春秋戰國。再者，宋朝文化繁榮也不是宋朝一代之功，而是上承歷代文化發展之集大成，比如沒有唐詩，又何來宋詞？

而有些宋朝人為了提高本朝的文化貢獻，刻意抹黑五代十國的文化，把五代十國的文化貶得一文不值。比如那個反柴榮而吹捧宋朝的南宋人洪邁，他在《容齋隨筆》中就攻擊五代文化，「國初承五季亂離之後，所在書籍，印板至少，宜其焚蕩，了無孑遺」。但洪邁只顧過了嘴癮，卻無意中自己否定了自己的觀點，「太平興國中，編次《御覽》，引用一千六百九十種。」這近兩千種圖書是從哪裡來的？還不是五代十國的文化遺存？而就是一千六百九十種圖書，在號稱文化空前繁榮、承祚一六七年的北宋王朝又是什麼待遇呢？到了南宋初，這些圖書居然喪失了百分之七八十，這實在是個巨大的諷刺。洪邁不得不尷尬地承認「則是承平百七十年，翻不若極亂之世」。

好在還有些客觀對待歷史的宋人，他們從來不否認五化的文化建設，比如北宋初年，撰寫《唐文粹序》的姚鉉就說過：「況今歷代墳籍，略無亡逸。」而《唐文粹序》成於真宗大中祥符四年

（一〇一一年），可以這麼說，一千六百九十種圖書亡於「文化空前繁榮燦爛」的仁宗至徽宗，這不得不說又是一個巨大的歷史諷刺。

其實五代各朝對文化遺存的保護是非常有力的，即使是最為殘暴的後漢政權，也對貢獻圖書者「計其卷帙，賜之金帛，數多者授以官秩」。郭威登基後，在廣順三年（九五三年），命國子監祭酒田敏印刻儒家典籍共一百三十冊。而柴榮即位後，則發現官方保存圖書的數量非常少，他引為以憾，並在民間「銳意求訪」，只要有民間人士向官方贈送圖書，都會大加賞賜，「凡獻書者，悉加優賜，以誘致之。」

重賞之下必有勇夫，再加上皇帝銳意興文，也感動了大量民間藏書者，他們把自己深藏的圖書獻給官府。政府官藏的圖書數量激增，為了防止圖書在保存傳抄的過程中出現問題，柴榮專門調派三十名文化工作者，負責對民間進獻的圖書審稿校定。而為了讓這三十人不偷奸耍猾，柴榮規定這些人員在每篇文章的最後都要署上自己的職務姓名，一旦發現問題，立刻追究他們的失職。

宋初時人向來都承認柴榮之於文化建設的貢獻，比如柴榮曾經讓國子司業聶崇義編撰《三禮圖》三十卷，但等到趙匡胤篡位後的北宋建隆二年（九六一年），聶崇義才完全成工作，趙匡胤嘉獎聶崇義。當時人就將柴榮與趙匡胤一併吹捧，「周世宗暨今皇帝，恢堯、舜之典則，總夏、商之禮文」。

柴榮在位時間非常短促，但僅僅用了四五年時間，到了宋初，國家圖書館就藏有圖書一萬多冊，「宋建隆初，三館有書萬二千餘卷」。這是《文獻通考》的記載，《宋史》同樣記載「宋初，有書萬餘卷」。

這些貢獻，當然是柴榮，以及柴榮之前歷代文化建設的成就。宋朝文化成就突出，不代表以前的朝代什麼都沒做，這是不客觀的，更是不公平的。

英雄敵不過天意——漫談周世宗柴榮之北伐契丹

在五代北宋與契丹的交往史上，周世宗柴榮北伐是個繞不過去的話題。

五代、北宋共有三次針對契丹的大規模北伐，即周顯德六年（九五九年）的周世宗柴榮北伐，北宋太平興國四年（九七九年）、雍熙三年（九八六年）由宋太宗趙匡義主導的兩次北伐。趙匡義兩次北伐均遭空前慘敗，歷史早有定論，而柴榮北伐雖然奪下三關並震撼契丹人，但並沒有遇到契丹主力，再加上柴榮突然暴病撤軍，所以歷史上對柴榮北伐有非常大的爭議。

顯德六年（九五九年）三月初一，柴榮的左膀右臂王朴在外視察水利時突然去世，柴榮痛不欲生，以玉斧擊地，痛哭蒼天奈何奪我良臣。而十八天後，三月十九日，周世宗柴榮非常意外地向天下宣布，王師即將北伐契丹，目標是收回被石敬瑭廉價出賣的中原天險——燕雲十六州。

十六州收不回來，中原就無險可守，《契丹國志》稱「契丹之（於中原之）禍，始於石晉割幽、燕。天下視燕為北門，失幽、薊而天下常不安」。柴榮志在天下，又怎能容忍中原漢地論為契丹人的跑馬場？而且在柴榮的統一計畫中，也就是王朴的《平邊策》中，是包括收復十六州的。

而柴榮之所以選擇在這個時候北伐，原因有很多，比如南唐賓服，後蜀已被周軍打怕，南方底定。正如宋人所論：「近者，周世宗西取秦、鳳，南平淮甸，北收關南，三數年間，威震天下，契丹屏氣不敢南牧。」除此之外，還有一個重要原因，就是此時在位的契丹皇帝耶律璟，是遼朝著名昏君。

耶律璟是遼太宗耶律德光的兒子，遼應曆元年（九五一年）年繼位後，耶律璟終於可以為所欲為了，而耶律璟最大的愛好就是睡覺，「好遊戲，不親國事，每夜酣飲，達旦乃寐，日中方起，國人謂之睡王。」睡王當政，遼事可知。史稱耶律璟在位期間，「荒耽於酒，畋獵無厭。賞罰無章，朝政不視，而嗜殺不已。」遼人曾經批判過耶律璟，「穆宗（耶律璟）逞無厭之欲，不恤國事，天下愁怨。」曾經被契丹人劫掠北上的原後漢宰相李濤之弟李浣在給郭威的密信中也透露耶律璟「幼弱多寵，好擊鞠，大臣離貳。……今王驕恣，唯好擊鞠。耽於內寵，固無四方之志」。

正是考慮到這一點，柴榮才決定大舉北伐。雖然北伐有冒險的成份，畢竟契丹人整體實力還在，但至少耶律璟的在位可以減弱契丹人實力。此時不北伐，一旦契丹換了明主，北伐時機就將喪失，一如趙匡義遇到的就是遼朝明君耶律賢以及他的梟雄皇后蕭燕燕，結果碰得頭破血流。

歷代史評家對柴榮選擇此時北伐多無異議，畢竟南方大致平定，唐蜀皆畏大周，南漢劉晟甚至嚇得要派人來汴梁向周朝稱臣。近代史學家呂思勉先生在《中國通史》也是持這樣的觀點，「周世宗時，正是契丹中衰之會，此時（北宋時的契丹）卻又興盛了。遼唯穆宗最昏亂。九六九年，被弒，景宗立，即復安。」

而提到柴榮北伐契丹，就必須拿之後趙匡胤對契丹的態度做一做對比。

雖然趙匡胤武勇過人，但那是針對荊南、湖南、南唐、後蜀、南漢等風一吹就倒的孱弱諸侯，對於契丹，趙匡胤至始至終都採取守勢。昏庸至極的耶律璟與趙匡胤做了九年的鄰居，趙匡胤不但絲毫沒有進攻契丹之意，甚至還準備花五百萬貫錢和平贖買燕雲十六州。至於趙匡胤所謂「務保境息民，不欲生事夷狄」，實際上不過是託辭而已。

當然，真要打起來，以趙匡胤的能耐，當是不怕契丹人的，契丹人幾次南下侵宋，照樣被趙匡胤打得狼狽逃竄。問題其實還是出在宋朝「揚文抑武」的國策上，宋朝那位著名的胥吏名相趙普堅持反對武人上位，為了防範武人，寧可不要燕雲十六州。趙匡胤是有過北伐打算的，但趙普威脅趙匡胤「孰取幽燕，孰可代之？」趙匡胤知道自己的帝位是靠武力撿來的，一旦派大將收復幽燕，勢必要賦予大將兵權，而趙匡胤天天做夢都會夢到石守信、曹翰這幫武夫披上黃袍。

所以，寧可放棄十六州，讓十六州的漢人百姓淪為契丹人的奴隸，也絕不能威脅到自己白撿來的皇位，這是趙匡胤的底線。而趙匡胤與趙普那次著名的雪夜問對中，即對統一計畫的安排，則正式放棄了收復幽燕。趙匡胤對此有些不甘心，他知道不做點驚天動地的大事，他是比不過舊主柴榮的，但歷史並非沒有給趙匡胤機會，只是趙匡胤出於各種考慮沒有勇氣去嘗試。

趙匡胤因為畏懼契丹而不敢北伐，自然少不了一些觀點替趙匡胤的畏懼之舉做辯護，說什麼契丹兵力甲天下，和契丹人作戰等於送死。其實大量的五代史料早已將這種觀點駁得千瘡百孔。從李存勗佔據河東開始，中原政權就與契丹常年廝打，雖然各有勝負，但也不至於怕契丹人。

後唐天祐十四年（九一七年）殺契丹萬餘人，天祐十八年（九二一年）殺契丹兵數千，後唐天成三年（九二八年）殺契丹數千人，後晉開運元年（九四四年）在馬家口殺契丹數千人，同年混戰中，契丹人死傷慘重，以及著名的白團衛之戰將契丹人殺得鬼哭狼嚎，險些生擒耶律德光。至於契丹滅後晉，完全是杜重威、張彥澤這些民族敗類的鬧劇，並非契丹多麼厲害，這一點也是得到契丹人承認的。契丹人曾經告訴隨同石重貴北上的晉同州郃陽縣令胡嶠，「夷狄之人豈能勝中國？然晉所以敗者，主暗而臣不忠。」所以綜合來看，北伐契丹不是能不能的問題，而是敢不敢的問題。再加上幽燕漢人入遼不久，契丹人苦虐漢人，幽燕漢人心還向漢，這一點也是有利於柴榮北伐的。

當然，契丹人並非軟柿子，但正如錢穆先生在《國史大綱・貧窮的新中央》中所論，「周世宗用兵欲先取幽州，則吳蜀不足平。」契丹人是不好打，但至少柴榮還有一半的勝率，趙匡胤守死不戰，白白浪費了昏君耶律璟在位這個千古難逢的機會，「宋則以趙普謀，先南後北為持重。兵力已疲，而貽難艱於後人，則太祖（趙匡胤）之失也。」

至於柴榮為什麼放棄北漢而進攻北漢的乾爹契丹，這就更好解釋：北漢雖小而勢強，擅長攻堅戰，正如宋人秦觀所論：「劉氏雖據河東十州之地，與中國為境。然左有常山之險，右有大河之固，北有契丹之援，其人剽悍強忍，精勇高氣，樂鬥而輕死。雖號為小國，實堅敵也。」即使周軍使盡力氣滅掉北漢，也會元氣大傷，再進攻契丹時已是強弩之末，趙匡義就是這麼慘敗的。而如果打敗契丹，契丹元氣大傷，必不敢再下，北漢失去契丹支持，自然撐不了多久。

打「狗」，不如打「狗」的主人。

柴榮決定的事情，不會輕易改變。

周顯德六年（九五九年）的三月二十九日，周朝正式北伐契丹，收復燕雲十六州。柴榮親率大軍北上，開始了他人生中最後一次轟轟烈烈的戎馬生涯。

柴榮留下一些文官留守汴梁，如宣徽南院使吳承祚留守東京，三司使張美為大內都部署，總管皇宮事務，而武將中的精英基本都隨柴榮北上，大半年後突然撿到天大便宜的趙匡胤也以都步署的身分隨駕。

四月十六日，柴榮率大軍乘舟抵達滄州，而滄州以北數十里就是契丹地界。柴榮沒有留在滄州，當天就繼續北上。第二天，周軍就抵達契丹人控制的乾寧軍（河北青縣）城下。乾寧軍規模比較小，守城的契丹寧州刺史王洪見柴榮來勢洶洶，他根本沒有以卵擊石的必死勇氣，非常明智的開門投降。

乾寧軍以北，盤布著很多被契丹人控制的軍鎮城池，計有瓦橋關（河北雄縣西南）、益津關（河北霸州）、莫州（河北任丘）、瀛州（河北河間）、易州（河北易縣）、涿州（河北涿縣）。在這些軍州中，瀛州無疑是最大的城市，但瀛州城高糧足，非一朝一夕能攻下，柴榮不想把時間浪費在這上面，繞開瀛州繼續北上。在柴榮的軍事計畫中，他只準備打一場艱苦的城市攻堅戰，那就是強攻幽州，當時已是契丹的南京析津府。

在休整了五天之後，四月二十二日，柴榮把部隊分為水陸兩部，同時北上。陸路由韓通任都部署，水路由趙匡胤任都部署。而柴榮本人則高坐於龍頭大艦之上，其餘戰艦皆隨龍頭大艦之後，沿永濟渠浩蕩北上，「船隻頭尾相接長達數十里」。

兩天後，周軍艦隊衝到了乾寧軍以北一百二十里的獨流口，這裡是滹沱河和永濟渠的匯合處，獨流口以西分別是益津關、瓦橋關，偏北處是易州與涿州，偏南處是莫州與瀛州。益津關距離獨流口最近，所以柴榮首先要拿下益津關。

四月二十六日，周軍水師衝到益津關下，契丹守將終廷暉是個聰明人，打了等於送死，開門投降了事。

接下來要打的是瓦橋關，不過因為這裡水道狹窄，所以周軍棄舟船而從陸路上進取。二十七日，立功心切的柴榮親自率領五百名精銳的侍衛騎兵充當先鋒營，縱馬急行，卻在不經意間把主力部隊甩在身後。

而就是這時，柴榮面前突然出現一支人數不詳的契丹騎兵，這些契丹騎兵舉著火把，圍在柴榮身邊不遠處來回兜圈子，但沒有人敢上前吃掉這股漢人。因為契丹人可能知道了這支漢人騎兵的指揮者，就是那個威震天下、契丹人談之色變的郭家養子。《資治通鑒》記載：「從官皆恐懼。胡騎連群出其（**柴榮**）左右，不敢逼。」

契丹人最終還是灰溜溜地跑了，雖然他們人數遠多於周軍，但柴榮是個瘋子，沒有人敢招惹這個瘋子。

天亮之後，趙匡胤率領的周軍向瓦橋關發起進攻，輕鬆逼迫守關的契丹馬仔姚內贇投降，隨後，柴榮風一般的捲入瓦橋關。

周軍輕鬆拿下益津、瓦橋二關，等於賭死了契丹控制的莫州與瀛州與契丹本部的通道。在周軍強大的壓力下，四月二十九日，契丹莫州刺史劉楚信以城降周；五月初一，契丹瀛州高彥暉舉城投降。柴榮沒有和契丹人交手，就輕鬆得到了三州十七縣，這些地方在遼朝史書中被稱為「關南」，而柴榮拿下關南州縣，一直被契丹人視為奇恥大辱。

三關入周後，柴榮將益津關升格為霸州，割莫州文安縣、瀛州大城縣歸霸州。將瓦橋關升格為雄州，割涿州歸義縣、容城縣歸雄州。霸州和雄州就是現在河北省著名的霸縣和雄縣。

周朝拿下這兩座小關，戰略意義非常重大，二關是契丹拱衛南京析津府的南面門戶，益津關「倚神京（**明清時北京**）之重，控瀛海之阻，作固作屏，東西聯絡」，而瓦橋關「地控扼幽、薊」。

換言之，幽州就在柴榮眼前。

但是否立刻攻打幽州城，卻在五月二日舉行的最高軍事會議上引起爭議。柴榮自然主張強攻，而大多數將領則反對強攻，理由是「今虜騎皆聚幽州之北，未宜深入」。因為據說契丹主力騎兵部隊已經雲集幽州附近，一戰未必能下。不過柴榮既然來了，他不可能退縮，那不是柴榮的性格。眾將反對無效，柴榮還是下達了準備強攻幽州的命令。

周軍已經做好了充足的準備，甚至在拒馬河邊搭建浮橋，供大軍過河攻城。同時，先鋒都指揮使劉重進奉柴榮之命，攻下幽州城南一百二十里的固安。

也許是天意，在周軍即將發動對幽州的強攻時，柴榮卻突然病倒了，《舊五代史・周世宗紀六》記載，「是夜，帝不豫。」至於是什麼病，《歷代佛祖通載》幸災樂禍的說柴榮因為用斧子劈了鎮定大佛，所以「病背癰糜潰」，不過是既得利益者受到打擊之後的宣洩罷了。

皇帝生病，六軍無主，所以這場必將青史留名的戰役無法再打下去了，柴榮只能下令撤軍。五月三十日，柴榮率軍回到汴梁休養。

柴榮北伐，實際上並沒有與契丹人真正打起來，而這也是後世輕視柴榮北伐成就觀點的主要論據。這種觀點認為投降柴榮的都是契丹漢人將領，之後趙匡義北伐失敗，碰上的則是契丹最精銳的王牌部隊。換言之，如果柴榮遇上契丹主力，必敗無疑。

果真如此嗎？

契丹皇帝耶律璟真有要與柴榮漁死網破的鬥志？答案是否定的。史料明確記載，周軍北伐，耶律璟表現驚恐，「契丹聞其親征，君臣恐懼」，他根本沒有勇氣迎戰柴榮的挑戰。甚至是周軍取三關之後，耶律璟還說什麼「三關本漢地，今以還漢，何失之有？」雖然耶律璟大言要御駕親征，可那也是在柴榮退兵之後做出的政治姿態而已。

這只是耶律璟的表現，再來看幽州統帥蕭思溫的表現。蕭思溫在歷史上籍籍無名，但他的女兒卻盡人皆知，就是楊家將中那位不可一世大遼蕭太后。蕭思溫見周軍北上，嚇得「不知計所出」，束手無策。有些契丹將領願與周軍作戰，但蕭思溫不許。這是《遼史》上的記載，可信度極高。

蕭思溫嚇得六神無主，幽燕地區的普通契丹人更是被柴榮聲勢浩大的北伐嚇破了膽。根據《五代史補》記載，周軍剛進入幽州地界，「凡蕃部（契丹人）之在幽州者，亦連宵遁去。」不僅是契丹人，幽燕漢人也震驚於柴榮的膽量，「京畿人皆震駭，往往遁入西山。」

連人帶馬都嚇傻了，這樣的戰鬥力，只要柴榮強攻幽州，破城是十拿九穩的。

其次，周軍北上主要是走水路，體力消耗較小，周軍有足夠的體力完成對幽州的強攻。而二十年後趙匡義在高粱河慘敗，是因為宋軍剛苦戰消滅頑強的北漢，體力消耗嚴重，趙匡義強行命已無戰鬥意志的軍隊進攻幽州，被以逸待勞的契丹軍迎頭爆打，失敗是必然的。

事實上，北宋帝王也基本認為若周世宗不病，則必能攻克幽州。北宋景德四年（一〇〇七年）七月，趙恆對大臣們談到柴榮，為柴榮意外得病而可惜。「（柴榮）性雖嚴急，而智算雄武。當時親征，下瀛、莫，非遇疾班師，則克復幽薊矣。」更不用說宋神宗認為柴榮假以天年，必能成為漢高祖劉邦一類的千古大帝。

誠然，周軍北伐並沒有遇到契丹主力，但實際上周軍是與契丹人交過手的，而且還是周朝的地方軍。

五月初四，義武軍節度使孫行友率所部攻克契丹重鎮易州，生擒契丹的易州刺史李在欽。這是一場實實在在的攻堅戰，只不過這場戰役不太知名罷了。第二天，周先鋒指揮使張藏英在瓦橋關以北大破契丹騎兵，殺傷數百。再加上防守西路的李重進把企圖渾水摸魚的北漢軍打得找不到北，在井陘口斬首兩千級。以當時周軍的整體實力和旺盛鬥志，一旦與契丹主力決戰，勝算是極大的。

只可惜天不佑漢，夫復何言。

三百多年後，元朝人郝經寫過一首《白溝行》，以五代宋遼為背景，其中提到了柴榮北伐。

世宗恰得關南死，點檢陳橋作天子。漢兒不復見中原，當日禍基元在此。

英雄敵不過天意——漫談周世宗柴榮之總評英雄

當柴榮生病撤軍之時，他本人對自己早日康復是非常樂觀的，他還在打算等病癒之後再興師北伐，必使幽雲入漢家。

但讓柴榮沒有想到的是，上蒼再也不會給他機會繼續書寫偉大的征服史了。回到汴梁後，柴榮病情不斷加重，在自己沉重的哀歎聲中，柴榮痛苦的承認，留給自己的時間真的不多了。

周顯德六年（九五九年）六月十九日，柴榮病情嚴重惡化，在拼盡了最後一口氣，由七歲的兒子柴宗訓承接帝位，並安排范質、王溥、魏仁浦為顧命大臣，趙匡胤取代張永德出任殿前都點檢。柴榮有些懷疑張永德的忠誠度，但他相信趙匡胤一定會保護好自己的幾個幼子。但柴榮萬沒有想到，自己剛嚥氣，趙匡胤就要屠殺自己的幾個兒子。換成張永德，必不忍這麼做。

而正是由於柴榮對張永德的懷疑，直接改變了中國歷史近一千年來的格局，甚至也影響到了世界大歷史的格局。

同日，燈枯油盡的柴榮在東京萬壽殿離開了人世，時年三十九歲。

柴榮的死，不僅讓中原漢人在近四百年內再也沒有機會收復幽雲故地，而且直接便宜了他最信任的趙匡胤，讓趙匡胤幾乎不費吹灰之力白撿了一個帝國。

周顯德七年（九六〇年）正月初一，趙匡胤在策劃了半年之後，終於在陳橋驛宣布與曾經待他恩重如山、親若兄弟的柴榮徹底決裂，建立了宋朝。而如果不是柴榮並沒有厚待的大將潘仁美的苦苦相勸，柴榮幾個幼子已死在趙匡胤刀下。

屬於柴榮的英雄時代結束了，歷史翻開了新的一頁，但有關柴榮的話題，在宋朝存在的三百多年內並沒有中止。

有關柴榮最大的爭議，是柴榮殺人太多。有些宋人經常指責柴榮殘暴，比如大貪官李昌齡就指責柴榮「酷烈，果於殺戮」，可李昌齡是絕口不會提他所侍奉的趙匡胤殺人數量遠在柴榮之上。同樣殺人的趙匡胤成了仁君，柴榮倒成了暴君，原因只是趙匡胤厚待文人而已。雇主給了錢，哪還有不吹喇叭抬轎子的道理？至於百姓受苦受難，他們哪裡管得著！洪邁就說過周世宗殺人太多，是以國亡。別的且不論，漢武帝殺人無數，明成祖朱棣殺人以十萬計，滿洲入關屠殺千萬，結果都是國祚二百年，這又如何解釋？手無縛雞之力且未殺一人的南朝齊少帝蕭昭文、齊和帝蕭寶融、梁敬帝蕭方智、陳少帝陳伯宗，隋恭帝楊侑、唐哀帝李柷不照樣人頭落地？

不過，就整體來看，否定柴榮的只是極少數觀點，主流還是對柴榮持肯定態度的，包括佔了柴榮便宜的宋朝。

曾經做過柴榮臣子的薛居正等人，在《舊五代史‧周世宗紀論》中就高度評價柴榮，「及天命有屬，嗣守鴻業，不日破高平之陣，逾年復秦、鳳之封，江北、燕南，取之如拾芥，神武雄略，乃一代之英主也。加以留心政事，朝夕不倦，摘伏辯奸，多得其理。臣下有過，必面折之，常言太祖養成二王之惡，以致君臣之義，不保其終，故帝駕馭豪傑，失則明言之，功則厚賞之，文武參用，莫不服其明而懷其恩也。所以仙去之日，遠近號慕。」雖然舊史也承認柴榮性格過剛，用刑太嚴，但整體上瑕不掩瑜。

向來對柴榮吹毛求疵的歐陽修，在《新五代史》也對柴榮推崇備至，「世宗區區五六年間，取秦隴，平淮右，復三關，威武之聲震懾夷夏，而方內延儒學文章之士，考制度、修《通禮》、定《正樂》、議《刑統》，其製作之法皆可施於後世。其為人明達英果，論議偉然。其英武之材可謂雄傑，及其虛心聽納，用人不疑，豈非所謂賢主哉！」

司馬光，給後人的印象是比較古板教條，實際上司馬光是個非常明大體的人，他著史雖然也受北宋政治時局約束，但他對柴榮卻幾乎是不顧一切的給予好評，根本不管趙官家吃醋。柴榮對佛教進行改革，司馬光極為欣賞柴榮的魄力，稱讚柴榮：「周世宗可謂仁矣！不愛其身而愛民；周世宗可謂明矣！不以無益廢有益。」而在《資治通鑒》的末尾，司馬光把五代史武功最為顯赫的兩大帝王——唐莊宗李存勗與周世宗柴榮進行對比，不過司馬光有些瞧不上李存勗，反而對柴榮無比推崇，「江南（南唐）未服，則親犯矢石，期於必克，既服，則愛之如子，推誠盡言，為之遠慮。其宏規大度，豈得與莊宗同日語哉！《書》曰：『無偏無黨，王道蕩蕩。』又曰：『大邦畏其力，小邦懷其德。』世宗近之矣。」而寫到柴榮駕崩後，司馬光繼續吹捧柴榮，「及即位，破高平之寇，人始服其英武。其御軍，號令嚴明，人莫敢犯，攻城對敵，矢石落其左右，人皆失色，而上略不動容。應機決策，出人意表。又勤於為治，百司簿籍，過目無所忘。發奸擿伏，聰察如神。閒暇則召儒者讀前史，商榷大義。性不好絲竹珍玩之物。人無不畏其明而懷其惠，故能破敵廣地，所向無前。」

宋朝官方對柴榮的評價向來是寧高不低，有褒無貶。雖然宋朝是撿了柴榮便宜，但宋朝史官們多數還是就事論事，畢竟柴榮的偉大是客觀存在的。宋神宗趙頊就非常尊崇柴榮，他在朝會中吹捧柴榮，「使（周世宗）天假之年，其功業可比漢高祖。」並稱柴榮「誠創業造功英主也」，甚至還曾經和批判柴榮的大臣鬥嘴，在維護柴榮時半點也不客氣。參知政事馮京曾經指責柴榮為人酷暴，趙頊馬上反駁「聞世宗上仙，人皆慟哭」。老百姓聽說周世宗駕崩，無不痛哭，若柴榮酷暴百姓早就恨之入骨了。

在經歷了南宋孝宗時對柴榮的整體性貶損後，比如朱弁、陸游、洪邁三大忠臣對柴榮瘋狂貶低，官場上對柴榮的評價日益升高。南宋理宗時，著名「奸臣」馬天驥與宋理宗趙昀議事時，就稱讚柴榮「周世宗當天下四分五裂之餘，一念振刷，猶能轉弱為強」。而大儒朱熹同樣對柴榮有著極高的評價，他在《朱子語類》中毫不掩飾對柴榮的崇拜，「五代時甚麼樣！周世宗一出便振」。而有人問世宗是否為賢主，朱熹說：「看來也是好。」並稱讚柴榮：「周世宗天資高，於人才中尋得個王朴來用。」對於當時社會上有人說柴榮心胸不廣時，朱熹反駁道：「世宗胸懷又較大。」朱熹甚至不避嫌疑，公開宣稱本朝太祖趙匡胤的成功是站在柴榮肩膀上的，「世宗卻得太祖接續他做將去。雖不是一家人，以公天下言之，畢竟是得人接續，所做許多規模不枉卻。」

南宋遺民陳櫟對柴榮同樣極為推崇，陳櫟《歷代通略・後周》中評價五代明君主，「五代之君，世宗第一，唐明宗次之，周太祖又次之。」陳櫟認為柴榮「五代諸君，多刻其民而驕其軍。世宗獨能嚴軍而恤民，治律曆與禮樂，正刑統，禁私度僧尼。毀佛像鑄錢，注意元元，留心本邦。於五代十二君中，獨稱為最美。行善政，史不絕書」。還有一位南宋遺民俞德鄰在《佩韋齋輯聞》中也是持相同的觀點，「先儒謂五代之君，周世宗為上，唐明宗次之。」

而在評論柴榮時，有一部書是繞不過去的，就是北宋真宗時期編撰的大型類書《冊府元龜》。該書上距五代較近，保留了大量的五代珍貴史料，史料價值極高。在《冊府元龜》中，有關柴榮的史料相當多，但值得注意的是，但凡書中稱讚帝王美政的篇章，無一例外都是有柴榮的史料，而抨擊帝王惡政的篇章中，無一例外找不到有關柴榮的半個字。

《帝德》、《誡勵》、《革弊》、《招懷》、《卻貢獻》、《明罰》、《慎罰夫》、《念良臣》、《愍徵役》、《褒功》、《惠民》、《納諫》、《講善・禮賢》、《禮大臣・褒賢》、《務農》、《英斷・明察》、《文學》、《仁慈》、《節儉》、《神武》、《悔過》、《崇儒術》、《寬恕》、《孝德》、《功業》、《興教化》、《審官》、《立制度》、《赦宥》、《訪問》、《選將》、《修武備》、《明賞》、《延賞》，這些都是歌頌帝王美政的，均有柴榮的正面事蹟。《惡直》、《猜忌》、《無斷》、《失政濫賞》、《姑息》，這些都是寫帝王惡政的，但與柴榮毫無關係。由此觀之，完全可以說，這個世界上沒有聖人，但柴榮是最接近聖人的那幾個少數人之一。

而在宋朝之後，歷代官方對周世宗柴榮也非常推崇。明太祖朱元璋曾經在洪武四年（一三七一年）三月，「遣使祭歷代帝王陵寢，祀帝王三十五。」而在這些帝王，名義上身處亂世時代的（**其實趙匡胤也是亂世君主**），只有周世宗柴榮一人。清朝入關後，於順治八年（一六五一年），清廷舉行了「定帝王陵寢祀典」從漢朝之後共有二十三位帝王入圍，而名義上身處亂世的，還是只有柴榮一人。四十多年後，康熙三十五年（一六九六年）正月，清廷再次祭祀前朝帝王，名義上身處亂世的，還是柴榮一人。

歷史沒有給予柴榮足夠的時間，讓他去完成他曾經立下的「十年開拓天下，十年養百姓，十年致太平」的雄圖壯志，中道崩殂，致使中原漢業毀於一旦。但歷史又是公正的，除了一些私心作祟的所謂大文豪、當代蘇武外，大多數人還是給了柴榮很高的評價。

以北宋大儒石介在其《感事詩》柴榮部分作為柴榮篇的定筆。

「桓桓周世宗，三十纂堯歷。一歲破河東，劉崇喪精魄。再歲復秦鳳，不庭自柔格。三歲出南狩，王師拯焚溺。江北十四州，取之如捲席。四歲征關南，曾不發一鏑。三州相繼降，德聲暢蠻貊。李昇（李璟）請臣妾，錢鏐（錢弘俶）修貢職。帝欲因兵鋒，乘勝務深擊。直取幽州城，拓土開疆場。重收虎北口，復關斃寇賊。是時戰屢捷，六軍氣吞敵。平吳如破竹，成功在頃刻。惜哉志不就，暴疾生中夕。」

但教方寸無諸惡，狼虎叢中也立身
——馮道生存之「道」（一）

五代十國興亡百餘年，史事龐雜，再加上五代十國歷史不甚著名，需要講清五代十國興亡始末，即使寫百萬字也未必能詳說其細。因為篇幅實在有限，所以只能擇其主要帝王事蹟來寫，次要帝王以及相關大臣需要寫的，都附在帝王篇中，不單獨作傳，但那位被世人罵了一千多年的「奸臣」馮道顯然是個例外。甚至可以這麼講，不寫馮道，不算寫五代。五代少了馮道，也就不是五代了。

說到馮道，最著名的事蹟就是以一身侍四朝五代，早上是唐臣，上午是晉臣，中午搖身一變成了契丹大臣，下午為漢臣，到了晚上又成了周太師。在一些道德家看來，不忠，是馮道永遠摘不掉的標籤。自宋以來，對馮道不忠的批判連篇累牘，大罵者有之，嘲諷者有之。

「衣冠禽獸」、「惡浮於紂、禍烈於跖」，「名妓轉世」、「馮道可謂不知人間有羞恥事者矣」。更不要說歐陽修、司馬光兩位大老那兩篇針對馮道的著名評語，而孤獨的王安石稱讚馮道的那句「菩薩，再來人也」反而覺得非常刺眼。

實際上，被當成道德靶子亂箭穿心的，並不是馮道本人，那只是一具名為馮道的道德屍體，供後世政權為了號召人臣效忠的工具。真實的馮道，根本不是宋朝道德家們所謂的貳臣、佞臣、奸臣，如果按他們的邏輯，同樣做過唐晉遼漢周大臣的宋初名臣張昭，名將符彥卿豈不都是「惡浮於紂、禍烈於跖」，更何況張昭、符彥卿等人比馮道還多侍奉一個朝代——北宋，從未見宋人罵過他們不忠，公平何在？

五代十國名流如雲，但從某種意義上講，五代十國只是三個人的風雲時代：柴榮、李煜，以及馮道。柴榮和李煜都是帝王，雖然李煜的南唐帝國早被柴榮砸得稀巴爛，而馮道作為大臣，他身上的故事實在太多了，所以用比較長的篇幅來講一講這個有趣的馮道。

馮道，字可道，河間景城人（河北河間與滄州之間），生於唐僖宗中和二年（八八二年）。父親馮良建，曾在唐朝末年出任秘書少監，相當於國家圖書館副館長，後來退休還鄉家居。馮家雖然寒素，但卻是唐中葉以來的儒門清流名家，家中藏有不少圖書。靠山吃山，靠書吃書，馮道生長在這樣的知識份子家庭，從小就接受了正統的儒家教育，肚子裡灌了不少墨水。

馮良建對這個兒子非常看重，希望他能光大馮家的儒門之業，從《道德經》中給兒子取了個名字——馮道，字可道。

馮道讀書非常用功，無論風吹沙塵，還是大雪壓廬，馮道都端坐於房中，手捧書本，如饑似渴的讀誦先王治政之道。馮道家庭背景一般，要想出人頭地，不讀書還有活路嗎？但馮道成年時，天下大亂，梟雄遍地，去長安考取功名的路是行不通了。馮道唯一能做的就是就是依附軍閥做幕僚，一步步往上爬。而當時控制景城的是橫跨幽州、橫海（北京、天津、河北北部與東部）的燕王劉守光，所以馮道出道後的第一個老闆，注定是劉守光。

劉守光為人殘暴荒悖，而且仇恨士人，「劉守光為燕帥，性慘酷，不喜儒士」，殺士人是家常便飯「名儒宿將，多無辜被戮」。馮道投奔劉守光，也是硬著頭皮去的。道德家攻擊馮道靠阿諛奉承混日子，其實馮道在官場上的第一諫就是針對劉守光，險些被劉守光殺掉。時任幽州參軍的馮道可以選擇避退，裝啞巴誰不會？但即使看到同僚孫鶴在勸諫劉守光時被酷刑處死，年輕熱血的馮道依然沒有退縮，當眾勸劉守光不要做昏君，激怒了劉守光，把馮道送進大獄。只因為馮道人緣好，為了拯救馮道，幽州文官們想辦法撈出馮道。這次勸諫險些喪命，對馮道後來的人生觀難免會產生一些不太積極的影響，胡三省就說「馮道自此歷事唐、晉、漢、周，位極人臣，不聞諫爭，豈懲諫守光之禍邪？」但馮道並非沒有再諫過君主，李存勗和柴榮兩大英主都領教過馮道的強硬，只不過胡三省向來瞧不上馮道，對有利於馮道形象的，胡先生都裝作看不見。

劉守光不能用馮道，馮道乾脆炒了劉守光的魷魚，來到了與燕國相鄰的河東晉國，繼續追逐著他致君堯舜的理想。

晉王李存勗當時處在人生的鼎盛時期，是典型的明君作派，劉守光不用的人才，李存勗自然要重用。有個叫周玄豹的江湖術士橫豎看馮道不順眼，沒少在河東大總管張承業面前說馮道天庭晦暗，不能當官，但張承業素來「重其文章履行」，告訴周玄豹，他推薦馮道的原因只有一個，「惟其有才」。

隨著河東晉國開疆擴土，事職煩重，所以李存勗急需一名主掌晉國文翰的掌書記，而張承業鄭重向李存勗推薦了馮道。掌書記相當於辦公廳主任，而河東掌書記則相當於最高黨政機關的辦公廳主任，地位之高可以想見。而正因為如此，所以盯上這塊肥肉的大有人在，比如士族出身的河東推官盧程。但盧程是個飯桶，百無一用，而且「為人褊淺」，嫉賢妒能。

其實李存勗曾經給過盧程機會，讓盧程寫篇文章，可盧程卻一個字也寫不出來，李存勗怎麼可能用這樣的飯桶？為了能讓馮道上位，李存勗紆尊降貴，在一次特意安排的酒會上，李存勗站在馮道的座前，微笑著告訴馮道：「此樽酒，賞卿！自今日後，卿便為吾書記。一應文翰詞章事宜，奚付卿處置。」

傻子都知道，馮道將成為新一任河東節度使掌書記的人選，但又出乎所有人意外的是，馮道竟然拒絕了晉王的任命。

馮道當然有些「油滑」，他初來河東，人生地不熟，他知道這個位置有很多人在爭，他不想得罪人，特別是那個烏眼雞式的盧程。面對這個足以使自己青史留名的位置，說不動心，馮道自己也不相信。馮道雖然以自己地位卑下為由婉拒，但他自始至終也沒說過自己才不如人。

李存勗當然明白馮道的小算盤，在李存勗強硬的堅持下，馮道最終還是接下了這個讓人無比眼熱的職務。得罪人的事讓李存勗去做，反正李存勗也不怕得罪盧程。馮道很聰明，老闆想用我可以，你先擺平公司裡那些對我羨慕嫉妒恨的人。

馮道有些孤傲，但他出色的工作能力絕對對得起李存勗給他開的工錢。但馮道更是謹慎，他不會在工作中出現重大失誤，讓政敵如盧程等人抓住反擊自己的機會。同時與同僚和睦相處，不會把自己骨子裡的清高外現，平白得罪別人。至於盧程等人攻擊馮道相貌粗陋，是個鄉巴佬，「士人多竊笑之（**馮道長相**）」，這也不過是格調不高者的無聊攻擊罷了。

馮道很會做人，但他絕對不會拿自己的做人底線做交易，在工作上，即使你是晉王，你做錯了，我照樣當面頂撞你，半點面子也不給你。

李存勗有一次和河東軍界頭號人物郭崇韜發生了嚴重衝突。事情的起因是李存勗經常和將士們在大殿上喝酒吃肉，拍桌子罵娘，郭崇韜對李存勗的江湖土匪習氣非常反感。郭崇韜「以諸校伴食數多，主者不辦，請少罷減」，結果激怒了李存勗。李存勗認為自己如果不這樣做，弟兄們誰還肯給自己賣命？咱們就缺這幾個飯錢？盛怒之下的李存勗賭氣地說自己回太原養老，讓郭大帥在軍前掌兵權。實際上李存勗怎麼可能把兵權交給外人，李存勗想到了馮道，便叫來馮道，讓馮道寫一篇攻擊郭崇韜的文章，務必把郭崇韜抹黑成貪婪無厭的政治小丑。

後世道德家經常攻擊馮道不敢諫君王，但馮道剛來河東不久，就給李存勗一個不硬不軟的釘子，這是非常需要勇氣的。馮道要是奸臣，他會接過這個燙手山芋？聽李存勗的話就是了，至於嚴重後果，關馮道何事？

馮道知道一旦君主與主將鬧彆扭，將會嚴重國內的政治生態，甚至引發軍心動盪，豈不是外敵之福。河東江山是李存勗的，但同時也是馮道的事業。李存勗是明主，只要他不倒，馮道的未來就有了保障。就憑這一點，馮道也不會置郭崇韜於不顧。

李存勗讓馮道寫文章，馮道雖然提了筆，卻一直沒有落筆，任憑墨汁滴在紙上，洇成一個個大黑點。李存勗有些生氣，而馮道卻語氣平緩地告訴李存勗：郭崇韜是國之重臣，大王自毀長城，是朱友貞之福。

一句話就足夠了，李存勗再盛怒，也不會砸自己的衣食飯碗，李存勗逐漸冷靜下來，他知道馮道這句話的分量。而且郭崇韜也主動向李存勗道歉，給足了李存勗面子，李存勗自然就坡下驢，大家和好如初。

不要認為馮道這次勸諫是和風細雨式的，在性格古怪的李存勗頭上拔毛，那是極需勇氣的。

《舊五代史・周書・馮道傳》說得很清楚：「郭崇韜入謝，因道為之解焉，人始重其膽量。」可見這次勸諫如果弄砸了，很可能波及馮道的仕途，甚至是人身安全。

奸臣佞臣烏足有此！

馮道這次勸諫，深深打動了李存勗，當時的李存勗英果賢明，他看中了馮道的治才，更欣賞馮道的膽量，這才是致君堯舜的公忠大臣。雖然當時馮道的資歷還有所欠缺，但李存勗已經開始把馮道當成宰相培養了。後唐同光元年（九二三年）十月，李存勗百戰滅梁，稱霸中原，開始大封文武。宰相方面，李存勗用的是禮部侍郎韋說、尚書左丞趙光胤，外加之前的宰相豆盧革。而時任翰林學士賜紫（三品紫袍）的馮道，則被晉升為正四品下的戶部侍郎，相當於財政部副部長。時人都知道，戶部侍郎不過是馮道進入內閣的一個跳板，誰不知李存勗的用意？

正在馮道書寫錦繡前程的時候，他的家鄉突然傳來噩耗——父親馮良建病故。哀痛之下的馮道必須按官場規矩，回家丁憂守孝二十七個月，這一年應該是西元九二三年。其實馮道並不擔心自己的前程，他知道李存勗一定會給自己在內閣留出一個位置的，三年很快就會過去。

馮道沒有想到，他這次回鄉丁憂，反而是因「禍」得福。馮道在家鄉做了兩年農民，每天除了守在墳前，平時多在地裡耕種，或者砍柴燒飯，與農夫無二。而在相同的兩年裡，曾經無比欣賞馮道的當代「唐光武」卻以光的速度從天上墜落凡間，這位揚起十指自稱「李天下」的聖明天子昏庸無道，天下怨憤，直到魏兵叛起，李存勗死在洛陽城門之上，一片沖天大火結束了一段偉大的傳奇。李家天下，不出意外的落在了河北相公李嗣源手上。

可以想見，如果馮道這兩年間一直留在李存勗身邊，刀兵之下，誰敢保證馮道毫髮無損？甚至變質的李存勗在惱怒之下，很有可能一刀殺掉馮道。

而賢明的李嗣源繼位，改變了後唐政權的荒謬亂象，誠為百姓之福，亦是馮道之福。

但教方寸無諸惡，狼虎叢中也立身
——馮道生存之「道」（二）

其實馮道和李嗣源也算是老交情了，早在河東時期，二人就有過來往，李嗣源非常敬重掌河東文翰的馮書記，深服其才。李嗣源繼位後，先任命了太子賓客鄭玨與工部尚書、判三司事任圜為宰相，但李嗣源卻一直沒有忘記馮道，先把馮道與趙鳳塞進端明殿當學士，慢慢再俟機提拔為相。關於李嗣源用馮道為相，在前面《李嗣源用馮道為相的竅門》篇中已經詳細述及，今略過。

天成二年（九二七年）正月十一日，李嗣源下詔，以戶部侍郎馮道與安重誨的馬腿、太常卿崔協為同中書門下平章事。這一天，意味著馮道正式進入官場一線，可以書寫屬於自己的歷史了。

奸臣最大的特點就是嫉賢妒能，趙高如此、盧杞如此、秦檜更是如此。宋世道德家沒完沒了指責馮道不忠，卻很少提及馮道從不嫉賢妒能。馮道當宰相，經常為國薦賢，從不考慮私利。當然，出於「階級感情」，馮道對豪門出身的士人多少有一些偏見，他更著重提拔寒門士人，這其實應該可以理解。畢竟寒士的社會資源太少，如果沒有貴人相助，是很難爬上去的。而且對於豪門士子，馮道也沒有一棍子打死，他只是反對類似盧程那樣「履行浮躁」之徒，經常「鎮而抑之」。

曹操「唯才是舉」，馮道也是。

馮道重寒人輕士族，自然得罪了豪門子弟，這些人對馮道進行人身攻擊。馮道從小在農村讀書時，經常習讀一本農村兒童教育讀物《兔園策》。其實這本書是唐朝名儒彙編成集，只因為這本書在鄉村太過普及，所以城裡的士大夫們都瞧不起讀《兔園策》的人。這夥高貴的士大夫便嘲笑馮道經常讀《兔園策》，實際上是挖苦馮道是農村泥腿子出身。

趙匡胤心胸狹窄，當年他未得志時，王彥超、董遵誨都瞧不起他。後來趙匡胤利用柴榮託孤之恩，篡位建宋後，立刻敲打王、董，逼二人請表謝罪。而馮道當眾被嘲笑，按理講也應該報復挖苦他的工部侍郎任贊和吏部侍郎劉岳。但馮道卻沒有這麼做。後來任贊犯了事，馮道完全可以痛打落水狗，而馮道極力救下任贊。歐陽修說馮道對劉岳非常惱火，但實際上馮道也是用溫和的語氣抨擊了這夥士大夫的淺薄：「《兔園策》皆名儒所集，道能諷之，中朝士子止看文場秀句，便為舉業，皆竊取公聊，何淺狹之甚耶！」

可見馮道的度量！

作為天下佐貳的宰相，不能沒有度量，像趙普那樣嫉賢妒能的胥吏能當上開國宰相，實在是歷史的天大誤會。李嗣源立志做明君，又兼性格溫和，自然與性情相近又同兼懷天下的馮道走得更近，所以李嗣源非常器重馮道。而馮道自然也對得起李嗣源的這份器重，只要有接近李嗣源的機會，馮道都會和李嗣源聊天，給李嗣源上政治課，希望這位武夫出身的皇帝能造「斯民福祉」，而不是學李存勗那樣自取滅亡。

最有名的一個故事。天成四年（九二九年）九月，時值「天下屢稔，朝廷無事」李嗣源與馮道閒聊天，李嗣源問馮道百姓生活生產如何，「天下雖熟，百姓得濟否？」馮道回答得非常得體，「農家歲凶則死於流殍，歲豐則傷於穀賤，豐文皆病者，惟農家為然。」為了讓李嗣源加深印象，馮道念起了晚唐進士聶夷中那首著名的《傷田家》：「二月賣新絲，五月糶新穀。……醫得眼前瘡，剜卻心頭肉。……我願君王心，化作光明燭。不照綺羅筵，只照逃亡屋。」其實馮道並不是無聊的發什麼詩癖，而是通過念這首詩來敲打李嗣源要時常注意百姓疾苦，而李嗣源自然也理會到了這一層。

還有一件事，右僕射王建立獻給李嗣源一隻玉杯，這隻杯上刻著討人喜歡的六個字「傳國寶萬歲杯」，李嗣源愛不釋手。馮道知道這是一隻王建立做過手腳的馬屁杯，一旦李嗣源沉溺其中，將來遭殃的必是百姓。馮道見李嗣源，說他有一件無形之寶，李嗣源問何寶，馮道說他的這件寶貝，叫做「仁義」。馮道進而言之，「人主治天下，靠的不是金杯玉杯，而是仁義。心中有仁義，心中就有百姓，古之明君莫不行仁政。」雖然李嗣源當時並太高興，不軟不硬地把馮道請了出去，但實際上他聽進去了馮道的勸諫，只不過當時當著眾侍臣，馮道半點面子不給，李嗣源臉上有些掛不住而已。可以講，李嗣源在位七年，天下無事、百姓小康，其中有很大一部分功勞是馮道的。

如果不特別作說明，李嗣源與馮道的交往可以稱為後唐官場的「二人轉」，君明臣賢，豈不美哉！實際上，與李嗣源唱官場「二人轉」的，是時任樞密使、李嗣源的熱血兄弟安重誨，馮道雖是宰相，在當時也不過是個配角。

在軍權大於相權的五代，軍職大員樞密使往往才是真正的宰相，可以與皇帝單獨討論軍國大事，可謂一人之下，萬人之上，而宰相不可以。而且安重誨又跟著李嗣源殺伐天下數十年，功勞甚著，當樞密使乃重望所歸。安重誨為樞密使，四五年間，獨綰大任，臧否自若。是當仁不讓的二皇帝。宰相馮道在官場上的角色，實際上更接近於翰林學士，手上並沒有多少實權。

如何與大公司的二老闆相處，其實是一門大學問。馮道知道只要和安重誨搞好關係，自己在官場上就有大靠山，但馮道從來沒有這麼做。安重誨現在春風得意，只是安某為人蠻霸，不擅長人際關係，得罪人太多，「中外惡之者眾」，甚至要搞掉李嗣源的養子李從珂。這樣的二老闆，不知道哪天就被人幹掉了，馮道絕對不會把自己的未來搭在不靠譜的安重誨身上。

雖然馮道曾經在安重誨的授意下，與趙同聯名上表請治李從珂之罪，表面上看馮道屈從於安重誨淫威，但馮道一出場，李嗣源就知道馮道是被安重誨逼出來的。換個角度看，馮道給安重誨當槍使，實際上在洗白自己沒有黨從安重誨，等於換回了一張保命符。至少在安重誨倒臺之後，安重誨的敵人們，如花見羞王淑妃、秦王李從榮、老太監孟漢瓊從來沒有對馮道有過一絲不敬。

馮道繼續做他的太平宰相。非大聰明者，是做不到這一點的。

所謂太平宰相，即使是承平時代，官場上也是暗箭密伏，何況亂世時代。安重誨是倒了，但接下來的問題對馮道來說更為棘手，最有資格承繼大統的秦王李從榮和視宋王李從厚如親生兒子的花見羞王淑妃之間已鬧得水火不容，二人之間必有一場血戰。

馮道的選擇很簡單，誰贏了，他就給誰打工，不管你是張三李四。既然李從榮受寵，那他就支持李從榮，但李從榮性格乖戾，馮道支持他，他照樣懷疑馮道有二心。「執政欲以吾為太子，是欲奪我兵柄，幽之東宮耳。」這個「執政」，就是馮道。

馮道成為李從榮的「敵人」，自然也就成了花見羞、孟漢瓊等人的「朋友」，至少後宮集團不會把馮道當成敵人。在李從榮愚蠢地自毀前程的情況下，馮道反而得到了安全保障，雖然馮道從來不和花見羞等人摻和。史料沒有記載，但可以揣測出馮道是不希望李從榮即位的，畢竟李從榮脾氣太過乖戾，很難伺候，而宋王李從厚性格溫柔，倒是很符合馮道的胃口。

結果很快出來。李從榮在李嗣源病重卻還沒有斷氣的情況下，誤以為父親死了，即時發動兵變，沒想到李嗣源拼了最後一口氣，拿掉了李從榮。李從榮兵敗身死，李從厚繼位。

馮道的態度非常明確，他絕不參與家族公司內部的權力競爭，兩邊都不下注，兩邊都不會把他當朋友，但也不會把他當敵人。

李從榮倒了，李從厚上位，馮道還是馮道。

李從厚倒了，李從珂上位，馮道依然還是馮道。

李從珂從河中殺到洛陽，馮宰相帶著百官們對著李從珂舞蹈山呼，近乎奴顏卑膝的請李從珂即皇帝位。

馮道「節操不如妓女」，引起了北宋著名道德家唐介的憤怒，他大罵馮道「一妻十嫁」，為人臣不忠，坐視舊主李從厚被殺。誠然，李從厚從來沒有傷害過別人，卻在失勢時被石敬瑭幹掉，馮道未發一語，似有薄情之處。但宋儒們從來也沒有譴責過他們的太祖趙匡胤是如何忘恩負義背叛周朝的，又何必獨責於馮道。

馮道雖然侍奉的帝王較多，但他瞧不上的也懶得搭理。李從珂為人愚暴，他的繼位並沒有改變混亂的局勢，天下依然大亂，馮道知道李從珂也坐不長久，不想陪著他見閻王，腳底抹油溜了。唐清泰元年（九三四年）四月，馮道出任匡國軍節度使，治所在同州（陝西大荔）。

馮道在同州「無為而治」，但同州治安卻非常好，史稱「為政閒澹，獄市無撓」，百姓安足。

至於李從珂與石敬瑭的撕逼大戰，馮道從來不關心。

不過，雖然李從珂正與石敬瑭勾心鬥角，但也沒忘記監視馮道。馮道的副手、同州節度副使胡饒就極有可能是李從珂安插在馮道身邊的耳目。

胡饒為人凶暴，常因小事而暴怒。所以馮道不想招惹這樣的人物，常常避而不見，「道以重臣，稀於接洽（胡饒）。」胡饒脾氣暴怒，忍不下這口窩囊氣，「（胡）饒忿之」。

胡饒借著酒勁，坐在節度使衙門前的地上，大罵馮道祖宗八代。副使當街罵正使，這成了同州城的重大政治花邊新聞。馮道也聽人說了，馮道不但不生氣，反而讓人準備好酒菜，請胡副使進府來吃。

馮道接見了胡饒，並春風滿面地給胡饒敬酒談笑，弄得胡饒很不自在。沒喝幾杯，胡饒就紅著臉溜了。從史料的記載來看，「（馮道）致敬而退（胡饒）」，說明馮道的官場修養是極高的。否則被人當眾罵娘，還低三下四的請對方喝酒，心中沒點宰相度量，是做不到這一點的。

當然，馮道這樣做，還有一個可能，就是做給李從珂看的。馮道應該是懷疑過胡饒是李從珂的耳目，甚至胡饒這次找事也有可能是李從珂安排的，所以馮道寧折勿直。如果馮道暴怒，反而有可能被李從珂抓住把柄。

不久後，李從珂又把馮道調回洛陽，出任並無實權的司空，形同軟禁。馮道雖然還沒有忘記自己致君堯舜的夢想，但現在他只能等待，等待那個人出現。

如果說李從珂時代，是馮道仕途中的低谷，那麼等到河東節度使石敬瑭把李從珂幹掉之後，馮道又迎來了自己人生中的另一個高峰。

石敬瑭新得天下，要迅速穩定局面，就必須有合適的首席宰相人選。而這個合適人選，除了馮道，實在想不到還有誰可以勝任，雖然石敬瑭的第一心腹是桑維翰。至於馮道的親家劉昫，因為脾氣太過暴烈，官場得罪人太多，所以暫時不宜重用。

其實，馮道在官場也有很多敵人，誰讓馮道佔盡了官場風光，別人只能站在牆角喝西北風。《舊五代史・馬胤孫傳》記載：「群情（百官）不悅馮道。」只不過馮道身上沒有污點，堪稱道德完人，他們根本無從下口而已。馮道也知道這一點，但他不會像趙匡胤那樣，極其幸運撿了大便宜之後，對仇家大肆打擊報復，必欲洩憤而後快。馮道做官有個竅門，就是專門幫助曾與他有過節的官員，前面提到的任贊、劉岳是這樣，前貝州刺史史圭也是這樣。

史圭擅長鹽務管理，但之前曾經因為官員選擇問題與馮道大鬧一場，好脾氣的馮道都對史圭怨氣沖天。七年後，刑部侍郎兼鹽鐵副使空缺，馮道立刻推薦了史圭接手這個職務。

馮道推薦史圭自然是聰明之舉。一，這麼做可以彰顯馮道的寬弘大量，有利於馮道經營自己的政治形象。二，推薦史圭，不會影響到馮道的首輔地位。三，給其他觀望的官員吃定心丸，史圭與我有過節，我還推薦他高升，其他人自然不會再擔心馮道對他們打擊報復，降低了馮道被人暗算的可能性。當然，馮道這麼做，首先是他人品好。

但教方寸無諸惡，狼虎叢中也立身
——馮道生存之「道」（三）

馮道幫了石敬瑭大忙。石敬瑭為了穩住不太老實的契丹乾爹耶律德光，於天福三年（九三八年）七月，派馮道北上契丹，給乾祖母述律氏上尊號，成功合晉遼二國之好，石敬瑭在世一天，耶律德光不會放馬南侵。可以說，馮道幾乎是拼了老命保住了石敬瑭的飯碗，石敬瑭自然對馮道感恩戴德。

馮道回來後，石敬瑭幾乎把除帝位之外所有的一切都給了馮道。為了馮道，石敬瑭竟然廢除了樞密使的職務，讓馮道成為名副其實的政府首腦，一人之下，萬人之上。「（廢樞密使職權）併歸中書，其院印付（馮）道，事無巨細，悉以歸之。」石敬瑭甚至還讓馮道參與軍事事務，君主向來把軍權視為私物，但石敬瑭卻讓馮道摸槍桿子，可見石敬瑭對馮道器重到了何種程度。

當然，石敬瑭這麼做是有私心的，石敬瑭已經做出決定，等他駕崩之後，由馮道輔佐幼子石重睿當皇帝。不過馮道還是出於天下公器的考慮，把帝位交給了石敬瑭的侄子石重貴，這讓馮道挨了南宋大儒胡安國好一陣痛罵。

胡安國認為馮道既然同意託孤石重睿，結果一轉臉又立了石重貴，馮道此舉有違臣節。而胡安國一定不會指責他們的太祖趙匡胤是如何跪在柴榮面前痛哭流涕死保幼主，柴榮死後立刻翻臉，甚至要殺掉柴榮幼子。

其實馮道並沒有明確答應石敬瑭託孤，只不過是含糊應對，而趙匡胤是親受託孤之重，不然柴榮能讓趙匡胤主掌兵權？趙匡胤要殺舊主幼子全成了聖德巍巍，馮道捨石家幼子而立石家長君倒成了大逆不道，一碗水不端平，何能服眾。

而對石重貴的態度，馮道幾乎是把這位正值壯年的國君當成李從珂第二。事實上，石重貴對馮道，也幾乎是李從珂態度的翻版。雖然馮道於他有擁立之功，但石重貴很不喜歡這個糟老頭子，他最信任的是景延廣。

石重貴對馮道不冷不熱，立刻激起朝中那些對馮道羨慕嫉妒恨的官員們的強烈共鳴，他們強烈要求石重貴恢復樞密院建置，實際上就是為了分馮道之權。馮道當然明白，石重貴驕傲自負，估計也難逃李從珂的下場，馮道自然不想陪他胡鬧。馮道非常知趣地上表，請求恢復樞密使，理由是臣老矣，「厭其事繁」。

大家面上都好看。

看準了石重貴將來必蹈李從珂覆轍，馮道開始抽身撤退。石重貴決定向契丹稱孫不稱臣，引發了朝野的極大爭議，主戰派和主和派在朝堂上唾沫橫飛，互相問候老祖宗。馮道卻一言不發，你們聊你們的，我眼花耳聾，聽不清你們在說什麼。

「依違兩可，無所操決」，馮道就等著暴怒的石重貴把自己趕出朝廷了。不知道是誰在石重貴面前說了馮道的壞話，說馮道只能做太平宰相，不能做亂世宣力之臣。石重貴早就想搬掉馮道這塊臭石頭，很快就下詔，讓馮道出任同州節度使。

時過九年，馮道再一次來到同州「避難」，實則是黃鶴樓上看翻船，你們玩你們的。

石重貴面縛出降，耶律德光入汴，而馮道此時已在威勝軍節度使的任上，威勝軍治鄧州（河南鄧縣）。開運三年（九四六年），百忙之中的石重貴沒有忘記老馮道，把馮道從同州調到了鄧州，然後又投入到與耶律德光的祖孫決戰中。

馮道在同州保持沉默，在鄧州依然保持著近乎可怕的沉默，至少在史料中沒有找到馮道在鄧州活動的一字記載。

大象無形，這才是馮道。

道德家一直在攻擊馮道為人臣不忠，晉朝有難，馮道不置一詞。而在耶律德光藉助杜重威、張彥澤等小丑的力量滅掉石重貴、入主中原後，馮道突然不請自來，主動北上汴梁，求見大契丹皇帝，並對耶律德光三跪九叩。馮道此舉，更堅定了道德家對馮道的批判。胡三省將馮道罵得一文不值，「（馮道）歷唐、晉，位極臣，國亡不能死，視其如路人，何足重哉。」胡三省認為馮道應該在晉國亡後自殺，但胡三省不會要求張昭、符彥卿等人在周亡後自殺殉周。

馮道北上見耶律德光，並不是胡三省所謂的求官發財，而是為了救人。救什麼？普天下的百姓！

契丹人入主中原，只做了一件事情，那就是慘無人道的大屠殺！僅舉一例，《資治通鑑》第二八四卷記載，「（因為杜重威不作為，契丹人）無所忌憚，屬城多為所屠。千里之間，暴骨如莽，村落殆盡。」

這也是不過是契丹人大屠殺中很小的一部分。

馮道北上，其實正如宋人彭乘所說，馮道為人「性仁厚」，不忍中原百姓受難。而因為耶律德光與馮道特殊的關係，耶律德光對馮道非常禮敬，而馮道說了一句違心的話：「天崩地裂之際，佛出也救不得百姓，唯有皇帝陛下（耶律德光）能救得。」而馮道知道耶律德光信奉佛法。馮道一言，救了無數百姓，契丹人再沒有進行大屠殺，中原漢人最大限度保存了元氣。《舊五代史．馮道傳》稱讚馮道善舉，「其後衣冠不至傷夷，皆道與趙延壽陰護之所至也。」

歐陽修向來對馮道橫挑鼻子豎挑眼，但在《新五代史．馮道傳》卻很客觀的稱讚馮道的善行，「人皆以謂契丹不夷滅中國之人者，賴道一言之善也。」至於司馬光把馮道對耶律德光的勸諫放在契丹人屠殺之後，也不過是刻意為了醜化馮道而已。

耶律德光何等殘暴，但對馮道卻侍之如父，這在中原漢大臣中是獨一無二的。耶律德光禮敬馮道，原因很多，但正如向來看馮道不順眼的胡三省所持公正之論，「（馮道）持身謹淨」，所以才能贏得當時社會主流的普遍稱讚。

後世道德家攻擊馮道，已經理屈詞窮了。

接下來，輪到劉知遠出場。

早在天福朝，馮道就奉石敬瑭密旨，上書要求罷免劉知遠而立大貪官杜重威，此舉嚴重得罪心胸狹窄的劉知遠。劉知遠建國後，對仇家大肆打擊報復，宰相李崧甚至被滅族。只是因為馮道政治地位太高，劉知遠投鼠忌器，只沒收馮道家產洩憤。馮道也知道劉知遠還忌恨自己，且後漢政權太過殘暴，馮道也不輕易理事，雖然他此時的身分還是太師。

如果按有些人指責馮道靠阿諛諂媚混日子，那麼馮道完全沒有必要在劉知遠得勢的情況下還去衝撞劉知遠，他大可以明哲保身，一言不發。

馮道還是冒著生命危險入宮去拔劉知遠的虎鬚，他此次是為了救一個人，就是昭義軍節度判官張燦。

事情的起因為後漢制定了嚴厲的牛皮法，嚴禁民間的牛皮貿易，甚至是百姓家的牛死了，牛皮也要被官府強行沒收，一文錢補償都沒有。不久後，昭義軍官方抓獲二十多名牛皮販子，按當時法律，這些人將被處以死刑。昭義判官張燦知道後，認為這些人根本不需判死刑，張燦冒著得罪史弘肇、蘇逢吉這幫殺人狂的風險，上書反對牛皮法，並希望劉知遠釋放二十多人。

漢朝執政集團都是些不可理喻的瘋子，根本不可能聽進去張燦的逆耳忠言，他們開始攻擊張燦妄言議政，罪當斬首。而以太師身分參加會議的馮道則打定主意要救張燦和那二十名牛皮販子。

楊邠、史弘肇、蘇逢吉等人帶著張燦的上書來找抱病的劉知遠說理，而劉知遠看到上書後，更是雷霆大怒。在史、蘇等人的挑唆下，劉知遠下令將張燦與牛皮販子們一併斬首。

面對一群殺人不眨眼的瘋子，馮道還是知難而上，微笑著站在了劉知遠的面前。

馮道並不諱言自己是來救張燦等人的。劉知遠還堅持認為張燦以低微身分妄議朝政，罪當斬首。而馮道卻說張燦越級上書，正說明張燦對劉知遠是無比忠誠的，否則張燦明知上書必死，還越級上書，張燦要是怕死，他根本不會參與此事。

劉知遠此時似乎有些動搖，而馮道趁熱打鐵，說自己未能治理好天下，有失職之罪，請劉知遠把自己和張燦等人一併斬首。

劉知遠在政治上並不糊塗。馮道的背後是中原官僚集團，殺了馮道等於徹底得罪中原官僚集團，劉知遠雖然想殺馮道，但他也知道根本就沒有殺馮道的機會。最終劉知遠還是選擇了妥協，釋放了張燦和二十多名牛皮販子。

順便說一句，此事記載於宋初名臣張齊賢所《洛陽縉紳舊聞記》，而張齊賢在書中但凡涉及馮道的，從來不直呼馮道其名，而一律尊稱為瀛王馮令公。

但教方寸無諸惡，狼虎叢中也立身
——馮道生存之「道」（四）

劉知遠死後，劉承祐即位，後漢朝局陷入一片混亂，而年近七十的馮道正在家中撰寫一篇自傳體文章，這就是歷史上鼎鼎有名的《長樂老自敘》。

有賴這篇《長樂老自敘》，後人才可以了解馮道家族的背景以及馮道個人的家庭情況，因為馮道幾乎把自己的八輩祖宗都寫進來了，祖名甚，宗名甚，娶過幾房老婆，生過幾個兒女，甚至還不嫌筆墨，把自己出道以來所歷任的官位。爵祿都寫了進來，拉拉雜雜一千三百字，而《舊五代史·周書·馮道傳》，總共也不過三千八百字。最讓後世道德家不能接受的是，馮道把自己所侍奉過的君主一個不落的寫出來，計有劉守光、李存勗、李嗣源、李從厚、李從珂、石敬瑭、石重貴、耶律德光、劉知遠，以及「今上」劉承祐。而在道德家們看來，馮道這麼做，就等於一個淫蕩的女人滿世界宣稱自己睡過多少個男人……

司馬光、歐陽修、王夫之、趙翼都對馮道大加鞭撻，痛罵馮道毫無廉恥。清人趙翼最討厭馮道，他在《二十二史箚記》中大罵馮道：「馮道歷事四姓十君，視喪君亡國，未嘗屑意，方自稱長樂老，敘己所得階勳官爵以為榮。（馮道）可謂不知人間有羞恥事者矣。」趙翼可從來沒罵過張昭、符彥卿，原因也僅僅是因為張、符二人最終侍奉的是趙翼極端熱愛的宋朝罷了。

後世對馮道有個誤解，多以為馮道在亂世百姓流離之際而自稱「長樂老人」，其實馮道自稱「長樂老」，是因為馮家祖上的郡望是北朝時的長樂郡而已，並無其他含意。

馮道在《長樂老自序》中自誇官聲，被道德家們痛罵，而馮道在文中最後對人生的思考卻是非常讓人感動的。馮道認為做人要「在孝於家，在忠於國，口無不道之言，門無不義之貨。所願者下不欺於地，中不欺於人，上不欺於天，以三不欺為素。賤如是，貴如是，長如是，老如是，事親、事君、事長、臨人之道，曠蒙天恕。」

馮道侍奉的帝王較多，但這是客觀的歷史發展，不是馮道所能左右的。馮道所能做的，就是在自己力所能及的範圍內匡諫君主，下及福惠於百姓，不愧於天地良心。正如明朝狂人李贄所說：「百姓卒免鋒鏑之苦者，（馮）道務安養之力也。」

李嗣源走了，還有石敬瑭可以上承小康之世。石敬瑭之後，後漢政權殘暴違於天，所幸後漢四年後就被郭威推翻了。

郭威性格有些接近於李嗣源、石敬瑭，而馮道的性格則最適合侍奉這種為人穩重、喜怒不常於形色的老闆。其實馮道在一定程度上來說，也是郭威在官場上的貴人。郭威西征三叛前，特意來請教馮道，馮道給他出了一個世紀絕招——花公款收買人心。郭威用了馮道開的這個方子，果然把軍權牢牢攥在手中，為將來廢漢建周打下最堅實的基礎。

在乾祐之變後，郭威流淚起兵南下討說法，雖然沒有馮道暗通郭威的記載，但馮道顯然是希望郭威代漢稱帝的。原因並不複雜：馮道心中還殘存著「致君堯舜」的夢想，而最有可能幫助自己實現這個夢想的，現在看來也只有性善且多能的郭威。

應該是從這一點考慮，當郭威準備謀殺湘陰公劉贇時，年已七十的馮道不辭辛苦，車馬勞頓前往徐州，幫助郭威詐騙劉贇。劉贇雖然身單力弱，但畢竟身邊還有不少帶刀侍衛，馮道孤身深入，那是要冒殺頭危險的。而劉贇身邊多是年輕人，他們把被郭威欺騙的怒火都撒在馮道身上，徐州節度推官、年僅二十歲的郭忠恕當眾大罵馮道：「令公（馮道）累朝大臣，誠信著於天下，四方談士，無賢不肖，皆以為長者。今一旦返作脫空漢，前功業並棄，令公之心安乎！」而只要劉贇一聲令下，早已抽劍在手的賈貞、董裔等人會立刻上前，將馮道砍成肉泥。

馮道要是貪圖富貴，他完全不可以參與郭威的事情，反正以他的江湖資歷，郭威上位，馮道還可以繼續當他的天下文臣之首，又何必冒這個風險？

郭威是個好皇帝，他建國之後，推行了很多符合百姓利益的好政策。而從《舊五代史・馮道傳》「太祖（郭威）甚重之（馮道）」的記載來看，馮道應該在很大程度上參與了郭威的新政，至少郭威會向馮道諮詢有關治政經驗，畢竟馮道的資歷與能力擺在那兒。

風吹過，雨飄過，馮道還是那個馮道。

不過有一點，馮道和郭威是不太相同的。郭威身處舊時代末期，但他卻一個新時代的開創性人物，宋朝的繁榮，其源頭就是郭威的改革。而馮道身處新時代的開端，卻是一個再標準不過的舊時代代表人物。而當郭威駕崩，養子柴榮即位後，銳意進取開拓天下時，馮道就顯得非常的「不合時宜」。

柴榮繼位後最重要的事情，無疑是應對北漢劉崇聯合契丹兵馬大舉南下。劉崇南犯，實際上給了柴榮在江湖上揚名立萬的機會，銳意正盛的大周皇帝決定親征劉崇。但柴榮沒有想到，他親征的決定卻遭到了所有官員的反對，高坐殿上的大周皇帝成了孤家寡人。

七十三歲的馮道站了出來，他有話要說。

柴榮還在堅持親征，馮道問其理由。柴榮認為：「劉旻少（輕視）我，謂我新立而國有大喪，必不能出兵以戰。且善用兵者出其不意，吾當自將擊之。」

馮道笑了，他明確表示自己堅持反對皇帝親征，理由是劉崇勢大，不可輕敵。

柴榮面色不悅。

但馮道還在喋喋不休的勸柴榮，把劉崇說得凶神惡煞一般，柴榮臉色已經十分難看。而歐陽修對馮道突然發神經似的勸諫柴榮非常不解，「前事九君，未嘗諫諍，而世宗……道乃切諫，以為不可。」

柴榮尊馮道是五朝老宰相，還是忍住怒火，但他的態度依然強硬——朕必親征。而馮道的態度同樣強硬到底，「馮道固爭之」，言外意是：就憑你？

柴榮俯視眾人，言語如刀，「當年唐太宗打天下，一人一馬一劍，身先士卒，橫掃天下。王世充、竇建德非無不授意，遂壹天！唐太宗能親征天下，朕也能！」柴榮眼裡滿是驕傲。

馮道又笑了，「唐太宗自是唐太宗，陛下自是陛下。」

柴榮還在反擊馮道：「劉崇據十州手掌之地，妄建尊號。而朕率百州鋒銳健兒，苟遇劉崇老兒一眾烏合，如泰山壓卵，劉崇老兒死如齏粉！」

柴榮從來不能容忍別人對他的輕視。

而馮道卻繼續踐踏著柴榮脆弱的自尊心，「泰山自是泰山，陛下自是陛下。泰山不是陛下，陛下也不是泰山。」

柴榮徹底怒了，他站起來，幾乎是怒吼著告訴馮道以及那些骨子裡瞧不起自己的大臣：「你們把朕當成石重貴第二，可朕偏要證明給你看，石重貴自是石重貴，郭榮自是郭榮！——你們怕死，都留下來，朕親征河東，一劍直取劉崇頸上那顆蒼頭！」

馮道並不想迎合柴榮的自信，還想再給柴榮潑涼水，好在宰相王溥出來打圓場，柴榮才勉強按下怒火，拂袖而去。

關於馮道為什麼會在行將就木之時突然向柴榮發難，史評家們多有不解，王夫之甚至認為柴榮此時對馮道已起了殺心。史料並沒有留下馮道此舉的真實用意，只能妄自猜測。而最流行的觀點則認為馮道當眾羞辱柴榮，實際上是做給劉崇看的。

北漢與周朝有殺子之恨，劉崇一旦滅周，他是絕對不會放過柴榮的，畢竟柴榮養父郭威殺死了自己的親生兒子劉贇。而劉崇同樣不會忘記，正是馮道給郭威做狗腿幫凶，劉贇才死於非命。若滅周，劉崇也難保不會羞辱馮道。馮道羞辱柴榮，等於在劉崇面前給自己畫了一張保命符——自己並不是郭家走狗。

不過，馮道並不相信柴榮就一定敗於劉崇，至少柴榮親征掌握了兵權，而石重貴之所以滅亡，恰恰是因為兵權旁落杜重威之手。而且劉崇百無一能，和他兄長劉知遠好不了多少，一旦再次統治中原，既是中原百姓之難，也是馮道本人之難。從這個角度講，馮道是希望柴榮打敗劉崇的，畢竟柴榮的天才能力，馮道看在眼裡。

馮道老了，他知道自己沒幾天活頭了，柴榮和劉崇的戰爭，他再也管不著了。

而柴榮在親征之後，幾乎是報復性的讓重病纏身的馮道奉太祖皇帝靈柩去二百里外的鄭州嵩陵下葬。

車馬勞頓，黃塵撲面，柴榮應該是有意折騰馮道，趕緊把這個老傢伙累死，省得以後在自己面前聒噪。

馮道知道柴榮用意，淡然一笑，一路咳著趕赴鄭州嵩陵，拼盡最後一口力氣，把身體早已冰冷的郭威遺體送進入黑暗的墓道中。

馮道知道，不久後，他冰冷的遺體也同樣會被埋葬在無盡的黑暗中。

馮道回到汴梁家中裡，已經奄奄一息，命不久矣。而此時的柴榮，正在單刀匹馬與劉崇決一死戰。也許馮道已經得到了消息，馮道的嘴角閃過一絲微笑，他知道他的時代已經過去了，柴榮將會開啟一個與自己無關的嶄新時代。

周顯德元年（九五四年）四月十七日，周太師、中書令馮道在睡夢中安然離世，享年七十三歲，與孔子同壽。

附馮道富有人生哲理的詩作兩首。

《天道》

窮達皆由命，何勞發歎聲。
但知行好事，莫要問前程。
冬去冰須泮，春來草自生。

請君觀此理，天道甚分明。

《偶作》

莫為危時便愴神，前程往往有期因。
須知海嶽歸明主，未必乾坤陷吉人。
道德幾時曾去世，舟車何處不通津。
但教方寸無諸惡，虎狼叢中也立身。

「但教方寸無諸惡，虎狼叢中也立身。」

馮道是這麼說，也是這麼做的。

十國

心狠手辣才能成大事——偷驢賊王建的發跡史（上）

梁太祖朱溫小時候經歷灰暗，長大後偷雞摸狗，人多厭之，但因為為人雄強，在亂世紛擾之際終能一飛沖天，建立一方霸業，堪稱五代第一「無賴」梟雄。

那麼十國的第一「無賴梟雄」是誰？答案基本沒有爭議——前蜀高祖王建，一個幾乎是十國版朱溫的一代梟雄。

要說出身，王建和朱溫略相似。朱溫是鄉村清貧知識份子的兒子，王建則是一個道地的鄉間土棍。但朱溫有一點要比王建好，就是朱溫少偷東西。眾所周知，朱溫偷鍋是因為錢都賭光了，為了籌集賭資才不得不當回扒手，還犯罪未遂。而王建則是職業扒竊份子，他完全就是靠偷靠摸維持生計，一天不偷就得餓死。朱溫也不是所有人都討厭，至少劉崇母親非常疼愛朱溫，而王建則遭到了鄉鄰所有人的痛恨，因為王建是在絕別人家的活口。農村生產力低下，老百姓種地全靠牛和驢，牛耕地，驢拉貨，可王建專砸百姓飯碗，「少無賴，以屠牛、盜驢為事」，還經常販賣私鹽，家境自然要遠比連口鍋都沒偷成的朱溫殷實。這樣的缺德錢，王建賺得越多，挨罵越狠，老百姓恨恨地給王建送了一個名震古今的雅號——賊王八。

因為偷牛偷驢，得罪了鄉里鄉親，王建在家鄉許州舞陽（河南舞陽）混不下去，乾脆放棄了這行好買賣，就地參加了忠武軍的武裝編制，當起大頭兵，吃起了軍餉。因為王建身高健壯，「隆眉廣顙，狀貌偉然」，形象比猥瑣的朱溫惹人順眼，再加上稍有功績，很快就做了隊將，成為一名小頭目。

王建為什麼要參軍，史無明載，但其本意應該與朱溫差不多。朱溫雖然「無賴」，但善騎射，身壯如牛，又逢亂世，最適合參軍，然後殺人如麻，官至諸道節度使。這是最適合朱溫走的道路，王建同樣如此。王建雖然有點錢，但畢竟名聲不好，再加上老百姓看管牛驢較嚴，王建「生意」做不下去，不如參軍殺人，撈軍功至富貴，還有尊貴的社會身分，何樂不為？

因為朱溫出道後跟著「反賊」黃巢大殺江湖，所以朱溫後來洗白了身分，依然逃不掉「黃巢餘孽」的罵名。而王建則一開始就是官軍身分，從來沒做過「反賊」，這一點要比朱溫「乾淨」。雖然當時的忠武軍老大秦宗權後來也當了「反賊」，但那時王建早就脫離秦宗權了。

朱溫發跡是因為後來反叛黃巢，王建發跡則是一開始就與黃巢作對，雖然王建只不過是個不起眼的小角色。西元八八一年，黃巢攻陷長安，唐僖宗李儇逃竄到成都避難，時任忠武軍節度使的秦宗權在忠義老太監楊復光的勸說上，發兵三千，派大將王淑助楊復光討伐黃巢。楊復光在殺了「逗留不進」的王淑後，把前後所得的八千名忠武兵分成八部，又從忠武軍中選拔八名牙將每人各領一部，號稱忠武八都，其中一都就是王建，另外還有鹿晏弘、晉暉、韓建等著名人物。

說來非常有意思，王建和朱溫的相似度極高，但二人其實是見過面的，甚至交過手。中和元年（八八一年）四月，楊復光帶著八都與黃巢手下的頭牌大將朱溫在鄧州大戰，把朱溫暴打一頓。也許當時的朱溫和王建都沒有想到，二十年多年後，他們會成為各霸一方的雄主。

不過王建的起點遠高於朱溫，朱溫本是「反賊」，幸虧認了河中節度使王重榮當乾娘舅才飛黃騰達，而王建的貴人則是當時行政級別最高的那個人——唐僖宗李儇。

在八都中，勢力最大的是鹿晏弘，鹿晏弘野心太大，後來扯旗單幹，在河南一帶燒殺抄掠。王建等人根本不服鹿晏弘，你自己玩去吧。八都中的五都——王建、韓建、晉暉、張造、李師泰各率本部人馬「西奔於蜀」，投奔了李儇。李儇「得之大喜」，封五人為隨駕五都，恩寵有加，甚至讓大太監田令孜收下五人為養子。等到李儇返回長安時，王建恰巧跟隨在李儇身邊，因為漢中山路難走，夜宿在荒郊野外，王建頭腦非常機靈，他見皇帝沒有睡的地方，直接獻出自己的大腿，讓小皇帝枕在自己的腿上入睡。等到李儇醒後，見王建如此忠君，大受感動，把自己平時穿的御衣披在王建身上。

這是何等的榮耀！

後來大太監楊復恭主掌內政，楊復恭和田令孜不和，而王建又是田令孜的乾兒子，但考慮到僖宗皇帝非常欣賞王建，不得不賣給皇帝一個面子，讓王建去利州（四川廣元）當刺史。當時的刺史權力非常大，而且手握重兵，僅次於節度使。如果不是王建巴結上了唐僖宗，是不可能得到這個肥差的。

因為蜀中只有兩大藩鎮，即劍南西川和劍南東川，所以王建得到的利州，其實就相當於朱溫得到的宣武軍之於中原一樣。如果把蜀中看作天下的話，利州的地位和宣武軍相差無幾。這個時候，王建才算真正混出頭來，成為蜀中有較強實力的地方大員。利州北近漢中，南近成都，南可攻成都，北可攻漢中，是蜀中著名的戰略重鎮，王建得利州，對於他日後得蜀中天下的重要性是不言而喻的。

當時對王建來說，面臨著兩大選擇，一是北上漢中進取關中，而且守漢中的山南西道節度使楊守亮邀請王建去漢中，王建不敢去。二是南下成都進取兩川。關中是唐王朝所在地，加上多年戰亂，地瘠民貧，沒有多少油水。而兩川天府之資，地豐民富，是天然的割據之地。王建手下謀士周癢勸王建：「唐祚將終，藩鎮互相吞噬，皆無雄才遠略，不能戡濟多難。公勇而有謀，得士卒心，立大功者非公而誰！然葭萌四戰之地，難以久安。閬州地僻人富，楊茂實，陳（**西川節度使陳敬瑄**）、田（**田令孜，陳敬瑄之兄**）之腹心，不修職貢，若表其罪，興兵討之，可一戰而擒也。」

王建善之，這一年是唐光啟三年（八八七年）的三月。

其實王建已經做出了入蜀爭天下的選擇，去搶燙手山芋一樣的關中，只有傻子才會去做。王建爭奪蜀中的最關鍵一步，是南下襲取閬州。閬州進可取成都，退可守利州，戰略地位非常重要。王建湊了八千人馬，甚至還有當地的「溪洞酋豪」，沿嘉陵江南下，沒費什麼力氣就拿下了要塞閬州。

王建是有政治野心的，部將張虔裕認為應該「宜遣使奉表天子，杖大義以行師，蔑不濟矣」，欲成大事，必須有政治上的合法名分，否則事必不成。雖然史料並無記載王建接受張虔裕建議後的效果如何，但從王建日後的成功來看，政治上的收益是非常大的。王建同時還接受了部將綦毋諫「養士愛民」的建議，為王建爭取蜀中人心起到了非常關鍵的作用。

王建在戰略上的能力非同尋常。蜀中分為西川和東川，東川為王建曾經的戰友顧彥朗佔據。顧彥朗善撫將士，王建如果與顧彥朗苦爭，一則實力較弱未必能拿下，二則即使拿下東川也大傷元氣，白白便宜了其他人。西川陳敬瑄是個草包，百無一用，類似於劉璋。所以王建捨東川不攻，直接去取西川。等到拿下西川，有了固定的根據地，再與顧彥朗爭蜀中天下。

利、閬二州皆在山南西道，王建欲得西川，必須借路東川。王建先與東川搞好關係，甚至還經常給東川送錢糧，穩住了顧彥朗，算是得到了顧彥朗的借路許可。當然，王建自然不會對顧彥朗說我先取西川再來取你項上人頭，而是說我要回趟成都，去看望我「年邁多病」的「父親」田太監，然後給陳敬瑄打長工，打消了顧彥朗的顧慮。

當得知已在蜀中打出名號的王建欲圖西川，陳敬瑄嚇得快尿褲子了，而陳敬瑄的親兄長、大太監田令孜則信心滿滿的告訴弟弟：「王八，吾子也，彼無他腸，作賊山南，實進退無歸故也。吾馳咫尺之書，可以坐置麾下。」但現實很快就嘲弄了這位曾經威赫喧天的十軍阿父兼王建的乾爹。

陳敬瑄拒絕王建來成都「省親」後，王建失去了在成都通過政變奪權的機會，那就武力強佔西川。王建率三千精銳穿過了東川轄境，攻克了西川境內的漢州（四川綿竹），而綿竹正是成都的北面門戶。

成都是西南名城重鎮，城高糧多，易守難攻，當年劉璋如果死守成都一年，劉備進退失據，後果難以預料。王建的實力還不足以立刻拿下成都，「設梯衝攻成都」，攻了三天，大牙崩掉幾顆，成都紋絲不動。王建並沒有死咬住成都，而是極富戰略性的先掃清西川其他州郡，讓陳敬瑄在成都城中消耗糧食和士氣，等拿下西川再攻成都孤城，一戰可下。但王建有一點和朱溫不同，朱溫用兵，多少還顧及百姓利益，而王建簡直就是土匪再世，「（建）縱兵大掠（蜀中），十一州皆被其毒，民不聊生。」

王建是個亂世軍閥，亂中取勝其實本沒有多少值得稱道之處，但王建的戰略頭腦在唐末五代確實值得大書特書。王建攻佔西川的企圖蜀人皆知，東川的顧彥朗會怎麼想？他會坐視能力遠強於陳敬瑄的王建據西川再攻東川？雖然顧彥朗與陳敬瑄久有積怨，但面對共同利益，顧陳聯手，西川東川共同用力，在兩川之間來回折騰的游軍王建立時就能擠成壓縮餅乾。王建早就考慮到這一點，早在他借路東川時，就向顧彥朗提出來顧王兩家合夥攻成都然後中分西川，《新唐書・陳敬瑄傳》記載：「（王建）因請兵於彥朗。」顧彥朗自然願意，「以其弟顧彥暉為漢州刺史，發兵助建，急攻成都」，甚至還暗中向王建提供大量軍資錢財。如果王建不做出這樣的承諾，以他現在的實力，絕對承擔不起顧陳兩家合兵的後果。

顧彥朗得到了王建給他畫的半分西川這個誘人大餅，自然要為王建做點什麼。王建非常有政治頭腦，在軍事上暫時佔不到陳敬瑄便宜的情況下，那就在政治上抹黑陳敬瑄。王建上表長安，「請討敬瑄以贖（王建抄掠蜀中之）罪」，而顧彥朗也跟著起鬨，「顧彥朗亦表請赦（王建）罪」，同時又請求朝廷將陳敬瑄調離西川，另擇大臣主政西川，但並沒有提名王建。新即位的唐昭宗李曄派宰相韋昭度入蜀取代陳敬瑄，同時又「詔東川顧彥朗與王建合勢討之（陳敬瑄）」，等於給了王建取成都的合法理由，這對王建未來的爆炸式發展打下了堅實的基礎。李曄和陳敬瑄沒有私怨，但卻恨透了陳敬瑄的兄長田令孜，李曄寧可讓王建主政西川，也要藉王建之手除掉田令孜。

不過王建也知道顧彥朗是靠不住的，他一方面要攻下成都，同時還要提防顧彥朗下黑手。不過王建為人強梟，是蜀中人人願意押寶的潛力股，王建駐新都時，當地大富豪何義陽等人不但把自己的私家武裝交給王建，還「給其資糧」，此時已有些狼狽不堪的王建「軍復振」。

陳敬瑄面對王建的威脅，主要還是在政治上，王建在政治上幾乎搞掉了陳敬瑄。文德元年

（八八八年）十二月，李曄設置了永平節度使，王建任刺史，同時「削陳敬瑄官爵」，王建再次在政治上取得完勝。至於軍事，王建幾乎將陳敬瑄玩得團團轉，幾乎沒有浪費什麼筆墨。

王建的目標非常清楚，就是先佔據西川再取東川，但顧彥朗急切不可下，新來的韋昭度又有皇帝支持。王建偷慣了牛，也當慣了孫子，在實力較弱的情況下，裝孫子是唯一的選擇。有些人失敗，就是放不下所謂的面子，強充英雄好漢，結果吃了鬼頭刀。王建「事昭度甚謹」，就差在韋昭度面前跳脫衣舞了。

但因為陳敬瑄善守，韋昭度打了三年，依然沒有拿下成都。李曄有些沉不住氣，下詔「復陳敬瑄官爵」，意欲與陳敬瑄和好，並要求王建罷兵。王建距離統治西川只一步之遙，皇帝的聖旨，他也可以不聽！

王建當著韋昭度的面，活剮了韋昭度的親信駱保，韋昭度知道王建是項莊舞劍，意在沛公，嚇得立刻把軍權交給王建，並讓王建署理西川節度使，自己稱病回朝。

當然，黑鍋由是顧彥朗來背的，「建陰令東川將唐友通等擒昭度親吏駱保於行府門，臠食之」。王建應該是暗中用重金收買了唐友通，顧彥朗並不知情。王建的戲還沒有演完，韋昭度逃跑之前，王建「跪觴馬前，泣拜而別」。

惡人你來做，好人我來當。

韋昭度指揮的數萬大軍轉眼之間就成了王建的私人武裝，但依然打著代天子討伐「反賊」的旗號，政治名分最正。而為了防止朝廷變臉，王建派兵扼守劍門雄關，割據朝廷方面與陳敬瑄的聯繫，王建就可以輕鬆收拾陳敬瑄。

王建勢力在蜀中坐大，明眼人都能看出來無論陳敬瑄，還是楊守亮以及東川的顧彥暉都不是王建的對手，想升官發財的都倒戈歸降了王建。成都的陳敬瑄雖然還在死撐，但成都城內虛實已盡為王建所偵知，所有人都知道，王建進成都只是時間問題。

大順二年（八九一年）四月，王建下達了對成都的總攻令。

陳敬瑄還在死守，而王建的乾爹田令孜此時也放低了身段，不叫王建「王八吾兒」了，改稱「八哥」。只是王建暫時還可以利用老太監，還以父子相稱，把田令孜騙到自己營中。應該是田令孜讓人稍信給城中的陳敬瑄，次日，陳敬瑄非常乾脆的出城投降王建。

王建此時已對陳氏兄弟動了殺機，但為了穩定成都，王建指天劃地的發誓：「太師（陳敬瑄）初心太過，致有今日相戾。即此推心，一切如舊。」王建當然不會自己動手殺人，但皇帝可以啊！

在王建徹底控制住了西川之後，二陳的人生也走到了盡頭。景福二年（八九三年）二月，王建多次上表請李曄下詔殺陳敬瑄和田令孜。還是惡人你來做，好人我來當。

李曄沒上當，他希望能留下二陳牽制王建。李曄不配合，王建也有辦法殺二陳。王建再上表指責陳敬瑄謀反，還沒等李曄回信，王建已經殺掉了被軟禁在新津的陳敬瑄。至於田太監，「（王建）又告令孜通鳳翔（割據鳳翔的李茂貞）書」，把老乾爹鎖在牢裡，孝敬一匹白綾，給老乾爹送了終。還有一種說法認為田令孜不是自盡，而是被扔在牢裡活活餓死。

而此時王建的政治身分是檢校太傅、成都尹、西川節度副大使、知節度事、管內觀察處置、雲南八國招撫等使。

此時蜀中還有東川顧彥暉割據，不過王建從來也沒把顧彥暉當盤菜。顧彥朗已經病死，王建心裡很清楚，吃掉顧彥暉必然會費一些力氣，但也不過是早上吃掉或者是晚上吃掉的區別。唐乾寧四年（八九七年）十月，被王建用了近五年時間折磨至筋疲力盡的顧彥暉再也撐不下去。東川治所梓州城內，絕望的顧彥暉在醉酒後殺掉一桌子酒友，悲憤自殺，東川自然是王建的戰利品。

蜀中盡為王建所得，但王建有時還是睡不踏實，因為蜀中的北面門戶漢中要塞還在李茂貞手上。王建現在應該能體會到劉備無法容忍曹操控制漢中的心情，一旦有兵從漢中山險進入兩川平地，後果不堪設想，看看劉阿斗的結局就知道了。

李茂貞實力很強，硬吃未必能啃得動，唯一的辦法就是智取。唐天復二年（九〇二年）五月，控制中原的梁王朱溫與控制唐昭宗李曄的李茂貞大打出手，而李茂貞實力弱於朱溫，鑒於他與王建良好的合作關係，便請王建出兵幫他打退梁兵的進攻。

王建爽快的答應了。

可還沒等李茂貞誇王建夠哥們的時候，他發現蜀軍的目標根本不是梁軍，而是他的漢中。等李茂貞明白過來，五萬蜀軍在王宗滌的率領下攻下漢中，生擒李茂貞的山南節度使李繼密。同年九月，見王建勢大，李茂貞的武定節度使拓跋思恭獻洋州（陝西洋縣），做了王建的馬仔。

幾乎是轉眼之間，李茂貞賴以生存的南面要塞變成了王建的北面門戶。因為鳳翔就在漢中北面，只要王建一捅刀子，李茂貞如坐針氈。

李茂貞大罵王建無恥下作，為了達到目的不惜出賣朋友。可李茂貞所不明白的是，利益場上哪有朋友？王建這麼做，確實缺德帶冒煙，但王建為人天下皆知，李茂貞並非不知道。在這種情況下他還主動引狼入室，又能怪誰呢。

王建是靠出賣朋友獲得利益的，固然讓人不齒，但在亂世中生存，但凡講仁義禮智信的往往都沒有好下場，像王建這樣缺德帶冒煙的往往能成就大事。

心狠手辣，王建覺得理所應當。

薛居正評價王建「雄猜多機略、意常難測」，想在亂世中謀生存就得有點手段。你不吃人，人必吃你。

心狠手辣才能成大事——偷驢賊王建的發跡史（下）

唐天復三年（九〇三年）八月，毫無人身自由的唐昭宗李曄下詔，封西平王王建為蜀王，正式承認了王建對蜀中的統治。

王建控制的地盤，北至漢中，西至川藏邊界，南至雲貴高原，東至白帝城，疆域橫幅數千里。論整體實力，是與中原朱溫、河東李克用、淮南楊行密齊名的晚唐四大梟雄。

而實力雄厚的王建，卻從來沒有進取中原的計畫，他已滿足於對蜀中的控制。倒不是王建不思進取，問題還是進取中原的難度要遠大於守蜀的難度。讓王建逐一吃掉李茂貞、朱溫、楊行密、李克用、錢鏐、馬殷、劉巖、王審知，在當時的歷史背景下，誰也做不到這一點。王建據蜀後，開始偃武修文，蜀中很少再見刀兵。雖然王建據蜀初期也是個敲剝百姓的民賊，「王建賦斂重」，但隨後就在馮涓的勸說下減輕了百姓負擔，「自是賦斂稍損」，蜀中百姓可以安心從事生產。從這一點看，王建的保守也是百姓的福氣。像得國不正的北宋那樣「國朝削並僭偽，救民水火之中」，其實都是百姓的晦氣。

雖然王建為人有時過於耍寶，但他在政治上是不糊塗的。砸了老百姓的鍋，老百姓被逼得沒飯吃，就會群起而砸掉他王家的鍋。讓老百姓有口熱飯吃，老百姓是斷然不會造反的，古往今來莫不如此。

王建的軍事能力其實一般，比當世兩大軍事強人朱溫、楊行密稍遜一籌，所以王建更注重在政治上的經營。只要政治上不出問題，完全可以彌補自己在軍事上的短板。比如唐天復四年（九〇四年）八月，苦兮兮的唐昭宗李曄被朱溫殺掉，消息傳來舉世震驚，而王建則迅速從此事件中發現了「商機」。李曄的苦難人生多為天下人同情，王建自然要給自己在政治上撈分。王建接受了西川掌書記韋莊的建議，派人告訴朝廷的發哀使司馬卿：「蜀之將士，世受唐恩，去歲聞輿東遷，凡上二十表，皆不報。尋有亡卒自汴來，聞先帝已罹朱全忠弒逆。蜀之將士方日夕枕戈，思為先帝報仇。」後來王建又率眾率眾東向舞蹈，「號慟」（**昭宗被殺**）。王建說得義正辭嚴，做得堂堂正正，實際上他根本不可能為一個死去的傀儡皇帝去和強大的朱溫開戰，但王建這麼做至少把自己打造成了忠於唐朝的正義形象，為他鞏固在蜀中的統治大有好處。

王建做事，特別是在做壞事的時候，有個特點就是跟風。有人先做了壞事，王建才會做同類壞事。反正有人指責王建，王建就會說我也是跟別人學的……

唐天祐四年（九〇七年）四月，形同死緩囚徒的唐朝小皇帝李柷終於「順天應人」，把江山傳給了扒灰的老光棍朱三，二百八十九年之大唐帝國就此煙消雲散。

朱溫廢唐稱帝，嚴重刺激了久有此意的王建。但王建不傻，他絕對不會搶在朱溫之前稱帝，那樣在政治上等於自殺。所以王建天天掰手指頭算日子，希望朱溫早點稱帝，自己再跟上，就不怕被人罵了。

王建是個天生的影帝，即使到了這一步，他還沒有忘記自己的演員身分。蜀中文武以「大王雖忠於唐，唐已亡矣，此所謂『天與不取』者也」，請蜀王稱帝。王建還想再利用一把唐朝的政治僵屍，假惺惺的「不從」。後來在大家的「苦勸」下，王建終於同意稱帝。但在稱帝前，王建非常搞笑的帶著蜀中官員百姓東向「哭三日」，算是給已經完蛋的大唐王朝盡了孝。把他的唐朝乾爹埋進土裡後，王建開始嬉皮笑臉地享受他的美妙人生。

梁開平元年（九〇七年）九月二十五日，六十歲的江湖老滑頭王建做了皇帝，國號蜀。

再把王建和朱溫比較一下。二人出身相近，經歷相近，年齡相近，手段相近，但為什麼朱溫被罵了一千多年，而很少有王建的負面醜聞？原因非常簡單——朱溫討厭讀書人，而王建則有意識的拉攏讀書人。這也是為什麼柴榮不受讀書人待見，而讀書人特別喜歡趙匡胤的原因。朱溫、柴榮愛百姓不愛士人，所以士人對他們非常反感，王建、趙匡胤則相反。士人從來只考慮自己的私人利益，讓他們去為百姓利益說話，十萬人裡最多能找出十個人。

王建其實是個文盲，但文盲並不等於傻子，王建頭腦很靈活、懂世故。他知道自己經常過河拆橋，有些不太正派，所以他有意識的拉攏讀書人，至少王建知道讀書人會寫史。

史載，王建「雖目不知書，好與書生談論，粗曉其理」。其實歷史上文盲帝王尊重讀書人的不在少數，比如十六國的後趙皇帝石勒，以及王建的江湖晚輩李嗣源。但當時王建尊重讀書人與石勒、李嗣源有所不同，畢竟石、李都是中原皇帝，而王建偏安蜀中。蜀中距離唐朝國都長安只隔著一座秦嶺，而唐末大亂，長安城中的衣冠貴族多入蜀避難。所以，唐末以來，收留唐舊貴族最多的就是王建的蜀國，《新五代史・前蜀世家》載：「（王建建國後）所用皆唐名世族。」王建意識到這些人入蜀是一筆價值無可估量的財富，王建對這些出身高貴的讀書人非常尊重，「禮而用之，使修舉故事（唐朝典故）」。王建此舉不僅贏得了當時讀書人的好感，也讓後世讀書人對王建的印象非常好。但從保存唐朝文章典籍的角度來看，五代十國中最有唐朝風味的政權，無疑就是前蜀，史稱「故其（前蜀）典章文物有唐之遺風」。甚至可以說前蜀就是個小唐朝，唐風之正，遠勝於自稱唐朝正統的後唐與南唐。

王建演戲上了癮，他對群臣說他之所以厚待讀書人的原因，是因為「吾為神策將軍時，宿衛禁中，見天子夜召學士，出入無間，恩禮親厚如寮友，非將相可比也」。

唐朝皇帝都死了多少年了，王建沒忘記把他們從墳墓裡揪出來給他當配角。

做人如此詭詐，這是真性情的朱溫無論如何都不及王建的。

趙匡胤篡位後禮遇讀書人，只是為了讓讀書人給自己有負柴榮託孤篡位的行為說好話。其實他所做的這些「開創之舉」，都是王建玩剩下的。

在江湖四大老中，李克用和楊行密已經去世，只剩下王建和朱溫。朱溫自知王建的能耐不在自己之下，所以對王建客氣，每次派使節入蜀，都要尊稱王建一聲老兄，因為朱溫知道在他有生之年是別想打王建的主意了。

王建當然也知道這一點，所以王建接下來要做的，就是為自己的蜀國選一個將來繼承家業的少東家。

都說王建和朱溫很像，其實還有一點相似之處，就是他們都有一堆亂七八糟的乾兒子。不過朱溫的乾兒子們都處在權力周邊，除了朱友文很少有帶兵並能競爭皇位的，比如李讓、高季昌等人。而王建的乾兒子們和李克用的乾兒子們相似之處，就在於二人的義子們都是跟著乾爹血裡火裡拼殺出來的大將，手握重兵，自然都盯上了那尊誘人的皇冠。

王建的子嗣非常多，大致分為三類，一是王宗仁、王宗懿、王元膺、王宗輅、王宗傑、王宗衍等十一個親生子。

第二類，是王建的晚輩養子，如王家侄子王宗裕、王宗壽，以及王建的外甥王宗翰（本姓孟）。

第三類，就是王建那夥強悍的乾兒子，如有王宗佶（本姓甘），王宗侃（田師）、王宗弼（魏弘夫）、王宗滌（華洪）、王宗瑤（姜郅）、王宗播（許存）、王宗鉥（李武）。

雖然王建的乾兒子們個個梟雄能戰，為王建的江山立下汗馬功勞，但在有親生兒子的情況下，王建是不可能把江山傳給外姓的。乾兒子中功勞最大的王宗佶為了當上皇太子幾乎使盡了所有手段，最終惹惱了王建，被亂刀剁為肉泥。而王建之所以下狠手殺王宗佶，其實還是要藉王宗佶的死震攝諸假子，讓他們都收起野心，他的江山只能由自己的骨血來繼承。效果也非常明顯，至少王建在世時，假子們都老老實實的給乾爹賣命，再不敢有非分之想。

可此時王建才發現，他的這些親兒子們個個都不是什麼好鳥，特別是他的次子王宗懿。因為王建的長子王宗仁腿部有殘疾，所以立了次子王宗懿。

王建其實對王宗懿並不滿意，此子輕佻無方，做事毛躁。王建信任樞密使唐襲，可王宗懿看不上唐襲，經常在背後說唐襲壞話。王建警告過王宗懿不要亂嚼舌頭，王宗懿照樣在外搖唇鼓舌，讓王建大為不滿。唐襲自然不會坐以待斃，誣告王宗懿要謀逆篡位。王建信以為真，讓唐襲帶甲兵入宮護駕，沒想到這個舉動讓王宗懿以為唐襲要對自己動手，搶先一步殺掉唐襲。王宗懿只想殺唐襲，但王建卻認為兒子這是要弒父，立刻派人收了王宗懿的兵權，王宗懿趁亂逃到民間避難，成了落難太子，不久莫名其妙的被人殺死，凶手不詳。

雖然史料沒有記載，但根據利害關係猜測，最有可能幹掉王宗懿的是一對姐妹，就是王建最寵愛的兩個妃子——大徐妃和小徐妃，其中大徐妃生了一個兒子，就是王建最小的兒子王衍（即王宗衍，以後皆稱王衍）。徐氏姐妹現在受寵，但如果王宗懿即位，她們就得被打進冷宮。所以為了能長久富貴，最好的辦法就是做掉王宗懿，立王衍為太子。憑著王建對她們的寵愛，立王衍不算難事，雖然王建非常喜歡「諸子中最材賢」的王宗傑。只是王宗懿不死，一切都是白費力氣。所以從這個角度來講，徐氏姐妹是最有嫌疑除掉王宗懿的。

王建的兒子沒有一個是嫡長子，所以王宗懿死後，在徐氏姐妹的指使下，宮裡太監、紫貴大臣、江湖算命先生一哄而上，把王衍誇成了一朵花。此時的王建早已「老昏耄」，還以為王衍得人心，糊裡糊塗的就立了王衍為太子。這一年是蜀永平二年（九一二年）。

徐氏姐妹的興奮可想而知，但她們不會想到，正是自己這個寶貝兒子（外甥），不僅斷送了她們老公的江山，也斷送了她們姐妹的性命。

王建同樣不會知道，他歷經艱苦三十年才打拼下來的蜀中天下，在他死後僅僅七年，就被他這個寶貝兒子王衍斷送得一乾二淨，連骨頭渣子都不剩。

而王建，死於蜀光天元年（九一八年）六月初一，縱橫兩川近四十年的一世梟雄王建死於成都，時年七十二歲。

王衍的亡國，怪不得別人，只能怪徐氏姐妹和王衍。為了賺錢，徐氏姐妹公開賣官，就像開油條鋪子一樣，蜀中有錢的主都像嗅到魚腥的貓一樣，紛至沓來，揮舞著銀票要當公僕。「太后、太妃以教令賣官，自刺史以下，每一官闕，必數人並爭，而入錢多者得之；通都大邑起邸店，以奪民利。」這樣的官是不可能為老百姓服務的，只能橫徵暴斂，最終丟掉民心。

前蜀滅亡的另一個原因，就是王衍寵用太監，「衍年少荒淫，委其政於宦者宋光嗣、光葆、景潤澄、王承休、歐陽晃、田魯儔等；以韓昭、潘在迎、顧在珣、嚴旭等為狎客。」太監干政，除了誤國，別無一用。這夥太監得志後，蠱惑王衍疏遠賢臣，親近小人，朝中全是一幫飯桶。指望這樣的人來對抗李存勗的鐵血河東軍，顯然是以卵擊石。前蜀不亡，反而沒有天理了。

一代軍事戰略大師孟知祥

五代宋初的創業帝王，大致分以下幾種：

一，從最底層一路血拼上來，如朱溫、楊行密、王建。

二，同樣是底層出身，但多少有點資源，如吳越錢鏐、楚馬殷、閩王審知。

三，從父輩手上傳來基業，如南唐李昪（徐知誥）、南漢劉龑。

四，憑空撿個天大便宜，如趙匡胤，什麼都沒做，只是運氣極好，就贏盡本該屬於柴榮的一切。

五，江湖起點非常高，出手闊綽，如李克用。

六，手上掌握一定資源，但面臨強大對手的競爭，最終幹掉對手一統江湖（所在區域），如孟知祥。其實錢鏐、楊行密也屬此類，但這裡只講孟知祥。

在五代十國宋初的開基帝王中，出身高的不多，李克用無疑是最高的。而李克用之後出身好的，就是李克用的侄女婿孟知祥。

據《舊五代史》記載，孟知祥字保胤，邢州龍岡人。沒錯，孟知祥與郭威、柴榮是如假包換的老鄉。孟知祥的父親孟道只是邢州將校，無足稱道，但孟知祥卻有一個了不起的伯父——控制邢、洺、磁三州的保義軍節度使孟方立。

孟方立能力一般，在與強大的鄰居河東李克用的競爭中很快就敗下陣來，唐龍紀元年（八八九年）五月，李克用大舉進攻邢洺。因為孟方立為人慳嗇，不得人心，「諸將多怨，至是皆不為方立用」，孟方立知道大勢已去，服毒自殺。接掌兵權的弟弟孟遷根本不是李克用的對手，乾脆投降了事。邢州孟氏舉家遷往太原，時年十六歲的孟知祥來到了陌生的太原城，開始了他奇特的命運。

不知道是出於什麼原因，李克用把弟弟李克讓的女兒許配給了孟知祥，而作為晉王的侄女婿，又兼是名家孟氏之子，所以孟知祥在河東的仕途異常順利。更重要的是，孟知祥和後來的晉王李存勗、河東二掌櫃郭崇韜私交都非常好，與李嗣源也能稱兄道弟，人脈非常廣泛。

而正是由於孟知祥人緣好，唐同光三年（九二五年），郭崇韜率唐軍進攻前蜀前，就向李存勗推薦了孟知祥為戰後的西川節度使，主政成都善後，李存勗同意了。如果沒有郭崇韜的這次推薦，孟知祥只會是一代名臣，畢竟他當時的地位已是頂層一線。他絕對沒有想到，這次的推薦徹底改變了他的人生，也改變了歷史。

李存勗和孟知祥是親戚又是好友，自然願意讓孟知祥出任這個肥缺。臨行前，李存勗還給孟知祥辦了一場送行宴，二人先是聊人生故舊，隨後喝得爛醉的李存勗告訴他的堂姐夫：「吾聞蜀土之富，無異於此，以卿親賢，故以相付。」

其實，孟知祥入蜀，還有另外一樣秘密任務，就是應李存勗的要求，去成都誅殺讓李存勗早就懷疑有不臣之心的郭崇韜。李存勗密令孟知祥「聞郭崇韜有異志，卿到，為朕誅之」，而孟知祥與郭崇韜親如兄弟，他並不相信這種傳聞，也只是含糊答應。可李存勗是鐵了心要殺郭崇韜，李存勗派人去成都殺郭崇韜，同時催促在路上軟磨硬泡的孟知祥早點到成都上任。孟知祥磨蹭，是想給郭崇韜一點靈活機動的時間。而現在的情勢也讓孟知祥看透了時局，天下未定便要殺首功之臣。

「亂將作矣！」孟知祥感歎道。

史料沒有記載，不過孟知祥現在應該有了藉西川之地避開朝廷權力鬥爭的想法。畢竟坐鎮成都的太子李繼岌不會在成都遷延太久，等自己穩定蜀中局勢，可以朝著世襲西川的方向發展，然後再視朝廷局勢進一步打算。至於好友郭崇韜，孟知祥已經救不了他了，李繼岌在收到父親密信後，向左右使個眼色，郭崇韜人頭便被大錘擊得粉碎。

郭崇韜如果不死，或者是坐鎮成都，以郭崇韜之才他可以把蜀中治理的條條井然。但郭崇韜的死，其實是給了孟知祥一個難得能顯現自己治政之才的機會。孟知祥在任太原市長期間，積累了大量的地方治政經驗。

郭崇韜的死給剛平定的蜀中帶來了極大的不安定因素，蜀中人士都不知道自己的未來在哪裡。而作為西川行政主官的孟知祥在「人情未安」之際，「慰撫吏民，犒享將卒，去留帖然」。成都形勢很快就安定下來。蜀中軍民都認可孟知祥的治才，這也為孟知祥後來霸蜀打下了強力基礎。

因為前蜀王建積三十年之功經營兩川，蜀中軍事資源豐富，在發生了滅蜀名將李紹琛（即康延孝）叛亂後，孟知祥輕鬆派出四萬人，聯合入蜀的唐軍行軍司馬任圜與同樣對蜀中虎視眈眈的東川節度使董璋共同剿滅李紹琛。三方合力，很快就把欲據蜀稱王的李紹琛送進了囚車，臨行前，孟知祥還學著朱溫的樣子，給像極了秦宗權的李紹琛敬了一杯酒，「公已擁節旄，又有平蜀之功，何患不富貴，而求入此檻車邪！」表面上，孟知祥是在奚落李紹琛，其實孟知祥是做給任圜看的，任圜是文職，早晚要回朝廷當宰相，孟知祥調戲李紹琛，無非是讓任圜回去給李存勗傳個話：「自己絕不會做李紹琛第二。」否則李存勗一紙調令讓孟知祥離開西川，他接旨還是不接旨？

《資治通鑒》說孟知祥在李存勗死後「陰有據蜀之志」，李存勗花樣作死，命不久矣。所以孟知祥必須提早做割據西川的準備，至少在這個時候孟知祥已經有了據蜀之志。

要控制蜀中，必須鞏固自己手中的西川基本盤，一步步向外擴張，而最重要的一步就是政權建設。所謂政權建設，無非是減輕百姓經濟負擔，刷新吏治，讓老百姓有口熱飯吃。孟知祥是外來戶，蜀人對他並不熟悉，所以李紹琛振臂一呼，三日內竟有五萬人相從。孟知祥深知這一點，他必須利用自己手上的政治資源及早贏得蜀人的好感。史載，孟知祥「擇廉吏使治州縣，蠲除橫賦，安集流散，下寬大之令，與民更始」。蜀中百姓最怕的是土匪強盜橫行，這個好辦，孟知祥派大將趙廷隱與張業「將兵分討群眾盜，悉誅之」。

這個「悉誅之」，一則討好了蜀中百姓，二則震懾了部下官兵，敢不聽話，同樣「悉誅之」。孟知祥深知兩手抓、兩手都要硬的道理，一面給你胡蘿蔔吃，一面舉著大棒子。百姓心服，將吏畏服，孟知祥在蜀中人氣大漲，朝著自己的夢想前進了一大步。

而當李存勗被殺的噩耗傳到成都，孟知祥知道自己的機會終於來了。

李存勗在一天，孟知祥畏其雄武而不敢輕動。現在堂妹夫死了，再沒人能管得住這位西川節度使了。

孟知祥在政治上很成熟，他有據蜀之志，但這並不意味著他會立即稱帝，那等於政治自殺。而且憑自己對老友李嗣源的了解，李嗣源坐穩中原後，一定會向兩川下手，絕不會讓兩川成為政治軍事上的特區。

如果是李存勗，一紙調令就能讓孟知祥離開西川，但李嗣源沒有這個震攝力，他知道孟知祥根本不會聽他的。李嗣源很有意思，他要掏空孟知祥的錢袋子，讓老孟沒錢收買人心。因為聽任圜說孟知祥在成都搜刮了富戶六百萬貫錢，其中四百萬發了軍餉，孟知祥還私扣了二百萬。李嗣源立刻派太僕卿趙季良去成都，讓孟知祥把這二百萬上交國家財政。同時趙季良還兼任制置轉軍使，任務是收繳蜀中郡縣的稅賦上交中央。

李嗣源伸手要錢，孟知祥本來是不想給的，蜀人「欲皆不與」，但孟知祥暫時還不想與李嗣源徹底翻臉，只是同意交出府庫中的錢，而各郡縣的稅賦一個子也不允許上繳。「府庫他人所聚，輸之可也。州縣租稅，以贍鎮兵十萬，決不可得。」

孟知祥為什麼會爽快地把二百萬貫巨款送給李嗣源？與其說這二百萬是上繳國家財政的，不如說是讓李嗣源釋放人質的贖金。

孟知祥有據蜀之志，但他的家小都在洛陽，被李嗣源扣作人質。一旦李嗣源以福慶長公主和幾個兒子的性命作要脅，孟知祥將會非常被動。雖然史料沒有記載，但孟知祥與李嗣源暗中達成交易，二百萬貫錢給你，你把家小送入蜀中，則是完全符合情理人性的。李嗣源何嘗不知控制人質的重要性，但他此刻為了犒軍急需用錢，所以也答應了放公主與孟昶等人入蜀。

孟知祥用二百萬的代價換來了老婆與孩子的一家團聚，看上去代價很大，實際上花這筆錢買掉自己的後顧之憂，可以和李嗣源抗衡到底，不再受人質困擾。李嗣源再派曾經在唐軍滅蜀中立下大功的客省使李嚴入蜀任西川兵馬都監，監視孟知祥，孟知祥已經不再有什麼顧忌了，李嚴一到，孟知祥就用李嚴人頭祭了旗，間接告訴李嗣源：中原姓李，西川姓孟。

西川姓孟，東川則姓董。

東川節度使董璋是樞密使安重誨好友，而孟知祥與安重誨不和，所以孟知祥始終覺得董璋在臥榻之側，自己睡不安穩。孟知祥要成就蜀中霸業，必須除掉同樣有野心的董璋。孟知祥和董璋在經濟戰線上亂打王八拳，董璋讓東川的鹽販子到西川販鹽，換取西川的銅錢。孟知祥搞掉這些人太容易了，你想賺我的銅錢？我先把你身上的銅錢搜刮乾淨，孟知祥下令，對入西川的鹽販子課以難以承受的重稅，自然嚇跑了東川鹽販子。

後唐天成四年（九二九年），李嗣源聽說孟知祥又搜刮一筆橫財，下旨讓孟知祥拿出一百萬，孟知祥照例哭窮，軟磨硬泡之下，只給了五十萬。另一路的董璋更絕，李嗣源向他要五十萬，董璋一哭二鬧也才給了十萬。

兩川之富冠絕後唐各藩鎮，所以李嗣源一直想直接控制兩川，見蘑菇戰術實在刮不到多少油水，那就來硬的。李嗣源決定先解決東川的董璋，進一步壓縮孟知祥的生存空間，最終再總攻孟知祥。

而董璋已經嗅到了危險，立刻向他的鄰居孟知祥求救。孟知祥的戰略眼光有點問題，他竟然沒有看透李嗣源的深意，還是趙季良提醒他：李嗣源此舉是項莊舞劍，意在沛公。孟知祥這才回過味來，很快就與董璋結成了攻守同盟，甚至把自己的女兒嫁給了董璋的兒子。

董璋沒有多少能耐，讓董璋守東川，遠比雄才大略的李嗣源控制東川更符合孟知祥的利益。

董璋主動向朝廷方面發起了進攻，天成四年的九月，東川兵進攻遂州、閬中，而孟知祥根據雙方事先的談判交易，派都指揮使李仁罕、漢州刺史趙廷隱、簡州刺史張業等人與東川兵合攻遂州，都指揮使侯弘實等人攻閬州。

東西川聯手，互為唇齒，朝廷方面則孤軍深入，根本不是兩川聯軍的對手，閬州刺史李仁矩被董璋擊潰。但董璋做事毛躁，沒與孟知祥商量就殺了李仁矩全家，徹底激怒了李嗣源。以牙還牙，李嗣源殺了董璋留在洛陽的全家老小，但等李嗣源想殺孟知祥的老小時，孟家老宅裡連個鬼影也沒有。

按孟知祥和李嗣源徹底鬧翻，他只能硬著頭皮聯合董璋對抗朝廷。孟知祥現在唯一能做的，就是不惜代價保住董璋在東川的統治，絕不能讓東川落進李嗣源手裡。但讓孟知祥沒有想到的是，董璋根本沒有合作的誠意，董大人一方面抗拒中央軍，同時還提防著孟知祥。董璋軍北上進攻利州，因為天降大雨，董璋退回閬州。孟知祥聽說後，立刻寫信告訴董璋利州的重要性，並願意用西川兵守住劍門關，防止中央軍南下。董璋不可能讓西川兵控制劍門要塞，自然拒絕。

在中央軍的強大壓力下，孟知祥現在根本不敢有趁亂拆董璋後臺的想法，以孟知祥的智商他不會這麼做。雖然孟知祥也知道董璋要算計他，但他從大局考慮，還是堅持對董璋的援助。如果孟知祥見識短淺，為洩一時之忿和董璋火拼，只能白白便宜了李嗣源。

但從整體實力和軍事能力看，董璋之於聯盟的作用，有些類似於二戰時義大利軍之於納粹德軍的影響，除了拖後腿，沒起到什麼作用。董璋不讓西川軍碰劍門，結果劍門在唐長興元年（九三〇年）十一月就被中央軍給奪了回去，中央軍駐守劍門，同時對東西兩川造成了空前的生存壓力，氣得孟知祥大罵董璋是大飯桶。

不過後來董璋向孟知祥求救，倒給了孟知祥深入東川腹地的機會，孟知祥自然不會客氣。在趙廷隱的激勵下，西川將士死守劍門以南的劍州（四川劍閣），一則能抵禦中央軍南下，危及孟知祥在西川的統治，同時又扼住了東川駐所梓州的北面門戶，孟知祥等於手握了懸在董璋頭上的一把利劍。幸虧孟知祥下手快，如果朝廷方面的石敬瑭早一步南下，董璋根本不是石敬瑭的對手。一旦劍州落入朝廷手上，什麼董璋、孟知祥全都得完蛋。

孟知祥的戰略應對能力非常強悍，他知道中央軍拿不下劍州，一定會另闢蹊徑入蜀，而龍州則是中央軍最有可能的入蜀通道。孟知祥提前布置，派重兵守住龍州。中央軍果然要從龍州入川，結果被西川兵一通暴打，狼狽逃回劍門。換言之，孟知祥已經堵住了自己的戰略漏洞，只要董璋那邊不出問題，西川固若金湯。

中央軍沒有別的路徑入川，只能死攻劍州一條線，極大緩解了孟知祥所面臨的軍事壓力。中央軍很快就嘗到了單線進攻的苦果，西川兵在山路上布置了五百弓箭手，就把強行進攻的中央軍射成了刺蝟，中央軍根本無法進攻，真正詮釋了「一夫當關，萬夫莫開」。一代名將石敬瑭知道他根本不可能佔乾表姑父孟知祥的半點便宜，於唐長興二年（九三一年）二月，狼狽撤軍，回朝待罪去了。

中央軍被打退後，董璋前往利州犒賞軍隊，趙廷隱曾密信建議孟知祥趁機會殺掉董璋吞併東川，不過孟知祥沒有同意。趙廷隱只能眼睜睜看著董璋在利州吃了幾頓飽飯，拍拍肚皮回到了東川。

表面上看，孟知祥失去了一次極為難得殺董璋的機會，日後再除董璋必然要費心力，但孟知祥出色的大局觀決定了他不會做如此淺短之舉。

孟知祥選擇放走董璋，有以下兩點考慮：

其一、中央軍雖然撤退，但誰也不保證中央軍不會再來。在中央軍確定不再來蜀中之前，絕不能動董璋。

其二、如果孟知祥選擇殺董璋，他也未必能立時佔領東川。畢竟他在東川沒有任何人脈，東川將吏未必服他。一旦東川投降朝廷，中央軍就能輕易的殺到成都城下，到時孟知祥半點活路也沒有了。「兩害相權從其輕」，孟知祥可以接受董璋控制東川，但絕對承受不起李嗣源控制東川的代價。

孟知祥在五代十國史上並非著名人物，但他的全域戰略布控能力卻是第一流的，遠在那些白撿便宜者之上。

在確定李嗣源不會再對兩川用兵之後，孟知祥知道他與董璋的決戰即將到來。但孟知祥並沒有直接與董璋開戰，而是派李仁罕率水師沿長江東下，順江拿下忠州（重慶忠縣）、萬州（重慶萬縣）、夔州（四川奉節）。孟知祥的用意再清楚不過，一旦東川投降朝廷，中央軍最有可能從忠、萬、夔一線沿江入川。孟知祥扼守三州要塞，徹底堵死了東川被朝廷控制的可能，他認為現在可以對董璋開刀了。

孟知祥攻董璋，類似於漁民在河裡捕魚。欲捕大魚，必須壘起土圍把魚困在一個想定的狹小範圍內，等四面土圍壘起時，魚的末日也就到了。孟知祥已經把董璋有可能突圍的活口全部堵死，以孟知祥之才，對付董璋這樣的庸才，過程已經無足輕重了。

唐長興三年（九三二年）五月，孟知祥率領下的西川兵在漢州雞蹤橋（四川廣漢北）大敗董璋率領的東川兵，東川死傷慘重，董璋狼狽逃回梓州。不久就被部下潘稠殺死在城頭上，潘稠隨後把董璋的人頭送到了孟知祥的腳下，東川正式成為孟知祥的地盤。

孟知祥俯身欣賞著地上那顆血淋淋的人頭，笑了。他知道兩川之內再無人敢犯其虎威，孟氏統治兩川的時刻即將來臨。

唐長興四年（九三三年）二月，對孟知祥毫無辦法的李嗣源下詔封孟知祥為蜀王。

雖然孟知祥距離大蜀皇帝只有一步之遙，但孟知祥非常聰明，他不想在政治上做仁君李嗣源治下的反賊。反正李嗣源已經病入膏肓，沒幾天活頭了。等李嗣源一死，他就可以……

同年十一月，李嗣源被寶貝兒子李從榮活活氣死，即位的是庸弱的宋王李從厚。孟知祥覺得時機成熟了，次年的正月，六十一歲的孟知祥在成都正式稱帝，國號大蜀，改元明德。因為王建建蜀在前，所以歷史上稱孟知祥建立的蜀國為後蜀。

不過因為長年勞累，孟知祥身體不太好，僅僅做了七個月的皇帝，孟知祥就病倒了。在安排了兒子孟昶繼位以及趙季良等顧命大臣後，孟知祥就崩了。

在五代十國的開國帝王中，即位時間最短的，就是孟知祥的半年皇帝，後漢的劉知遠好歹也在汴梁城中坐了八個月的龍廷。

孟知祥雖然沒享受多少做皇帝的滋味就甩手走了，但畢竟他為孟家打下了一方江山，他相信自己拼殺多年積攢下來的家底足夠兒子們揮霍。但孟知祥始終沒有忘記多年以來他和一個人的對話，他心中總有一股不祥的預感，孟家治蜀不會超過兩代人。

《五代史補》記載了這個著名的故事：「孟知祥之入蜀，視其險固，陰有割據之志。洎抵成都，值晚，且憩於郊外。有推小車子過者，其物皆以袋盛，知祥見，問曰：『汝車所勝幾袋？』答曰：『盡力不過兩袋。』知祥惡之，其後果兩世而國滅。」

盡力不過兩袋，孟知祥聽成了盡力不過兩代（**人治蜀**）。

仁者——三十二年太平天子話孟昶（上）

蜀漢後主劉禪亡於西晉，前蜀後主王衍亡於後唐，後蜀後主孟昶亡於北宋。自古便被認為三大亡蜀昏君，實際上三人之間有很大的區別。劉禪昏昏呆呆，自不必說。論藝術天份，王衍最高，音樂詩詞樣樣拿手。孟昶藝術上並不遜色於王衍，但孟昶在政治上的能力卻遠勝王衍，能做三十二年太平天子足以說明孟昶的能力。只不過執政晚年稍顯昏庸，再加上遇到了如日中天的周宋王朝，滅亡也是不可避免的。如果把孟昶和北宋仁宗趙禎互換一下，孟昶的成就當在趙禎之上。趙禎一味仁柔，而孟昶柔中帶剛，該殺人時毫不手軟。甚至還存在一種可能，如果中原不出現柴榮這樣的絕世天才，孟昶的天下傳上百年也不是問題。

梁貞明五年（九一九年）十一月，孟昶生於河東首府太原，而其父孟知祥時任河東中門使（**相當於樞密使**）。孟氏父子都沒有想到，他們的人生之花會在數千里之外的天府蜀中盛開。

關於孟昶生母李氏的身分，歷史上有兩種說法。一是李氏本是唐莊宗李存勗的低等嬪妃，後來被孟知祥得到。第二種說法出自宋人張唐英《蜀檮杌》，李氏本是孟知祥原配福慶長公主的使喚丫頭，福慶公主對孟知祥說：「此婢有福相，當生貴子。」命令孟知祥和李氏發生關係，遂生孟昶。

其實孟昶是孟知祥第三個兒子，但因為面相大師周元豹一句「此兒骨法非常，宜愛之。……將來可為四十年偏安主」，迷信的孟知祥便深信不疑，孟昶的繼承人身分很早就被確定。孟知祥病重後，正式立本名孟仁贊的孟昶為太子，監國事。蜀明德元年（九三四年），十六歲的孟昶在父親靈前繼皇帝位，拉開了繁華似錦的蜀中太平盛世大幕。

自孟知祥據蜀至孟昶亡蜀，蜀中近四十年得享太平，但百姓太平並不意味著官場同樣太平。自古官場便是殺人場，從來也沒有太平過。孟昶在位初期所面臨的險惡局面，是後人無法想像的。換言之，孟昶稍有不慎，便有可能人頭落地。

孟昶的威脅來自他的父輩，即跟隨高祖孟知祥百戰打天下的老臣宿將。孟知祥強梟雄武，這夥強人在孟知祥面前服服帖帖，但這不意味著他們會瞧得上孟昶這個半大毛孩子。其中有人認為蜀國是兄弟們打下來的，孟知祥死了，皇位應該讓他們兄弟輪流做，憑什麼私傳給孟昶。

孟蜀的重臣，計有宰相趙季良、保寧節度使趙廷隱、樞密使王處回、武信節度使李仁罕、控鶴指揮使張公鐸、奉鑾指揮副使侯弘實，這些人也是孟知祥欽定的輔政大臣。此外，還有侍中李肇，以及李仁罕的外甥、武信節度使張業。

趙季良是文臣，與孟知祥有備、亮之交，他對孟昶還是非常禮敬的。趙廷隱是蜀中武將之首，但趙廷隱是孟知祥的鐵桿心腹，對孟家忠心不二。真正的刺頭，是李仁罕。

李仁罕自認是開國功臣，但政治地位卻在二趙之下，李仁罕自然不滿。以「宿將有功，復受顧託」，要求孟昶把六軍兵權交給他掌管。李仁罕讓自己的馬仔們四處製造輿論，孟昶此時羽翼未豐，和官場大老普遍不太熟悉，所以孟昶不敢輕舉妄動，先讓李仁罕過過癮。不過孟昶在「不得已」加李仁罕為中書令、判六軍事之後，又給李仁罕摻了沙子，讓地位更高、而且與李仁罕積怨極深的趙廷隱做六軍副使，就中監視箝制李仁罕。李仁罕吃獨食，也得罪了孟昶身邊的玩伴，如醫官使韓繼勳、豐德庫使韓保貞、茶酒使安思謙。這些人經常在孟昶耳邊煽風點火，說李仁罕「有異志」，孟昶更是恨透了李仁罕。

不過北宋人路振《九國志》卻認為李仁罕忠恪為國，「（仁罕）奉幼主無隱情」，只是因為說話太直，「自以先朝舊老，遇事必諫」，這才得罪了韓繼勳等人。但綜合來看，李仁罕沒有異志，但太過飛揚跋扈，官場上沒人喜歡這樣的人。鰲拜沒有廢康熙之意，但專權太橫，康熙也要拿掉鰲拜，道理與孟昶拿掉李仁罕是一樣的。

如果按《資治通鑒》的說法，李仁罕有異志，蜀中二趙自然不可能讓李仁罕得逞，你要當皇帝，我們給你磕頭？憑什麼！孟昶暗中聯繫二趙，制定了秘密的誅殺計畫。

動手則非常簡單，等李仁罕上朝時，高座殿上的孟皇帝一聲令下，從兩邊擁出數十名武士，「執（李仁罕）而殺之」，隨後殺掉李仁罕的親屬數人。

李仁罕是本朝開國重臣，孟昶竟然有本事一朝誅殺，官場中人這才明白孟昶並不是庸弱之主，要起狠來那也是一狠主。孟昶殺李仁罕，極大震撼了蜀中官場，此後再沒有老臣敢在孟昶面前充大爺了。孟昶裝孫子時，李肇覺得此子可欺，上朝時竟然不對孟昶行君臣大禮，理由是臣腿疼，柱杖跪不了，孟昶「怒」。李仁罕被殺後，李肇知道自己該裝孫子了，上朝後李肇把拐杖扔在地上，老老實實的給孟昶行大禮。

可以講，明德二年（九三五年）九月的這場殺李仁罕事件，從根本中改變了蜀中的政治生態，孟昶樹立了絕對權威。從九三五年到九六五年這三十年間，蜀中政壇除了廣政九年（九四六年）張業跋扈被殺，再無官場風波。

康熙廢鰲拜親政，才開始轟轟烈烈的帝王生涯，孟昶也是如此。孟昶親政時還不到二十歲，喜歡玩，他最大的愛好就是打球跑馬，還在國內採選美女入宮享受，但韓保貞一紙上書勸諫，孟昶立刻改正錯誤，放美女回家，並賞賜韓保貞黃金，以獎他直言之功。如果換成趙匡胤，他會拿大斧頭把韓保貞打得滿臉是血，御史雷德驤是領教過趙匡胤厲害的。

對孟昶成為明君有利的是，他眼前就有一個活生生的反面例子，就是他的「前任」——前蜀後主王衍。雖然孟昶和王衍沒有交集，王衍亡蜀時，孟昶還是太原城中玩泥巴的六歲娃娃。但後蜀和前蜀在同一地區建國，王衍亡國的教訓自然會成為孟昶的前車之鑒。

孟昶是非常討厭王衍的，畢竟王衍是亡國之君，如果有人把趙匡胤比作石重貴，趙匡胤的大斧頭會殺人的。廣政元年（九三八年）的上巳節，孟昶遊成都大慈寺，然後與大臣們飲宴賦詩，有個戲子不知道發什麼神經，竟然在孟昶面前扮演王衍。孟昶大怒，「命斬之（戲子）」，孟昶告訴宰相李昊等人，「王衍浮薄而好輕豔之辭，朕不為也。」

孟昶在執政前期是這麼說，也是這麼做的。孟昶同樣是詩詞高手，北宋詞豪蘇軾那首著名的《玉樓春》「冰肌玉骨清無汗，水殿風來暗香滿」，被學術界普遍認為是孟昶所做。不過孟昶還是把主要精力放在了改善蜀中的政治生態上，而且成就非常突出。

後世形容官員俸祿與百姓財產的關係，有一個著名的八字成語——爾俸爾祿，民脂民膏。一般認為這個成語出自北宋太宗趙匡義作的《戒石銘》，實際上這是趙匡義全盤抄襲孟昶的《官箴》，時間是蜀廣政四年（九四一年）五月。原文如下：

朕念赤子，旰食宵衣。託之令長，撫養安綏。政在三異，道在七絲。驅雞為理，留犢為規。寬猛得所，風俗可移。無令侵削，毋使瘡痍。下民易虐，上天難欺。賦輿是切，軍國是資。朕之爵賞，固不逾時，爾俸爾祿，民膏民脂。為人父母，罔不仁慈。特為爾戒，體朕深思。

毛澤東說過：治國就是治吏，吏治清明，百姓必然安居樂業，吏治腐敗也必然導致百姓困苦，貪官們會肆無忌憚的從百姓兜裡搶錢，扒房牽牛，無惡不作。

孟昶建立了嚴格的百姓財產保護制度，不讓官員們把貪婪之手伸向百姓，自然刺激了蜀中的經濟發展。雖然十國中最著名的朝代是南唐，但南唐百姓在李璟、李煜父子治下困苦不堪，其他諸侯更是百姓們的地獄，唯獨後蜀百姓，幸福指數是十國百姓最高的，堪稱沙漠中的一片綠洲。

有關後蜀孟昶實行仁善之政的成就，宋人雖不承認後蜀政權的合法性，斥之為「偽蜀」，但還是客觀記載。張唐英在《蜀檮杌》中記載：「蜀中久安，賦役俱省，斗米三錢。……屯落閭巷之間，弦管歌誦，合筵社會，晝夜相接。府庫之積，無一絲一粒入於中原，所以財幣充實。」《續資治通鑒》也記載：「蜀土富饒，孟氏割據，府庫益充溢。」

百姓富裕才是真正的富裕，少數人的富裕建立在多數人的貧窮之上，精英階層花天酒地，底層百姓窮困潦倒，這是被美化到無極限的宋朝，而後蜀則真正做到了藏富於民。雖然張唐英在書中痛斥孟昶「窮極奢侈」，但前提是後蜀國殷民富，百姓富足，統治者奢侈一些又有何罪，至少孟昶從來沒要求過自己死後，身纏金腰帶，口含夜明珠。

另有記載，：「（後蜀）十年不見烽火，不聞干戈，五穀豐登，斗米三錢，都下仕女，不辨菽麥，士民采蘭贈芬，買笑尋樂。」北宋號稱盛世，其實也不過是權貴士大夫的盛世，宋朝百姓受壓迫敲詐之重，史所僅見。如果宋朝百姓知道孟昶如此愛民，他們一定會希望自己身處孟昶治下。

張唐英沒有必要替亡國之君孟昶吹嘘，他如實記載：「昶戒王衍荒淫驕佚之失，孜孜求治，與民休息，雖刑罰稍峻，而不至酷虐，人頗安之。」而後來北宋滅後蜀，孟昶北上，百姓聽說後，「萬民擁道，哭聲動地」，「自二江至眉州，沿路百姓慟絕者數百人」，可見孟昶之得人心。

老百姓不是傻子，誰對他們好，他們就會對誰表達最真摯的情感，對柴榮如此，對孟昶也是如此。不是好皇帝，老百姓根本不會把他當盤菜，只有心中有百姓，百姓才會如此愛戴。孟昶若是殘暴昏君，他北上時，百姓恨不得以磚瓦投之，才能洩憤。孟昶能得到蜀人的擁戴，自然是因為他對仁愛百姓。北宋仁宗趙禎死時，百姓罷市號，趙禎諡為仁宗，其實如果後蜀不亡，孟昶死後，同樣可以被諡為仁宗。

孟昶之仁，遠勝於那些被無聊文人美化出來的所謂仁厚之主。

仁者——三十二年太平天子話孟昶（下）

一個富足的時代，必然會成就一代文學，這是歷史文學的客觀規律，孟蜀也不例外。提及五代十國文學的巔峰，世人多論及南唐。誠然南唐的文化成就非常高，但在五代十國時期只能稱為雙峰並峙，而五代十國另一座文學高峰，就是孟昶治下的後蜀。

孟昶在文學上的成就並不遜於南唐李後主，只不過李後主名氣更大而已。因為孟昶名氣較小，所以李煜亡於宋後，大周后被趙匡義霸佔並毒死李煜，千年來李煜贏得了無數同情。可同樣是亡於宋，花蕊夫人被趙匡胤霸佔並毒死孟昶，千年來孟昶卻幾乎沒沒無聞。趙匡義霸佔人妻並殺人夫成了千古醜聞，趙匡胤霸佔人妻並殺人夫倒成了千古佳話。

歷史很殘酷，但這並不能改變孟昶堪稱一代詞史的成就。

說到孟昶的詞作，最有名的，應該就是那首《玉樓春》（也稱《洞仙歌》）原詞如下：

冰肌玉骨，自清涼無汗，水殿風來暗香滿。簾間明月獨窺人，攲枕釵橫雲鬢亂。三更庭院悄無聲，時見疏星度河漢。屈指西風幾時來？只恐流年暗中換。

關於這首詞的作者，詞評家們打了近一千年的筆墨官司，詞作者，除了孟昶，還有蘇軾。

不過蘇軾本人在《洞仙歌》自序中承認這首詞的開頭兩句，即「冰肌玉骨，自清涼無汗，水殿風來暗香滿」是孟昶的原字，蘇軾在七歲時遇到一個自稱在孟昶宮中待過的眉山朱姓老尼。九十多歲的老尼告訴蘇軾，這首詞是孟昶與花蕊夫人在夏夜避暑於摩訶池上所作。可惜蘇軾已經忘記孟昶原詞，只記得開頭兩句，便「暇日尋味（孟昶原詞），豈《洞仙歌》乎！乃為足之（續寫）」。

另外還有一種說法認為此詞是孟昶最愛的花蕊夫人所作，明朝人李日華《味水軒日記》說：「『冰肌玉骨，自清涼無汗，水殿風來暗香滿』，舊傳蜀花蕊夫人之句。」清人吳任臣所著《十國春秋》也記載此二句為花蕊夫人所作。

雖然後人已無從知曉這首名詞的背後到底有著怎樣的創作歷程，但「冰肌玉骨，自清涼無汗，水殿風來暗香滿」作為千古名句，則出自孟昶無疑。而蘇軾能記得前兩句，在續作時應該也有可能模糊記起孟昶原詞。種種考慮，把這首詞的作者定為孟昶，並不為過。清朝詞評家沈祥龍在《論詞隨筆》中稱讚蘇軾「冰肌玉骨，自清涼無汗，水殿風來暗香滿」兩句「口吻俱香」，實際上這是對孟昶的讚美。而清同、光時人譚瑩對蘇軾續寫孟詞不滿，作詩譏云：「摩訶避暑有全詞，花蕊風流恐願師。伺俟洞仙歌隱括，點金成鐵使人凝。」

除了這首有孟昶一半著作權的《玉樓春》，孟昶還有另外一首詞，而這首詞同樣和另一位名人打起了筆墨官司，這一次，孟昶的「對手」變成了李煜。這首詞就是名氣遠在《玉樓春》之上的《烏夜啼》：

無言獨上西樓，月如鉤。寂寞梧桐深院鎖清秋。剪不斷，理還亂，是離愁，別有一般滋味在心頭。

《烏夜啼》，有些詞書也稱為《相見歡》，如《詞林紀事》。

南宋人楊湜在《古今詞話》中認為此詞是孟後主所作，而非李後主。近代詞評家趙萬里在重新校理《詞話》時認為「南詞本《南唐二主詞》無之（**此詞**），楊湜謂為孟昶作，殆必有據」。吳任臣在《十國春秋》稱讚孟昶「昶亦工聲曲，有《相見歡》詞」，學術界普遍認為這首詞是李煜所作，但也沒有完全排除作者是孟昶的可能性。

如果要論才情，孟昶稍不如李煜心思靈透，但也是一代「可人」，明人楊慎認為孟昶「小詞尤工」。李煜詞作千古流芳，孟昶自不能及，但有一點，李煜是比不上孟昶的，就是南唐詞的整體創作不如孟昶治下的後蜀。

南唐詞能稱雄者，只有馮延巳與李璟、李煜父子三人，而後蜀除了有歐陽炯、毛文錫、毛熙震、鹿虔扆、閻選、顧瓊等優秀詞人，還編撰了中國詞史上的開山集作——大名鼎鼎的《花間集》。

花間詞派是一個文學史的空間概念，並非一地一時所作。因為這一派詞作多婉雅可愛，多述及愛恨離愁，故稱為「花間派」。花間詞最早可上溯到多由社會下層創作的敦煌曲子詞，傳至花間派大鼻祖溫庭筠始發揚光大，而到了韋莊後，花間詞派則相對成了一個地域概念，即多集中在西蜀。而《花間集》中不屬蜀地詞人的，只有五代和凝與荊南孫光憲。

《花間集》是後蜀趙崇祚編撰，共十卷，收錄了從唐文宗開成元年（八三六年）至晉高祖天福五年（九四〇年）一百年間，以溫庭筠為首的十八位詞作家共五百首倚聲之作。《花間集》的問世，意味著詞這一新穎的藝術形式正式走向宏大的歷史文學舞臺，後人尊《花間集》為「長短句（詞）之宗」。

詞，往往被稱為宋詞，其實這只是因為詞在宋朝達到極盛，但詞的源頭卻是在晚唐，在五代十國快速發展，這才有了宋朝的極盛。而溯其本源，孟昶在中國詞史上的重要性是不能抹殺的，因為《花間集》的編撰是在孟昶支持下完成的。而趙崇祚，則是孟昶「恩叔」趙廷隱的長子。

作為詞祖的《花間集》永遠無法擺脫明顯的後蜀印跡，甚至《花間集》序，也是後蜀大臣歐陽炯所寫，時間是後蜀廣政三年（九四〇年）四月。而作為回報，趙崇祚在《花間集》中也收錄了歐陽炯的十三首詞。完全可以說，沒有孟昶，《花間集》的問世並流傳千年是不可想像的。不僅《花間集》有孟昶的開拓之功，甚至是中國人傳統的春聯，其實也是孟昶首創。張唐英在《蜀檮杌》中記載了這副春聯，即著名的「新年納餘慶，嘉節賀長春」。

除了詩詞對聯，孟昶還曾在廣政四年（九四一年），下詔編《古今韻會》五百卷，只可惜這部書在清朝時就已散佚無存。

後蜀定都成都，而成都別稱錦城，以盛產蜀錦而聞名天下，但成都還有一個別稱——蓉城，則完全是孟昶之功。

孟昶喜愛芙蓉花，廣政十三年（九五〇年）九月，孟昶下令在成都城牆中盡栽芙蓉花，然後用錦帛搭成棚，護住芙蓉花。等到芙蓉花燦爛盛開時，「望之皆如錦繡」。孟昶驕傲地告訴群臣：「自古以蜀為錦城，今日觀之，真錦城也。」

孟昶擁著他心愛的花蕊夫人，站在成都城頭上的芙蓉叢中，含笑看著城下歡呼的百姓。其實也是從這一刻起，孟昶的人生開始發生逆轉。

早期的孟昶完全是一副明君作派，治國有功，百姓愛戴。但到了中年後，因為天下太平無事，蜀中安居富貴，孟昶也慢慢失去了早年的勵精圖治，學會了享受人生，孟昶甚至用金銀珠寶來裝飾自己的尿盆。皇帝成了臭雞蛋，小人立刻像綠頭蒼蠅一樣死叮，孟昶身邊多了一些馬屁精，最有名的就是那個自稱諸葛亮再世的王昭遠。

其實不僅是王昭遠自比諸葛亮，連孟昶也認為王昭遠是諸葛亮再世，甚至還打算讓王昭遠北伐中原，完成諸葛亮未竟的北伐事業。

正在孟昶天花亂墜胡鬧的時候，中原已經發生了翻天覆地的變化，一代聖主柴榮橫空出世，志在平定八荒，雄納四海。柴榮決定親征淮南，向同樣糊塗混日子的李璟發起挑戰，但柴榮的第一刀卻砍向了孟昶。

柴榮之所以進攻後蜀，主要是因為後蜀控制著漢中、秦鳳等戰略要地，一旦孟昶在柴榮南征之際突然越秦嶺而入關中，後果不堪設想。再加上孟昶晚年昏庸，漢中及秦鳳百姓「怨蜀之苛政，相次詣闕（**請求柴榮出兵伐蜀**）」，所以柴榮需要先打掉後蜀的進攻能力。周顯德二年（九五五年），周朝大將向訓與王景奉柴榮之命，向後蜀發起了猛烈進攻。

因為蜀中太平多年，蜀軍戰鬥力早不復當年孟知祥時代之盛景，面對「近代無比」的周軍，幾乎一觸即潰。黃花谷一戰，蜀軍遭到慘敗，蜀梁院使王巒準備在黃花谷斷掉周軍糧道，結果被周軍一通暴打，三千多蜀軍被俘，「馬嶺、白澗（**蜀**）兵皆潰」，孟昶的髮小、雄武節度使韓繼勳連夜逃回成都。周軍幾乎沒費多少周章就拿下秦、鳳、階、成四州，完成了對後蜀的戰略「監控」。

至於張唐英所謂「周世宗先欲平蜀而不果，至太祖（趙匡胤）始克之」，其實柴榮統一天下的順序是先東南、次北，再次才是西南。只不過趙匡胤篡位建北宋後，忙於撲滅各地起義及鞏固內政，所以也沒有拿孟昶開刀。如果柴榮當時以主力攻蜀的話，以孟昶之兵根本不能是周軍的對手，早在十年前孟昶就玩完了。

世人皆知後蜀亡於北宋。北宋乾德三年（九六五年，後蜀廣政二十八年），趙匡胤命大將王全斌率兵入川，僅用了六十六天便擊潰蜀軍主力，迫使三十二年的太平天子孟昶狼狽出降。實際上，早在黃花谷之戰，周軍就已消滅蜀軍主力，趙匡胤能順利滅蜀，主要功勞應該與柴榮平分。《宋史．趙玭傳》記載，後蜀秦州觀察判官趙玭投降周朝時就說：「今中朝兵甲無敵於天下，自用師西征，戰無不勝。蜀中所遣，將皆武勇者，卒皆驍銳者，然殺戮遁逃之外，幾無孑遺。」

與其說孟昶亡於趙匡胤，不如說孟昶亡於柴榮。趙匡胤所做的，只是替柴榮摘掉由柴榮種下的果子而已。換成張永德或李重進做皇帝伐蜀，孟昶同樣難逃亡國之運。

當柴榮英年早逝時，也許孟昶幸災樂禍過，也慶幸自己可以免以亡國。可等到趙匡胤把孟昶強行押解到汴梁城，以俘虜的身分接受趙匡胤的羞辱時，孟昶才知道自己已身處險境，他看到趙匡胤死死盯著陪同他的那個女人——花蕊夫人。

孟昶來到汴梁的第七天後，突然暴病身亡，而花蕊夫人隨後就被趙匡胤接進宮裡，成就了一段能氣死趙匡義的千古「佳話」。

孟昶的亡國，對孟昶本人是場天大的災難，因為趙匡胤看中花蕊夫人，下毒把孟昶毒死。如果是柴榮俘虜孟昶，以柴榮的為人斷不會如此。司馬光說柴榮「王道蕩蕩」，誠哉其言。而後蜀的滅亡，對蜀中百姓來說同樣是場塌天災難。

宋軍滅蜀後，在主帥王全斌的縱容下，宋軍開始了對百姓進行瘋狂的洗劫和屠殺，堪稱蜀中「浩劫」。宋軍的殘暴，引爆了蜀人憤怒，爆發了著名的全師雄之亂，將在蜀的宋軍打得狼狽不堪，如果不是全師雄病死，蜀中亂局根本不可收拾。

而宋滅蜀後，因為實行了殘酷的經濟壓迫政策，蜀人生活困苦。

趙匡胤滅蜀後，下令把蜀中所有財富全部運往汴梁，「及王師平蜀，孟氏所儲，悉歸內府」。蜀中百姓財富被席捲一空，但還要承擔沉重的稅賦，一文錢都不能少。更有甚者，北宋不允許蜀中百姓進行民間貿易布帛，必須在官市上購買，而價格又是私市的數倍，「由是小民貧困」。

蜀中百姓在北宋治下的生活水準一落千丈，遠不如孟昶治下的後蜀。南宋人洪邁義正辭嚴地說：「國朝削並僭偽（**北宋滅蜀**），救民水火之中。」真虧得洪景盧先生好意思說出這句話來，一點不臉紅嗎？

經過近三十年的殘酷壓迫，蜀人再也忍受不住北宋暴政，最終暴發了轟轟烈烈的王小波、李順大起義。王小波流著淚向蜀人宣稱：「今貧富不均，我為爾等均之！」

對於李順，蜀人皆謂是仁君孟昶的遺腹子，所以蜀人感孟昶之仁，紛紛投李順麾下，反抗北宋暴政。

由此可見孟昶之得人心。

鐵血東吳——說說江東梟雄楊行密

說一說吳王楊行密。

不要說整個中國歷史，就算放在本就冷門的五代十國史，楊行密也是一個比較冷門的人物，甚至還沒有以他名字命名的「行密貢鵝」有名。

如果要評選五代十國的頭號梟雄，朱溫當選毫無爭議。朱溫天不怕地不怕，皇帝老子他都敢殺，但朱三唯獨怕一個人，就是楊行密。甚至可以說，如果不是楊行密稱霸淮南，朱溫早就一統江東了。換言之，如果沒有楊行密，憑錢鏐、馬殷、王審知、劉龑的軍事能力，早就被朱溫打包吃掉。更讓人敬佩的是，在五代十國共十五個政權的開創過程中，創業最為艱險，幾乎是百場血戰得天下的，除了朱溫，就是楊行密。

楊行密和朱溫、王建一樣，都出身社會最底層，兵荒馬亂的歲月裡，從小養成了小偷小摸的習慣。但在三人中，王建是唯一成功脫身的，朱溫和楊行密連東西都不會偷，朱溫被東家劉崇現場捉贓，賞了一頓棍棒；楊行密則被押送到了廬州（安徽合肥）鄭棨那裡聽候發落。鄭棨見楊行密身材魁梧，力大如牛，當個小偷給罰了太可惜，便把楊行密給放了，不久後鄭棨在廬州徵兵，楊行密當起了兵大爺。

楊行密、王建、朱溫這樣的人物是典型吃亂世飯的，或多或少都有點江湖本事。朱溫箭術好，楊行密的本事則比較特殊——健步如飛，日行三百里，懷疑《水滸傳》裡日行八百里的神行太保戴宗原型就是楊行密。因為楊行密有這個能耐，所以就當上了聯繫廬州與成都（唐僖宗李儇避難成都）的交通員，經常往來於兩地，但始終沒有混出頭，又在朔方（寧夏）喝了兩年的西北風，不過是個下層軍官罷了。

楊行密野心勃勃，志向通天，他當然不會滿足於現狀。楊行密曾經短暫回過家鄉廬州探親，但上邊又催促楊行密趕快回朔方當差。楊行密不想再回貧瘠的朔漠，即使在朔方當了老大，但那裡太窮了，顯然不足以支撐楊行密志在江東的雄大野心。楊行密為人非常剛狠，二話不說就砍掉了這位倒楣老爺的腦袋，自稱八營都知兵馬使，手下聚一票江湖弟兄，扯旗單幹。

時任廬州刺史的郎幼不敢得罪楊行密，同時郎刺史也知道楊行密下一個目標一定是重鎮廬州。所以識時務的郎刺史立刻請求他的上級、淮南節度使高駢給自己挪個窩，把廬州讓給楊行密。高駢是見過楊行密的，很想把有本事的楊行密攏入自己袖中，便上奏朝廷，封楊行密為廬州刺史，這一年是唐中和三年（八八三年）三月，此時楊行密三十二歲。趙匡胤在篡位建宋之前至少立過一些戰功，所以柴榮才讓趙匡胤掌握兵權，而楊行密幾乎是沒立過一次軍功，就平白得到了廬州這樣的重鎮，幸運程度要超過幾乎是白撿便宜的趙匡胤。

不過趙匡胤篡位時，天下已被柴榮打平，趙匡胤直接坐享其成，而楊行密得到了廬州，依然不能改變他身處其中的險惡形勢。淮南地區相對富庶肥沃，各路野心家早就盯上了這塊肥肉，稍有不慎，楊行密就死無葬身之地。

淮南雖然有名將高駢坐鎮，但晚年的高駢早已看破紅塵，迷信道教，不問軍政。淮南事務都交給了江湖術士呂用之打理，高駢每天的任務就是穿著道袍，披頭散髮騎個木頭鶴，舞著劍在院裡飛來飛去。

高駢瘋成這樣，其實楊行密心裡是高興的，等高駢死後，至少他可以成為爭奪淮南的有力競爭者。不知道出於什麼考慮，楊行密和呂用之走得比較近，二人互相勾結，呂用之倚楊行密為外援，楊行密則通過呂用之全面掌握高駢的動態。

但還沒等楊行密對揚州動手，揚州部將畢師鐸已提前一步渾水摸魚了。唐光啟三年（八八七年）四月，畢師鐸聯合高駢部將張雄以及秦彥等人起兵，很快就攻下了揚州。而呂用之派人去向楊行密求救，但為時已晚，高駢被畢師鐸完全控制。畢師鐸下手夠狠，經常給高駢斷炊，讓高駢餓得頭暈眼花。

高駢的落難，正給了楊行密進兵揚州最好的藉口。而且呂用之已逃到廬州，給楊行密亂七八糟灌了一通迷魂湯。楊行密自然是不服畢師鐸的，揚州繁華之城，與其你來佔，不如我來佔。

謀士袁襲給楊行密出謀劃策，「方今天下大亂，淮南憑河臨江，是割土為王的好地方。高駢已經失了勢，畢師鐸非成大事者。此時揚州無主，將軍不可錯過天賜良機，乘亂取淮南！」其實大道理不用袁襲講，楊行密也知道揚州是淮南中樞，拿下揚州才有資格逐鹿淮南。更重要的是，呂用之來的時候還帶有近萬人馬，加上了楊行密的廬州兵，足有兩萬人，足夠對付畢師鐸。

因為畢軍實力較強，所以楊行密採取以退為進的戰略，帶著部隊詐敗，撤出大營，任憑畢軍入營。沒想到畢師鐸早上沒讓弟兄們吃飯就出來作戰，畢軍餓得眼冒金星，在楊軍大營裡四處找東西吃。

楊行密微笑著下令反擊。

畢軍士兵手上端著碗，嘴裡嚼著肉，目瞪口呆地看著大隊楊軍風捲殘雲般向自己殺過來。想跑已來不及了，畢軍被楊軍一通削瓜剁菜，死傷慘重，畢大帥本人光棍般逃回了揚州城。

畢師鐸慘敗，覺得很沒面子，他為了洩憤竟然殺掉了被軟禁的淮南節度使高駢。饑餓的高將軍被殺時正蹲在院子用小鍋煮皮帶吃。

高駢無兵無權，但政治影響還在，如果畢師鐸能在高駢身上做文章，可以起到在政治上「挾天子令諸侯」的作用。畢師鐸丟掉一塊金元寶，立刻被楊行密撿起來，楊行密知道這塊金子價值連城。

楊行密下令，三軍盡帶重孝，由楊行密帶頭，衝著揚州城痛哭三天三夜。

楊行密這麼做，有一公一私兩個原因。為私，高駢是楊行密的貴人，不是高駢提拔他，楊行密沒有今天。為公，楊行密哭高駢，可以對外界給自己打造一個有情有義，不忘舊主的正面形象，有利於招兵買馬。同時還可以感化揚州城中同情高駢遭遇的軍隊，畢竟他們都是高駢帶出來的。

楊行密飆足了演技，接下來要做的就是把畢師鐸從揚州城中請出去。

但畢軍實力雄厚，如果強攻，家底本就一般的楊行密是支撐不起巨大傷亡的。辦法很簡單——圍城。打不過畢師鐸，那就餓死他。

揚州城中固然糧食充足，但畢竟是孤城，而楊行密在城外，可以源源不斷的調運糧食到城下，與畢師鐸進行一場史所罕見的糧食大戰。

這招絕戶計非常陰損，畢竟揚州中還有幾十萬百姓，他們同樣會沒有飯吃。楊行密並不在乎百姓死活，他只在乎自己的利益。

他會為自己狡辯：你不為自己的利益而活？

圍城半年，畢師鐸是徹底撐不下去了。城中的糧食早被吃光，軍隊為了充饑，做起了人肉買賣，把死人的肉割下來吃。死人肉吃完了，那就把活人殺了，繼續吃肉。

但問題是，活人的肉也快吃光了。

唐光啟三年（八八七年）十月，楊行密下令攻城。

不過楊行密萬沒想到，已經餓到皮包骨頭的揚州軍竟然能頂住楊軍的進攻，把楊行密打得灰頭土臉。好在當天下起了大雨，楊行密派三百勇士乘大雨滂沱之機爬上城牆，然後打開城門，而畢師鐸和秦彥早已拔腿開溜了。

揚州城已經殘破不堪，僥倖活下來的百姓也不過幾百人，而且餓得都跟鬼一樣。楊行密得到了幾乎是一座「鬼城」，但揚州城卻是淮南以及江東的中心之城，地緣戰略意義是不言而喻的，雖然楊行密曾有打算退守更加富裕的廬州。

揚州相當於漢獻帝，楊行密得到揚州，自稱淮南留後，就等於曹操挾天子以令諸侯，周邊軍閥個個眼紅。當時還在河南腹地稱王的秦宗權距離淮南較近，他把自己貪婪的手伸到了楊行密的餐桌前……

由秦宗權的弟弟秦宗衡帶頭，麾下一票鐵血悍將：孫儒、劉建峰、馬殷、許德勳等，而孫儒更以殺人如麻而聞名江湖。對楊行密來說更要命的是，對揚州知根知底的畢師鐸、秦彥這兩個禍害也混進了秦宗衡的隊伍裡。

此時的楊行密早用糧食餵飽了揚州城，死守一年都不是問題，再加上還有廬州外援，楊行密有足夠的資本和外來戶秦宗衡拼糧食。

決戰孫儒——楊行密差點沒邁過來的那道坎

秦宗衡沒什麼本事，根本啃不動楊行密。再加上秦宗權全力對付朱溫，兵力吃緊，便調秦宗衡回蔡。秦宗衡想回去，但大將孫儒卻不願意，他早就有稱霸淮南的野心。

孫儒手上無兵，這個好辦，一道寒光閃過，秦宗衡人頭落地，同時喪命的還有畢師鐸與秦彥。孫儒會帶兵，弟兄們都服他，孫老大帶著自己新起名的「土團白條軍」，開始與楊行密進行這場五代十國史上最為艱苦的雙雄拉鋸戰。

不過由於孫儒軍團實力過於強大，楊行密覺得自己還沒有足夠的實力與孫儒決戰，便以退為進，先撤出揚州，掃蕩周邊郡縣。

楊行密的目標是更加富庶的宣州（安徽宣城），因為這裡守軍實力較弱，相對好啃一些。唐文德元年（八八八年）八月，楊行密很快就攻下了宣州，斬殺守將趙鍠。

孫儒軍團是百姓的災難，其實楊行密的部隊也不是什麼百姓的救星，楊軍所到之處也像蝗蟲過境一樣。楊行密剛破城，他手下的弟兄們就到處哄搶百姓財物，百姓死傷無數。

楊行密佔領宣州的用意，是步步為營向揚州逼近。但讓楊行密萬沒想到的是，孫儒比他還油滑，趁楊行密不在的時候直接端了楊行密的廬州老巢。

楊行密無家可歸，只能暫時放棄回江北的打算，先在江南建立自己的根據地再圖後舉。江東雖然同樣是軍閥混戰，但沒有特別強硬的對手，即使是錢鏐這樣的浙西土豪，楊行密也沒放在眼裡。在唐龍紀元年（八八九年）的十一月，楊行密派大將田頵、李神福非常輕鬆的就拿下由錢鏐控制的常州。

不過讓楊行密沮喪的是，他的老對手孫儒同樣看上了江東這塊肥肉。還沒等李神福等人在常州坐熱屁股，僅僅一個月後，就被強悍的土團白條軍給趕了出來。

孫儒在江東諸軍閥中是實力最強大的，楊行密應對孫儒非常吃力，錢鏐更不是孫儒的對手。一陣風過後，錢鏐發現自己之前控制的潤州（江蘇鎮江）、常州（常州市）、蘇州（蘇州市）都落入了孫儒的口袋裡。

但對楊行密有利的是，孫儒的注意力始終放在江北對付意圖南下的朱溫，江東兵力有限。唐大順元年（八九〇年）二月，楊行密趁孫儒集中主力和朱溫大將龐師古死纏爛打之際，派大將馬敬言攻下潤州，隨後安仁義等人又拿下常州。

獲得了潤常二州，極大扭轉了之前楊行密在戰略上的被動挨打。此時的楊行密北可過江攻揚州，南可去佔錢鏐的便宜，實在不行還可以死守宣州。

不過楊行密顯然還是低估了孫儒。

孫儒之前用主力對付龐師古，所以才讓楊行密鑽了空子。等龐師古被打跑之際，孫儒可以騰出手來對付被視為心腹之患的楊行密。

唐大順二年（八九一年）正月，孫儒幾乎掏空家底，親自帶著這幫吃人的弟兄們過江來砸楊行密的場子。

雖然楊行密的大將李神福趁孫儒不備進行偷襲，佔了點便宜，但孫儒很快就調整好狀態，進行犀利的反擊，楊軍的兩大王牌田頵和劉威被孫儒的小弟馬殷打得找不到北。

還沒等楊行密反應過來，孫儒的利爪已經伸到了宣州——楊行密安身立命的所在。這才是孫儒的風格，做事乾脆俐落，直搗黃龍府，不給你半點戰略迴旋餘地。

楊行密知道這回自己已經沒有退路，只能硬著頭皮和孫儒進行這場輪盤賭，一旦失敗，只有死路一條。

孫儒軍遠道而行，最害怕什麼？糧草被人斷掉。很好，楊行密就專幹這個劫道買賣，由李神福出面，專門給孫儒的糧草運輸隊搗亂。孫軍缺乏糧食，軍心開始出現波動，楊行密認為動手的時機到了。楊行密以為孫軍是一群餓肚子的烏合之眾，但等交上手後，楊行密就對自己的魯莽決定感到後悔，因為根本打不過孫儒軍！

孫軍人數太多，很快就淹沒了楊行密的那點蝦米兵，如果不是大將李簡冒死相救，楊行密即使不被在陣中被孫軍砍死，也得活活累死。

楊行密總算能認清形勢，憑自己的力量是很難抗衡孫儒的。怎麼辦？很好辦，曹操下江南，劉備拉孫權來當墊背的，楊行密把控制浙江的錢鏐拉了過來，兩方勢力共同對抗孫儒，這才勉強維持住了江東「三足鼎立」的局面。孫儒暫時不能得手，先撤兵回到江北。

可能孫儒本人並沒有意識到，他的撤兵其實是有利於分化瓦解楊、錢兩家的。大敵當前，孫劉可以聯合抗曹，但曹軍一撤，孫劉兩家的矛盾立刻突顯。如果孫儒能暫緩過江，讓楊行密和錢鏐互相廝殺，他坐山觀虎鬥，等二虎相傷之際再出來收拾殘局，江東大局可定。

但孫儒不但沒有意識到這一點，反而做出了一個愚蠢至極的決定，他竟然放棄了戰略根據地揚州，把所有部隊全部帶過江，與楊行密決一死戰。唐景福元年（八九二年）秋，孫儒火燒揚州城，大軍號稱五十萬，蝗蟲一般直撲宣州。說孫儒軍是蝗蟲恰如其分，孫軍所過之處燒殺搶掠，甚至殺老弱百姓割肉充作軍糧。

孫儒想學項羽在鉅鹿一戰破釜沉舟，但楊行密在江南立足已穩，又有錢鏐出於自身考慮的全力支持，孫儒並沒有可能在短期內消滅楊行密。而一旦朱溫乘虛佔領淮南，孫儒進退失據，將死無葬身之地。

孫儒看不上殘破的揚州，但楊行密始終沒有忘記揚州，他一直看重揚州的戰略價值。現在自己遠在江東，正和孫儒進行生死決戰，但楊行密的戰略眼光卻遠勝於目光短淺的孫儒。

孫儒軍人多，但他們多是揚州人，家人都在揚州，並不願意過江作戰。楊行密極為聰明的抓住了這一心理特點，派人運糧到揚州，分發給饑餓的揚州百姓，老百姓對楊行密感恩戴德。其實這些糧食也不是從楊行密的帳戶劃走的，而是劫了孫儒的軍糧。換言之，楊行密幾乎沒掏一分錢，就做了一票空手套白狼的漂亮買賣。

楊行密收買揚州人心是長遠規劃，但眼下他還需要和孫儒進行近乎瘋狂的決戰，能不能撐得過去，連楊行密自己心裡都沒有底。

景福元年（八九二年）五月，楊行密和孫儒開始了二選一的超級輪盤賭。孫儒下營陵陽（安徽青陽附近），楊行密先來挑戰，兩軍大戰沒有分出勝負，形勢一度僵持。

無法理解孫儒是如何帶兵的，上一次被楊行密劫了糧草，沒想到又被楊行密劫了一次，結果全軍將士集體餓肚子。

形勢朝著有利於楊行密的方向發展，楊軍糧草充足，士氣旺盛，所以楊行密有資本破釜沉舟，他把所有精銳都拉到城門，關上城門以示絕無退路。楊行密軍隊多由揚州人組成，戰鬥力沒有問題，而孫儒軍也多是思鄉的揚州人，而且還餓著肚子，根本無心戀戰。

對孫儒來說更加雪上加霜的是，他突然患上了嚴重的疾瘧，無力再指揮戰鬥。楊行密是不會和孫儒客氣的，「行密聞儒疾瘧，縱兵擊之。會大雨晦冥，儒軍大敗，安仁義破儒五十餘寨，田頵擒儒於陳，斬之，傳首京師。」

孫儒的死，意味著楊行密可以活下去了。而楊行密贏了這場賭局，獲利頗豐，孫儒的籌碼全被楊行密劃了過來，「儒眾多降於行密」。只有劉建峰、馬殷等人因奉孫儒之命到外地掠地，才沒有被楊行密俘虜。而馬殷，則是將來可以與楊行密平起平坐的人物，因為馬殷創建了十國之一的楚國。

在楊行密創業的過程，孫儒是楊行密所遇到最難逾越的一道坎，楊行密幾次都險些被孫儒吃掉。但現在雨過天晴，楊行密曾經無比灰暗的人生頓時明亮起來。

吃掉孫儒，意味著楊行密可以回揚州了。

「（景福元年五月）丁酉，楊行密帥眾歸揚州。」

掃蕩江東——楊行密的稱霸之路

孫儒的失敗與楊行密的成功，比較類似於黃巢的失敗與朱溫的成功。黃巢敗在奉行沒有戰略根據地的流寇主義，朱溫則據宣武而蠶食天下。孫儒是小一號的黃巢，而楊行密則死死守在宣州，進而圖王於淮南，退而守宣州，同時面向江南腹地，進退自如。楊行密佔據揚州後，戰略生存空間進一步擴張，這是孫儒至死都沒有明白的道理。

為了鞏固在揚州的統治，楊行密因事制宜，做了以下幾件事情：

一，恢復揚州的經濟。連年戰亂之後，揚州經濟幾近崩潰，楊行密手上也沒有多少錢。不過楊行密手上囤積著大量茶葉和鹽，在掌書記高勗的建議下，楊行密與周邊郡縣做起了茶鹽生意，獲得頗豐，一舉扭轉被動的經濟形勢。

二，鼓勵逃荒的百姓回來種地。農業社會沒有糧食，空有茶鹽也是活不下去的。楊行密招撫流亡百姓，對百姓進行妥善的安排，保證人人有地種，有飯吃。楊行密及時調整了各項政策，百姓們嘗到甜頭，歸附楊行密的百姓非常多，這就保證了有糧吃，以及有兵可徵。

三，楊行密必須擁有一支絕對忠誠於自己，又極具戰鬥力的精銳武裝，否則早晚被人吃掉。孫儒滅亡後，楊行密接收了數萬名河南士兵，並從中挑出五千精壯漢子，穿上黑甲黑袍，這就是歷史上鼎鼎大名的「黑雲都」，由楊行密直接控制，這是楊行密開山立命的本錢。同時楊行密又組成了一支戰鬥力同樣強悍的「黃頭軍」，相當於戰略機動部隊，由心腹李神福統領。

四，有了軍隊，還必須抓住軍心。士兵們出來混江湖，一是要掙軍餉吃飯，二也是得到雇主最起碼的尊重。像劉守光那樣視人命如草芥，沒人願意給他賣命。楊行密本人是大頭兵出身，他理解士兵們的這種感情需要。楊行密治軍沒有半點架子，經常深入基層和普通士兵稱兄道弟，打成一片。

楊行密這麼做其實還有一層深意，就是通過直接控制基層士兵，斷絕了中高層將官甩開自己控制基層的可能。如果只控制中上層，而任由中上層軍官直接控制下層，一旦他們發動兵變，楊行密半點還手的可能都沒有。

楊行密在揚州得了勢，長安城中的空頭皇帝昭宗李曄自然要所有表示。景福元年（八九二年）八月，封楊行密為同平章事（宰相）兼淮南節度使，正式確立了楊行密淮南最高統治者的身分。當時天下大鎮的統治者多領同平章事銜，稱為使相，比如李克用、朱溫，這也意味著楊行密正式擠入頂級軍閥俱樂部的行列。

雖然楊行密此時的地盤並不大，但他畢竟控制著揚州中樞之地，戰略優勢十分明顯。就如同趙匡胤如果被派到偏遠地區當節度使，他就算有天大的本事也別想篡位，根本沒機會。

楊行密的第一個目標，是他的老家廬州。

楊行密當然不是只出於思鄉情緒才打算收復廬州。合肥南控長江，北襟淮河，是淮南地區僅次於揚州的軍事重鎮。控制合肥，才能對揚州進行有效的戰略保護。如果合肥被敵人控制，楊行密在淮南是絕對待不下去的。

控制合肥的是孫儒的部下蔡儔。蔡儔是個籍籍無名的小角色，但楊行密這輩子都忘不了蔡儔，因為蔡儔刨了楊行密在合肥的祖墳。像蔡儔這等小蝦是不需要楊行密親自動手的，李神通帶著黃頭軍很輕鬆的就把蔡儔給收拾了。

經典的一幕出現在楊行密收復合肥之後。有人勸楊行密，蔡儔把你家祖墳給刨了，你應該刨掉蔡儔家的祖墳進行報復。楊行密現在收買人心上了癮，自然不會做這等自毀形象的蠢事，雖然要刨蔡家祖墳不過他一句話而已。

控制住廬州，楊行密等於得到了打開淮南地區的鑰匙，北可取濠州，南可得舒州，西可取光州，東可守衛揚州。

現在的楊行密基本上不用再考慮自己的生存問題。淮南地區最可怕的軍閥就是孫儒，而孫儒被楊行密搞掉之後，淮南地區只剩些控制一州的零星小軍閥，根本不是楊行密的對手。楊行密在淮南到處敲打，那些識相的官員們也知道和楊行密扛到底必是死路一條，沒人願意當傻子，能跑的都跑了。歙州（安徽歙縣）、舒州（安徽舒城）、濠州（安徽鳳陽）很快都成了楊行密的地盤。

對這些州縣的佔領，在混亂的唐末戰爭上毫無亮點，並沒有值得特別說道的地方。唯一值得一提的是，楊行密在濠州遇到一個年僅八歲的流浪兒，這個男孩眉宇間有股英氣，楊行密非常喜歡這個孩子，想收為義子。但楊行密的親生子楊渥擔心這個流浪兒將來會對自己的繼位產生威脅，所以極力反對，楊行密只好把這個孩子交給心腹重臣徐溫撫養，取名徐知誥，時間是唐乾寧二年（八九五年）。

這個來自徐州的流浪兒，就是開創一代南唐盛世的南唐先主李昪，楊行密家族的毀滅者。

楊行密控制了淮河以南，長江中下游的廣大地區，包括重鎮蘇州，成為名副其實的淮南王兼江東王。識趣的空殼皇帝李曄封楊行密為弘陰郡王，意圖拉攏楊行密對抗人嫌狗憎的朱三。插一句閒話，楊行密發達後，自稱是漢魏以來世族高門弘農楊氏的後代，實際上楊行密往上追溯祖宗八代都是泥腿子，和弘農楊氏根本不沾邊，不過是自抬身價的無聊之舉。

其不用李曄拉攏，楊行密這輩子都注定是朱溫的死敵，他們之間有點積怨。朱溫曾經為了貪圖小便宜，私吞了楊行密運到中原準備做大買賣的一萬多斤茶磚，氣得楊行密上表揭發朱溫的累累罪行，從此二人勢同水火。

此時的朱溫已經基本控制中原地區，李克用也被打成了孫子，所以朱溫的目光就投向了楊行密的江東。朱溫想學曹操，大起雄兵八十三萬，水陸並進，與孫權會獵於江夏。

唐乾寧四年（八九七年）正月，朱溫正式向楊行密宣戰。

朱溫出手非常闊綽，大將龐師古率徐、宿、宋、滑諸州人馬七萬人南下清口（江蘇清江），葛從周率兗、鄆、曹、濮人馬攻壽州，而朱溫本人則坐鎮宿州督戰。

梁軍聲勢浩大，「淮南震恐」。而楊行密自滅掉孫儒之後，自信心得到了極大提升，他並不怕朱三。楊行密派鄆州降將朱瑾北上對付龐師古，自己率淮南軍主力在後接應。

勝負很快分曉。梁軍慘敗，龐師古陣亡，葛從周緊急後撤，被朱延壽一通暴打，狼狽逃回。

至於汴軍為什麼潰敗，說來非常好笑。龐師古進據清口，這裡是淮河要衝，卻地勢低窪，龐師古把部隊駐紮在清口，犯了兵家大忌。有人曾經提醒過龐師古，但驕傲的龐師古根本聽不進去，反而一門心思和人下棋，幾乎到了廢寢忘食的地步。淮南軍利用自己善水的優勢，準備掘開淮河水淹

「七」（萬）軍。又有人提醒龐師古，但竟然被下棋入了迷的龐師古給殺了。

龐師古的愚蠢，自然就是「淮寇」的機會。朱瑾懷著對朱溫極大的仇恨，帶著五千士兵強渡淮河，直接抄了龐師古的大營。與此同時，淮南軍掘開了淮河大堤，「淮水大至，汴軍駭亂」。一直在旁邊觀戰的楊行密該出手時就出手，「引大軍濟淮」，與朱瑾前後夾擊，斬龐師古及汴軍萬人，「餘眾皆潰」。而另一路的葛從周還沒等攻壽州，就被楊行密的小舅子朱延壽連敲帶打，死傷慘重。再加上當時天寒地凍，汴軍又被凍死數萬，朱溫見到南征的士兵只有幾百人……

這是朱溫的梟雄爭戰史上史無前例的慘敗（**不算後來的柏鄉之戰**），朱溫本來旺熱的南征夢，被楊行密一盆冰涼的洗腳水徹底澆醒。朱溫總算明白，在他有生之年是不可能統一江東了，因為有比他更強悍的楊行密在。楊行密卻得理不饒人，寫信挖苦朱三：「龐師古、葛從周之流對俺來說一根毛都算不上，朱三，你要有種，過淮與俺決戰。」

朱溫哪還有膽量去？

除了朱溫，江東地區的軍閥都視楊行密如強梟，不敢輕易攖其鋒，除了吳越王錢鏐。楊行密在江東縱橫殺伐，人皆喪膽，唯獨錢鏐不怕楊行密。而楊行密在與錢鏐對決的蘇州爭奪戰中徹底敗給了錢鏐，本來在楊行密手上已經捂熱的蘇州城，被錢鏐大將顧全武硬生生給奪了過去，楊行密半點辦法也沒有。

唐光化元年（八九八年）九月，吳越軍佔領蘇州，從此這座繁華的江東首善之都徹底與江東政權絕緣。雖然楊行密不甘心，打算奪回蘇州，但一代梟雄錢鏐根本不可能給楊行密這樣的機會。

論江湖級別，楊行密和錢鏐同檔次，錢鏐從來沒怕過楊行密，就如同楊行密從來沒怕過朱溫。

其實以錢鏐的江湖級別，楊行密輸給他並不影響自己的江湖地位，曹操輸給孫權、劉備，照樣是千古一雄。當然反過來也一樣，錢鏐同樣沒有能力吞掉楊行密，甚至他都沒有能力主動攻擊楊行密，只不過善於自守罷了。

以錢鏐的實力，即使他佔據了蘇州，也不可能對楊行密控制的淮南及長江中下游地區產生實質性的威脅，楊行密依然可以做他的江東王。

唐天復二年（九〇二年）三月，絕望的唐朝皇帝李曄封楊行密為吳王，正式確認了淮南及江東是楊行密的私產。雖然李曄還幻想通過加封楊行密，讓楊行密進攻朱溫，自己好有機會鹹魚翻身，但楊行密豈會做替人火中取栗的蠢事？

楊行密知道自己不可能推翻朱溫，能做江東王已對得起自己這些年在血雨腥風中的闖蕩。楊行密為人強梟，長於智計，又善撫士兵，所以楊行密在江東的統治基礎非常牢固。即使有功勳大將田頵、朱延壽、安仁義相繼反叛，但也只不過小打小鬧，很快就被楊行密鎮壓下去。田頵是在兵敗後投奔朱溫的路上被殺的；安仁義在潤州死守一年城破，被押到揚州砍頭；只有朱延壽死法比較特別，小舅子是被姐夫亂錘砸死的。

楊行密的演技非常出色，他以自己快要雙目失眼的名義託孤給小舅子，把朱延壽騙到揚州。等朱延壽滿心歡喜的等待楊行密託孤的時候，楊行密胡說什麼太陽是方的，狗有五條腿，趁朱延壽聽得稀裡糊塗之際，一把小錘子就把小舅子送了終，亂錘砸死。

時間已經到了唐天祐二年（九〇五年）的二月。楊行密派大將劉存攻下了戰略重鎮鄂州（湖北武漢）。鄂州北近中原，南襟湘贛，戰略意義十分重要，看看荊州之於東吳孫權，就知道劉存此次戰役對楊吳政權鞏固西線防禦有多麼重要了。

而這一年，也是鐵血梟雄楊行密人生中的最後一年。連年征戰，楊行密積勞成疾、一病不起，最終於當年十一月病逝，時年五十四歲。

對於楊行密，歐陽修的評價很高，「仁恕善御眾，治身節儉，無大過失，可謂賢矣」。楊行密的一生，和北齊創建者高歡非常相似，他們都在江湖上拼殺半生，卻都沒有稱帝，而是把江山傳給了子孫，讓他們去折騰。不過有一點楊行密是不如高歡的，那就是高歡生了一堆極為強悍的兒子，高澄、高洋、高演、高湛、高渙，這也保證了北齊江山的穩固。而楊行密的四個兒子，楊渥、楊隆演、楊濛、楊溥，個個不成器，特別是繼位的長子楊渥，簡直就是楊家的災星。

在五代十國十五個政權中，楊吳是唯一在唐朝滅亡之前就丟掉對本地區控制權的家族。雖然楊氏政權在名義上存在了三十年，但都是俯仰受制於人的傀儡頭子，毫無實權。

而把楊行密積三十年之功打下的東吳江山據為己有的，是楊行密手下的文臣之首徐溫。

權相——有實無名的梟雄徐溫

徐溫，在五代十國歷史上是一個相當詭異的存在。說他詭異，是因為徐溫從來沒有建立自己的政權，五代十國史上找不到徐氏政權。當然，徐溫是有心把他篡奪來的楊氏江山傳給自己兒子的，結果陰差陽錯，江山落到了他的養子徐知誥之手，徐知誥建立了歷史上赫赫有名的南唐，徐溫辛苦一場，什麼也沒撈到。

不過，徐溫控制楊吳政權的時間長達二十年，他的存在給當時的楊吳以及後來的南唐留下了難以抹掉的烙印。換言之，討論楊吳史和南唐史，徐溫這個名字無論如何都是繞不過去的。

沒有徐溫，就沒有南唐，這是歷史的公論。

來聊一聊南唐的實際建立者徐溫。

徐溫字敦美，東海人（江蘇連雲港）。雖然東海徐氏在南朝時是著名的豪門大族，但徐溫即使是南朝東海徐氏的後代，也證明不了什麼，因為徐溫出身實在太低微了。

當然，徐溫的情況比偷鍋不成反遭毒打的朱溫要好很多，他販過私鹽，吃飯是沒問題的。後來楊行密在合肥起兵，不知道通過什麼管道，徐溫入了夥，成了「三十六英雄」的一員。楊行密手下這夥人多是赳赳武夫，唯獨徐溫不會打仗，地位相當於《水滸傳》中的智多星吳用。

徐溫不會功夫，但他有智謀，這是文人在亂世中安身立命的根本。當楊行密滅掉孫儒回到揚州時，諸將都在搶財富，只有徐溫搶糧食，然後分給饑餓的百姓。此舉為楊行密賺夠了民心，同時也為徐溫自己賺夠了楊行密的好感。

楊行密一路殺伐，田頵、李神福、安仁義、劉威、劉存等大將虎視鷹揚，很少有人注意到徐溫在楊行密身邊的存在，而楊行密很多的戰略決策都是徐溫制定的。比如上一篇提到的楊行密以託孤之名詐騙朱延壽來揚州再亂錘砸死，其實就是徐溫與自己的門客嚴可求的妙招。而正因為這件事，楊行密決定把徐溫提到官場一線，「始預謀議」，成為楊吳政權的大當家。

徐溫後來控制楊吳政權，實際上並不是徐溫有野心，而是被逼出來的。這要從楊行密的繼承人楊渥說起。

楊行密之所以立楊渥，不是因為楊渥有才，僅僅因為其他三個兒子太小，而楊渥已經成年。楊渥為人豪奢無德，楊行密一直不看好這個兒子，說此子「非保家主」。

楊渥是富二代，自然要享受美妙的人生。楊渥最大的愛好是晚上打球。古代沒有電燈，所以必須要用蠟燭，而楊渥用的蠟燭都是上乘貨。品質好，價錢自然也高，每支蠟燭甚至價值上萬錢。少爺們花老爹辛辛苦苦掙來的錢，從來沒有心疼的道理。

此時的楊渥掌握軍政大權，楊家的江山看上去固若金湯。宣州觀察使王茂章因為不願意給楊渥上貢財物，被楊渥派大將李簡帶著五千人將王茂章打跑。而楊渥人生中最高峰的時刻，無疑是唐天祐三年（九〇六年）五月，吳軍在秦裴的率領下，攻佔了洪州（江西南昌），江西數千里錦繡河山都成了楊渥的私產。

其實佔領江西的首功是秦裴和一票兄弟，但楊渥卻把功勞都算在自己頭上，在大臣們面前驕橫無比，這就引起了老臣徐溫和張顥的嚴重不滿。徐溫曾經勸過楊渥自重，沒想到楊渥卻說：「汝謂我不才，何不殺我自為之。」

二人在「懼」的時候，也對楊渥起了殺心，準備廢楊渥，立楊隆演。

唐天祐四年（九〇七年）二月，徐溫和張顥發動政變，率兵闖進內府，撲殺了楊渥身邊的近習小人，軟禁楊渥。一年後，徐張二人擔心楊渥東山再起，找了一夥江湖俠士，在一個夜黑風高夜勒死了木偶一般的楊渥。

徐溫其實和張顥並不對盤，就如同孫權忍著噁心和劉備聯合對抗曹操一樣，等楊渥死了，徐溫和張顥的所謂同盟關係自然就變成了敵對關係。

張顥的野心要大於徐溫，而且更加外露。楊渥被殺後，張顥召開文武會議，按他的意思，楊氏無主，你們何不立我為主？而當時的形勢是，張顥大陳甲兵，如果眾人不同意立他為主，張顥很可能就會大開殺戒。幸虧徐溫的謀士嚴可求突然拿出吳國史太夫人的手令，說當立楊隆演，吳國文武立刻造成既定事實，跪拜山呼，才壓住了野心勃勃的張顥。

畢竟張顥控制著楊吳軍權，而他要除掉徐溫只是一句話的事，形勢對徐溫是非常不利的。徐溫一方面與嚴可求演雙簧，穩住了有頭無腦的張顥，同時加緊了對張顥的偷襲準備。

又是一個月黑風高夜，徐溫收買了左監門將軍鍾泰章，帶著三十個壯漢闖入軍府，趁張顥不備砍下人頭。

張顥被淘汰，勝利者自然就只剩下徐溫一個人，「隆演以溫為左、右牙都指揮使，軍府事咸取決焉。」

徐溫現在終於嘗到做曹操是何等快活的滋味了。

之所以是徐溫勝而張顥敗，是因為徐溫「性沉毅」，張顥「形罰酷濫，縱親兵剽奪市里」，一正一反，民心都倒向了徐溫。其實徐溫也知道，如果自己像張顥一樣酷暴，等丟了民心，自然會有人出來收拾自己。所以徐溫及時總結了張顥失敗的教訓，「立法度，禁強暴，舉大綱」，力行改革，之前包括張顥以及楊渥施行的弊政全部廢除。徐溫讓心腹嚴可求參知軍政，相當於總參謀長，而善於理財的支計官駱知祥出任財政部長，「可求善籌畫，知祥長於財利」，時人稱為「嚴駱」。

在徐溫的精心治理下，吳國形勢很快就穩定下來，百姓富足，天下太平，「軍民安之」。而江東百姓並不在乎主子是誰，誰讓老百姓過得好，他們就跟誰走。

何況徐溫也會演戲，徐溫的母親周氏病故，官場中人送了一個高數尺的木偶人，上面披著錦緞，準備燒掉。徐溫從中看到了「商機」，徐溫告訴眾人：「此皆出民力，奈何施於此而焚之，宜解以衣貧者。」徐溫這句話其實是說給百姓們聽的，所以徐溫「尤得吳人之心」。

歷代治政安撫人心，都要兩條腿走路，一條腿是得百姓之心，一條腿是得官員之心，兩條腿缺一不可。徐溫在安撫百姓的時候也對原來吳國的功勳老將極盡拉攏，「溫雖奸詐多疑，而善用將吏」，楊吳大將也都願意接受徐溫的統治，老主子楊行密早被他們拋到腦後了。雖然江西撫州刺史危全諷不服徐溫，於梁開平三年（九〇九年）六月，聯合袁州彭彥章、吉州彭玕、信州危仔倡等人作亂，但這些人都是楊吳官場的邊緣人物，楊吳大將周本一出馬，危全諷等人被打得煙消雲散。而平定這場叛亂，極大的提高了徐溫在官場上的聲望，統治更加穩固。

徐溫是楊吳實際上的最高統治者，但有一點可以肯定，徐溫從來沒有想過要篡位。因為就當時的形勢而言，這麼做在政治上等於自殺，至少短期內徐溫不會考慮篡位。

徐溫不篡位並不是他對楊吳忠心，而是時機遠不成熟。大致說起來有三點：一，楊吳舊臣尚在，他們可以接受徐溫當終身宰相，但他們肯定不會同意徐溫當皇帝，他們從來沒打算要給徐溫下跪磕頭。二，揚州是楊家及功勳大將的大本營，徐溫在揚州根基較淺。

對於第一點，徐溫的辦法是殺人立威。宣州觀察使李遇是楊行密的舊臣，他是不願意看到徐溫執政的。徐溫為了搞掉李遇，先是抓來李遇最疼愛的小兒子，要求李遇停止反抗回揚州議事。等李遇手無寸鐵來到揚州，徐溫連李遇帶其子併一家老少全部砍頭，極大震懾了劉威、陶雅等老臣，「於是諸將始畏溫，莫敢違其命」。

第二點，徐溫的辦法是建立自己在政治軍事上的戰略根據地。徐溫看中了升州，就是現在的江蘇南京。升州北帶長江，南控江東，地勢險要，是非常理想的建都所在。梁乾化元年（九一一年），徐溫讓楊隆演封自己為升州刺史，並在升州建造水師，由養子徐知誥率領。徐溫此舉，和曹操在許昌建立自己的政治中心有異曲同工之妙。

說來很有意思，在五代十國一票梟雄中，最像曹操的恰恰就是徐溫，或者說徐溫是有意識的學曹操。曹操雖然獨斷朝綱，但對漢獻帝在禮節上絕不冒犯，徐溫在這一點上學得有模有樣。

曹操對漢獻帝明尊暗防，徐溫同樣如此。徐溫對楊隆演向來恭敬如儀，負責宮廷保衛的閽門、宮城、武備使翟虔是徐溫的鐵桿心腹，翟虔的任務就是嚴密監視楊隆演的一舉一動。翟虔「制王甚急」，非常出色的完成了主子交給他的任務。

吳人皆知真正的國王是徐溫，楊隆演只是個傀儡。徐溫已完全掌控大局，他已經有條件提高自己的政治級別，為將來篡位做準備。梁貞明五年（九一九年），徐溫率文武勸楊隆演稱帝，楊隆演之前拒絕過一次，但這次楊隆演很快就同意了。四月，楊隆演即皇帝位，改元武義，而總導演徐溫得到了東海郡王、大丞相、都督中外諸軍事、諸道統及鎮海、寧國節度使。

徐溫有了政治名分，特別是東海郡縣的爵位之後，就可以公開的為篡位做準備了。楊隆演自然知道這一點，而他同意稱帝，也是想提高自己的政治資本，將來好與徐溫爭天下。實際上，這種設想是完全不切實際的。同情楊吳宗室的功勳大臣死的死，散的散，現在朝中掌握軍權的那批人基本上都是徐溫的人馬，楊隆演想翻天，怎麼可能！

楊隆演在貞明六年（九二〇年）五月，在徐溫的陰影中做了十二年傀儡的吳宣王楊隆演去世，弟弟楊溥即位。但楊溥上位所能做的只是配合徐溫演戲。至於徐溫能給他多少片酬，一則看他的演技，二則看徐溫的心情。

只不過現在對徐溫來說，篡位的時機還不成熟。有人曾經勸徐溫廢楊氏自立，徐溫「正色」曰：「吾果有意取之，當在誅張顥之初，豈至今日邪！使楊氏無男，有女亦當立之，再敢妄言者斬！」

話說得冠冕堂皇，其實連傻子都不會相信徐溫的鬼話。首先，殺張顥時，徐溫要敢篡位，劉威、陶雅那些人能答應？其二，立楊氏男當傀儡，自己專掌生殺，視楊家宗室如小兒，這算對得起楊行密？

徐溫此時已經六十多歲，再冒著一世罵名篡位是極不划算的，所以徐溫抱定了學曹操到底，把篡位的事情交給兒子去做，自己做周文王。

當徐溫開始擇嗣時，他才深深體會老主子楊行密當年的無奈。徐溫有六個親生兒子：徐知訓，徐知詢、徐知誨、徐知諫、徐知證、徐知諤。可這六個不成器的兒子，加在一起都不及養子徐知誥的十分之一，而且長子徐知訓在前幾年因為給大將朱瑾扣綠帽子，為朱瑾所殺。徐溫疼愛養子徐知誥，但畢竟不是親生的，徐溫一開始就沒打算把江山交給徐知誥。徐溫已經在幾個兒子中選擇了相對好一點的徐知詢，但還沒等徐溫傳位給徐知詢，唐天成二年（九二七年）十月，徐溫病逝，時年六十六歲。

也許徐溫在死前就已經意識到，他死後再無人能壓制住人中龍鳳的養子徐知誥。天下，將是徐知誥的。

徐溫辛苦算計二十年，全是白忙。

借雞生蛋——南唐開國皇帝李昪詭異的人生路

徐知誥這個名字，對現代人來說相當陌生，即使是他改名後的李昪，也籍籍無名。但世人皆知宋詞之祖《虞美人》的作者、著名的南唐後主李煜。

徐知誥正是李煜的祖父。李煜的父親李璟，是徐知誥的長子。

為行文方便，建南唐前稱為徐知誥，建南唐後稱為李昪。

關於這個在濠州被楊行密撿到的流浪兒姓什麼，各史記載不一。徐知誥後來出於政治需要，稱帝時編了一套家譜，自稱唐宗室之後，可信度和郭威自稱舜帝之後有一拼。而《吳越備史》則稱徐知誥並不是徐州人，而是浙江湖州安吉人，本來姓潘，後來冒姓李。因為吳越國與南唐是敵國關係，吳越國史出於政治上的需要抹黑徐知誥也屬正常，所以也不可信。

管他姓什麼呢，徐知誥在被徐溫收養之後，開始了一段輝煌的創業之路。當然，如果當初楊行密真要收下徐知誥，也許歷史上就不會出現歌舞風流的南唐帝國了。

徐知誥在少年時代就已經顯示出與眾不同的英偉，「喜書善射，識度英偉」，完全不同於楊行密那幾個窩囊廢兒子，以及徐溫那些不成器的紈褲子弟，是吳國官場第二代中出乎其類拔乎其萃者。

徐知訓等人只知道吃喝玩樂，而徐知誥卻是諸子中對徐溫最孝順的一個。為了表達對養父的忠誠，徐知誥寫過兩句詩：主人若也勤調撥，敢向尊前不盡心。

徐溫有疾，徐知誥和妻子王氏衣不解帶，伺候在徐溫床前，讓徐溫大受感動，經常對徐知訓等人說：「若論孝道，你們這夥飯桶加在一起也不如知誥。」

雖然很得養父徐溫的喜愛，但徐知誥始終牢記自己的養子身分，自己再好，畢竟也不是徐家的骨肉。再加上有些人對徐知誥閒言碎語，在險惡的政治環境中，徐知誥養成了靜默的性格。任泰山崩於前，我自神色不變。

世人皆知，江東江山日後必是徐溫傳其子嗣，至於傳誰，長子徐知訓最有希望。徐知誥知道自己希望渺茫，但徐知誥的心裡始終保持著那一份微弱的希望。

對一個身分敏感的人來說，要保持競爭力與其高調做人，不如低調作事。在徐知訓等兄弟花天酒地的時候，徐知誥卻成了徐家的大總管，徐府上下大小事務皆由徐知誥過手。徐知誥盡心盡力，把實際上的江東第一家庭打理得內外安順，再苛刻的人也挑不出一根骨頭出來。這時徐知誥只有二十多歲，卻少年老成，這段難得的治家經歷，對日後徐知誥開創一代盛世帶來了寶貴的經驗。

而徐溫對徐知誥的態度，應該說和以前沒有太大的變化，他不打算把江山傳給知誥，但希望知誥能成為徐家的柱石之臣。徐溫確定把金陵作為自己的政治根據地時，徐溫首先想的就是由徐知誥打理金陵。

金陵是徐溫的根據地，其實在徐知誥看來，又何嘗不是自己的根據地呢？一旦自己在金陵打下根基，即使以後養父來了，也難以撼動自己。徐知誥治理金陵是極為用心的，《釣磯立談》稱讚徐知誥的治政之功，「以軍功牧昇州，初以文藝自好，招徠儒俊，共論政體，總督廉吏，勤恤民隱。」

徐知誥在執政金陵時，其實就做了兩件事情，一是撫恤百姓，爭取民心，二是極力拉攏下層文人，打造自己直接控制的幕僚團隊。徐溫的錢，徐知誥花起來一點也不心疼，「求遺書，招延四方士大夫。傾身下之，雖以節儉自勵，而輕財好施，無所愛吝。」

肯花錢，自然就有人來入夥。「（徐知誥）以宋齊丘，王令謀，王翃主論議，曾禹，張洽，孫魴，徐融為賓客。馬仁裕，周宗，曹悰為親吏」，形成了徐知誥自己的政治團隊。在這些人的傾心輔佐下，徐知誥距離那個位置，越來越近。「溫雖遙秉大政，而吳人頗歸知誥。」

可定都金陵的徐溫還是選擇了留守揚州的徐知訓。徐知誥心中已無希望，但面上依然談笑自若。徐溫也很無奈，徐知誥如果是自己的親生骨肉，那什麼問題都不存在了，可他偏偏不是。家天下時代，有自己的親生兒子而傳位給外姓，那是傻子，雖然徐溫知道徐知訓不成器。

好在徐知訓自尋死路，得罪了大將朱瑾，朱瑾極痛快地手起刀落，送徐知訓上西天當皇太子去了。徐知訓的死，據現有史料無法證明其中有徐知誥的暗中參與，徐知誥也不敢。但徐知訓自己作死，白白給徐知誥騰出了位置。

至於徐知詢等人，已經不可能威脅到徐知誥的存在了。

光明就在眼前，但陷阱還在腳下。

對自己威脅最大的徐知訓死了，但徐溫手下那幫老臣橫豎都看徐知誥不順眼，而一旦稍有大意，徐知誥依然有馬失前蹄的可能。

徐知誥現在的處境，和明穆宗朱載垕當裕王的情形非常相似。當時對朱載垕威脅最大的景王朱載圳去世，朱載垕是唯一的皇子，繼位鐵板釘釘。但當時大奸臣嚴嵩還在，沒少給朱載垕穿小鞋。

徐知誥同樣如此。

徐溫手下兩大重臣，嚴可求和陳彥謙都堅決要求徐溫將徐知誥踢出競爭圈子，雖然嚴可求和徐知誥是兒女親家，但老嚴的態度是即使徐知詢混蛋，也那是徐溫生的混蛋，徐知誥哪怕是秦皇漢武轉世，和你徐溫一毛錢關係沒有。而陳彥謙的態度更為堅決，在陳彥謙臨死前，老傢伙拼盡全力，上書徐溫十餘次，要徐溫千萬不要立徐知誥，外姓的天才不如本家的混蛋。

徐溫真的動心了，徐知詢雖然遠不如徐知誥，但多加培養，做個中人之主還是可以的。而就在徐溫將動未動之際，唐天成二年，徐溫病死於金陵。

如果徐溫晚死一兩個月，徐知誥一點機會都沒有了。徐溫死得其時，徐知誥雖然難免會念及養父的鞠養之恩，可畢竟最大的一塊絆腳石被搬開了。

楊吳天下，鐵定是徐知誥的了。

徐知詢還在做著帝王夢，而等到徐家二少爺被吳主楊溥的詔書從金陵召到揚州時，一切都結束了。徐知誥把徐知詢強扣在揚州，名義上做鎮海軍節度使，但同時派自己的心腹柯厚率金陵兵駐守揚州，就近監視徐知詢，「知誥自是專吳政」。

嚴格來說，徐知誥雖然是南唐開國之主，但從整個江東割據歷史來看，江東真正的開國之主是楊行密。沒有楊行密，斷沒有江東割據稱雄。而徐溫更是上啟楊吳、下開南唐的關鍵人物。至於徐知誥，其實名為開創，實為守成，其軍事能力非常一般。就如同趙匡胤名為開國之主，實則是守成之主，讓趙匡胤處在柴榮的位置上，是什麼也做不出來的。徐知誥在楊行密、徐溫的治政基礎上所需要做的只是搞好農業生產，安定民心，鞏固自己的統治而已。而這一點，徐知誥做得相當不錯。

徐知誥出身民間，自知百姓疾苦，他執政之後，對一些不合理的稅賦政策進行了大刀闊斧的改革。首先是改革了丁口錢。

所謂丁口錢，其實就是人口稅，每家按人口多少收稅，卻不管這家有地多少。這是一種非常不公平的稅收政策，大地主和貧下中農如果家中人口相等，則要交相同的稅，所以「（吳）民甚病之」。在宋齊丘的建議下，徐知誥宣布廢除早就該淘汰的人口稅，吳人大悅，「曠土盡闢，國以富強」。

更難能可貴的是，徐知誥盡可能的出臺符合百姓利益的政策，再比如「差官興版簿」，這是什麼意思呢？其實就是根據土地的不同品質，把土地分成上中下三個等級，然後按不同等級收稅。官府規定上等田每頃收兩貫加一百文，中等田一貫八百文，下等田一貫半。此舉極大減輕了擁有劣質土地的下層農戶的負擔，畢竟這類農民佔江東農戶的大多數。徐知誥固然是從政治上的考量才這麼做的，但至少多數百姓從徐知誥的政策中受了益。

徐知誥的經濟政策，用現代眼光來看，有些重農抑商，不太符合市場經濟規律。但要知道，古代封建小農經濟結構的根基還是農業，以及附屬在農業基礎上的手工業以及第三產業。比如徐知誥有意抬高絲織品的收購價格，每匹絹市價達到了一貫七百文，這傷害到了一些收購商的利益，卻讓百姓賺足了銀子。有人提出反對意見，徐知誥讓重臣宋齊丘反駁他們：「安有民富而國家貧者邪！」

徐知誥當然是出於私心才邀買人心，但當統治者的私利符合大多數百姓的利益時，私利自然也就變成了公利。

一切都是水到渠成的。晉天福二年（九三七年）十月，已經改名為徐誥的齊王正式接受吳主楊溥的「禪讓」，改元昇元，在群臣的歡呼聲中，正式拉開了歷史上聲名顯赫的南唐的盛大帷幕。

李昪的演技並不入流，都到這一步了，他還在演戲。面對楊溥的讓位，李昪自稱什麼「老臣不敢」，尊傀儡一般的楊溥為「高尚思玄弘古讓皇帝」，不過是做給外人看的。一年後，楊溥就不明不白的死在楊州。

因為徐溫在世時受封齊王，所以南唐建國時的國號其實是「齊」，而不是唐。至於徐知誥為什麼要易齊為唐，自然是從家譜上做文章。東海徐氏在唐末早已不是名門大族，而唐朝雖然也滅亡久矣，但李氏畢竟還是當時的名門，所以從政治上考慮，徐知誥有一萬個理由自稱是李唐宗室之後。

南唐昇元三年（九三九年），演技越發純熟的李昪正式改姓李，易名為昪。其實也難為了李昪，為了給自己找一個光鮮的好祖宗，李昪和大臣們絞盡腦汁，從浩如煙海的唐朝宗室檔案中找到了唐代宗第十子建王李恪當了祖宗，李昪自稱是李恪的子孫，然後編造了一通所謂「恪生超，超生志，志生皇考榮，榮生今上」，天花亂墜的歷史泡沫。

至於養父徐溫，得志之後的李昪早就對養父棄之如敝屣，僅僅尊追為「義祖」，其實就是乾爹。言下之意，乾爹再親，也不是親爹，這無疑是對當初徐溫不立李昪為嗣的報復。

李昪不僅報復了現任乾爹，呼喚徐家兄弟如小兒，甚至是對李昪恩重如山的楊行密後代，李昪也進行毫無人性的報復。李昪把楊家子孫全部遷到海陵（江蘇泰州）嚴加看管，除了給吃的，禁止任何人進出，讓楊家子孫自生自滅。楊家男女因為沒有配偶，只能近親結為夫婦，結果生出一大堆智障兒童。更惡毒的還在後面，周世宗柴榮下淮南，繼位的李璟擔心楊家人被周世宗利用，將楊家人盡數斬殺，楊行密的子孫一個都沒傳下來。再後來，李煜被俘入宋，趙匡義霸佔小周后，並毒殺了李煜。李煜因悲慘人生而贏得了後世的普遍同情，但如果從宿命論來看，李煜的慘死未必不是李昪、李璟父子殘忍虐待楊家的果報。

當然，不能因為李昪父子行事殘忍就否定他們對江東建設做出的貢獻，私德不能站在客觀事實的前面。老百姓不管你楊家李家，只要對他們好，你們之間的私怨沒人關心。

李昪特別重視恢復生產，即位前執政如此，即位後同樣如此。昪元三年（九三九年）四月，李昪下詔鼓勵農民開拓荒地，每個勞力開荒達到八十畝，政府將獎勵每人兩萬錢，五年免收租稅。這一政策極大的刺激了江東百姓的生產熱情，在政府與百姓共同的努力下，再加上先天地理優勢，南唐成為十國中國力最為強大，也是對中原政權威脅最大的政權。而這一切，首功當然是李昪。

李昪還有一點非常值得稱讚，就是他有著難得的自知之明，知道自己的木桶短板在哪裡，那就是軍事。當然，這也是李昪在軍事失敗後得到的教訓。這是昪元四年（九四〇年）六月的時候，晉朝安州（湖北安陸）節度使李金全因拒絕接受調令，背叛石敬瑭而降南唐。李昪想摸摸石敬瑭的底細，結果被石敬瑭劈頭蓋臉一通暴打，南唐軍慘敗。李昪領教了石敬瑭的厲害，也就不再對開疆擴土抱有幻想了。

李昪和他的「同宗」李嗣源非常相似，進取不足，自守有餘。李昪能統治江東三十州，已是心滿意足了，統一大業遙不可及，李昪不做此等幻想。

昪元五年（九四一年）七月，吳越國都杭州發生大火，燒毀無數財寶，大傷元氣，吳越王錢元瓘也受到驚嚇，精神失常。南唐大臣勸李昪出兵滅吳越，李昪不但拒絕出兵，反而派人贈送吳越大批財物，幫助吳越渡過難關。

其實李昪不是傻子，吳越國實力雄厚，真要開戰，很可能陷入戰爭泥沼裡無法自拔，那時自然會有人到李昪的渾水池子裡摸他的魚。李昪的保守，讓那些激進的大臣們非常不滿，掌書記馮延巳就在背後罵李昪田舍翁不能成大事。實際上馮延巳這是在難為李昪，他根本不具備統一的能力，勉為其難只能兩敗俱傷。

做人最難的是知道自己幾斤幾兩，有些人自不量力，兵敗身死，成為笑柄。李昪也知道自己的兒孫早晚會被人滅掉，但未來的事情，他已經看不到了。

南唐昇元七年（九四三年）二月二十二日，因服用鉛藥中毒的李昪駕崩於昇元殿，時年五十六歲。

皇太子李璟在一片哀哭聲中即位。

志大才疏，敗家帝王——說說才子皇帝李璟

在五代十國多如牛毛的帝王中，沒有哪一個帝王會像李璟這樣，品嘗到人生從最高峰突然墜落到谷底的慘痛經驗。

李璟本來有機會逐鹿中原成為天下共主，即使沒出兵也能稱霸江東。可因為一位強者的出現，李璟被逼得幾乎走投無路，曾經那麼驕傲的一位帝王，俯首下心的給強者當奴才，最終抑鬱而死。

他死後，他從父親手上接過的那座強大的江山也如殘陽般搖搖欲墜，最終在他兒子李煜的手上徹底摔個粉碎。

來講一講李璟。

因為李璟有個千古詞帝的兒子李煜，其本人又是著名的詞家，所以李璟在歷史上有些知名度。先說一說李璟的名字。

在李昪由姓徐改姓李之前，李璟的名字叫徐景通，李昪易姓，徐景通改名李璟，字伯玉。其實李璟這個名字在歷史上應該是不存在的，李璟的本名，根據一九五〇年代出土的南唐中主陵的考古發現，南唐中主本名應該是李瑤。有一種說法是因為「瑤」字太常用，民間不易避諱，所以用了相對冷僻的「璟」字。為了行文方便，以下皆稱李璟。

都說有其父必有其子，李煜厭煩政治鬥爭，喜歡寄情於山水，作詩填詞和書法，實際上這些都

是李璟最喜歡玩的。如果他不是李昪的長子，必須繼承家族的江山，以李璟的性格，他更願意做個隱士。李煜後來的詩酒人生，有很大一部分是繼承了父親恬淡名利的基因。同樣的道理，如果李煜不是實際上的嫡長子，李煜是斷然不會當皇帝的。

李昪死後，按正常程序，皇太子李璟應該在靈前即皇帝位。但李璟卻「泣讓諸弟」，所謂的諸弟，是指李璟的同母弟李景遂和李景達。李璟讓位於弟弟，是出於虛情假意嗎？結合李璟的性格和當時的政局來看，李璟讓位出自真誠，並沒有演戲的成分。北宋有個所謂的「金匱之盟」，即趙匡胤傳位趙匡義，趙匡義傳位趙匡美，趙匡美再傳位給趙匡胤之子趙德昭。實際上這個金匱之盟是趙匡義捏造出來的，而南唐卻有一個真正的「金匱之盟」，李璟約定兄弟傳國，即位之初就立弟弟李景遂為皇太弟。雖然李景遂拼命辭掉太弟的位置，但這也說明李璟對弟弟們的友愛是出自真摯，而不是趙宋的職業篡位家那樣互相陰謀算計。

李璟友愛諸弟，這是李昪把皇位傳給李璟的重要原因之一，至少兄弟友愛不會在內部製造政治混亂，可以鞏固政權。但李昪對李璟過於陰柔的性格一直不太滿意，畢竟在亂世虎狼群中，這種偏軟的性格一旦遇到強者，是很容易被人打爆的。李昪傳遞到李璟手中的是一個近代以來極為強盛的江南大國。疆域廣大，「其地東暨衢、婺，南及五嶺，西至湖湘，北據長淮，凡三十餘州，廣袤數千里，盡為其所有，近代僭竊之地，最為強盛。」財稅充足，「是時江淮無事，累歲豐稔，兵食盈積」，僅宮中就有七百萬的財物，是足夠李璟花銷的。只要不遇到強者，李璟守住家業不成問題。

李昪執政時，制定了不對外擴張的政策，謹小慎微。就當時的國際格局來看，李昪這種相對保守的對外政策無疑是符合南唐利益的。但李璟似乎並不太認同父親的對外政策，而馮延巳那句諷刺李昪的「烈祖戢兵，齷齪無大略。此田舍翁，安能成天下事」，實際上是得到李璟認同的。

李璟即位之初，就已經決定推翻父親的保守對外政策，開始積極對外擴張。而李璟這麼做，一則是那夥無聊群臣的無聊鼓噪，二則是李璟性格中潛伏的不安定因素在起作用，三則是李璟認為如果要超越先父在治理內政上的歷史功績，那就只能走武力擴張這一條路。要拼內政成績，李璟是不可能超越父親的。

有志於天下，這並非壞事，但李璟所追求的明顯超出他的能力，鬧劇最終只能以悲劇收場。

李璟最先看上的，是南唐東南方向的閩國。閩國自王審知去世之後，王氏兄弟為爭大位互相殘殺，政局持續動盪。閩國王位傳到王延羲時，形勢已不可為，王延羲是個酒鬼，所愛者酒與美人也，弟弟王延政多次勸諫王延羲，兄弟最終翻臉，大打出手，王延政另立門戶，在建州（福建建甌）自稱大殷皇帝，原來地盤就非常小的閩國正式分裂。

好大喜功的李璟已經想到了滅閩之後，自己的名望將會如日中天，但他卻忘記了自己已站在一塊爛泥潭中，身體慢慢的下墜。

南唐之所以最後以不可思議的速度，從江南第一大國迅速變成中原附庸，根本原因還是出在內政不明上，其實這也是所有政權由盛而衰的主要原因。李璟手下有個著名的五鬼集團，這些人專權亂政，像一群貪婪的螻蟻一樣啃食著堤壩，最終咬壞了南唐的堤壩，來自中原的洪水徹底淹沒了這個繁華一時的江南盛國。所謂五鬼，是指聚攏在李璟身邊的五個大臣，即馮延巳、馮延魯、陳覺、魏岑、查文徽，人稱「五鬼」。其實這五個人都不是大奸大惡之人，而且都是文學家，只是盛名之下其實難副，治政能力太差，卻經常冒充政治家，把南唐政治搞得烏煙瘴氣，污濁不堪。

李璟本人就有些心浮氣躁，再加這夥「政治家」的鼓噪，李璟決定對閩國動手。南唐保大二年（九四四年）五月，熱火燒心的李璟派查文徽和邊鎬攻打福建，隨後又增派何敬洙、姚鳳、祖全恩部前去支援。

以當時南唐如日中天的國力，對付一個分裂的小國似乎不成問題，可現實很快就給了李璟一記響亮的耳光。而這所有的羞辱完全是李璟幾乎爛成渣的軍事指揮和用人水準導致的。

南唐軍進入福建時，閩主王延羲已經被殺，福州三易其主，落到了狡兔三窟的李仁達手裡。而大殷皇帝王延政則被南唐軍活捉送到金陵城。福建全境除了福州基本為南唐所有，但如果得不到福州，李璟在福建是混不下去的，可李璟偏偏在李仁達身上栽了跟頭。

其實李璟花了很多代價想拉攏李仁達，甚至把李仁達編入南唐宗室屬籍，李仁達的老娘、老婆都封為夫人，但李仁達堅決不咬毒餌，任你說破天，福州寸土不讓。不過李仁達並沒有完全拒絕李璟，至少李仁達向南唐稱臣，還同意把自己的名字改為由李璟欽定的李弘義。現在對李璟來說，最重要的不是通過武力征服李仁達，而是通過政治手段穩住李仁達，不能讓李仁達把觸角伸出福州與吳越國王錢弘佐勾搭上。

可惜李璟沉不住氣，派陳覺威逼李仁達交出福州不成便開始動粗。如果動粗能拿下李仁達，雖然要付出一些代價，但也可以接受。可此時李仁達感受到來自李璟的壓力，乾脆把福州重鎮打包送給了吳越。

五鬼黨的「軍事家」們集體出動，準備把攻克福州的大功據為己有，但他們哪裡會打仗，而吳越軍的實力又不在南唐之之下。一場硬仗下來，南唐軍敗相極為難看，「吳越兵既登岸，大呼奮擊，延魯不能禦，棄眾而走，孟堅戰死。吳越兵乘勝而進，城中兵亦出，夾擊唐兵，大破之，唐城南諸軍皆遁。」那幾位軍事家差點被活捉，氣得李璟差點當場昏厥。

南唐出兵滅閩，最終的結局卻是吳越控制富裕的福州，留從效等人控制富裕的泉、漳二州，李璟得到的僅僅是相對貧瘠的建、汀二州而已。

一場辛苦，都為他人做了嫁衣裳。

李璟在福州栽了面子，覺得心有不甘，聽說楚國馬氏兄弟又開始鬧內訌，李璟又盯上了湖南這塊沃土。

希臘哲人說，人不可能同時踩進兩條相同的河流，可天才的李璟偏偏就同時栽進兩條相同的臭水溝裡。

南唐保大九年（九五一年）的八月，人稱「邊菩薩」的名將邊鎬再次搖搖尾巴，替李璟收拾湖南去了。

楚國內亂已經不可收拾，馬氏兄弟反目成仇，而馬希萼自稱楚王後就向李璟稱臣，可以引導南唐軍入楚，形勢對李璟是比較有利的。雖然馬希萼很快就被拿下，弟弟馬希崇在亂中上位，但南唐軍已經殺進了長沙城。

南唐軍在楚國叛將彭師暠的幫助下，很快就滅掉走投無路的馬希崇，送馬大王到金陵喝茶去了。但楚人萬沒想到，南唐軍剛進長沙，就變成了無惡不作的土匪。南唐軍在長沙城中挖地三尺，搜刮地皮。更可笑的是，李璟竟下令把湖南地面所有的有形財產，包括金銀財寶、樓臺亭閣，甚至是瓜果梨桃都搬到金陵。同時，李璟還派都官郎中楊繼勳在湖南到處搜刮。楊繼勳為了完成李璟交給他的任務，幾乎是上天入地式的搜刮，甚至還剋扣了已經投降的楚軍軍餉。而那位邊菩薩在得志之後諸事不問，只是在長沙城拜佛求平安，搞得湖南烏煙瘴氣。

李璟的倒行逆施激怒了楚人，楚國的舊軍官開始密謀將南唐勢力踢出湖南。最先發難的是楚軍指揮使孫朗和曹進，但他們放火燒死邊鎬的計畫失敗，逃到了朗州，投靠了雖然名義上降唐但實際上割據的劉言。劉言看到李璟莫名其妙的失楚人之心，自然不會放棄重建楚國的夢想。劉言幾乎掏空家底，數路兵齊發，直進長沙城。

一切都非常順利，周廣順二年（九五二年）十月，朗州軍攻下益陽，斬殺南唐軍二千多人。邊鎬向李璟求救，但李璟沒有絲毫反應，邊鎬丟掉了菩薩，狼狽逃回金陵。

李璟拼命才拿下的楚國，又重新佇立在江南腹地，只不過統治湖南的不姓馬罷了，但這和李璟半點關係也沒有。

之前滅閩，李璟雖然慘敗，但至少還拿下建、汀二州，而滅楚之後，極端錯誤的搜刮政策導致李璟在湖南徹頭徹尾的慘敗，一根毛也沒撈到。

一場辛苦，又為別人做了嫁衣裳。

這兩場慘敗，徹底葬送了李璟在江湖上的名望，而且最要命的是，各國都看穿了李璟的外強中乾，此人誠可欺也。

吳越國從來沒把李璟放在眼裡，輕蔑地稱為「金陵李璟」，南漢大帝劉晟佔了李璟伐楚的便宜，拿下楚國數十州，並把南唐軍打得落花流水，更瞧不上這位詞人。而柴榮也已緩緩把刀舉起，衝著金陵李璟的方向狠狠地劈了過去。

南唐保大十四年（九五六年）十一月初一，志在八荒的大周皇帝柴榮對天下頒布《伐淮南詔》，正式向李璟宣戰。周朝軍隊水陸並進，馬隊、戰艦無數，旌旗獵獵，撲天蓋地，南唐震怖，但李璟似乎並沒有把柴榮當盤菜。

李璟面對柴榮初來時的底氣，源自南唐強大的綜合國力。伐閩、伐楚，因用人、指揮不當，弄得滿地雞毛亂飛，但這並沒有嚴重影響到南唐的國力。只要李璟吸取前兩次慘敗的教訓，近賢遠佞，再加上南唐三軍用命，禦柴榮於淮河之北是完全有可能的。

可惜，李璟還是那個李璟，該填詞時照樣填詞，該搜刮百姓時照樣搜刮百姓，該重用佞臣時照樣重用佞臣。

但柴榮既不是王延政，也不是馬希崇。

李璟派來的那些冒牌軍事家，沒有一個是千古一帝柴榮的對手。劉彥貞去救劉仁贍死守的壽州，結果被李重進全殲，劉彥貞也戰死陣中，白白浪費了李璟的三萬精銳和數十萬副上等鎧甲。劉彥貞是什麼人？貪官！「素驕貴，無才略，不習兵。所歷藩鎮，專為貪暴，積財巨億，以賂權要。」而李重進是五代十國最頂級名將。還有就是李景達為主帥、陳覺為監軍的這支南唐精銳部隊，也在六合被周軍趙匡胤部徹底打殘，「唐之精卒盡矣！」趙匡胤是周朝新進名將，而李景達是個飯桶，陳覺更是個只會溜鬚拍馬鑽營的佞臣。

換言之，李璟在淮南戰場上的慘敗，不是敗於軍事，而是敗於政治。

柴榮敢伐南唐有一個重要的原因，就是李璟在南唐失盡民心。

還是那個劉彥貞，他在主政壽州的時候就以修建水利為名放水淹了民田，然後讓稅官強迫百姓交稅。百姓無錢可交只能賣地，劉彥貞替朝廷狠賺了一大筆，但老百姓心裡早已視李璟為魔鬼。

更可恨的還在後頭，李璟為了搜刮百姓，下令徵收百姓養的牛隻，特別以江西地區和淮東地區為甚。老百姓沒有了牛就沒法種地，那是要餓死人。各地百姓上告無門，痛哭流涕。還是徐鉉出於政權穩定的考慮，勸李璟給百姓留條活路。李璟怎麼說？「朕養雄兵數十萬，不讓老百姓出錢養軍，朕拿什麼守邊！」

還有更可恨的嗎？有！李璟不恤百姓，淮南百姓困苦，沒有飯吃。當時在位的郭威下詔允許南唐的淮南百姓可以過河與周朝進行糧食交易。這本是李璟爭取民心的好機會，李璟又是怎麼做的？「悉奪之（百姓糧食）」，然後作為軍糧，這也是後來柴榮下《伐淮南詔》時李璟的罪狀之一。

喪心病狂到了這種程度，李璟不亡，天理也不容。

南唐在政治上的失敗，還有就是用人不當。

在五代十國的政權中，南唐是上層黨爭最為激烈的。

南唐有兩大派系，一系是開國大魔頭宋齊丘為首，馮延巳、陳覺、李徵古、馮延魯、魏岑、查文徽為骨幹。很顯然，這一派都是佞臣。另一派則是清流黨人，有孫晟、常夢錫、蕭儼、江文蔚、韓熙載、李德明、鍾謨等人。

宋黨成員都處在權力最高層，很容易利用權力大發其財，李璟除了對宋齊丘本人多有戒心，基本上對這夥人的腐敗不聞不問。而清流黨自然不滿宋黨的貪腐，經常上章彈劾宋黨，二黨水火不相容。清流黨表現得更為激烈，江文蔚和韓熙載多次上章彈劾馮延巳、魏岑等人，但李璟不但不聽，反而貶二人官，並重用宋黨。而成為歷史笑柄的南唐滅閩一戰，實際上就是陳覺和查文徽弄出來的。

南唐落日殘陽，周朝如日中天，勝負雖然用了三年時間才分出來，但沒有人會意外這個結果，李璟能在柴榮的霸道之下硬撐了三年已是大不容易。李璟還想鹹魚翻身，但柴榮根本不可能給他任何機會。當奄奄一息的劉仁贍被士兵抬出壽州城時，南唐帝國的敗局已不可避免，淮南十四州，從此再不屬於李璟。

李璟真的被柴榮打服了，這位曾經不可一世的大皇帝，心甘情願的跪在柴榮使者的腳下，接受柴榮的征服。南唐帝國在這一刻已不存在，卻多出一個蘸滿屈辱血淚的江南國。南唐的年號也沒有了，奉周朝的顯德正朔，更讓李璟感覺到恥辱的是，為了避周朝的祖諱「璟」字，李璟必須改名。

李璟也不存在了，卻多出一個同樣蘸滿屈辱血淚的李景。

「王字旁」沒有了，也預示著金陵王氣黯然收。

三年後（九六一年），心情無比壓抑的李璟病死於南都洪州（江西南昌），時年四十六歲。

一江春水向東流——李煜的悲喜人生之繼位篇

《虞美人》

春花秋月何時了，往事知多少。
小樓昨夜又東風，故國不堪回首月明中。
雕闌玉砌應猶在，只是朱顏改。
問君能有幾多愁，恰是一江春水向東流。

提到這闕著名到不能再著名《虞美人》，幾乎所有人都能說出這闕詞的作者——李煜。說到五代十國最著名的政權，南唐是當之無愧的第一，開創北宋盛世的後周遠不如南唐有名。如果說到五代十國最著名的人物，南唐後主李煜同樣是當之無愧的第一，開創北宋盛世的千古大帝柴榮名氣遠在李煜之下。

從某種意義上講，五代十國人物眾多，但實際上只有三個人物：帝王中柴榮，大臣中馮道，詩詞中李煜（**雖然李煜也是帝王**）。因為這個原因，《柴榮篇》和《馮道篇》的篇幅都比較長，李煜作為五代十國故事最為奇特的主角，篇幅同樣比較長，不過這些都是李煜應該得到的。

其實歷史上存在過兩個李煜，一個是政治上的李煜，這個李煜昏庸無道，殘害忠良，窮侈極欲，最終亡國被俘，最終被趙匡義毒死，命運和他的「同行」孟昶一模一樣。另一個是文學史上的李煜，這個李煜則是一座讓後人高山仰止的豐碑！特別是中國詞史上，李煜堪稱是一代詞祖，詞界的千古一帝！把任何肉麻的稱讚送給李煜，他都受之無愧。與李煜同時代的後蜀雖然有《花間詞》，但花間詞多承唐詩遺風，格局較小，正是李煜的出現，才把作為小令的詞推向了一個幾乎不可企及的高峰。正如近人王國維在《人間詞話》所論：「詞至李後主而眼界始大，感慨遂深，遂變伶工之詞而為士大夫之詞。」

政治世界的亡國奴，文藝世界的千古一帝，兩個極端的身分集於一人。放眼古今，只有北宋的亡國之君宋徽宗趙佶可以與李煜相提並論。

有一種流傳至今的傳聞：宋神宗趙頊在皇后生趙佶前夕，曾經在夢裡遇到李煜，然後就是趙佶的降生。換言之，趙佶是李煜的後世投胎，李煜是趙佶的前世孽緣。不過趙佶的覆亡是自己花樣作死，北宋滅亡完全是趙佶做出來的。而李煜的悲劇人生其實早在他父親李璟時就已經不可逆轉……

先來講講政治史上的那個著名昏君李煜。

李煜，字重光，是南唐中主李璟第六個兒子，本名李從嘉。李璟共有十個兒子，但有資格競爭皇位的只有四個，即李弘冀、李煜、李從善、李從謙，因為他們都是正宮鍾皇后所生，其中六子「自（李）弘茂以下，皆不知其母」。

也因為母親這層關係，再加上李煜從小就喜歡文學，天賦極高，李璟非常喜歡這個兒子。只不過因為李弘冀是嫡長子，早就立為太子，李璟並不能給予老六什麼。而李煜向來對政治不太感興趣，他更願意一頭扎進書堆裡，快樂地徜徉在藝術的世界裡。而且由於李弘冀向來懷疑六弟會與自己爭太子之位，對李煜橫挑鼻子豎挑眼，李煜「避禍，惟覃思經籍」，幾乎是兩耳不聞窗事，一心唯讀聖賢書。

這個時候的李煜是快樂而自由的，因為他遠離了他本就不喜歡的險惡官場，在萬傾碧波中聽濤觀瀾，在青蔥秀山裡撫松戲鶴，這才是李煜最想要的生活。當是在這個時期，二十歲出頭的李煜創作了兩首著名的《漁父》詞。

其一：浪花有意千重雪，桃李無言一隊春。一壺酒，一竿綸，世上如儂有幾人？

其二：一棹春風一葉舟，一綸繭縷一輕鉤。花滿渚，酒滿甌，萬頃波中得自由。

這兩首詞其實都是李煜題在《春江釣叟圖》上的，但從兩首詞的立意和用詞來看，兩首詞應該不是同時落筆，第一首當比第二首創作的要早許多。細品第二首中的「酒滿甌，萬頃波中得自由」，能發現此時的李煜已經被人盯梢了，最有可能的自然是太子李弘冀，所以李煜藉此詞向李弘冀表明自己絕無意奪嫡。而第一首則相對更自由快樂，特別是名句「浪花有意千重雪，桃李無言一隊春」讓人愛不釋手。當然這兩句對聯也是向李弘冀表明自己的態度，但此時李弘冀對李煜的猜忌還沒有後來那麼嚴重，所以李煜能快樂的唱道：「一壺酒，一竿綸，世上如儂（我）有幾人？」

李煜希望這樣美好愜意的山水生活能陪伴他走到人生的盡頭，功名利祿於他不過過眼雲煙，但殘酷的現實卻根本不可能給予李煜這樣的人生。

李煜的父親李璟突然碰上了一個他們父子以前從來沒有聽說過名字的強硬對手，這個對手志在統一天下，而李氏父子統治的南唐則早就上了這個江湖無名之輩的菜單，他就是震撼古今的一代聖主柴榮。

南唐保大十三年，周顯德二年（九五五年）十一月，周世宗柴榮正式對南唐發起了聲勢浩大的戰爭，而柴榮的首要目的是佔領由南唐控制的淮南十四州。

這場戰爭其實和李煜本來沒有直接關係，他對軍事幾乎一竅不通，也毫無興趣，但畢竟淮南之戰涉及了南唐李家父子的飯碗問題，所以李煜也被動的捲進了這場讓他刻骨銘心的戰爭。

戰爭開始後，不知道李璟是出於什麼考慮，封根本不懂軍事的安定郡公李煜（當時還叫李從嘉）為神武軍都虞侯，「（帶兵）沿江巡撫」，屬於南唐的機動部隊。以李煜的軍事能力，他是不可能主動尋找周軍主力決戰的，他最有可能做的應該是在淮南南岸附近遊弋。北宋人龍袞在《江南野史》記載了一個不太可信的故事：有一次柴榮準備渡過長江進攻南唐國都金陵，但柴榮發現江南突然「白氣貫空」，派細作打探，原來是南唐六皇子李煜在打獵。柴榮驚歎：「彼有人焉，未可圖也。」停止對了南唐的軍事計畫。李璟聽說過，立刻立李煜為太子。

這個故事荒誕不經，不足為信。但柴榮與李煜同時在淮南，二人在某個特定場合隔水相望。李煜震服於柴榮的英武霸氣，而柴榮同樣會對李煜的優雅讚歎。從邏輯上來看，這個倒是有可能發生的。

雖然李璟知道李煜在軍事上沒天賦，也知道李煜志在山水優遊，但因為一個偶發事件，李璟也只能趕鴨子上架，強行讓李煜更多地承擔國事，因為南唐太子李弘冀在顯德六年（九五九年）九月初四病故。

此時的南唐早不復當年的盛況，被柴榮打得七零八落，淮南徹底喪失，周軍水師驕傲地遊弋在長江上。李璟被柴榮徹底打服，去帝號，自稱江南國主，向周稱臣，每年歲貢不絕。不過至少李璟還保有江南半壁，再加上自己身體每況愈下，必須解決繼承人的問題。

這一切本來與李煜依然沒有關係，畢竟他排行第六，可要命的是，除了大哥李弘冀，李煜前面的四個兄長都已過世。李煜這才發現，排行老六的他此刻已是南唐實際上的嫡長子。

江南國主的位置，李煜已經躲不過去了。

一年後，周殿前都點檢趙匡胤發動陳橋兵變篡位，建立北宋。因為南唐失去了淮南防線，金陵已不安全，所以李璟把國都遷到了洪州。北宋建隆二年（九六一年）的六月，心力憔悴的李璟在洪州撒手人寰，二十五歲的皇太子李煜繼位，成為南唐歷史上最後一位皇帝。

李煜有些惶恐的坐在金殿之上，接受文武百官的舞蹈山呼。同時，李從嘉改名李煜。

中原政權在柴榮的打理之下如日中天，雖然趙匡胤篡位建北宋，但中原政權的統一形勢不可逆轉，李煜根本不知道他的未來在哪裡。

一江春水向東流——李煜的悲喜人生之奢侈篇

李璟有十個兒子，其實嚴格來說，他只有兩個兒子，一個是活在政治裡的李弘冀，一個是活在文藝世界裡的李煜。李弘冀為人雖然奸梟，甚至為了皇位毒死了自己的親叔父李景遂，但這種性格在亂世裡反而能吃得開。以李弘冀之能，守住江南半壁當不是問題。可沒等到他繼位就死掉了，而說到繼位的李煜，相信南唐上下都有些忐忑不安，這個並太懂政治的藝術天才會把南唐的殘山剩水帶到哪裡？

李煜對政治沒有多少興趣，但不代表他對政治一竅不通，畢竟浸淫於帝王家，搞政治是他們家的飯碗，於政治多少還是會無師自通的。李煜知道趙匡胤是個野心不遜於柴榮的帝王，他根本無法保證趙匡胤會不會立刻發動侵略戰爭，所以現在對李煜來說，最重要的就是穩住趙匡胤，給南唐也給自己一個喘息的空間。

《即位上宋太祖表》，與其說這是一道藩臣李煜給宗主國統治者趙匡胤的上表，不如說是李煜和趙匡胤的公開談心。

在表中，李煜首先談到了自己本無意於政治，更願意優遊山水，是因為長兄（李弘冀）之死，自己才能勉撐其難。「臣本於諸子，實愧非才。……思追巢、許之餘塵，遠慕夷、齊之高義。」

李煜這麼寫，雖然是是向趙匡胤表明自己絕無對抗天朝上國的野心和膽量，但同時也是他內心世界的真心流露——如果他四個哥哥有一個活著，即使對方是庶出，李煜也絕不會去爭位。當然，現在最重要的是穩住趙匡胤。

趙匡胤為人雄猜多疑，李煜不敢招惹這個連舊主託孤給他的幼子都要動刀的篡位者。李煜即位時曾經「宮門立金雞竿，降赦如天子禮」。因為金雞只有皇帝才能用，所以李煜此舉引起了趙匡胤對李煜的不滿，當面責罵南唐「駐京辦主任」陸昭符。還是陸昭符糊弄趙匡胤說這不是金雞，而是一隻怪鳥，趙匡胤才一笑而罷。

李煜知道趙匡胤喜歡讓人拍他的馬屁，所以在上表中拍足了趙匡胤的馬屁，「陛下懷柔義廣，煦嫗日深，必假清光，更逾曩日。遠憑帝利，下撫舊邦。克獲宴安，得從康泰。」因為在李璟時代，南唐就已用子禮對待中原政權，李煜同樣視趙匡胤如「父」，把因篡位而心虛的趙匡胤拍得舒舒服服。而且趙匡胤篡位不久，剛鎮壓了李筠、李重進的起義，急須穩定內部局勢，暫時沒有精力去打李煜的主意。

李煜穩住了北宋，可以關起門來做他的無憂天子。李煜的級別只是臣屬於中原大國的江南國主，但在「江南國」內部，李煜依然是主宰南唐臣民生死的最高統治者，南唐大臣依然要尊稱李煜為陛下。

因為李煜在即位之前口碑甚好，所以他初繼位時，南唐大臣都對李煜抱以極高的期望，認為李煜有能力帶領殘山破水的南唐重興唐朝。李煜拍完趙匡胤馬屁的一個月後，江寧府句容縣尉張泌給李煜上了治國萬言書，談論治國之道。張泌提出自己的政治主張，如行君道、正臣職、明賞罰、納諫諍、遠奸邪、節用度。張泌希望李煜能效法漢文帝，「願陛下勉強行之，無俾文帝專美西漢」。

此時的李煜儼然是一副明君作派，他在御批中鄭重許下了自己的承諾，「朕必善始而思終」。李煜言出必行，他在控制權力之後，矯正了李璟時代的一些弊政，還起用了被李璟罷廢的有見識的大臣，如曾經勸李璟趁後晉滅亡之際北伐收復中原的名臣韓熙載。

李煜奮發有為，南唐臣民無不欣望中興之治，因為李璟扔給南唐的這個攤子，實在太爛了。因為在與柴榮爭奪淮南的戰爭中徹底失敗，南唐不僅失去了十四州的土地人口財稅，同時還要從所控制的江南本土向周朝貢獻大量財貨。北宋建立後，李煜為了不讓趙匡胤進攻南唐，李煜不計成本給趙匡胤塞銀子，導致南唐財政出現嚴重困難，「數貢奉，帑藏空竭」，情況也只比幾乎成了經濟光棍的北漢稍好一些。為了湊齊上貢北宋的錢財，李煜打起了富商的主意。「駐京辦主任」陸昭符奉李煜之命，強行與金陵富商石守信（非北宋石守信）「做生意」，強行「得絹十萬」，李煜非常高興。

李煜從中嘗到了甜頭，似乎也忘記了當初對張泌做出的承諾，搖身一變成了刮皮能手，南唐地面上的財富幾乎是被李煜蝗蟲一般地掃蕩得底朝天。

剛開始，李煜還打算鑄錢來解決經濟困難，本意是想用鐵錢來換取老百姓手中的銅錢。鐵錢幣值太輕，老百姓當然不願意以銅易錢，都用鐵錢結算，不上李煜的當。而且更要命的是民間私鑄鐵錢，導致鐵錢面值一降再降，嚴重搞亂了南唐的物價平衡。

李煜實在是收不上錢了，乾脆實行無賴的加稅政策。所謂加稅，就是在政府規定的稅賦之外，打著各種名義強行向百姓徵稅。老百姓生活所必需的酒、雞鴨鵝，甚至是蓮藕、螺蚌、魚蝦都成了李煜的錢袋子，凡是進行這些物品交易的都要交錢。更可笑的是，老百姓家裡的鵝生了雙黃蛋、家裡種的柳樹結了柳絮也要交錢，可謂是挖地三尺，無所不用其極。除此之外，李煜還提高了政府規定稅賦的徵收標準，李煜的邏輯是：只要你還活著，朕就有辦法能從你身上搜刮最後一滴油水。因為李煜對百姓搜刮太狠，給江南百姓留下了極為惡劣的印象，甚至一百多年後，江南百姓還清楚的記得李煜帶給他們的傷痛。據宋人曾敏行《獨醒雜志》記載，「故老相傳云：李煜在位時縱侈無度，故增賦若是。」

正如這些父老所言，李煜挖地三尺得到的財貨，並非都送給了趙匡胤，而是留下其中很大一部分給自己享受美妙人生。

李煜是個藝術家，而且還是帝王，他認為自己當然有資格用老百姓的血汗錢來追逐自己的藝術夢想。李煜「尚奢侈」，為了經營自己的藝術天地，李煜不惜重金，在宮中打造了讓人眼暈目炫的豪華裝飾，「以銷金紅羅羃其壁，以白銀釘玳瑁而押之；又以綠鈿刷隔眼，糊以紅羅，種梅花於其外。」反正這些錢都是從老百姓身上搜刮出來的，李煜花別人的錢怎麼會心疼？

同時，李煜和趙匡胤一樣都是虔誠的佛教徒。趙匡胤信佛是為了掩飾篡位帶來的心虛與不自信，而李煜信佛主要是打發無聊的時光。但帝王信佛，那都是要掏真金白銀的。和尚們非常勢利，不給錢誰陪你玩？趙匡胤承後周經濟大發展之惠，有閒錢信佛。而李煜則在已盡精窮的財政狀況下拿出大筆錢財供養僧尼。李煜經常掏錢收買百姓或者道士改信佛教，而金陵城中的和尚很快就增至萬人，這些僧人所有的花費「悉取於縣官」。後來北宋有個間諜小長老來到南唐執行任務，說服李煜出重金建佛寺塔像，幾乎耗盡了南唐國庫。而南唐國庫的每一文錢都是老百姓省吃儉用的血汗錢。

其實李煜並非不懂得「羊毛出在羊身上的道理」，他把羊剃成大光頭，自然也就沒羊毛可用。

李煜曾經在衛尉卿李平的建議下清查戶口，打造牛籍（牛的戶口本），在政策上扶持農業生產，但後來也不了了之。

不過李煜並不在乎百姓的死活，他相信一個邏輯：只要趙匡胤不打過江，憑尚能一戰的南唐軍隊，鎮壓百姓造反不成問題。

在性情浪漫的李煜看來，與其說他在經營李家江山，不如說在經營他自己的人生。更準確的說，是在經營自己浪漫的愛情。

一江春水向東流——李煜的悲喜人生之愛情篇

政治史上的李煜，詩詞史上的李煜，愛情史上的李煜，後世的人們最熟悉的無疑是後兩者。李煜的詩詞與他的愛情，同樣風流千古。

說到李煜的愛情，人們甚至會下意識的說出兩個名字：周娥皇、周女英，就是歷史上鼎鼎大名的大周后、小周后。

其實大周后的真名確實叫娥皇，但小周后名字不詳，之所以叫周女英，是後人根據舜帝有兩女，一娥皇一女英，給小周后強加上的。二周的父親是南唐開國元勳周宗，又是南唐先主李昪的患難之交，李昪篡吳建唐就與周宗的鼓動有很大關係。因為周家與李家這層特殊的關係，李煜和周娥皇從小就是在一起玩的青梅竹馬，很自然的就對彼此有了好感。南唐保大十二年（九五四年），十九歲的周娥皇嫁給了十八歲的六皇子李從嘉，一段轟轟烈烈的驚世愛情就此拉開大幕。

周家是南唐頂級權貴，為了家族地位，家裡的女孩子必須要從小接受嚴格的藝術訓練，將來要與權貴甚至是帝王結親，形成穩固的政治聯盟。周娥皇從小就「通書史，善歌舞」，加上貌美如花，舞起來彷彿神仙中人。除了跳舞，周娥皇還特別擅長彈琵琶，周娥皇曾經在李璟過壽時給未來的公公彈起了琵琶。李璟大讚其妙，將一把絕世罕見從東漢蔡邕傳下來的燒槽琵琶賜給了周娥皇。而這把燒槽琵琶，實際上是李璟代兒子從嘉送給周娥皇的定情之物。周娥皇不擅長詩詞創作，這一點不如李清照，但周娥皇在藝術上的全面則是李清照所不及的。至於下棋這些小戲，周娥皇更是「靡不妙絕」。

周娥皇在舞蹈上最大的貢獻，就是她修改並整理中國舞蹈史上不朽豐碑《大唐霓掌羽衣曲》的譜子。《大唐霓裳羽衣曲》在安史之亂後散佚不傳，到李煜時已有二百多年。李煜本來讓樂工曹生整理此曲，然後由周娥皇撫琵琶彈唱，但娥皇對曹生的修改不太滿意，乾脆自己動手。「變易訛謬，繁手新音」，最終讓經過曹生修改的《羽衣曲》「清越可聽」。在周娥皇經手修改的過程中，對琵琶極為精通的李煜也參與其中，與心愛的皇后一起「去彼淫繁，定其缺墜」，鴛鴦交頸，四目含情，實在羨煞後人。

等曲子改定後，就成了南唐政府官方的舞曲，達官顯貴們也在家中演奏《霓裳羽衣曲》，燈紅酒綠間，歡笑不絕，歌舞曼妙，琵琶聲聲，這是南唐在藝術上留給後人的傳世遺響。

李煜曾經興致所至，填寫了一首著名的詞，就是《玉樓春——晚妝初了明肌雪》，詞如下：

> 晚妝初了明肌雪，春殿嬪娥魚貫列。笙簫吹斷水雲間，重按《霓裳》歌遍徹。
> 臨風誰更飄香屑，醉拍闌干情味切。歸時休放燭花紅，待踏馬蹄清夜月。

在李煜的詞作中，這首不如《虞美人》、《浪淘沙》、《破陣子》、《相見歡》更有名，而這首《玉樓春》所反映的社會現實，卻被近代著名詞評家俞陛雲稱為「此（詞）在南唐全盛時所作」，雖然此時的南唐早只剩下殘山剩水，但在李煜的世界裡，他擁有臣民的擁戴、愛妻的陪伴，他還奢求什麼呢？正如明朝大詩人楊慎評此詞：「何等富麗奢縱，觀此哪得不失江山。」

李煜與周娥皇之間的愛情是真摯而濃烈的，而周娥皇也非常珍惜他與李煜的這段人間美妙愛情。夫妻結合以來，玉人一般的周娥皇給同樣碧玉可愛的李煜生過兩個兒子：李仲寓、李仲宣。李仲寓活了三十七歲，入宋後曾經任過郢州刺史，為政寬簡，「吏民安之」。而幼子李仲宣卻在四歲的時候，因為一隻貓碰碎了佛像前的琉璃燈，受驚而死。

最疼愛的幼子突然夭折，作為母親的周娥皇悲痛可想而知，因為思念兒子，當時身患重病的周娥皇「悲哀更遽」，幾天後便香消玉殞了，年僅二十九歲。

周娥皇的死是受了兒子夭折的刺激，但周娥皇的病卻是怎麼得的？很簡單——被丈夫李煜氣出來的，因為周娥皇發現在自己病重期間，李煜卻和一個人暗中往來密切。這個人周娥皇再熟悉不過了，就是她的小妹周女英（為行文方便，以下皆稱小周后為周女英）。

周女英想見姐夫非常容易，可以打著進宮探望姐姐的旗號公開進宮，而不會有人對此產生什麼聯想。因為當時的周女英只有十五歲，還是個半大孩子。李煜是深愛著周娥皇，但他畢竟是一國主宰，古代帝王三妻四妾尋常可見，李煜也不是什麼聖人，一生只與周娥皇一個女人魚水相戲。李煜應該是很早就看上了周女英，但當時周娥皇身體康泰，一直沒有機會下手。而周娥皇病重臥床不起，李煜就可以在適當的時候，在花前月下擁抱著美麗可愛的小姨子，承諾一定會給她一個甜蜜的未來……

紙裡終究包不住火，李煜和周女英的事情到底還是讓周娥皇知道了。周娥皇問小妹什麼時候進宮的，結果周女英沒有心機，一順嘴就說我來宮裡好幾天了，一直沒出去。宮裡只有李煜一個男人，而小妹卻在宮裡鬼混，傻子都知道他們之間是怎麼回事。《續資治通鑑・開寶元年條》明確記載，「（周女英）以姻戚往來，先得幸於唐主（李煜）」，可見二人私通久矣。

周娥皇曾經質問過李煜，李煜終究還是愛周娥皇的，推脫說讓小妹進宮是教她填詞，絕對沒有別的意思。但對李煜知根知底的周娥皇已經懶得再和丈夫理論了，只能生著悶氣，身體每況愈下。而小兒子李仲宣的夭折，則直接加劇了周娥皇的病情。周娥皇含淚懷抱公公李璟賜給她的那把燒槽琵琶，口含溫玉，抱恨終天。

李煜雖然貪戀小姨子的美色，但他對髮妻的感情是非常真摯的。周娥皇的死對李煜的刺激非常大，李煜坐在髮妻的靈前號啕痛哭，形容憔悴，目光呆滯，甚至還精神錯亂的自稱鰥夫。為了表達對亡妻的哀思與自責，李煜窮通天之才，寫就一篇感人至深的祭文，其中有一詩寫的非常感人，云：「又見桐花發舊枝，一樓煙雨暮淒淒。憑闌惆悵人誰會，不覺潸然淚眼低。層城無復見嬌姿，佳節纏哀不自持。空有當年舊煙月，芙蓉城上哭娥眉。」李煜以詞垂名青史，但李煜的詩同樣是大家手筆，深得中唐元稹、白居易之妙手。

李煜確實「芙蓉城上哭娥眉」，但女英還在，足以填補娥皇離去後的空缺。李煜的愛必須要分一半給他心愛的女英，不過因為李煜不想背上過早續弦的罵名，周娥皇死於九六五年，而三年後，宋開寶元年（九六八年）十一月，李煜才給周女英補辦了「婚禮」，正式冊封周女英為國后。

冊封皇后的儀式極為隆重。由中書舍人徐鉉、知制誥潘佑和禮部官員共同參定古今婚儀，制定了一套繁雜的儀式。

雖然周女英同樣色藝雙絕，但在性格上遠不如姐姐賢慧端莊，倒有幾分妖冶之氣。周娥皇與李煜看上去就是一對名正言順的夫妻，而周女英與李煜，看上去更像是一對露水情人……

南唐大臣普遍不喜歡周女英的妖冶作派，以韓熙載為首，「賦詩以諷」。大臣們公然干預國主的婚事，李煜當然不高興，但他天性仁厚，只當成耳邊風。你們罵你們的，我過我的甜蜜日子。

其實李煜的甜蜜日子，就是和周女英花前月下，沉醉歌舞。李煜最喜歡的是和周女英坐在一個花間小亭子裡飲酒調情取樂。這個小亭子非常小，僅僅能容納兩個人，但卻是用重金打造的，「雕鏤華麗」，這就是李煜的二人世界。監察御史張憲上疏指責李煜不理國務，每天只是在詩海中暢遊，而且「宮苑多方奇巧」，浪費有限的國庫資金，暗中直指周女英是紅顏禍水。李煜賞了張憲三十段錦帛，但照樣我行我素。

李煜深愛周娥皇，但同時和周小妹暗中勾結。同理，李煜和周女英沉醉在愛河中，也沒忘記還有其他女人需要他的雨露布施。

除了大小周后，李煜還有很多寵愛的女人，比如黃保儀。黃保儀本是楚人，楚國滅亡後入南唐宮裡，成了李煜的嬪妃。李氏父子俱善書法，李璟學南朝宋的羊欣，李煜學唐朝的柳公權，幾乎與真跡無二，而且李氏父子收藏了大家鍾繇、王羲之的真跡甚多。

雖然李煜的書法名氣不如宋徽宗，但也自成一家。李煜性格文弱，可書法卻氣勢不凡，風骨嶙峋，人稱「倔強丈夫」。他的書法名作《春草賦》、《八師經》、《智藏道師真贊》等二十多件在北宋滅亡之前都是書法極品。

這些無價珍寶是李家的命根子。李煜把這些國寶交給黃保儀掌管，可見李煜對黃保儀的信任與器重。不過因為周家姐妹對李煜看管甚嚴，李煜很有少機會與黃保儀親熱，「保儀雖見賞識，終不得數御幸也。」

除了黃保儀，李煜最寵愛的女人無疑就是窅娘了。窅娘在歷史上籍籍無名，但她卻給中國歷史留下了一個著名的成語——就是飽含封建時代婦女血淚的「三寸金蓮」，即纏足裹小腳。

當然，李煜的本意並不是要迫害婦女，而僅僅是為了享樂的需要。因為窅娘舞蹈跳得好，李煜便用純金打成了一朵六尺高的「蓮花」台，讓宮女窅娘用錦帛裹起小腳在金蓮花上翹起腳尖起舞，相當於現代的芭蕾舞。芭蕾是西方藝術的精華，但其實早在一千多年前，天才的藝術家李煜就發明了中國的芭蕾舞。窅娘舞姿翩翩，彷彿神仙中人，李煜看得如醉如癡……

李煜在金陵城中花天酒地，對於外界發生的翻天覆地的變化，李煜似乎毫無反應，彷彿自己身處絕世的桃花源中，「不知有漢，何論魏晉」。

李煜與周女英小亭調情，觀窅娘曼妙舞蹈，與黃保儀討論書法，而他的宗主國帝王趙匡胤則開始了對歷史並無太大影響的中原小一統進程。

北宋乾德元年（九六三年）二月，宋軍滅荊南高繼沖。

同年三月，宋軍滅湖南，虜湖南主周保權。

乾德四年（九六六年）正月，宋軍攻入成都，蜀主孟昶出降。

此時的趙匡胤除了控制柴榮原先的中原地盤，還佔領了湖南與四川，趙匡胤的統一進程已經不可逆轉。而此時趙匡胤還沒有征服的只剩下南唐李煜、南漢劉鋹、吳越錢俶、泉漳二州的陳洪進，以及最難啃的硬骨頭北漢劉承鈞。

接下來，趙匡胤就要對李煜動手了。

一江春水向東流——李煜的悲喜人生之亡國篇

趙匡胤志在中原地區的統一，他雖然暫時不攻南唐，也只是緩兵之計。等佔領湖南與四川後，北宋已從北面與西面與南唐接壤，再加上北宋同樣擁有長江之利。以趙匡胤的性格，他是不可能放過李煜的。

此時的李煜已經嗅到了危險，他似乎感覺到了趙匡胤要對他下手了。為了打消趙匡胤對江南的野心，李煜幾乎「奴顏卑膝」地侍奉趙匡胤。

在趙匡胤的統一計畫中，南漢是要先於南唐被消滅的，所以趙匡胤暫時還不動李煜，重點是劉鋹。李煜為了拍趙匡胤的馬屁，派給事中龔慎儀去廣州，勸劉鋹向北宋稱臣納貢，可惜劉鋹根本不聽李煜的話，趙匡胤也沒有因為這事而高看李煜一眼。

北宋開寶四年（九七一年），北宋滅南漢，同年底，趙匡胤在漢陽（湖北武漢）大造戰艦，準備順江東下，目的直指李煜的安樂窩。

李煜這次是真怕了，他不惜一切代價也要討好趙匡胤，保住江南半壁。李煜主動下調江南國制度，正式捨棄大唐國號，改稱「江南國主」，所有皇家制度一律自貶，中書門下二省為左右內史府，尚書省為司會府，御史台為司憲府，翰林院為文館，樞密院為光政院，大理寺為詳刑院。

李煜給趙匡胤當孝子，大臣們非常的不滿，你當孫子，別把我們扯進去。南都（洪州）留守林仁肇曾經向李煜提出一個非常大膽的主張，就是趁宋軍主力多集中在湘川一帶，淮南相對空虛，林仁肇請李煜撥給他一路精銳，他乘機過江收復淮南。林仁肇同時告訴李煜，事成功勞是陛下的，事敗罪孽我一人承擔。不過李煜哪有敢主動挑戰趙匡胤的膽量，當然拒絕了林仁肇的建議。

李煜不敢得罪趙匡胤，但這並不影響趙匡胤想除掉南唐第一虎將林仁肇的決心。趙匡胤用一個極為普通的反間計，就讓李煜心甘情願的毒死了林仁肇。反間計非常簡單，不過是趙匡胤畫了一張林仁肇的畫像，然後告訴身在汴梁的李煜九弟李從善，說林仁肇已經暗中歸宋。李從善不知是計，立刻暗中通知李煜，李煜更是個白癡，真以為林仁肇背叛了自己，下毒害死了林仁肇。

林仁肇是南唐的擎天一柱，他的死意味著南唐在軍事上已不可為。而且更重要的是，李煜毒死林仁肇就等於告訴趙匡胤：為了保住南唐江山，李煜可以不顧一切，這反而堅定趙匡胤不再對南唐實行柔軟外交的決心。

李煜的末日，很快就要到來。

李煜自毀長城的蠢事，其實還不只是殺林仁肇，對忠於南唐的文臣也是橫加猜忌。本來是李煜心腹的內史舍人潘佑看不慣李煜對北宋的奴顏卑膝以及宮裡的花天酒色，上書痛陳時事，語辭激切，「古有桀紂孫皓者，破國亡家，自己而作，尚為千古所笑，今陛下取則奸回，敗亂國家，不及桀紂孫皓遠矣，臣終不能與奸臣雜處，事亡國之主。」潘佑甚至要求李煜處死他，他不想做亡國奴。

執政後期的李煜越來越獨斷專行，根本聽不進逆耳之言，你想死？那就成全你！李煜派人去捕拿潘佑問罪，而潘佑自知不免，早一步服毒自殺。

李煜的愚事還沒有做完。因為潘佑在這道奏疏中問候了包括李煜在內的南唐文武群臣的八輩祖宗，唯獨認為司農卿李平是力挽狂瀾之才，希望李平能出任尚書令。潘佑以為這是在幫李平，實際上是害了李平，眾人被潘佑罵成了龜孫，自然要把怒火撒向潘佑的「同黨」李平。這些權貴在李煜面前亂嚼舌頭，誣陷李平與潘佑結黨營私。李煜也老早就看李平不順眼，扔進大牢裡，不久便死在牢中。

李煜還不到四十歲，在政治上卻遠不如他即位之初成熟，一連串的愚蠢之舉是不應該發生在李煜身上的。更不可理解的是，李煜已做好與趙匡胤翻臉的準備，但竟然同意宋臣盧多遜到南唐境內畫十九州的山川地形圖，趙匡胤得以全面掌握南唐的軍事布局。

宋軍在長江一線大兵壓境，南唐上下都知道李煜已沒幾天能蹦躂了，各色人等都要給自己找退路。南唐書生樊若水私自在長江沿岸觀察，畫一幅《長江沿岸水勢圖》，過江交給了趙匡胤。趙匡胤雖然據長江天險，但北方人並不太了解長江南岸的水文情況，而有了樊若水的這張地圖，趙匡胤知道他可以對李煜動手了，此時是北宋開寶七年（九七四年）七月。

趙匡胤懂得政治要優先於軍事的道理，他沒有直接出兵，而是派知制誥李穆到金陵，宣江南國主入京覲見宗主國大宋皇帝。如果李煜來了，直接軟禁，不費一兵下南唐。如果李煜不來，則宋軍師出有名。

趙匡胤的算盤，李煜再清楚不過，他哪裡敢去！去了就別想回來了。李煜推三阻四，說自己得了重病不能遠行。而趙匡胤見騙不來李煜，那就武力解決南唐問題。

開寶七年的九月，趙匡胤下詔，山南東道節度使潘美、穎州團練使曹翰、侍衛馬步軍都虞候劉遇從江陵出水師沿江東下，義成軍節度使曹彬、侍衛馬軍都虞候李漢瓊等人麾師南進。同時，詔命與南唐不和的吳越國主錢俶出兵攻打南唐的常州、潤州，牽扯南唐主力。

李煜知道這次趙匡胤是來真的，但他還對和平抱有不切實際的幻想，他對趙匡胤表示願獻白金二十萬兩、錦帛二十萬匹，求趙匡胤罷手。趙匡胤平定江南，能得到的又何止這些區區四十萬財物？當然不予理睬，繼續進兵。

要命的是，宋軍已經順利的渡過長江，拿下金陵西南的重鎮池州，進一步威脅到金陵。李煜見趙匡胤不給面子，也怒火中燒，甚至廢除了開寶年號，四處調兵準備作戰。李煜慷慨激昂地說：「趙匡胤久有吞併江南之志，但朕也不怕他！等宋人來戰，朕自披甲執刃，督獎三軍，與趙匡胤決一死戰。」

傻子都知道，李煜這個手無縛雞之力的弱書生，面對從腥風血雨中殺出來的一代梟雄趙匡胤，他根本沒有勝算。

宋軍長趨，在采石磯（安徽馬鞍山）把南唐打得流水落花春去也，南唐主力兩萬人被全殲，趙匡胤之前送給李煜的三百匹戰馬被宋人悉數奪回。曹彬渡江後，立刻在長江南岸搭建浮橋，準備接應大部隊過江。

搭建浮橋最害怕的是風向，而敵軍一旦順風縱火，宋軍將死傷慘重。南唐的洪州節度使朱令贇率兵放火燒宋軍浮橋，本來一切順利，但萬沒想到火剛點著，風向突然大變，反向燒死了無數南唐士兵，朱令贇也葬身火海。

無數宋軍吶喊著衝過了浮橋，開始準備向金陵孤城中的李煜發起最後的總攻。

李煜一直活在夢裡，他竟然認為現在還有可能說服趙匡胤退兵。吏部尚書徐鉉奉李煜之命，北上汴梁，去完成這個根本不可能完成的任務。

面對徐鉉的苦苦哀求，趙匡胤只說了一句冰冷的話：臥榻之下，豈容他人酣睡！

徐鉉無語。

而李煜已經知道了徐鉉此行的結果，李煜對未來已完全絕望，但又不甘出城投降，只是龜守在城中，坐等災難的到來。李煜現在唯一能做的就是每天跪在佛像前吃齋念佛，乞求佛祖保佑。

曹彬等人已經做好了向金陵城發起總攻的一切準備，但曹彬還是先禮後兵，派人給李煜下最後通牒：早降早安生，否則後果自負。慌亂中的李煜已完全失去主心骨，對宋使說要派長子李仲寓代他去汴梁獻降表，可曹彬等了幾天，也沒見城中有人出來。曹彬派人催問李仲寓何在？李煜在中書舍人張洎的勸說下，決定死守金陵。面對曹彬的質問，李煜胡言亂說什麼還沒給李仲寓挑好合身的衣服……

曹彬已經懶得再搭理幾乎精神分裂的李煜，下達了攻城令。雖然南唐軍負隅頑抗，但面對戰鬥力強悍的宋軍，一天不到，金陵城就全面失守，宋軍潮水般湧進這座繁華錦繡的城池。

局勢到了這一步，南唐的覆亡無可挽回，但李煜還有一個選擇，就是自殺殉國，像當年的朱友貞那樣。

成堆的木柴就堆在宮裡，木柴上澆著豬油，李煜站在木柴前，若有所思。只要李煜把手上的那枝松明香扔進木柴堆裡，一切都將化為灰燼，包括他的南唐帝國。但李煜骨子裡是個缺少剛烈的男人，他並沒有勇氣結束自己的生命，而是放棄自殺，決定降宋。不過李煜卻一把火結束了南唐宮中交給黃保儀看管的無價書法真跡，這是李煜對中國文化史犯下的最嚴重暴行，李世民還知道死後把王羲之的《蘭亭序》帶進墳墓，而李煜的一把火，燒掉了王羲之在歷史上的寶貴遺存。

北宋開寶八年（九七五年）十一月，江南國主李煜率群臣開門素服出降，南唐帝國在金陵城中如花似錦般的存在徹底終結。

曹彬身貫甲冑，接受了李煜的下拜，明確告訴李煜：「歸朝後俸賜有限，費用至廣，當厚自齎裝。」以後朝廷給你的俸祿不足以支撐你的奢侈生活，你多帶私房錢吧。曹彬給了李煜一天時間，讓李煜回宮打理財物。有人勸曹彬抓回李煜，萬一李煜自殺，如何向皇上交代？曹彬笑曰：「煜素無斷，今已降，必不能自引決，可無慮也。」

在曹彬看來，李煜不過是個貪生怕死之徒罷了。

轉眼到了開寶九年（九七六年）的正月，曹彬要求李煜帶著一家老小北上入汴，開始亡國奴的新生活。李煜不捨生他養他的故土，以及草長鶯飛的三月春綠，但上命難違，李煜只好含淚拜辭了宗廟，乘船沿汴河北上，以亡國奴的身分接受勝利者趙匡胤對他的命運審判。

行前，李煜作了一闋《破陣子》：

四十年來家國，三千里地山河。
鳳閣龍樓連霄漢，玉樹瓊枝作煙蘿。幾曾識干戈？
一旦歸為臣虜，沉腰潘鬢消磨。
最是倉皇辭廟日，教坊猶奏離別歌。垂淚對宮娥。

一江春水向東流——李煜的悲喜人生之降虜篇

出於政治上的考慮，趙匡胤一開始就沒有要殺李煜的打算，就如同他善待南漢後主劉鋹一樣。當然，從另一種角度來看，趙匡胤不殺劉鋹和李煜，也因為二人身邊沒有像花蕊夫人那樣讓趙匡胤心動的女人，否則孟昶的下場就是劉鋹和李煜的下場。至於趙匡胤要布仁義於江南，演戲而已。

宋將曹翰在江州屠城，一城盡是屍骨。

周女英雖然絕色於江南，但趙匡胤對周女英並沒有太大的興趣。只是在趙匡胤接見南唐降主李煜家小的過程中，時任晉王兼開封尹的趙匡義死死盯住了周女英，眼中已露殺機。

舟上的李煜看著溢滿春意的滾滾汴水，他知道自己有生之年也不可能回到江南，李煜哭了，提筆賦詩一首：

江南江北舊家鄉，三十年來夢一場。
吳苑宮門今冷落，廣陵臺殿已荒涼。
雲籠遠岫愁千片，雨打歸舟淚萬行。
兄弟四人三百口，不堪閒坐細思量。

在抵達汴梁後，李煜突然發現汴河口岸有一座普光寺，李煜想登臨望遠，再做最後一次東南憑望。有人勸李煜這是宋朝的地界，不要招惹事非，李煜不聽，執意上了普光寺最高處，只見遠處千帆競發，卻始終望不見家鄉的宮殿，聽不到那醉人的吳儂軟語。

李煜淚流滿面。

趙匡胤在汴梁宮中舉行了盛大的受俘儀式。趙匡胤大陳甲兵，親臨明德門接受李煜的請罪。李煜白衣素服，跪在空曠而堅硬的地面上，接受著趙匡胤對自己的審判。

這位天才的藝術家，對自己的命運已經無能為力。

趙匡胤舉行完了受降儀式，封失魂落魄的李煜為右千牛衛上將軍，違命侯。所謂的千牛衛大將軍是個虛職，而違命侯則是趙匡胤賞賜給李煜的無情羞辱。

不過李煜能從趙匡胤對自己的態度中感覺出來，趙匡胤並沒有對自己起殺心，而且他久聞趙匡胤善待降王，除了擁有花蕊夫人的孟昶。李煜應該暗自慶幸自己的女人沒有被趙匡胤看上，多活幾年應該不是問題。

人生如飄萍，飄到哪算哪吧，李煜把神情默然的周女英攬在懷裡，仰望那一輪足以勾起李煜思鄉之情的明月。

但陰雲很快就籠罩住了李煜心中那輪純淨的明月。

宋開寶九年（九七六年）十月癸丑，從皇宮裡突然傳出一個爆炸性消息——北宋太祖趙匡胤突然駕崩，皇弟、晉王趙匡義繼位，改元太平興國。趙匡義即位後，立刻把趙匡胤的小皇后宋氏和幼子趙德芳趕出了皇宮。後世有人指責趙匡義得位不正，欺負兄長的孤兒寡母，可趙匡胤的皇位又是怎麼得到的？不也是欺負舊主孤兒寡母得到的嗎？

趙匡胤的死，是千古一大謎案。

燭影斧聲，迷霧重重，但這也意味著李煜的人生即將走進一個看不清的方向。

趙匡義和他的兄長趙匡胤喜歡的人妻類型不一樣，趙匡胤喜歡花蕊夫人這樣偏賢淑型的，而趙匡義則喜歡妖冶嫵媚型的。

趙匡義始終無法忘記他第一次在大殿上見到周女英的那一幕。

至於要如何弄到周女英，有趙匡胤的成功經驗在前，照搬就是。趙匡義以皇后的名義，讓周女英等南唐宮眷進宮朝見皇后。命婦給皇后請安，在宮廷活動中尋常可見，周女英平時也沒少以國后的身分接見大臣家眷。

沒有人會想到發生什麼事情，周女英面色坦然的進了宮。可周女英在宮中始終沒等到皇后的出現，反倒看見只有皇帝趙匡義一個人在場。

周女英似乎明白了什麼，想要逃跑，但趙匡義怎麼可能讓自己心儀的獵物逃脫，一聲令下，突然擁出數名強壯的宮女，上前控制住周女英，並扒掉周女英的衣物，讓違命侯夫人「坦坦蕩蕩」站在皇帝面前，接受皇帝的欣賞……

趙匡義除了喜歡人妻，還有一個與他兄長不一樣的癖好，就是他喜歡讓畫師當場把他與周女英的激戰場面畫下來，這就是野史上著名的《熙陵幸小周后圖》。

周女英無疑是不願意被趙匡義如此糟蹋的，但她和李煜以及家族的性命都掌握在趙匡義手裡。即使她受了污辱，她也不敢對趙匡義有所不滿，只是含淚回到違命侯的府上。面對李煜的冷眼相對，周女英唯一能做的就是對李煜破口大罵，罵這個無能的丈夫，早知有今日，老娘當初何必嫁給你！

其實李煜已經知道發生了什麼，因為周女英入宮好幾天才出來，傻子都知道是怎麼回事。

李煜陷入沉默，任憑妻子發洩她心中的痛苦。

而此時的李煜，心中早已翻江倒海。藝術家的感情是細膩而敏感的，妻子被人強姦，而自己被扣上了綠帽子，卻無力報仇，對一個男人來說是無法洗刷的奇恥大辱。

酒罷燈闌珊，李煜醉生夢死。

而趙匡義嘗到了腥葷，隔三差五就打著皇后的幌子讓周女英進宮，這位「素不知兵」的皇帝已經習慣在周女英的身體上尋找屬於自己的快樂。

周女英不敢拒絕，只能咬牙在趙匡義的床榻上展示著自己所擁有的一切。等雨收雲散，周女英回到府上，繼續罵窩囊的丈夫。

罵累了，周女英和李煜就抱頭痛哭，淚水止不住的流。

這一對苦命鴛鴦，在他們甜蜜結合的時候，他們絕沒有想到他們的人生會是這個樣子。

李煜開始懷念江南的三月春色。

年幼的李煜在青青麥田中任性地奔跑，咯咯笑著。

李煜在為起舞的周娥皇彈琵琶；

與周小妹在小亭中相偎飲酒；

然後就是明德門的伏拜投降。

一幕幕發黃的記憶湧進李煜的腦海，他再也無法忍受這種非人的折磨，忍了又忍，他還是寫了那首著名的《浪淘沙》，詞如下：

簾外雨潺潺，春意闌珊。
羅衾不耐五更寒。夢裡不知身是客，一晌貪歡。
獨自莫憑欄！無限江山，別時容易見時難。
流水落花春去也，天上人間。

根據宋人蔡絛在《西清詩話》的記載，這首詞是李煜在周女英屢次被趙匡義強姦的情況下，懷著憤忿的心情寫下的。「南朝李後主歸（宋）朝後，每懷江山，且念嬪妾散落，鬱鬱不自聊，嘗作長短句。」

是個男人，都無法容忍這一切。

每天都生活在痛苦中無法自拔的李煜，再一次沒有忍住，在故國歌伎悽愴的舞蹈幻影中，憑著三分酒力，淚流滿面的寫下了那首讓人肝腸寸斷的《虞美人》：

春花秋月何時了，往事知多少。小樓昨夜又東風，故國不堪回首月明中。雕欄玉砌應猶在，只是朱顏改。問君能有幾多愁，恰似一江春水向東流。

法國詩人繆塞說：最美麗的詩歌，是最絕望的詩歌。

李煜無比懷念早已逝去的那個自由時代。

因為這首詞的名氣實在太大，歷代詞評家對《虞美人》的評價堪稱汗牛充棟，多不勝數，但要說評價最到位的，當屬清朝人陳廷焯在《雲韶集》的十六字評語：「一聲慟歌，如聞哀猿，嗚咽纏綿，滿紙血淚。」陳廷焯同時還稱讚李煜詞「情詞婉淒，獨步一時」，而後世的情詞名家晏殊、歐陽修，其實嚴格來說他們都是李煜詞派的傳人，「晏、歐之祖也」。

清朝人王闓運似乎瞧不上此詞，評價說，這首詞用的全是尋常語，之所以出名，是因為這是李煜在歷史上第一次使用，「以初見故佳，再學便濫矣。」但問題是，為什麼是李煜第一個用這些尋常語作詞，一作便揚名千古？

寶劍，在壯士手中方是寶劍，在屠夫手中只是一把殺豬刀。

在十國詞史上詠亡國之聲的詞，除了李煜的《虞美人》，其實還有一首前蜀名臣鹿虔扆著名的《臨江仙》：

> 金鎖重門荒苑靜，綺窗愁對秋空。翠華一去寂無蹤。玉樓歌吹，聲斷已隨風。煙月不知人事改，夜闌還照深宮。藕花相向野塘中，暗傷亡國，清露泣香紅。

沒有史料證明李煜並不知道鹿詞的存在，而從兩首詞的意象與結構來看，《虞美人》與《臨江仙》是高度重合的，甚至是「雕欄玉砌應猶在，只是朱顏改。」明顯抄襲了「煙月不知人事改，夜闌還照深宮。」

不過，即使李煜明顯借用了鹿詞，也不會有損於《虞美人》在詞史上的豐碑地位。鹿虔扆是前蜀大臣，對前蜀非常有感情，但畢竟前蜀政權不是他的。前蜀亡了，但他很快就成了後蜀的大臣，照樣吃香喝辣。而南唐是李煜私產，南唐亡後，李煜成了失去人身自由的亡國奴，所以南唐的滅亡對李煜造成的心理打擊要遠勝於鹿虔扆。從這個角度講，李煜的亡國之痛更為深刻。

還有一點，鹿虔扆寫的是蜀都成都的宮苑，因為成都附近沒有大江大河，鹿詞整體就顯得比較秀氣精巧。南唐國都金陵臨大江，朝大海，襟帶南北，文學視野角度相對來說要更為開闊一些。所以李詞給人的視覺就更有衝擊力，顯得大開大合，氣勢雄渾，特別是結尾的「一江春水向東流」，其意象之宏大，能與之相比的，也許只有蘇軾的那句「大江東去，浪淘盡，千古風流人物」。

簡單評略此詞。

李煜是最害怕看到春花與秋月的，因為這是命運對李煜最大的嘲諷。汴梁的春花與秋月再美好，也不是李煜的，反而見證了李煜的悽楚與悲涼，讓李煜沉溺在對往事的痛思中不能自拔。此詞作於七夕前後，春花零落，秋月還在，而李煜寫這兩句時，一定在痛苦地吟誦著白居易的名句：春江花朝秋月夜，往往取酒學獨傾。

李煜希望時間能夠停止，不要再讓惱人的春花秋月增添他作為亡國奴寄人籬下的哀痛，而他快樂的往事早已煙花散盡。

「小樓昨夜又東風，故國不堪回首月明中。雕欄玉砌應猶在，只是朱顏改。」眾多詞史都認為這兩句是趙匡義決定對李煜痛下殺手的主要原因。

這個「又」字，被現代詞評大家唐圭璋先生評為「慘甚」，這是李煜點明了自己在汴梁已經渡過了兩年讓人不堪回憶的亡國奴生涯。

傷心的人最怕見到明月，那會勾起一段段不想回憶卻又永遠無法忘掉的美好，李煜自然也不例外。特別是多情的李煜見到汴梁的明月，他會立刻想起沉淪在明月夜色中的金陵故城，那裡有他的祖宗靈寢，有他的刻骨銘心的愛情，還有在他的授意下，黃保儀慘笑著點燃了絕望的火焰。

離開金陵兩年了，但在李煜的腦海中，那殿的雕欄玉砌依然是那麼的清晰、明翠，只是金陵城中再無往日的喧鬧與歡笑，有的只是守衛的宋兵，以及讓人絕望的淒冷。劉禹錫有詩寫寂寞的金陵城：「山圍故國周遭在，潮打空城寂寞回。淮水東邊舊時月，夜深還過女牆來。」而李煜寫兩句時，應該是受到了劉詩的啟發。雖然李煜身在汴梁，汴梁城的宮殿比金陵更為雄偉，但這裡卻是李煜終生脫不掉的牢籠。

而「只是朱顏改」，徹底觸怒了敏感多疑的趙匡義。

「問君能有幾多愁，恰似一江春水向東流。」晚清詞評家馮煦有詩：「夢編羅衾夜未央，秦淮一碧照興亡。落花流水春歸去，一種銷魂是李郎。」

所有的愛恨情仇，亡國家恨，都被滾滾長江浩蕩裹攜而去，消失在天水一色的盡頭。大江奔騰，每時每刻都在衝擊著李煜敏感而絕望的存在，而李煜是多麼的希望他還有機會站在采石磯前，臨風酒一杯，祭奠他無憂的青春歲月。

李煜也知道這是不可能的，而且李煜有預感，趙匡義要對他下手了。

李煜在自己的府第裡痛哭流涕，而早有人把李煜的一舉一動都上報給了趙匡義。

作為一個亡國之君，在戰勝國的土地懷念故國，這是犯大忌的。如果從明哲保身的角度看，李煜遠不如蜀後主劉禪「聰明」，劉禪欣賞著蜀舞，笑曰：此間樂，不思蜀。李煜錦心繡口，多愁善感，遠非劉禪這個呆子可比，但趙匡義卻和司馬昭一樣雄猜多疑。

趙匡義得位不正，又強姦了周女英，有點作賊心虛，他一直懷疑李煜有不臣之心，想除李煜以絕後患，但又沒有直接的證據。而當趙匡義拿到《虞美人》的手稿時，笑了。

趙匡義派南唐舊臣徐鉉去李煜府上走一趟，觀察李煜的動向。徐鉉在南唐時是李煜的腹心之交，所以李煜見到徐鉉，舊情大發，痛哭流涕，號啕不止。徐鉉也流著淚對李煜行了舊君臣之禮，但他們很快就陷入了可怕的沉默。

事到如此，還能說什麼呢？

良久，李煜才說了句：「後悔當年殺了潘佑和李平。」

徐鉉沉默退出。

趙匡義問徐鉉，徐鉉不敢有所保留，把自己的所見所聞都告訴了趙匡義，結果激怒了趙匡義。「悔殺潘、李」，這就意味著李煜是不甘心當亡國奴的，如果他當年不殺潘、李，也許北宋現在還不能過江一統，這是趙匡義絕對不能容忍的。

「太宗（趙匡義）聞之（悔殺潘李以及作《虞美人》）大怒。」

他決定不再給李煜活下去的機會。

北宋太平興國三年（九七八年）七月初七，李煜在府中正過著四十二歲的生日，突然接到了趙匡義送來的生日禮物，是一瓶美酒。李煜此時的心情應該是不錯的，他斟滿美酒，飲了一杯，正準備搜腸刮肚，構思著下一首傳世詞作。

突然，李煜突然感到腹中巨痛，頭部和手腳開始劇烈抽搐，來回作牽機狀，李煜拼命掙扎了一會，李煜不再動彈。李煜死狀極為慘烈，頭和腳併在了一起，佝僂成一團。葬送李煜的這瓶酒，就是歷史上著名的牽機毒藥，中藥俗稱馬錢子。

李煜死了，趙匡義貓哭耗子假慈悲，輟朝三日，追贈李煜太師、吳王，葬在洛陽北邙山。而與李煜患難與共的周女英看到丈夫的慘死，痛不欲生，在丈夫靈前痛哭數日，含淚自盡。

清朝人郭麐有詩云：

我思昧昧最神傷，予季歸來更斷腸。做個才人真絕代，可憐薄命做帝王。

陌上花開，可緩緩歸矣——聊一聊有趣的錢婆留（上）

五代十國距今過去了一千多年，煙華早盡，無論是大國帝王，還是偏霸之主，君子之澤兩代便斬，當年的繁華還剩幾何？不過一抔黃土，一掛殘陽罷了。

但卻有一個例外。

這個五代時期的小國在滅亡之後，不但福澤未衰，泯於塵土，反而逆勢高唱，一曲綿延千載的家族盛歌，至今雄隆不衰。

這就是百家姓排在第二位的錢姓，在唐末五代時期建立了著名的吳越國。

吳越錢氏入宋之後，就一直名家輩出，如錢惟演、錢易等名臣，明朝有「兩朝領袖」錢謙益，清朝有考據大師錢大昕，到了近現代更是不得了！錢玄同、錢三強、錢學森、錢偉長、錢鍾書，這些振聾發聵的名字，都是吳越國的後人。

而開創錢氏吳越之盛者，就是本篇主人公錢鏐，因小字婆留，所以世稱錢婆留。

錢鏐，字具美，唐大中六年二月十六日，生於杭州安國縣（杭州臨安）。

雖然錢鏐後來開創一代霸業，但錢鏐差點就被親生父親給扔到了井裡，原因是錢鏐生的時候，「紅光滿室」，其父錢寬以為不祥，「將棄於井」。還是錢寬的母親水丘夫人（複姓水丘）覺得此孫面相不俗，將來必能大事，「固不許」，錢鏐才僥倖活下來，這也是「婆留」小名的來歷。

水丘夫人果然見識不凡，她這個寶貝孫子在長大後確實與眾不同。錢鏐是個有名的孩子王，經常指使一堆小孩子供他驅使，很多帝王在少兒時期都這麼過，他們的成功不是沒有原因的。

錢鏐成年之後，天下已亂，梟雄並起。錢鏐早就學得一身好本事，善使一條大槊，「驍勇絕倫」，所以就近投靠了石鏡鎮軍主董昌，做了小大王。這年五月，錢鏐打敗了在浙西狼山鎮（江蘇南通狼山）的遏使王郢，後來又剿滅了土匪曹師雄。憑著功勞，錢鏐當上了石鏡鎮的衙內都知兵馬使，雖然地盤不大，士兵不多，但畢竟錢鏐也拉起了一票三百多人的隊伍，足夠錢婆留安身立命。在亂世混飯吃，沒有槍桿子，遲早是死路一條。

上面說的兩場小仗在歷史上籍籍無聞，但錢鏐用計嚇退梟雄黃巢的故事卻久傳不衰。

乾符六年（八七九年），私鹽販子黃巢率數十萬大軍進入浙江，準備借路石湖鎮去福建發財。黃巢並不知道錢鏐是何方神聖，但錢鏐知道即使黃巢在石鏡鎮只待上三五天，大象踩老鼠，踩也能把自己踩死。

為了嚇退黃巢，錢鏐帶著二十多好漢埋伏在路邊的草叢裡，俟黃巢軍過來，錢鏐等人對著黃軍一通亂射，並大作鼓角之鳴。黃巢不知彼軍底細，倉皇逃竄。

錢鏐已經在黃巢的必經之路上又做了第二個局，一位在路邊賣貨物的老太太成了錢鏐的簽約對象。錢鏐早一步來到八百里鎮，告訴老太太說：一會有大隊人馬過來，他們要問您這是哪裡，您就說這裡屯兵八百里。

隨後，錢鏐在八百里埋下伏兵，等著黃巢來鑽口袋。黃巢果然向老太太問路，老太太按錢鏐所說，此地有八百里伏兵。黃巢聽說八百里伏兵，至少有雄兵數十萬，那還了得，嚇得當天就向南逃竄。錢鏐在黃巢軍隊後面又當了回熱情的東道主，七七八八，佔了黃巢不少便宜。

大象從來不會是小螞蟻的敵人，而小螞蟻的敵人則是大螞蟻。以當時錢鏐的地位，他不可能成為黃巢的對手，黃巢哪裡看上這盤小菜。而錢鏐要在浙江生存，當地那些軍閥頭子才是錢鏐的敵人。

對錢鏐生存威脅最大的，無疑是他那位有野心的上司董昌。董昌和錢鏐的關係，非常類似於東漢末年大軍閥袁術和小牛犢孫策。孫策羽翼未豐，有求於袁術，袁術同樣需要孫策給他賣命，雙方都暫時不會翻臉。錢鏐是小一號的孫策，董昌則是盜版的袁術。董昌和錢鏐是上下級關係，錢鏐能力又強，是董昌在浙江打江山可堪大用的將才，而錢鏐的實力還不足以單飛，所以錢鏐暫時還給董昌打工，但心思已經放在自立門戶上。

此時的董昌發了一筆小財，攻下杭州自稱刺史，錢鏐跟著董大哥混，當上了都指揮使。

董昌成為一方諸侯，引起了淮南節度使高駢的注意，高駢想收編董昌，董昌派錢鏐去揚州摸摸高駢的底細。高駢可能是近視眼，錢鏐來的時候，高駢幾乎是貼在錢鏐臉上觀察，大叫說此人不簡單，將來必成大事。錢鏐沒興趣和高駢扯閒，忍著高駢呼出的臭氣，回到杭州告訴董昌，「竊窺高公無討賊之志，苟從其行，功效不立，是同坐罪，宜以捍衛鄉里為辭。」董昌視錢鏐為二大王，就聽錢鏐的建議，拒絕了高駢。

錢鏐勸董昌拒絕高駢，表面上是為董昌計劃，實際上是在給自己留後路。高駢再昏庸，一旦控制杭州，自己再要扳倒高駢難如上青天。而董昌，翻版袁術而已，錢鏐對付董昌，要遠比對付高駢更容易。

從這個角度來看，錢鏐說高駢不能成大事，是拿董昌當傻子在耍。

只要高駢不來，錢鏐有足夠的信心對付董昌以及控制越州的浙東觀察使劉漢宏這些江湖滑頭。

劉漢宏知道欲取董昌，必先取錢鏐，劉漢宏的弟弟劉漢宥帶著兩萬大軍，奉命來取錢鏐的腦袋。不好意思，被冒充越州兵的錢鏐在西陵（浙江蕭山西）一通胖揍，連滾帶爬回家了。緊接著，劉漢宏派來的四位大馬仔，一撥一撥全被錢鏐給滅了。

劉漢宏不服，帶著驚人的十幾萬軍隊從越州出發，來杭州找錢鏐算總帳。但結果並不意外，劉漢宏所謂的十幾萬大軍，其實多是被強拉來的雇傭軍，根本不是錢鏐正規軍的對手。一戰下來，劉漢宏被暴打成了豬頭。

好在劉漢宏靈敏機變，面對杭州兵時，哭訴自己是個伙頭軍，被挨千刀的劉漢宏強拉來做大鍋飯，上有八十老娘，下有八歲小兒。杭州兵不耐煩，一腳把劉漢宏踹回了越州。

劉漢宏不服，再糾集一夥兄弟來找錢鏐的麻煩，名義是來找董昌算帳的。錢鏐知道劉漢宏是衝他來的，但錢鏐從來不怕什麼劉漢宏，而且自己立功越多，就越有可能取代董昌……

董昌對錢鏐雖有一定戒心，但他也知道自己離不開錢鏐。為了拉攏錢鏐，董昌承諾，只要滅掉劉漢宏，他就把杭州讓給錢鏐，自己去越州。當時的越州遠比杭州富庶，董昌吃上肥肉，就想把骨頭扔給錢鏐。但對錢鏐來說，得到杭州就意味有戰略根據地，重要意義不言而喻。

人在有動力的情況下會拼命做事，錢鏐也不例外。唐光啟二年（八八六年）十月，錢鏐率杭州軍去和劉漢宏分個高下，錢鏐和部將成及率軍南下諸暨，繞過山路折頭向北，抄近路偷襲曹娥埭（浙江紹興東），大敗越州軍韓公玟部。隨後錢鏐發水師以雷霆之勢攻擊越州軍朱褒部，雙方在上虞江中大戰，杭州軍射火箭，藉著風勢盡燒敵艦，越州水軍都到水晶宮掛號去了。不久，劉漢宏就被人拿住交給錢鏐，被錢鏐斬於越州城外，其家眷親將悉數被殺。

勝者為王敗者為賊，這不能怪錢鏐心狠，如果錢鏐落在劉漢宏手裡，同樣沒有活路。

錢鏐其實是想得到越州的，自己拼了老命換來的城池，卻要一分不少的交給老闆。不過錢鏐並不會在此時就和董昌翻臉，一則名不正言不順，二則杭州還在越州手上。杭州雖不如越州富裕，但處在江南要衝，進退自如，而越州一隅之地，往北往東都是大海。從這個角度講，錢鏐自然會選擇先杭州後越州的戰略。

董昌比袁術更為守信，他兌現了自己的承諾，自己東遷越州，做了浙西觀察使，把杭州讓給功勞最大的錢鏐。唐光啟三年（八八七年）春，李儇下詔封錢鏐為杭州刺史、領左衛大將軍。刺史在當時不算一線職務，但這次任命，意味著錢鏐不再是董昌的小跟班，而是和董昌平起平坐的地方實力派軍閥。

吳越國的奠基，實際上就源於這次任命。

錢鏐在血海江湖上拼殺十幾年，終於有了自己的地盤，但身邊強人太多，僅有杭州是不足以支撐錢鏐生存的，他必須擴大生產規模。

亂世江湖，不存在誰吃誰事關道義的問題，只存在如何下嘴的問題。當然，如宋襄公者可以選擇以仁義說服對手，但對手一定會吃掉你的。

因為董昌在西邊的越州，錢鏐暫時不能動他，只能向北發展。而潤、常二州沒有強勢的軍閥，錢鏐趁著淮南高駢無暇顧及蘇南的機會，光啟三年（八八七年）三月，常州成了錢鏐口袋裡的巧克力糖，出力者是大將杜稜、阮結、成及。八個月後，駐守潤州的薛朗也成了錢鏐的刀下鬼。

無聊的戰役沒有什麼值得說的，但有一件事反映了錢鏐在政治上的成熟。原先守潤州的是鎮海節度使周寶，而周寶就是被薛朗等人趕出潤州的。周寶被錢鏐抓獲之後，因為周寶在江湖上頗有名望，錢鏐不會給自己在政治上抹黑。周寶不久去世，錢鏐給無親無故的周寶風光發葬，贏得了很多人的好感。而抓到薛朗之後，錢鏐把薛朗挖心剖肝，祭奠周寶靈前，更進一步爭取到了蘇南民心，為自己將來控制蘇南打下人心基礎。

陌上花開，可緩緩歸矣——聊一聊有趣的錢婆留（下）

接下來，錢鏐的目標是蘇州。

蘇州是當時的繁華之都，各路軍閥早就對蘇州垂涎三尺，而當時佔據蘇州的是前六合鎮守使徐約。徐約是個江湖小蝦，根本不是做大事的，他能佔領蘇州，但他卻守不住蘇州。道理很簡單，一則他的對手是錢鏐，二則他喪盡了蘇州人心。

徐約為人可笑到什麼程度，他為了能讓蘇州人為他賣命對抗錢鏐，徐約下令蘇州百姓臉上都要刺字——我願意死戰錢鏐。

百姓根本不會打仗，臉上貼金也幫不了徐約，而錢鏐的部隊都是久經沙場的精兵，勝負早定。唐龍紀元年（八八九年）三月，杭州軍幾乎是度假一般的就拿下了蘇州，徐約想駕船入海尋找徐福，結果被杭州軍一通亂射，浮屍海上。

而這次錢鏐根本沒有出面，帶隊的是他的弟弟錢銶。

錢鏐不出面是因為徐約的蝦米等級不夠，當然，遇到比自己強的大龍蝦，錢鏐也沒辦法，比如孫儒和楊行密。錢鏐的軍事能力在兩浙一帶算一線，但和孫儒、楊行密這樣的鐵血強梟沒法比，幾個回合下來，潤州被孫儒給奪了，常州也飛走了。而孫儒死後，楊行密的強悍讓錢鏐只能自認倒楣。

還好，蘇州一直牢牢控制在錢鏐手上。有了蘇州，杭州的北線就有了安全保證，沒人喜歡外人堵在自己的家門口。

錢鏐控制天堂一般的蘇、杭二州，已做了鎮海節度使的錢鏐無疑成為浙江最有實力的軍閥。這一年是唐景福元年（八九二年），而這一年，也被認為是吳越國創建的年份。

吃了一塊蛋糕，還想把下一塊蛋糕據為己有，而錢鏐的下一塊蛋糕，自然就是他的前上司董昌。

其實以錢鏐現在的實力，足可以和董昌掰掰腕子。只是與董昌作戰會面臨一個沒有名分的問題，最多是江湖黑幫的內部火拼，雖然董昌在越州殺人如麻。而董昌似乎特別「配合」他的前小弟，錢鏐需要什麼，他就做什麼。

唐乾寧二年（八九五年）二月，董昌搖身一變，他已不再是什麼唐朝的浙東觀察使，而是大越羅平國的皇帝了，年號順天。

錢鏐笑了，師出有名矣。

董昌當了皇帝，還沒忘拉小兄弟錢鏐一把，寫信給錢鏐，讓錢鏐和他一起造反。

錢鏐又笑了。

錢鏐先是給董昌寫信，勸董昌迷途知返，不要自毀前程。其實錢鏐比誰都明白，開弓沒有回頭箭，董昌自絕生路，是根本不可能回頭的，而錢鏐也希望董昌千萬不要聽他的勸。同時，錢鏐密信快遞長安，把董昌稱帝的事告訴了皇帝李曄。

董昌雖然再次「配合」錢鏐，表示願意去帝號，但李曄卻怒了，下詔拜錢鏐為彭城郡王，浙東招討使，討伐逆臣董昌

錢鏐名利雙收。

董昌在軍事上根本不是錢鏐的對手，甚至錢鏐都沒有出手，大將顧全武出面，就把大越皇帝董昌給收拾了。董昌認為只要出錢收買杭州軍，杭州軍就可以給自己留條生路，哪知道錢鏐比他還油滑，早就出重金餵飽了弟兄們，根本沒人在乎董昌那倆糟錢。當然，錢都收了，但沒有一個人願意給董昌當內奸。

董昌很快就成了錢鏐的階下囚。

錢鏐對外宣稱他絕對不會把老上司怎麼樣。但要清楚一點，董昌是皇帝下詔捉拿的反賊，將來是必須要送往長安聽候皇帝發落的。所有人都知道董昌到了長安只有一個死，而錢鏐卻非常聰明地白賺一個空頭人情。而錢鏐對老上司確實是有感情的，在舟行半道時，錢鏐的部將吳璋逼董昌跳進江裡做了水仙。董昌的三百家多小，悉數為錢鏐所殺。

不夠狠，不足以成大事，錢鏐一定這樣為自己辯解。

浙東、浙西都落到了錢鏐的口袋裡，詔下，拜錢鏐為鎮東、鎮海節度使。而到了唐天復二年（九〇二年）五月，早就成為吳越之主的錢鏐正式轉了正，朝廷封為吳越王。

錢鏐為人非常有意思，他做了大王之後要做的第一件事，就是回到家鄉炫耀。項羽說過：富貴不還鄉，等於錦衣夜行，沒人看得見。錢鏐風風光光地回到生養自己的古老村落，享受著小時候的玩伴們給自己磕頭，大會賓客，「山林樹木皆覆以錦幄」，錢鏐還非常搞笑的把小時候玩的那棵大樹封為衣錦將軍，石鏡山也改名衣錦山，大官山改成了功臣山。

正在錢鏐天花亂墜的自我炫耀時，突然從杭州傳來一個噩耗——左右都指揮使許再思和徐綰突然發動兵變。二人覺得錢鏐不在杭州，正是他們發財的好機會。叛軍狂攻內城，同時拉來宣州的田頵一起發財。錢鏐的兒子錢傳瑛死守，同時派人突圍到衣錦城向錢鏐報信。

錢大王差點沒昏厥過去，杭州要丟了，自己的衣錦大王也就當不成了。

手足無措的錢鏐想到一個昏招，想逃到越州，做勾踐第二，還是顧全武勸他不要犯傻，最好向楊行密求救。被逼無奈的錢鏐只好把自己的七兒子錢元瓘送給楊行密當人質，楊行密強令田頵撤兵。剩下的許再思和徐綰，等錢鏐緩過勁時，已經不再能成為威脅了，叛亂很快就被平定。

錢鏐繼續在吳越做他的衣錦大王。

而聽說強悍的淮南王楊行密病死了，錢鏐非常開心，他知道再不可能有人能威脅到他在吳越的統治了。

吳越國其實不大，總共十二州，除了現在浙江省的全境，再加上蘇州和上海兩市。雖然人口四五百萬，但戰略迴旋餘地實在有限，所以吳越不算大國，特別是北面和西面還盤桓著一個強大到讓人窒息的楊吳，錢鏐雖不至於為楊吳所滅，但生存壓力也是非常大的。

這個問題很好解決，拉來朱溫就行了。

錢鏐的外交政策非常明確：絕不稱帝，做中原大國的外藩，擴展自己的戰略生存空間。錢鏐給朱溫磕頭稱臣，算是交了保護費，朱溫自然不會希望楊吳滅掉吳越。所以一旦楊吳進攻吳越，朱溫是必須出面保護錢小弟的。

錢鏐給朱溫當小弟，惹怒了錢鏐手下的一位大才子，就是晚唐文壇的大宗師、人稱醜才子的江東羅昭諫，羅隱。羅隱雖然在唐朝沒有取得功名，但他對唐朝有感情，特別痛恨篡位的無恥朱三。朱溫稱帝後，羅隱勸錢鏐發兵，為唐朝討伐朱溫，不負唐朝對錢鏐的栽培。

錢鏐當然不會傻到和自己的救命稻草朱溫翻臉，至於唐朝厚封錢鏐，錢鏐會認為這些功勞是自己立的，唐朝當然要封自己，這又不是騙來的。

事實就擺在這裡，唐朝封不封，錢鏐都是吳越之王。

錢鏐之所以和朱溫稱兄道弟，除了各自政權的利益之外，二人的性格有些相似，都是外向型的，特別會玩。當然錢鏐沒朱溫那麼無恥，到處泡女人，還玩弄兒媳婦扒灰，錢鏐的私德是非常好的。

錢鏐是個非常有趣的人，他喜歡到處模仿古人。之前學習項羽好榜樣，回到家鄉炫耀富貴。而等錢鏐再次回到衣錦鄉的時候，他又盯上老前輩劉邦。劉邦成就千古帝業後，回到家鄉沛縣，把杯高唱《大風歌》，感動了歷史。錢鏐的帝國不能和劉邦相比，但才華並不比劉邦遜色。劉邦唱《大風歌》，那錢鏐就唱自己填詞作曲的《還鄉歌》，詞云：三節還鄉兮掛錦衣，父老遠來相追隨。牛鬥無孛人無欺，吳越一王駟馬歸。

說到錢鏐的文才，就不得不提本篇的標題「陌上花開，可緩緩歸矣。」錢鏐的《還鄉歌》，除了吳越史官，很少有人記住。但錢鏐隨意寫的這兩句「陌上花開，可緩緩歸矣」，卻成了感動千古的感情名句，這也許是錢鏐沒有想到的。

這其實是一封浪漫的情書。

錢鏐的王妃戴夫人，與錢鏐從小患難與共二十多年，但因為戴夫人思鄉，所以錢鏐統一浙江後，戴夫人每隔一段時間都要回到家鄉住一陣子。錢鏐自然不能陪夫人回娘家，必須留在杭州處理軍政大事。等錢鏐忙完了大事後，推開窗，看外面春花爛漫，紅綠嫵媚，錢鏐猛地意識到他的夫人已經回娘家好久了。

錢鏐思念髮妻，立刻提筆給戴夫人了寫了一封信，勸夫人趕緊回來，他想老婆了。信中就一句話：陌上花開，可緩緩歸矣。

清人王士禛對這句話的評價是「豔絕千古」。

豈止是錢鏐的文才豔絕千古，錢鏐的浙江同樣豔絕千古。現在的浙江是中國最發達省份之一，而浙江富甲天下，其實就是從錢鏐治理浙江開始的，再經過南宋的發展，浙江一富而天下足。浙江受唐末戰亂的影響相對較小，再加錢鏐治政清明，政情穩定，浙江歷史上出現了難得的大發展機遇。

浙江靠近東海，海患不斷，錢鏐發動民夫在錢塘江修建海塘，疏通河運，把海患的影響降到最低點。而根據浙江蠶桑多的優勢，錢鏐大力發展養蠶業，五代十國時，吳越出產的絲織品冠絕天下，這也是吳越和各國進行貿易的大宗，賺足了銀子。錢鏐不僅和內地各國進行貿易，還擴展海外市場，和北方的契丹、日本等國有商業往來。

五代十國最有錢的政權是哪個？自然是富甲天下的吳越國。

而這一切，自然離不開錢婆留對浙江的再造之功。

後唐長興三年（九三二年）三月的一個雪夜裡，八十一歲的錢鏐在杭州壽終正寢。唐明宗李嗣源聞知消息，輟朝七日，並諡錢鏐為吳越武肅王。

錢鏐不是皇帝，他也不稀罕做皇帝，與其做閉門小天子，不如做開門大節度。前蜀王建和南漢劉龑等人都勸錢鏐稱帝，錢鏐拿著他們的書信，學著曹操那樣，揚書語眾人曰：「此兒輩自坐爐炭之上，而又置吾於上耶？吾以去偽平賊，承天子疇庸之命，至於封建車服之制，悉有所由，豈圖一時之利，乃隨波於爾輩也！」

吳越國世系年表

君主	姓名	在位年	生卒年	備註
武肅王	錢鏐	九〇七～九三二年	八五二—九三二年	八九六年，唐昭宗封錢鏐為鎮海節度使。
文穆王	錢元瓘	九三二～九四一年	八八七—九四一年	錢鏐第五子。為人「好儒學」，能做詩，但生活奢侈，花錢如流水。九四一年，杭州發生大火災，燒掉吳越國庫，錢元瓘受到驚嚇，精神失常，不久病逝。
忠獻王	錢弘佐	九四一～九四七年	九二八—九四七年	即位時十三歲，諸將皆不服，錢弘佐殺諸將不服者，或遷於外地，諸將震恐。閩國內亂，錢弘佐力排眾議，發兵南下，大破南唐兵，奪下重鎮福州，擴展了吳越國的生存空間。
忠遜王	錢弘倧	九四七～九四八年	九二八—九七三年	被內衙統軍使胡進思廢黜並軟禁，九七三年病死。
忠懿王	錢俶	九四八～九七八年	九二九—九八八年	九七八年，畏北宋進攻，主動向宋太宗趙光義舉國投降。

吳越文穆王錢元瓘（八八七年～九四一年），在位十年，字明寶，初名傳瓘，即位後改名元瓘，錢鏐第五子，臨安人。乾寧元年，授鹽鐵發運巡官，遷金部郎中。天復元年，授禮部尚書。曾被宣歙觀察使田頵拘為人質，幾被殺，後得還。天祐二年，為檢校右僕射。吳越武肅王錢鏐天寶四

年，進授司徒，守湖州刺史。八年，授鎮海軍節度使。十三年，充清海軍節度使。寶大元年，充兩浙節度使。寶正元年，受命監國。長興三年春，嗣吳越王位，去國儀，用藩鎮法遵中朝年號。在位十年，善事後唐、後晉政權，保土安民。先後被封為吳王、越王、吳越國王、天下兵馬大元帥。天福六年八月卒，年五十五。後晉賜謚文穆。

吳越忠獻王錢弘佐（九二八年～九四七年），在位六年，字元祐，為錢元瓘第六子。九四一年（後晉天福六年），錢元瓘去世，錢弘佐繼位，後晉仍封以吳越國國王。九四五年（後晉開運二年），派軍與南唐瓜分閩國，佔領福州。

錢弘佐喜好讀書，性情溫順，很會做詩。即位後因尚年幼，無力控制下屬的驕橫，又曾寵信諂媚之人，然而終能摘奸發伏，亦不失果斷。九四七年（後晉天福十二年，遼會同十年），錢弘佐去世，謚忠獻王，廟號成宗。因其子尚年幼，故由其弟錢弘倧繼位。

吳越忠遜王錢弘倧（九二八年～九七一年），字隆道，臨安人。吳越王錢元瓘第七子，錢弘佐的弟弟。忠獻王錢弘佐於九四七年（後晉開運四年）六月病死，錢弘倧繼承王位，為忠遜王，在位不足一年，被三朝宿將胡進思廢黜，後病死。

吳越忠懿王錢俶（九二九年～九八八年），在位三十年，錢俶初名弘俶，小字虎子，改字文德，錢鏐孫，錢元瓘第九子。是五代十國時期吳越的最後一位國王。後晉開元中，為台州刺史，眾臣擁護他為吳越國王。宋太祖平定江南，他出兵策應有功，授天下兵馬大元帥。後入朝，仍為吳越國王。九七八年（太平興國三年），獻所據兩浙十三州之地歸宋。

開山福建，一代明王
——福建歷史上繞不過去的王審知（上）

五代十國時期的閩國，就是現在的福建省。

秦漢以前，中國經濟的重心始終在黃河流域，土地肥沃的長江流域及以南區域則是人煙稀少的蠻荒之地。而東晉衣冠南渡，江南的開發有了緩慢增進的趨勢，到了唐朝，特別是安史之亂後的中晚唐，江南地區實現了跨時代的大飛躍，曾經是落後地區的廣東、湖南、福建都一躍成為發達省份。

先說福建。

在福建由「醜小鴨」變成「天鵝」的美麗過程中，有一個人注定是繞不過去的。可以說，無此人便沒有現在經濟發達的福建省。

他的名字叫王審知，閩人皆尊稱他是「開閩大王」。

王審知與福建，是上天注定的緣份。

王審知在他出生的時候，他完全不會想到，他的人生之花會在福建絢爛綻放，因為王審知出生在光州固始（河南固始），固始與福建有數千里之遙。

王審知是光州固始人，唐懿宗李漼咸通三年（八六二年），王審知出生在一戶姓王的農戶家中。王審知的老祖宗曾經做過一任固始縣令，但到了王審知這一代，完全成了農民。

王審知的命運在他出生的時候就已經注定，面朝黃土背朝天，耕地播種，娶個五大三粗的婆姨生一堆兒子，這輩子也就這麼過來了。好在王審知的大哥王潮在固始縣裡當個捕頭，還有點工資，多少能接濟一下貧窮的兄弟們。

王氏三兄弟，老大王潮，老二王審邽，老三王審知。三兄弟不甘心接受貧窮的命運，他們渴望能改變自己的人生。

機會很快就來了，唐僖宗中和元年（八八一年）八月，壽州（安徽壽縣）的殺豬販子王緒和妹夫劉行全帶著五百鄉親造反，做了草頭王。王緒早聽說王潮三兄弟不是常人，便給三兄弟在軍中安排了職務，王潮做了糧草官。

這裡才是王氏兄弟的廣闊天地，雄鷹們可以自由自在的翱翔了。王氏兄弟因為會做人，善待部卒，在軍中威信甚高，人稱「王氏三龍」。

王緒在光州一帶橫行，被大軍閥秦宗權盯上了。秦宗權此時正和朱溫死戰，想調動王緒地盤的糧草，王緒當然不願意，但又得罪不起秦宗權。

怎麼辦？南下。

至於目的地是哪裡，已經不重要了。王緒帶著五千弟兄，浩浩蕩蕩渡過長江，一直向南，再向南。這支難民部隊先是進入江西，到處搶東西吃，然後穿洪州、虔州，翻過武夷山，來到了他們所有人都從來沒有到過的地方——福建漳州。

王氏三兄弟帶著老母親站在人生地不熟的福建，他們深知現在腳下這片陌生的土地，將是他們人生新的開始。

不過，三兄弟也意識到他們所侍奉的主人王緒，根本就不是亂世能成大事的明主。王緒為人殘忍，在艱難的行軍過程中，王緒下令拋棄所有老弱病殘，而三兄弟的母親也在被拋棄的名單上。王緒甚至要提劍親手殺了三兄弟的母親以絕他們的念想。

這怎麼可能做到！還是三兄弟以死護母，才讓母親免遭毒手。不過他們的母親很快就憂病交加去世了，三兄弟怕王緒忌恨，連夜找個地方埋了老娘。

王緒要整三兄弟其實還有一個重要原因，就是三兄弟為人英武，將來難以控制，這也是所謂的算命大師勸王緒的。

不過，王緒已經沒有機會了。王緒為人凶暴，專殺有功將士，最終逼反了與他共患難的弟兄們。在劉行全的指揮下，眾人拿下王緒，解除了一場隨時可能置大家於死的危機。

至於誰當新領導，王潮本來是要推舉劉行全的。但劉行全胸懷寬大，他認為現在再沒有比王潮更合適當老大的人選。在劉行全的強烈要求下，王潮略顯惶恐地坐在了第一把金交椅上。

王潮成了這支軍隊的主宰者，他的弟弟王審知成了副統帥，而大度讓賢的劉行全則做了先鋒，心甘情願地聽王潮調遣。

這對這支從河南逃到福建的流亡軍隊來說，這無疑是改變他們所有人命運的正確決定。

王潮同樣做出了一個正確的決定，就是這支流亡軍隊的目標不是回到中原，而是在陌生的福建尋找屬於他們的世界。

本來，他們是要回光州老家的，但他們從漳州路過泉州時，聽說泉州刺史廖彥若貪鄙無能，才覺得與其北上和一堆梟雄拼殺，不如就在創業難度相對較小的福建安家。

泉州在當時已經是國際知名的交通大港，經濟發達，特別是海外貿易非常繁榮。如果能佔據泉州，一則大家都有錢花，二則萬一有變，泉州可以作為通往海外的跳板。

來自河南的流亡軍隊開始攻打泉州。時間過得很快，一年的老黃曆就這麼翻過去了，但王潮他們最終還是攻克泉州、斬廖彥若，時間是唐光啟二年（八八六年）的八月。

拿下泉州，王潮他們終於有了自己的戰略根據地，這意味著他們可以撕掉「流亡者」的標籤了。

王潮在政治上是很有一套的。他雖然得到泉州，但畢竟是殺了朝廷命官，終究脫不掉一個賊名。王潮央求時任福建觀察使的陳岩，求他在朝廷上那裡給自己討個泉州刺史的賞。陳岩沒理由得罪王潮，上書請任王潮為泉州刺史。這時王潮才成了正果。

王潮有了正式名分，就可以公開施展自己在固始時根本沒機會施展的理想抱負了。

王潮主政泉州以來，安撫流散百姓，各居舊業，所有將士均以兄弟之禮相待。對泉州人來說，之前的廖彥若是個大貪官；而對固始舊人來說，之前的王緒則是個大暴君。所以王潮的仁政很快就感動了他們，軍民對王潮心悅誠服。

治人，其實就是治人心。

當然，王潮不會滿足於只霸佔泉州之地，他早就盯上了整個福建五州，而控制五州（除了泉州）的還是陳岩。

其實，陳岩也早就盯上了王潮。陳岩對王潮有著非同尋常的好感，在他病重時，他決定派人到泉州請王潮來福州，全面主持福建軍政。

天上掉下一塊大肉餅，王潮自然流得口水滴答。可還沒等王潮的口水流完，陳岩的女婿范暉就把這塊肉餅橫空奪了去。范暉罵已經渾身冰涼的陳岩：肥水不流外人田，老不死的東西卻要把福州送給外人。

王潮空歡喜一場。但這個意外並不會影響王潮必須拿下福州的決心，既然白拿不到，那就搶。

亂世江湖，拳頭硬的就是真理的化身。

開山福建，一代明王
——福建歷史上繞不過去的王審知（下）

景福元年（八九二年）二月，王潮派堂弟王彥復和二弟王審知出兵取福州。王審知騎白馬一路向前，風行灑脫，三軍呼為「白馬將軍」。

因為福州城高糧多，王審知再是一代風流，一時也沒能啃下范暉這塊硬骨頭。范暉之所以能撐這麼久，因為他有一個親屬發來援兵。他的這個親戚前面提過，就是錢鏐的前老大董昌。

王審知是人，他不是神，他打了退堂鼓。王審知想讓大哥親自來收拾范暉，王潮卻怒了。王潮寫信告訴二弟：「你缺兵，我發兵；你缺將，我可以增將。如果弟兄們都死光了，我會親提三軍為你們報仇。」

話說到這個份上，王審知咬咬牙，為自己的名譽身家，帶著弟兄們幾乎是玩命式的攻城。

王審知其實是在為自己攻城。王潮雖有四個兒子，但多不成器，二哥王審邽又謙退有禮，將來最有可能成為福建之主的還是自己。多立軍功，弟兄們才能服你，將來也好服人。

城上箭飛如雨也沒有嚇退王審知。最終，范暉撐不下去了，出城逃亡，結果被泉州軍追上，一刀了斷，浮屍海上。董昌的軍隊見福建已失，也沒必要和王氏兄弟為敵，瀟灑回家。

福州是福建的中心，福州一下，建州（福建建甌）、汀州（福建長汀）的長官們非常識時務的獻了城。

唐景福二年（八九三年）六月，王潮入主福州，福建五州盡數為王潮所有。按江湖規矩，王潮被朝廷任命為福建觀察使，王審知為副使，實際上確定了王審知的接班人地位。

福建官場所有人都知道這一點。

王潮對王審知是極為嚴厲的，甚至王審知偶有小過，王潮也要拿棍子伺候三弟。而王潮這麼做，自然也是希望泥腿子出身的三弟不要迷失在富貴鄉中，將來好接他的班。

王潮有兒子，但四子皆不成器，為了王家在福建的基業，就必須捨子立弟。否則立了飯桶兒子，將來肯定要被外人一鍋端掉的。

王潮死於唐乾寧四年（八九七年）十二月，而繼位的自然是眾望所歸的王審知，老二王審邽守泉州。論武功，王審知可能不及與他相似度頗高的錢鏐，在但政治上，王審知與錢鏐一樣的清醒務實。唐朝已經完了，讓王審知這個與唐王朝完全沒有瓜葛的外人去為唐朝效忠，憑的是什麼？王審知憑什麼要這麼做？

朱溫控制著中原，那就和朱溫打交道，為了王氏和福建的利益，王審知選擇了與朱溫結好，這並沒有什麼可指摘的。王審知結交朱溫的戰略意圖和錢鏐是一樣的，都面臨著楊吳強大的壓力。認了朱溫當老大，交了保護費，老大就會出手保護自己。

換了誰，不會這麼做？

吳越和閩國欲通中原，只能走海路，閩國使者往往從福州出船，北上越海到山東半島，然後從陸上去汴梁。海路風險非常，翻船是常有的事，很多閩國使者死於海難。但至少王審知和朱溫保持著臣屬關係，閩國生存的問題已完全解決。

等到朱溫建立梁朝後，封王審知為閩王，正式確認了王審知在福建獨一無二的統治地位。

王審知和錢鏐的人生軌跡比較相似，但有一點是王審知不如錢鏐的，就是錢鏐所建之吳越是天下富庶之地，而閩國則地瘠人少，經濟相對落後。這種客觀的存在，決定了王審知的治閩政策是相對保守的，也就是西漢初年實行的黃老無為而治，不折騰。不像其他諸侯鬧得天翻地覆，王審知以靜默應對人事，埋頭發展經濟，延攬人才，只做事，不說話。

王審知是農民出身，從小就在黃土地上吃苦受罪，所以在他富貴之後，依然保持著農民的純樸作風。王審知在生活上沒什麼要求，有吃有喝就行，何必大擺排場給人看。至於縱情聲色，更和王審知不沾邊，那是他的幾個寶貝兒孫幹的事情。王審知在福建是有名的「鐵公雞」，不要說別人想從他身上拔毛，就是別人勸王審知給自己提高點待遇都難於上青天。

比如穿衣服，王審知是從來不講究的，他穿的褲子破了個大洞，王審知也只是從酒庫裡的麻布撕下一塊補了上去。換成一般的中產家庭，換件新褲子又能花多少錢？有人勸王審知何必這麼寒酸過日子，王審知搖頭不理。其實王審知穿破褲子並不會減弱他在福建的統治，何必在這方面一爭短長？

還有一次，不知道是誰送給王審知一個當時極為罕見的玻璃瓶子，那可是天價的玩意。而王審知呢，當場就把玻璃瓶子摔在地上，粉身碎骨。王審知告訴侍從，這些東西以後不要再送給他，「治國安民，用不著這些東西，只能增長奢靡之風。」

以王審知的身家，做一百條褲子，摔一百個玻璃瓶也玩得起。但王審知考慮的卻是一旦開此風，那麼上行下效，福建人人比富，區區五州之地，又有多少財富可供揮霍？

福建經濟相對落後，如何發展經濟是王審知的當務之急。節流是一方面，但開源更重要，否則總共只有十塊錢，省來省去還是那幾枚硬幣。王審知做生意是有一套的，梁貞明二年（九一六年），王審知下令造鐵錢和鉛錢，和銅錢一樣在福建境內通行。王審知造鉛、鐵錢，主要目的就是不讓福建境內的銅錢向外流出，畢竟銅錢在當時是第一等貨幣，相當於現在的黃金儲備。同時王審知根據福建的地緣特點，大力發展海外貿易，洋人的錢不賺是傻子。

因為王審知開明的對外貿易政策，吸引著很多海外商人來福建進行貿易，阿拉伯以及波斯的商船穿梭於福建沿海，雙方進行貿易。

福建最重要的對外通商口岸無疑是泉州。從唐中期以來，泉州就已經是東南沿海最大的對外通商口岸，和廣州同等級。

福建土地相對貧瘠，人口又少，但福建的經濟實力在當時的五代十國卻是第一流的，原因就是王審知積極開展對外貿易。古往今來，兜裡有了錢，腰板才能挺得直，沒錢一切都空談。王審知有了錢，就可以有足夠的財政來招攬人才，更好的為福建發展服務。

福建在當時遠離戰亂，是著名的亂世桃源，所以有很多中原士大夫南逃福建為王審知效命。比如有唐朝宰相王溥之子王倓、楊沂、徐寅、韓偓、歸傳懿、楊贊圖、鄭戩等人。而其中的韓偓又是晚唐五代著名詩人。這些人成為王審知的智囊團，傾心效命。韓偓最有名的一句詩是「謀身拙為安蛇足，報國危曾捋虎鬚」。

王審知幾乎是個大字不識的文盲，但他和王建一樣都非常重視人才建設，拉攏知識份子，讓這些人為自己的政權賣力。可以說王審知的人才政策，決定了福建在亂世逆勢中的存亡，沒有這些人才，王審知拿什麼和周邊的大國對抗？

福建周邊有三國，北有吳越，西有楊吳，南有南漢，其中以楊吳對閩國的威脅最大。梁貞明四年（九一八年）七月，吳國大舉進攻虔州（江西贛州）軍閥譚全播，霸佔江西。譚全播立刻向吳越錢鏐、湖南馬殷、嶺南劉巖和王審知求救，這四路大國都知道虔州一旦落入楊吳之手，後果不堪設想，都派重兵來救。可惜晚了一步，譚全播很快就被楊吳滅掉。因為虔州是福建走陸路北上中原的必經要道，虔州的丟失，逼迫王審知只能走海路與中原交通，但王審知從來沒有被楊吳的勢力所威服，他認為他該做的克服千險萬難也要做。

其實徐溫也沒有能力消滅王審知，雙方隔著一條險峻的武夷山脈，各懷心思的相處。

王審知開拓能力的短缺顯而易見，但是王審知的守成能力是毫無疑問的。以現在的形勢格局，無論是徐溫還是錢鏐，或者是神經病的劉龑，都不可能撼動王審知在福建的地位。

王審知在穩定了自己的地位後，接下來考慮的，就是該把鐵板一塊的福建傳給誰？

以封建社會的家天下而論，福建天下，王審知自然要傳自己的嫡長子王延翰，這是福建官場人所盡知的。雖然王審知二哥王審邽的兒子、泉州刺史王延彬異想天開的希望自己能繼承福建王位，甚至外通梁朝，想當泉州節度使。王審知為人寬厚，但對於這種私相授受的事情，是斷不可能給外人的。王審知冷笑著，罷免了王延彬的官位，王審知是鐵了心要把江山傳給自己的親生兒子。

雖然王審知要傳位於親生兒子，但福建的外交政策始終沒有任何改變——不管中原如何風雲變幻，福建一始即往的稱臣磕頭。西元九二三年，朱友貞完了，李存勗統一中原，那就拜李存勗為老大，繼續維持福建對中原的臣屬地位。

有人對王審知向中原政權稱臣的做法不理解，認為福建距離中原相隔千里，即使王審知做了皇帝，李存勗又能奈之何，何必給外人低三下四的磕頭？王審知笑了，他給臣僚說了一句貼心窩子的話：「只要我想當皇帝，李存勗又能奈我何？像劉龑那樣的地方惡霸都能當皇帝，我為什麼不能？只是你們想過沒有，福建只有區區五州之地，戶口不到百萬，當了關門皇帝又有什麼意思？」王審知斬釘截鐵的告訴大家：「他寧可當開門節度使，也絕不當關門天子。」

王審知年齡也大了，不想再折騰了。畢竟閩國是個小國，實在沒有折騰的本錢，而且王審知性格相對比較謹慎，他不想為了一個虛名而把自己好不容易控制的福建弄得傷筋動骨。萬一如此，則上對不起兄長王潮，下對不起兒孫與福建百姓。

其實王審知也知道自己的兒孫多少是不爭氣的，自己出身農民，反倒養出了一窩只知道吃喝玩樂的公子哥，除了會敗家，百無一用。王審知想管，但他實在沒有多少時間再勞力傷神了。

後唐同光三年（九二五年）十二月，割據福建近三十年的閩王王審知在福州病逝，時年六十四歲。王審知作為福建史上首位閩王，對福建的影響非常深遠。王審知割據福建三十年間，發展經濟、勤儉節約，在王審知主政期間，福建基本上沒有發生重大戰事，是五代十國時的「世外桃源」，史稱「輕傜薄斂，與民休息。三十年間，一境晏然」。

五代十國是一個讓人心動的時代，十國對歷史的貢獻猶為特殊，現在南方幾個發達省份都在十國時建立了自己的獨立政權，對中國南方地區經濟發展所起到的巨大推動作用，馬殷開發了湖南，錢鏐開發了浙江，劉巖開發了廣東，王審知開發了福建。王審知不是福建人，但福建人民永遠都不會忘記王審知的。

閩國世系年表

君主	姓名	在位年	生卒年	備註
太祖	王審知	九〇九～九二五年	八六二～九二五年	
嗣王	王延翰	九二五～九二七年	?～九二七年	王審知長子。王延翰暗示群臣擁戴他稱閩王，奉後唐年號。王延翰個頭高，美容貌，卻是「妻管嚴」，老婆崔氏「陋而淫」。崔氏專殺美女多達八十四人，後為雷劈死。王審知養子王延稟不服王延翰，勾結王延鈞推翻王延翰，殺之。
惠宗	王延鈞	九二七～九三五年	?～九三五年	王審知次子，改名王鏻。王鏻繼位後，殺王延稟，上書李嗣源，要求朝廷封他為尚書令，被拒絕，王鏻怒而斷絕對後唐的朝貢。王鏻喜歡道術，裝神弄鬼，寵信道士。在道士陳守元蠱惑下，王鏻稱帝，令國計使薛文杰專抄富人家產，以為私用。王鏻喜歡奴婢陳金鳳，立為皇后，又寵男寵歸守明。歸守明趁王鏻得病時，與陳金鳳私通。皇子王繼鵬發動兵變，斬殺王鏻。

康宗	王繼鵬	九三六～九三九年	?～九三九年	王鏻長子，繼位後改名王昶。王昶狂妄自大，向晉稱臣，又羞辱晉朝使節。石敬瑭「怒其不遜」，下詔大罵王昶昏狂，並拒絕接受閩國貢品。王昶信鬼神，寵信道士陳守元和妖人林興，大興土木建道觀，建道像。王昶重自己嫡系部隊而疏遠其他部隊，引起不滿，控鶴都將連重遇和拱宸都將朱文進起兵謀反，王昶出逃，連、朱二人迎立王延羲，在路上被王延羲之子王繼業所殺，妻子皆死。謚為康宗。
景宗	王延羲	九三九～九四四年	?～九四四年	本名王延羲，又改名王曦。王曦同樣狂妄自大，昏庸無道。大臣犯法，只要花錢都可以赦免無罪。愛錢如命，王曦嫁女兒，大臣不掏彩禮錢，王曦大怒，要人彈劾百官。王曦自稱唐太宗再世，醜態百出。王曦好男色，和外甥李仁遇鬼混在一起，甚至當起宰相。王曦還好飲酒，常在國中牛飲。王曦懷疑連重遇對自己不忠，連重遇畏懼，聯合朱文進發動叛亂，乘王曦醉酒後，在馬上殺之。謚為景宗。
天德帝	王延政	九四三～九四五年	?～九五一年	王審知之子。王曦昏暴，王延政上書勸諫，王曦不聽，反恨王延政。王延政控制建州，自稱大殷國皇帝，與王曦互相攻殺。後連文遇推立朱文進為為帝，閩人不服，王延政趁機攻下福州。隨後南唐軍滅閩，王延政力盡而降，遷往金陵。

木匠傳奇——楚王馬殷並不算波瀾壯闊的人生路（上）

說到馬殷以及他所創建的楚國，人們可能不太熟悉，但在湖南長沙東郊有一座陵墓，想必人們一定如雷貫耳——出土了漢代辛追夫人遺體的馬王堆漢墓。這個馬王堆，就是馬殷家族的楚王墓葬群，因此而得名馬王堆。

馬殷和朱溫、王建、楊行密一樣都是亂世梟雄，生逢其時得成大事。但有一點，馬殷和上面三位相比要乾淨許多，那三位都當過小偷，而馬殷卻有一個正經職業——木匠。歷史上帝王當過木匠的，一個是著名的明朝天啟皇帝朱由校，一個就是馬殷。

馬殷出身貧苦，沒奈何做了木匠，但生於亂世，當木匠也混不到飯吃。馬殷為了活命，在唐中和四年（八八四年）投奔了蔡州刺史秦宗權，馬殷被分到大魔頭孫儒手下做偏將。

唐光啟三年（八八七年）十月，秦宗權決定進攻群魔亂舞的淮南道，派弟弟秦宗衡率孫儒等人南下搶地盤，馬殷和他的兩個兄弟張佶、劉建鋒同行。

孫儒是個野心家，自然不甘心白白替秦宗權賣命，孫儒砍了秦宗衡，自稱老大。馬殷等人無所謂，跟誰混不是穿衣吃飯？只要不剋扣工資就行。

在淮南，地頭蛇楊行密遇到了他此生最危險的對手——孫儒，楊行密被孫儒的土條白團軍打得灰頭土臉，幾次險些喪命。好在，景福元年（八九二年）五月，楊行密在宣州打敗了孫儒，孫儒戰死陣前，數萬士兵降楊，楊行密獲得淮南的統治權。

但在這些投降楊行密的士條白團軍中，並沒有劉建鋒、張佶、馬殷的身影。他們不願跟著楊行密，在空中哭拜了孫儒亡靈後，帶著七千多殘兵往江西流竄。

大家需要立一個新主帥。劉建鋒是孫儒手下頭號大將，頭把交椅非劉建鋒莫屬，張佶則相當於水泊梁山軍師吳用的地位，馬殷成了先鋒官。

此時的馬殷不顯山露水，一切憑老大是從，再說馬殷也沒有什麼野心，跟著老大走就是了。

這支流浪的隊伍並沒有明確的目的地，而是在江南胡走亂闖，最終在乾寧元年（八九四年）五月來到了湖南醴陵，準備在湖南立足。武安軍節度使鄧處訥派指揮使蔣勳守住龍回關（長沙東四十里），不允許放進劉建鋒的部隊一兵一卒。

劉建鋒如果強攻回龍關，不知道要死多少弟兄，還是馬殷適時站出來去遊說蔣勳。馬殷對劉建鋒一通無聊的吹捧，誇成了當代周武王，並許諾蔣勳若投降，將來必以開國元勳相待。蔣勳跟誰不是打工？一個轉身就把鄧處訥給賣了。

劉建鋒輕易得到湖南，並在次年四月得到了朝廷的詔命，劉建鋒為武安軍節度使，馬殷為內外馬步軍都指揮使。在這個時期，馬殷依然恭敬的奉劉建鋒為老大，沒有任何野心。至於蔣勳，因為劉建鋒並沒有兌現承諾，在邵州作亂，被馬殷給收拾掉了。

如果不是劉建鋒胡來，將來的十國之一的楚國必是他劉家的天下。可惜劉建鋒稍稍得志便沉迷酒色，軍政大事一體交給張佶打理。劉建鋒給校衛陳贍扣上一頂綠帽子，和陳贍老婆混在一起。陳贍身為男人，哪有不恨劉建鋒的道理？乾寧三年（八九六年）四月，陳贍闖進帥府，趁人不備，用錘子砸死了本可以開創一代王朝的劉建鋒。

老大死了，對湖南來說是天大的事，弟兄們先把陳贍抓起來，然後議舉新老大。按當時的政治排名，二號是張佶，所以張佶是理所應當的繼承人，大家要推舉被馬踢傷的張佶做老大。

但讓所有人沒有想到的是，張佶堅決認為自己才德皆不足以率領湖南，他提出一個人選，就是正在進攻邵州的指揮使馬殷。大家見張佶讓賢，也沒什麼說的，派馬殷的心腹姚彥章請馬殷回長沙當老大。

馬殷倒是有些不好意思，還在猶豫，姚彥章直接抽馬殷一個嘴巴：你不要這個位置，自然有人要，到時他要殺你，易如反掌！馬殷被抽醒了，這才星夜回到長沙。

張佶為人光明磊落，自己雖暫時代理軍政，但馬殷才是人主之選，等馬殷一到，張佶率文武百官向馬殷叩拜，定下君臣之分。而張佶奉馬殷之命，很快就攻下邵州，為馬殷的江山策馬效勞。長沙成了馬殷的家天下，但就整個湖南來說，湖南七州，馬殷只據譚、邵二州，湖南的天下屬誰，尚未可知。

湖南七州割據形勢為：

譚州、邵州——馬殷

道州（湖南道縣）——蔡結

衡州（湖南衡陽）——楊師遠

郴州——陳彥謙

永州（湖南零陵）——唐世旻

連州（廣東連縣）——魯景仁

這些地級軍閥對馬殷來說並非魚肉，而且馬殷還要時刻小心淮南的楊行密，一旦楊行密舉淮南之兵來取湖南，馬殷未必能扛得過。為了生存，就必須找一個楊行密的敵人當靠山。算來算去，只有中原的朱三最合適了。馬殷接受了謀士高郁的建議，重金收買朱溫。朱溫也願意在湖南有個盟友，共同對付楊行密，以朝廷的名義封馬殷為湖南節度兵馬留後，確認了馬殷在湖南的正統統治，這在政治上對馬殷是極為有利的。

不過在進攻諸州之前，馬殷做了一件事情。在高郁的支持下，馬殷下令在境內鑄大鐵錢，十個銅錢兌換一個鐵錢。按常理，鐵錢的價值不如銅錢，但此舉卻讓來楚做生意賺大錢的商人帶不走沉重的鐵錢，只好換成大宗當地貨物易地二次出售，湖南經濟因此迅速發展起來。馬殷有錢了，就可以用兵了。

一切準備就緒，馬殷開始南下擴張。

這次南下，非常類似三國劉備取荊南四郡，在地理上也基本重合。劉備取南四郡易如反掌，馬殷也是如此。光化元年（八九八年）五月，馬殷派指揮使李瓊、秦彥暉、張圖英、李唐等人率軍南下衡州，幾乎不費力氣就斬殺楊師遠，隨後又拿下永州，唐世旻出逃。

馬殷用兵和他的為人處世之道一樣，力求一個「穩」字。拿下衡、永二州，馬殷養兵休整。直到一年後的七月，馬殷才再次派李唐出兵道州。道州的蔡結雖說有些小聰明，和當地武裝埋伏在樹林裡企圖伏擊李唐。李唐更加狡猾，剛到地方就放了一把火，燒死無數人，蔡結被俘斬，道州輕鬆拿下。

至於郴、連二州，真沒什麼好說的，過程甚至比劉備取荊南四郡還要乏味無聊，乾脆一筆帶過。這年十一月，楚將李瓊攻破郴州，殺刺史陳彥謙，隨後翻騎田嶺（五嶺之一），圍攻連州，魯景仁雖然勉強守了三天，但還是被李瓊拿下，魯景仁自殺。

湖南七州肥沃之地，盡屬馬殷。

此時的馬殷，和北宋建立者趙匡胤有幾分相似，前人種樹，後人乘涼，但也有區別。趙匡胤是在周世宗柴榮打下江山的基礎上平定南方諸國的，而馬殷當政時，劉建鋒並沒有給馬殷留下多少地盤，五州基本上都是馬殷拼命打下來的。

趙匡胤平定南方後，就不思進取，名為開創，實為守成。而馬殷不同，他得到湖南全境，但他並不滿足於此，他渴望得到的更多，他並不想學他的「前任」——七百年前的東漢荊州牧劉表。至於馬殷吃人的過程有些血腥，但如果馬殷要落在別人手裡照樣是一個死。為了生存，沒有對錯。

馬殷要擴張地盤，往東是楊行密、錢鏐、王審知，南邊有劉隱，這些梟雄不是馬殷能吞掉的，那麼，只能向東南方向，桂廣一帶有不少地頭蛇，但實力都不如馬殷。

唐光化三年（九〇〇年）十月，馬殷先禮後兵，勸靜江節度使陳可璠投降，老陳不願，老馬大喜，要的就是你不願意，師出有名矣。馬殷一聲令下，指揮使秦彥暉、李瓊率七千人去抄陳可璠的家底。

李瓊為人忍而悍，有的是辦法對付陳可璠。李瓊生擒了指揮使王建武，在陣前當著陳可璠的面斬殺王建武，差點沒把老陳給嚇死。陳可璠的弟兄們不敢惹李瓊，都投降了。

投降就安全了麼？當然不是。李瓊殺王建武是震懾桂軍，而桂國身後還有更大的軍閥，所以桂軍兩千弟兄不幸成為下一個「王建武」，被李瓊全部活埋。桂管境內各路好漢並不怕馬殷，而是怕這個到處大埋活人的李瓊，李瓊所到之處幾乎全是迎風納降。靜江軍所轄桂州、柳州（廣西柳州）、宜州（廣西宜山）、象州（廣西象州）、嚴州（廣西來賓）、蒙州（廣西昭平）、梧州都落進馬殷口袋，這也是楚國疆域最大的時候，距離南漢的廣州不過百里，對南漢造成了極大的生存壓力。

關於李瓊活埋人，從道義角度來看應該譴責，但亂世時代人吃人都是家常便飯，換了陳可璠也會這麼做。北宋軍到處燒殺搶掠無惡不作，也被美化為仁義之師，李瓊大埋活人，似乎又不必去譴責，亂世江湖規矩，對所有人都適用。

馬殷在這一點上又和趙匡胤有些類似，趙匡胤篡位之後沒有參加過一場戰鬥，全是別人打下來的，馬殷也是如此。馬殷雖然比趙匡胤更為忠厚一些，但面對個人利益上也是不傻的，混到這一步，沒人願意幹替別人火中取栗的蠢事。

木匠傳奇——楚王馬殷並不算波瀾壯闊的人生路（下）

天復元年（九〇一年），唐昭宗李曄拜馬殷為武安軍節度使，馬殷從省市級軍閥一躍成為國家級大軍閥。李曄巴結馬殷，是想讓馬殷出兵勤王攻打朱溫，並給馬殷及楊行密各下一道密詔。楊行密雖然出兵，但他和朱溫本就有仇，和密詔沒有任何關係。馬殷和李曄無親無故，和朱溫無怨無仇，他自然沒必要幫李曄得罪人。唐朝統治早已崩潰，有沒有詔命，馬殷都是湖南王，有了詔書不過是增加了合法性而已。楊行密曾經約馬殷共同北上滅梁，馬殷決定和朱溫結盟，利用朱溫在北面牽制楊行密，以免楊行密從側翼攻楚，自然就把楊行密的話當成耳邊風。

不過有一件事，馬殷還是有求於楊行密的。馬殷有個弟弟叫馬賨，當年一起在孫儒帳下當差。孫儒被楊行密全殲時，馬殷逃了出來，馬賨卻成了俘虜。馬賨成了吳國黑雲都的指揮使，但楊行密一直不知道馬賨的身世。直到馬賨主動向楊行密坦白，楊行密覺得暫時吃不掉馬殷，不如把馬賨送回去，一則結吳楚兩國之好，二則讓馬賨勸馬殷聯吳攻梁。

馬賨倒是向馬殷說了這事，馬殷雖然疼弟弟，但涉及楚國安危的大事，馬殷是不會兒戲的。馬殷心裡清楚，朱溫和楊行密他必須得罪一個，而與其得罪朱溫，不如得罪實力相對偏弱的楊行密。

事實也證明了這一點，雖然楊行密死了，但他的兒子楊渥卻想從馬殷手上撬點乾糧。天祐三年（九〇六年），吳軍指揮使陳知新率軍攻楚國的岳州（湖南岳陽），順利拿下岳州。但是馬殷可不是軟柿子，隨後馬殷就發起了反攻，時間是梁開平元年（九〇七年）的六月，楚軍和吳軍在湘江決戰。結果不必多言，吳軍被楚軍打得落花流水找不到北，一哄而散。吳國指使劉存和吳國岳州刺史陳知新被俘，押到長沙砍了頭，岳州又回到馬殷手上。

岳州是湖南北面門戶，但重要性相對來說不如荊州江陵，只是荊南節度使高季昌是朱溫的乾孫子，馬殷不便輕動。而江陵以西是水匪雷彥恭控制的朗州（湖南常德），實力偏弱，可以下嘴。

馬殷對梁朝實際上是不太放心的，所以拿下朗州鞏固西線非常重要。至於吳國楊渥又派人來搗亂，哪裡又是馬殷的對手？楚將許德勳談笑之間，援助雷彥恭的吳軍全部被滅了。

馬殷性格相對平和，但為了自身利益那也是六親不認的。雷彥恭被楚軍打得筋疲力盡，開城逃往淮南，朗州被馬殷順利拿下，之後又拿下與朗州相鄰的澧州（湖南澧縣），徹底鞏固了西線防禦體系。只要馬殷守得住朗、澧，無論是梁朝還是蜀國，都不可能對楚國構成戰略威脅。

馬殷沒有什麼雄圖壯志，他只想守住湘楚之地。其實馬殷的地盤非常大，北抵江陵，東在江西，南至廣南連州，西至貴州。論面積是十國中最大的。不過馬殷知道自己地廣人稀，實力並不算強勁。為了活命，馬殷只能向中原朱溫稱臣。朱溫自然不會駁馬殷的面子，幾乎是要什麼給什麼，唐太宗李世民當過的天策上將軍，馬殷要了，朱溫一咬牙，給！

馬殷是個粗人，沒讀過幾天書，但他卻知道知識的力量。開平四年（九一〇年）六月，馬殷在長沙開天策上將軍府，為的就是籠絡人才，其中最精英的稱為天策府十八學士。馬殷在湖南的成功，是離不開這些智囊團的。

馬殷是個開拓型帝王，楚國所管轄的範圍實際上不止湖南，還包括貴州東部，廣西中部北部，廣東西北部，是十國響噹噹的一流強國。號稱小南強的南漢，在馬殷時代，被楚國壓得喘不過氣來。只要馬殷願意，楚軍的刀鋒能直接讓南漢劉巖感到徹骨的寒意。

劉巖知道馬殷是惹不起的，為了穩住馬殷，劉巖寫信給馬殷，想和馬殷的女兒結婚。馬殷其實是不願意把女兒嫁給劉巖這個神經病的，但為了穩住南線，馬殷也只好忍痛割愛。

馬殷和趙匡胤一樣是個非常實際的人，這類人只重結果不重過程。馬殷沒有太大的野心，守住湖南足矣！至於中原逐鹿，誠非馬殷所敢望。

而當馬殷發現中原之主朱友貞在與河東梟雄李存勗的十年河上之戰屢處下風時，馬殷也下意識地和行將滅亡的朱友貞拉開了距離，暗中和李存勗勾勾搭搭。至於朱友貞的乾侄子——割據荊南的高季昌經常與南邊的鄰居馬殷搞搞摩擦，但那和小孩兒過家家一樣，你吐我一臉口水，我噴你一臉唾沫星子。

馬殷密切關注中原局勢，梁龍德三年（九二三年），得知李存勗馬踏中原，朱友貞自殺身亡後，馬殷立刻派長子馬希範北上洛陽，拍中原新統治者的馬屁。馬殷上交了朱梁賜的印綬，並稱自己身事偽梁二十年，實在對不起陛下。其實沒有什麼對不起的，亂世軍閥都這樣，「有奶便是娘」，和你姓朱姓李，誰的大腿粗我就跟誰玩，李存勗自然懂這個道理。

而兩年後，唐同光三年（九二五年），後唐大軍西行滅掉前蜀，卻把馬殷嚇得魂飛魄散。前蜀和楚國是鄰居，李存勗滅蜀，下一個目標自然就是楚國。馬殷似乎已經預感到自己在湖南的統治即將結束，立刻上表給李存勗請允許他退休，實際上這是在試探李存勗對湖南的底線。李存勗並沒有做好削平諸國的準備，能滅前蜀已能滿足李存勗的胃口，所以李存勗暫時沒打算動馬殷，反而勸馬殷安心做楚王。

不過，即使李存勗想動馬殷，他也沒時間了。同光四年（九二六年）四月，成德軍節度使李嗣源作亂，李存勗在洛陽死於那場可怕的軍前譁變，河北李令公搖身一變成了大唐皇帝，馬殷終於可以放心了，因為據他的了解，李嗣源並沒有統一天下的野心，馬殷繼續向李嗣源表達自己對皇帝陛下的忠誠。李嗣源一則沒有入侵湖南的野心，二則也沒那個實力，真要打得兩敗俱傷，只能便宜別人。李嗣源對諸國的態度是只要臣服就封大官，大家各發各的財。天成二年（九二七年）六月，李嗣源封馬殷為楚國王，正式確定不會用武力解決湖南問題。

吃下了定心丸，馬殷的野心開始膨脹，當然只限於楚國境內。在馬殷心中是有一個熾熱的帝王夢的，只是限於實力，不敢僭越稱帝而已。馬殷接受李嗣源的冊封，建立了楚國，仿天子之制，立百官，姚彥章為左大丞相，許德勳為右大丞相，拓跋恆為僕射。除了馬殷本人不稱帝，他的楚國實際上就是一個獨立的帝國。生殺自專，這才是帝王的核心本質，帝王的虛名要不要無所謂。李嗣源對此無能為力，只能聽任這個糟老頭子在湖南來回折騰。

馬殷到了老年，脾氣似乎越來越大，反而不似之前的心氣平和。高季興（即高季昌）向來是發過路財的，為了賺錢，老高扣留了湖南節度使史光憲，惹得馬殷大發脾氣，發大軍進攻荊南。荊南只有三州，根本不是馬殷的對手，高季興又耍起他獨門的無賴絕活，向馬殷求和。馬殷向來就討厭像牛皮糖一樣的高季興，這貨太討人嫌了，不如滅掉省事。還是部下王環勸馬殷，荊南是四戰之地，留下荊南可以作為湖南的北面戰略緩衝。滅荊南容易，滅掉之後，湖南就要直接與李嗣源接壤，獨當中原兵鋒。馬殷聽了勸，這才饒了高季興。不過沒多久，高季興又皮癢了，向吳國稱臣，馬殷奉李嗣源之命，光明正大地教訓高季興。高季興有了吳國外援，也不怕什麼馬殷，想和馬殷練練。但馬殷的塊頭實在太大，很快就把高季興打得鼻青臉腫，高季興再次求和，馬殷都懶得再搭理這個無賴了，回家自己玩去。除了高季興經常被馬殷敲打，就是馬殷的寶貝女婿——南漢國主劉巖也沒少挨岳父的板磚，只是劉巖實力較強，馬殷沒佔到什麼便宜而已。

馬殷在晚年大發脾氣，這可能是他早年對領導們「低三下四」成習慣的反向心理作用。馬殷跟著孫儒和劉建鋒都是謹小慎微的活著，即使劉建鋒死了，馬殷都沒敢有想法，甚至都打算好了要給張佶下跪稱臣。這些窩囊經歷一直壓在馬殷心頭，所以當馬殷強大之後，他需要找發洩這種情感的管道，這屬於人之常情，無可指責。

馬殷老了，接下來要考慮的就是接班人的問題。馬殷雖然有十幾個兒子，但按照封建禮法，馬殷應該立嫡長子馬希振為楚國太子，但因為馬殷特別喜歡袁德妃，所以越次立了次子馬希聲為太子。馬希振為人恬淡，太子不當也沒什麼遺憾的，瀟灑的當道士去了。而馬殷的四子馬希範卻為人梟雄，見平庸的老二竟然當上了太子，心裡極為不服，但老頭子決定的事情，馬希範只好徒呼奈何。

馬希聲為人平庸，但卻多疑，他好不容易子憑母貴當上了太子，成天疑神疑鬼，生怕別人再把他的太子位置給搶了。馬希聲向來就不喜歡楚國謀士高郁，擔心自己執政後高郁會亂政奪權。馬希聲在聽信了荊南高季興的蠱惑，他背著年老多病的馬殷，假傳楚王手令，滅了高郁三族。

馬殷已經七十九歲了，病中的他已有些意識不清，他只是還記得高郁是跟著自己出生入死的股肱之臣。他曾經警告過馬希聲不要打高郁的主意，而且馬殷也相信兒子不敢不聽自己的話。直到有人殘忍的捅破了這層窗戶紙——高郁為世子所殺。馬殷聞訊，如晴天一聲驚雷，馬殷號啕痛哭：逆子今日能殺湖南忠臣，明日就能殺掉我。

風燭殘年的馬殷哭得死去活來，再也沒有人能挽救這位重感情的楚王。唐長興元年（九三〇年）的十一月，馬殷死於長沙宮中。

在五代十國的梟雄堆中，馬殷並不起眼，但馬殷能在亂世赤手空拳打出一片天地，也是有兩把鐵刷子的。馬殷性格中庸，但這並不代表軟弱；相反，馬殷吃人，而且馬殷吃的人還不少。吃人在亂世中也許是天經地義的，不吃人總會被人吃掉。

馬殷的前任劉建鋒是不能治好湖南的，一旦如此，三湘又將兵荒馬亂，百姓受難。而馬殷有智略、會用人、能伸能屈，那些有軍功的大老在馬殷面前服服帖帖。終馬殷時代，楚人不見兵戈烽火，生活安逸，實是楚人之福。

至於馬殷死後，諸子爭權，最終鬧到刀兵相見，最終引來外敵，席捲馬氏基業而去。至於楚國滅亡的責任，和馬殷關係不大。人生九龍，種種有別，老子英雄，兒子未必好漢，從古至今，多有其例。

楚國世系年表

君主	姓名	在位年	生卒年	備註
武穆王	馬殷	九〇七～九三〇年	八五二～九三〇年	
衡陽王	馬希聲	九三〇～九三二年	八九八～九三二年	馬殷次子。為政愚狂，聽説梁太祖朱溫喜歡吃雞，馬希聲也每頓飯都要吃，被禮部侍郎潘起諷刺。
文昭王	馬希範	九三二～九四七年	八九九～九四七年	守成令主，開疆擴土，但為人狂妄自大。馬希範建九龍殿，以八龍繞柱，説自己也是一條龍，湊成九龍。契丹滅晉中原大成，牙將丁思覲勸馬希範北伐中原，被馬希範拒絕。死後無子。
廢王	馬希廣	九四七～九五〇年	?～九五〇年	馬希範同母弟，為人庸懦。馬希萼犯境，馬希廣以馬希萼是自己兄長，拒絕在馬希範的葬禮上除掉馬希萼，後被馬希萼勒死。
恭孝王	馬希萼	九五〇～九五一年	九〇〇～九五三年	為奪楚王之位，向南唐稱臣，引南唐兵入楚，殺馬希廣自立。因馬希萼為人凶殘淫暴，失去人心。南唐滅楚後，馬希萼死於金陵。
後主	馬希崇	九五一年	九一二～?	楚軍兵變廢掉馬希萼，推立馬希崇為楚王。南唐軍入長沙，楚亡，馬希崇遷往金陵，下落不明。

帝王中天才，帝王中瘋子——南漢的神經病皇帝劉巖

唐末五代十國宋初梟雄遍地，這些梟雄雖然個個都會吃人，老好人馬殷也不例外，但他們至少還能稱為正常人，有正常的心智。而在這群「正常」的梟雄中間，突然就莫名其妙地擠進一個極不正常的同夥，這位大爺其實是個瘋子，五代十國再找不出這樣的瘋子。

他叫劉巖。雖然他後來又捏造漢字，自稱劉龑，因為此字太生僻，所以以下還稱劉巖，南漢的開國皇帝。

南漢是五代十國最南邊的政權，統治廣東廣西兩地，面朝大海，春暖花開。

劉巖其實並不是赤手空拳打天下的，這一點和草根創業的朱溫、王建、楊行密、錢鏐都不一樣。劉巖有些類似南北朝北齊的高洋，二人都不是創業第一代，而是父親開創的基業，由兄長繼承。兄長把家業發揚光大後就死了，他們弟承兄位，建國稱帝。而且最重要的是，劉巖和高洋都是歷史上鼎鼎有名的、完全不可救藥的瘋子。

劉巖家族自稱是來自彭城（江蘇徐州）的漢朝皇族劉氏，但也有一種說法認為劉巖家族的祖上是從大食來到中國謀食的商人。在華為華，即使劉巖祖上是大食人，到了他父親劉謙這一輩已完全漢化了，更何況劉巖從來都認為自己是華人。

劉謙家世一般，但卻被嶺南節度使韋宙看上，把女兒嫁給劉謙，從此劉謙一步登天。唐中和二

年（八八二年），劉謙被封為封州（廣東封開）刺史，劉氏家族有了自己的立足之地，開始了在嶺南的擴張。

劉謙在八九三年去世時，把封州交給了長子劉隱。劉隱是南漢建國史上繞不過去的開國帝王，沒有劉隱就沒有日後的劉巖。劉隱不如弟弟那麼變態，但也不是個好惹的主，他剛執政時，就殺了一百多個叛亂份子。這是老爹教他的立身之道：你不殺人，別人就要殺你。

劉隱偏居在封州，對他統治嶺南的夢想來說是致命的短處。嶺南首府是大城廣州，而劉隱的目標也只能是繁華的廣州城。

機會很快就來了，乾寧二年（八九五年），嶺南節度使劉崇龜病死，牙將盧琚等人拒絕新任節度使李知柔進城。劉隱立刻發兵出郁州東下，打著討伐反賊的旗號，很快就拿下廣州，盡佔嶺南天時地利，也奠定了劉氏王朝在嶺南的基礎。節度使李知柔知道劉隱是實際上的統治者，所以他從來不和劉隱產生矛盾，你忙你的，我忙我的，雙方友好相處。等到李知柔在光化三年（九〇〇年）死後，又換了一任節度使徐彥若，依然學習李知柔好榜樣，你忙你的，我忙我的。而等到徐彥若死前，他上表請封劉隱為嶺南節度使，再派所謂的節度使已毫無意義了。沒想到昭宗李曄不准，又派了同平章事崔遠主政廣州，崔遠不是傻子，根本不上當，轉了一圈又回到長安。李曄無奈，只好正式承認了劉隱在廣州的統治地位，封為嶺南節度使。

當時的嶺南處在戰國時代，劉隱只不過控制廣州而已，其他各州都有強人盤踞。如邕州（廣西南寧）葉廣略，容州（廣西容縣）龐巨昭，高州（廣東高要）劉昌，交州（越南河內）曲顥，虔州（江西贛州）盧光稠，以及劉巖未來的岳父——楚王馬殷，這些勢力都嚴重威脅到了劉隱的存在。

龐巨昭這些小蝦米不是劉隱的對手，而虔州盧光稠實力稍強，但也被劉隱打得鼻青臉腫。唯獨馬殷這一塊，實在不是劉隱所能應付的了。梁開平二年（九〇八年），馬殷大舉進攻嶺南，把劉隱之前佔領的廣西北部全部奪去，嶺南軍敗得慘不忍睹，老巢封州也差點丟了。好在劉隱之前已經向梁太祖朱溫稱臣，而馬殷也向梁稱臣，所以馬殷不會不給朱溫面子，就此收手。

劉隱吃了大虧，也基本暫停了軍事行動，反正也打不過馬殷，不如修練內功。劉隱開始注重人才建設，唐末大亂，中原許多名士都逃往嶺南避難，如李德裕之孫李衡，楊洞潛，王定保，趙光裔，劉浚這些名滿天下的士人。戰亂年代的割據生存之道，一是軍隊，二是人才。劉隱的軍隊足以自保，所以人才建設刻不容緩。經過幾年的韜光養晦，劉隱逐漸恢復了元氣，劉氏家族在嶺南的統治不可動搖。

接下來，劉隱要面對的問題就是如何選擇接班人。實際上根本不用選，家族中沒有任何一個人可以取代劉隱之弟劉巖的地位，不立劉巖，等待劉氏家族的將是一場腥風血雨。梁乾化三年（九一三年）三月，南海王劉隱病死，劉巖接過兄長的權杖，開始了讓歷史哭笑不得的傳奇統治。

其實劉巖和劉隱並非一母所生。劉隱的生母韋氏聽說劉謙小妾段氏生了個兒子，擔心自己和兒子劉隱受到威脅，便殺死了段氏，把劉巖抱來自己撫養。都說生恩不如養恩大，韋氏傾心撫養劉巖，劉巖也早忘了自己的生母是怎麼死的。

早期的劉巖還沒有後來那麼搞笑變態，但這也和他沒有打好自己的權力基礎有關，高洋剛開始時也在裝傻小子。在不確定自己還能活幾天的情況下，劉巖是不敢變態的，否則被人吃掉了，還怎麼玩？

因為劉巖的變態名聲太響，反而掩蓋了他在政治上的明君作為，高洋也是如此。

說到劉巖的政治作為，歷史上沒什麼名聲，但有一件大家都知道，就是北宋太祖趙匡胤篡位之後為了獨裁專權，搞出一個「杯酒釋兵權」，解除武將兵權，啟用文官政治，被一些文人好一通吹捧。實際上，五代十國宋初時期，最早用文官治理地方的並不是趙匡胤，而是劉巖，趙匡胤只是天下文章一大抄，幾乎什麼都是抄來的。只不過因為劉巖的歷史知名度不如趙匡胤，所以世人皆知趙匡胤文官治政。劉巖是帶兵的，他知道武人執政的危害性，所以他把地方州縣長官的職務都交給文人打理。宋朝著名的「知某州軍事」，實際上率先實行於南漢，比如一個叫樊匡嗣的官員就當過知白州軍事，縣一級主官稱為知某縣事。南漢武將不再擔任地方職務，而軍權則統一於劉巖，避免了武人專權的可能性。而即使是只論趙匡胤「杯酒釋兵權」，不是柴榮收地方兵權，建立中央禁軍，趙匡胤搞一百場酒會，他也收不回一個大兵。

內政清平，劉巖又奪取了韶州、容州、邕州，鞏固了南漢邊防。接下來，劉巖的重點是外交。

劉巖的外交思維是遠交近攻。年輕氣盛的劉巖經常和北邊的鄰居馬殷廝打，各有勝負，不過楚國的實力遠強於南漢，劉巖應付馬殷比較吃力。劉巖突然想到一個對付馬殷的好辦法，就是把馬殷的女兒當成人質……

劉巖派人向馬殷求婚，欲結二國之好。馬殷其實也知道劉巖的小心思，但他一時也吃不掉劉巖，不如利用女兒的關係綁住劉巖，不要讓這個瘋子成天給自己添亂。

劉巖要牽制住馬殷，一來要娶馬殷的女兒，二來和馬殷的「宗主國」朱梁王搞好關係。劉巖是個狂人，但一開始他並沒有稱帝，而是打算做朱梁的附庸。劉巖派人去汴梁，希望朱友貞能讓自己當上南越國王，這是他向朱梁稱臣的唯一條件。客觀講，劉巖的幾個鄰居馬殷、王審知、錢鏐都是國王，劉巖只是一個低級別的南海王。級別不對等，讓劉巖和諸國進行外交往來時不太方便。劉巖這個條件並不高，卻沒想到朱友貞竟然給拒絕了。

劉巖萬沒想到這點乾糧朱友貞也捨不得給，氣得劉巖跳腳大罵朱友貞是個鐵公雞，老子不跟你玩了！劉巖連國王都沒興趣當了，直接當皇帝，氣死朱友貞。

梁貞明三年（九一七年）三月，劉巖在廣州稱帝，國號大越，改元乾亨，並改廣州為興王府。趙光胤掌兵部、楊洞潛為副，李衡掌禮部、倪曙掌工部，皆為同平章事（宰相）。

此時的劉巖，對外是南霸天，對內是大漢皇帝，統治根基穩固。很好，劉巖很滿意，他認為是他開始變態的好時機了。

劉巖「性聰悟而苛酷」，當人有了權力，他就會通過踐踏別人的尊嚴來滿足自己的欲望，劉巖自然不會例外。劉巖的愛好有很多，但有一個特殊的愛好，那就是殺人。劉巖把他的皇宮變成屠宰場，抓些倒楣鬼綁到刑架前，大卸八塊。

劉巖就喜歡看別人的尊嚴在自己的踐踏中慢慢喪失，他經常沉醉於這種殘酷的滿足感中。劉巖高坐於大殿之上，流著口水欣賞著這人間最殘酷血腥的場景，臉上寫滿了驕傲與自豪。

劉巖喜歡殺人，在殺人的快感得到滿足，但劉巖並不是一個昏君，他只不過在政治清明的時候喜歡殺人而已。劉巖殺的都是底層百姓，但對上層士人，劉巖是非常尊重的。

比如時任兵部尚書的趙光胤，他是中原名門，有點瞧不上劉巖這號地方土豪，給劉巖打工也是愛理不理。劉巖殺百姓，但不殺名士，反而會低三下四的巴結這些名士。劉巖為了拉攏趙光胤，竟然暗中模仿趙光胤筆跡，然後通過這封假信把遠在洛陽的趙光胤家屬都接到廣州。趙光胤解決了後顧之憂，對劉巖感恩戴德，從此至死效命於大越國皇帝劉巖。

不過劉巖對大越國皇帝這個稱號並不太感興趣，劉巖姓劉，那麼最合適的國號自然就是「漢」了，劉巖祖籍徐州，極有可能就是劉邦後人。唐末五代還是要講究門第的，劉巖攀上漢高祖，在士林中就能被人瞧得起。

門第之別，很荒謬，但卻真實。

大越乾亨二年（九一八年）二月，劉巖把國號改為大漢，史稱南漢。

劉巖的大漢朝，氣派很大，實際上就是一個割據兩廣的土財主。想當土豪那首先要有錢，劉巖別的東西不多，但特別有錢，所以糟蹋得起。兩廣地近南海，珊瑚瑪瑙很多，很多中原沒有的奇珍在劉巖這裡只能當破爛糟蹋。劉巖把金銀寶貝都當成裝飾品，甚至用水晶琥珀雕成日月形狀，懸在宮中。對劉巖來說，這些東西並不稀罕，不喜歡就換，老子有錢！

劉巖的錢其實也不全是靠這些珊瑚瑪瑙，而是利用兩廣的特殊地利與洋人做生意。曾經有一種觀點認為中國的海上經濟繁榮起於北宋太祖趙匡胤，實際早在漢唐時，中國就已與海外進行貿易。唐高宗顯慶六年（六六一年）就在廣州設立市舶使，負責與海外各國的貿易聯繫。黃巢佔廣州時，朝廷就中斷了來自廣州的歲貢，「南海有市舶之利，歲貢珠璣；如今妖賊所有，國藏漸當廢竭。」漢朝與海外的主要通商口岸是徐聞（廣東湛洲徐聞縣），這是官方所認定中國最早的海上絲綢之路。唐朝與中東、非洲各國進行貿易時，有一條專門的海上交通線，稱為「廣州通海夷道」（《新唐書》卷四十三下〈地理下七〉）。到了南漢，南漢在前朝的基礎上，繼續與海外諸國做貿易，大發其財。劉巖大力推廣海外貿易，很多洋人蹈海而來，在兩廣登陸，把外國的洋錢送到中國以換取中國的物品。在劉巖時代，廣州是全中國最大（分裂狀態下）的對外貿易口岸。

劉巖在兩廣與洋人搞海上貿易，但他時刻關注中原局勢，中原的一興一亡，必須會對兩廣產生重大影響。

事實也確實如此，李存勗最終戰勝了朱友貞，恢復了大唐帝國的昔日榮耀，劉巖終於坐不住了。他聽說李存勗是當代「光武」，那必然要統一天下的，自己的兩廣土皇帝……

劉巖派宮苑使何詞去洛陽探查李存勗的虛實。何詞倒是很有眼光，一眼就看穿了李存勗建立的是虛假的中興盛世，回來後他告訴劉巖，「唐室奸邪弄權於內，強藩懷貳於外，不久必亂，陛下請放寬心。」

在確信李存勗不可能南下後，劉巖徹底的放心了。劉巖為人比較極端，他認為李存勗不足慮後，甚至停掉了給後唐朝廷的朝貢。

劉巖這類人，如果他認為自己的危險解除之後，他會用一種更加極端的方式來展示自己這種所謂的「自信」。南漢乾亨八年（九二四年），劉巖做了一個「很了不起」的事情，他給自己改了名字。剛開始，劉巖改名叫劉陟。不過一年後，劉巖就覺得「劉陟」這名不太霸氣，不符合自己南霸天的地位，白龍元年（九二五年），又改名為劉龔。不過還沒等劉龔這名記熟，這位南霸天又改名了。改名的原因，是因為坊間傳言劉氏江山有一天會被姓龔的篡位，所以必須改。

劉巖突然腦洞大開，發明了一個字，就是「龑」，音同岩，意為飛龍在天，非常霸氣。字典裡並沒有這個字，但劉巖就是喜歡這種霸氣，他喜歡的事，誰又能反對呢。

而南漢周邊的政權，都體會到了劉巖的這種「霸氣」，惹了這個瘋子，誰都沒好果子吃。馬殷是劉巖的岳父，想佔女婿的便宜，結果被劉巖一通暴打，老臉都丟光了。還有交趾的典承美，因為不服劉巖，劉巖呵呵一笑，大將梁克貞很快就把曲承美五花大綁弄到了廣州。

綜合來看，唐末五代宋初的那夥亂世帝王中，整體能力可以分為幾個層級。超一流：柴榮無可爭議。第一流：朱溫、李存勗、郭威、楊行密、李昪、王建、孟知祥、馬殷、趙匡胤，外加這個南霸王劉巖。

劉巖為人凶殘，但他知機，參透人生進退，是個絕頂的聰明人。南漢天下在劉巖時代穩如泰山，但危局卻潛藏在暗流中，就是立儲問題，這是一個歷代帝王都很難解決的根本性問題。劉巖有二十多個兒子，但長子劉弘度卻不為劉巖所喜歡，劉巖最喜歡的是次子劉弘昌。但劉巖比誰都清楚，他死後，南漢立刻會血浪滔天，為了那個位置，他的兒子們勢必要血腥廝殺。

劉巖能不能阻止這場不可避免的骨肉相殘呢？理論上可以，留下一個準備繼位的兒子，餘皆處死，但虎不食子，劉巖怎麼可能這麼做。而即使劉巖想把其他兒子外放到州郡，等繼位的那個上臺後也不會放過其他弟兄們，廝殺亦不可避免。

劉巖日漸衰老，他告訴右僕射王翻：「弘度與弘熙皆不足成大事，只有弘昌可以。不過我的兒子們能成器者不多，我死之後，他們必然兄弟鬩牆，就象老鼠鑽進了牛角，讓他們做去吧，只是不知道他們還能猖狂多久？」

事實也證明了劉巖悲觀的判斷是正確的。為了那一畝三分地的最高權力，劉巖的兒子們自相殘殺。殺來殺去，劉巖二十多個兒子只剩下一個，那就是最終的勝利者劉晟。

其實，劉巖比起南朝宋文帝劉義隆來說，還算是幸運的，至少他沒有死在兒子手上。這樣一個殺人狂魔能壽終正寢，不知道是他的幸運呢，還是歷史的悲哀？

南漢世系年表

皇帝	姓名	在位年	生卒年	備註
烈宗	劉隱	無	八七四～九一一年	劉謙之子
高祖	劉巖	九一七～九四二年	八八九－九四二年	劉隱之弟
殤帝	劉玢	九四二～九四三年	九二〇～九四三年	本名劉弘度，劉巖次子。好酒及色，寵用小人，為弟劉晟所殺。
中宗	劉晟	九四三～九五八年	九二〇～九五八年	本名劉弘熙，殺兄篡位後，殺盡所有同父兄弟。柴榮即將統一天下，劉晟畏懼欲降，卻被楚國所阻。劉晟憂慮，飲酒而死。
後主	劉鋹	九五八～九七一年	九四二～九八〇年	本名劉繼興，劉晟長子，晟死繼位。劉鋹寵愛太監，甚至要求國人欲做官者，必須淨身入宮。南漢人口百萬，太監就有兩萬。南漢權閹龔澄樞非常得寵，南漢人認為真皇帝是龔澄樞，而非劉鋹。劉鋹與波斯國宮女淫亂，宮中烏煙瘴氣。九一七年，北宋軍滅南漢。劉鋹本想乘船去東南亞，但船隻被太監開跑，劉鋹走投無路只好投降。劉鋹入汴，趙匡胤請他喝酒，他以為酒中有毒不敢喝，趙匡胤微笑著喝下此杯。

在刀尖上跳舞——荊南小政權的生存之道

高季昌應該為自己感到慶幸，在亂哄哄的世界裡，命運也許真的眷顧他建立的那個簡直可以忽略不計的荊南政權。論地盤，荊南不過三州十七縣；論人口，不過數十萬，中原一郡而已。在唐末五代十國的大亂世中，有很多割據政權論實力要遠強於荊南，比如李茂貞建立的岐國，劉守光建立的燕國，周行逢延續的楚國。但命運就是如此弔詭，大政權反而不為正史承認，僭越而已，反而是小小的荊南倒被正史承認，成為十國之一。當然，高季昌首先要感謝的，有兩個人，一個是他的乾祖父朱溫，一個就是撰寫《新五代史》的歐陽修。沒有朱溫，就沒有高季昌主政荊南；沒有歐陽修把荊南列入十國世家，他的荊南小王國早就被歷史的撲天黃塵所淹沒了。

對於規模較小的政權之生存法則，無外乎一點，這個小政權處在幾個大政權之間，出於地緣戰略的均衡，各大國都不會吃掉他。說來巧合的是，高氏荊南所佔的轄區，在四百年前的南北朝末期也出現了一個轄區相同的小政權，就是蕭氏後梁（為與朱溫後梁區別，此稱西梁）。西梁夾在三個大國——北周、北齊、南陳之間，最終被志在統一的隋文帝楊堅廢掉。

西梁是完全附庸於北周的傀儡政權，毫無自主能力，而荊南則擁有不被大國控制的內政治權。西梁是有背後老大北周撐腰的，而荊南在開始二十年也算是有老大站臺，就是朱梁王朝。可朱梁亡後，荊南政權沒了奶娘，完全是靠自己的「厚臉皮」在江湖上吃拿卡要、坑蒙拐騙、閃轉騰挪四十年，小日子過得反而非常滋潤。

高季昌這個人的來歷很有意思，他生於唐宣宗大中十二年（八五八年），陝州人（河南三門峽），因出身貧苦，被家人送到開封富商李讓家中當奴才。給人當奴才使喚是沒出息的，但誰都沒有想到，天上掉下一餡餅正砸在高季昌的腦袋上。宣武軍節度使朱溫認了李讓當乾兒子，來到李讓家中胡吃海喝，正好看到相貌不凡的高季昌，聊了幾句，朱溫覺得此子可教，就讓已改名朱友讓的李讓收高季昌當義子。本來前途灰暗的高季昌一夜之間跳出苦海，成了當時權傾一時的朱使相的乾孫子，實際上，高季昌只比朱溫小五歲而已。

朱溫開始把高季昌帶在身邊歷練，教他騎馬射箭。朱溫是一代創業梟雄，能識人，他這種級別的人看能上的人物，自然不是凡品。唐天復二年（九〇二年）五月，梁王朱溫發兵攻打劫持唐昭宗李曄的岐王李茂貞，李茂貞打不過朱溫，死守不戰，眾將勸朱溫見好就收。而高季昌則站出來反對退兵，他向朱溫獻了一計。計策並不是很高明，只是讓朱溫派人騙李茂貞說自己要退兵，實際上埋伏數萬梁軍，等李茂貞傻呼呼的出城佔便宜，結果被梁軍一通暴打，李茂貞差點把看家老底都賠光了。在朱溫的威逼下，李茂貞不情不願的把奇貨可居的皇帝交給朱溫，朱溫順利完成了篡唐大業。高季昌為朱溫立下不世奇功，朱溫自然要賞乾孫子一塊大肥肉。

唐天祐三年（九〇六年）十月，朱溫攻佔荊州重鎮江陵。江陵陵北控中原，西憑兩川，東臨江東，南接楚粵，戰略地位極為重要，必須派心腹人把守。朱溫把這塊肥肉交給了高季昌，高季昌出任荊南節度使，這也是荊南國的開張元年。

當時的荊南節度使轄內八州，但高季昌只佔有首府江陵一州，而且戰亂不斷，百姓流散。高季昌是個幹事的，招撫百姓，恢復生產，江陵漸漸恢復元氣。在名義上，高季昌是朱梁王朝的外放官員，實際上荊南的高氏印記越來越濃厚，高季昌在江陵城內說一不二，這應該也是朱溫的默許。

在強敵環伺的複雜環境下，高季昌的生存策略非常簡單——背靠大樹，自力更生。大樹是梁朝，但等到朱溫被殺後，朱友貞繼位，他要面對晉王李存勗強大的進攻壓力，根本無暇管乾侄子高季昌死活。實際上，這棵大樹只起到戰略作用，對高季昌來說，他要生存最需要做的是把自己變成一棵大樹。

大樹們是不希望小樹苗再變成一棵大樹的。不過，高季昌做不了大樹，但他有能力阻止大樹掠奪屬於自己的蔭涼。憑心而論，高季昌的綜合能力，完全可以和那些南方大老馬殷、王建、楊行密、徐溫、錢鏐、王審知平起平坐，只不過生不逢時罷了。因為江陵地理位置太過重要，各方都想吃掉高季昌。高季昌進攻能力一般，但守成是沒有問題的，吳國權臣徐溫新執政之初，想立威去佔高季昌的便宜，結果被一把火給燒回去了。

因為高季昌也沒想到竟然能打敗強大的吳軍，心理膨脹，反而主動去開疆擴土，直到被西川王建、楚國馬殷給狠狠修理一頓，高季昌才從迷夢中醒來。高季昌知道自己的斤兩，他不再張牙舞爪，而是收起兵鋒，把有限的資源用在穩定對內統治上。

此時的高季昌，與東漢末年寄居荊州的劉皇叔倒有些相似之處。劉備奔波半生沒有寸土，原因就在於自己身邊沒有謀士，所以劉備三顧茅廬請來搖鵝扇的諸葛亮。高季昌也知道自己智力淺薄，身邊沒人絕對不行，他也挖苦心思得到了自己的諸葛亮。

誰呢？唐末進士梁震。

梁開平元年（九〇七年）十月，身在中原的梁震因不願侍奉朱三，借道江陵要回四川老家，半路卻被高季昌攔下了。高季昌只有一個要求：先生不要入蜀，留在江陵給我當諸葛亮吧。梁震本來不想給高季昌這個井龍王當龜丞相，但在高季昌半真誠半威脅下，梁震留了下來。

梁震的謀略水準在大國相對稍次，但對只有三州十七縣的區區荊南來說足夠用了。梁震為報高季昌知遇之恩，傾其才力相助，荊南能在各大鯊魚的口中活下來，梁震是功不可沒的。

除了梁震，高季昌還收留了不少從中原過來的流離名士名將，高季昌知人善任，這些人也願意為高季昌效力。荊南雖小，但人才儲備相當充實，各路軍閥也不敢小瞧荊南。沒有這些智士給大腦經常短路的高季昌提醒，精神似乎不太正常的老高早就被人給滅了。

有一次就能證明梁震之於高季昌的重要性。

西元九二三年，梁朝被後唐滅亡，李存勗策馬入汴，高季昌自然要拜李亞子的碼頭。因為要避李存勗祖父李國昌的名諱，高季昌改名高季興（以下改稱高季興）。高季興要去洛陽拍李存勗的馬屁，以防這個神經病突然進攻荊南，而梁震堅決反對他北上。梁震的理由是高季興是梁朝舊臣，手握重兵，很容易引起李存勗的猜忌，萬一把你扣下，欲為諸侯而不可得。高季興不聽，強行北上，結果郭崇韜勸李存勗扣留高季興，幸虧李存勗還不糊塗，說扣高則失天下人歸順之心，這才放了高季興。高季興抹著一頭冷汗，玩命般的逃回江陵。

事情夠驚險，但此次洛陽之行也有很大的收穫，就是高季興看清了李存勗狂妄自大的本質，也看清了後唐帝國潛伏著的亂象：功勞是他一個人的，與功臣無關；婦人干政，荒及酒色，入洛才幾個月就已失掉人心。高季興反而放心了：這樣的李存勗，自保尚不能，是不會對荊南構成威脅的。

因為看透了李存勗的本質，所以高季興及時調整了自己的生存策略，對於漸入混亂之境的中原，高季興開始動手動腳了。李存勗兵變滅亡、李嗣源稱帝後，已經滅掉前蜀的李存勗之子、魏王李繼岌事先在蜀中搜羅了價值四十萬貫的財物，要通過江陵轉回中原。這支艦隊溯長江而上，逆止江陵後，再也走不動了。

原因很簡單：這支船隊被高季興強行扣下，財物均歸高季興本人，至於船隊人員，皆殺之。高季興臉不紅心不跳的為自己辯解：這四十萬財物本就不是李存勗的，更不是李嗣源的，強者得之。

當然，這筆巨款也不是高季興的，問題的關鍵在於高季興算定了李嗣源性格比李存勗更軟弱，這才敢動手。但當高季興看到李嗣源張牙舞爪怒吼的時候，他一定會非常後悔不該惹毛藐佶烈（李嗣源的小名）。

高季興佔了李嗣源的便宜，還想繼續吃豆腐，唐天成元年（九二六年）六月，他想讓李嗣源割讓夔州（重慶奉節）、忠州（重慶忠縣）、萬州（重慶萬縣），理由是荊南狼多肉少。李嗣源一代梟雄，只不過脾氣好，就被高季興如此調戲，他豈能踩這個雷？

李嗣源平時不咬人，一旦咬起來，那就連皮帶肉都得撕下來。李嗣源對高季興的無恥作風非常反感，發兵狠狠敲打了高季興，高季興派往三州接管的高家子弟全被當地政府亂棍打出，高季興骨頭沒啃到，反而咯掉了大門牙。這一次，李嗣源是動真的，唐天成二年（九二七年）三月，山南東道節度使劉訓為北路軍，東川節度使董璋、副使西方鄴為西路軍，楚王馬殷為南路軍，三路討伐荊南。

高季興從來沒有遇到雪崩式的外交災難，甚至是他向吳國求救，也被不想得罪李嗣源的徐溫拒絕。從陣勢上看，李嗣源是鐵了心要滅荊南，佔據戰略要衝。而高季興敏銳地從中發現了生機，那就是瓦解楚王馬殷幫助後唐消滅荊南的動力。馬殷何嘗不知，一旦荊南為後唐所有，那麼後唐兵鋒就直抵洞庭湖，雖說楚國向中原稱臣，但戰略要害如果被中原佔據，如果中原要滅楚國……

很簡單的道理，馬殷自然心領神會。所以高季興向馬殷服軟，馬殷立刻答應了。但是馬殷撤兵之後又後悔了，還想佔高季興的便宜，派岳州刺史李廷規進攻荊南，被善守不善攻的高季興零敲碎打給吃了。馬殷知道這塊骨頭不好啃，也絕了吞併高季興的念頭，讓高季興替楚國看好北大門，更符合楚國的利益。

高季興的實力太過弱小，所以他只能通過這種幾乎是雞蛋上跳舞的方式來求生存。雞蛋皮薄易碎，用力過大猶不及，而高季興的這種圓滑處世之道反而適合在這種複雜的國際形勢中生存。在幾個雞蛋上踩著薄皮跳舞，最重要的技術就是平衡，高季興在這方面做得非常好。吳國徐溫死了，養子徐知誥奪權，而吳國與中原是世仇，所以徐知誥更認同與荊南聯合對抗中原。高季興再次嗅到了「商機」，向吳稱臣，吳國自然接受，封高季興為秦王，正式與荊南聯合。

荊南三州之地和中原比，是螞蟻與大象的差距，但高季興的聰明之處在於，他和另外一頭大象稱兄道弟。甲象和乙象是競爭關係，那麼這隻小螞蟻可以從容的周旋在兩頭大象之間，佔盡便宜。

這就是高季興的本事。

在十國中，高季興為子孫搏下的家業最小，但含金量卻是最高的，畢竟這麼的小家業在如此殘酷激烈的「市場競爭」中竟然屹立不倒，一般人是做不到的。為子孫拼了一輩子的高季興病倒了，於後唐天成三年（九二八年）十二月去世於江陵小城，時年七十一歲。

江陵是南方各大鎮向中原政權朝貢的必經之道，所以高季興經常做劫道的買賣，等各鎮或寫信責罵，或出兵討伐時，高季興又不得不把吞到肚裡的東西吐出來，所以各大藩鎮都瞧不起高季興。其實跳蚤般大小的荊南能在梁、唐、晉、契丹、漢、周、宋、前蜀、後蜀、楚、湖南、吳、南唐十多個大政權的夾縫中生存五十多年，實在很不容易。江陵地寡民貧，處四戰之地，所以高季興為了生存，萬般無奈之下，只能偷張家雞，摸李家狗，順帶著拔了王二家的蒜苗。各大鎮的頭腦們不妨換位思考一下，他們是高季興，他們會如何去做？

高季興死後，把這份螞蟻般大小的家業傳給了長子高從誨。高從誨在父親身邊長大，目睹父親要的那些滑頭本事，自然也從小練就了一身油滑功夫。高從誨繼位時，荊南的生存格局沒有發生任何改變，從荊南生存角度考慮，高從誨沒有改變父親制定的生存戰略。

高從誨首先改善了與後唐李嗣源的關係。其實，吳國徐知誥本想拉攏高從誨，高從誨固然不想得罪吳國，但吳國距離荊南遠而後唐近，再加上後唐是中原正統政權，吳與後唐又是敵對關係。從荊南利益考慮，寧可得罪吳國，不能得罪中原，所以高從誨向李嗣源表達了善意。李嗣源自然接過高從誨的善意，後唐長興三年（九三二年）二月，李嗣源封高從誨為勃海王，兩國合好如初。

要說明的是，高從誨的外交策略不是「一邊倒」，跟後唐當小弟，與吳國結仇。處在荊南這個特殊的地緣結點上，高從誨要廣結賓朋，是個人都能被高從誨當成朋友相處。荊南處北唐、東吳、西蜀、南楚之間，四戰之地，誰也得罪不起。高從誨對四大國「奴顏卑膝」，今天給這個磕頭稱臣，明天拍那個馬屁，從中吃點殘羹剩飯。各大國都瞧不起高從誨，給高家二少爺起了一個響亮江湖的渾名——高賴子。

高從誨的「英雄事蹟」不少，專摘幾例。

吳國徐知誥篡位建立南唐，高從誨向徐知誥稱臣。後唐河東節度使石敬瑭勾結契丹滅李從珂建立晉朝，高從誨向石敬瑭稱臣。石敬瑭因為認比自己小十一歲的遼國國主耶律德光為乾爹，受盡天下笑罵，所以高從誨對晉朝稱臣，在很大程度上為石敬瑭的尷尬解了圍。石敬瑭非常感激高從誨，派翰林學士陶穀出使江陵，高從誨拍盡了石敬瑭的馬屁，說只要陛下統一天下，臣願盡犬馬之勞云云。石敬瑭被高從誨的馬屁拍得非常舒服，自然大喜，送給對於荊南來說極其寶貴的一百多匹馬。當然石敬瑭也不是傻子，高從誨得寸進尺，向石敬瑭索要郢州（湖北鍾祥），石敬瑭根本不理他。

高從誨其實也沒把石敬瑭當回事，你不過是給耶律德光當乾兒子，換我坐你那個位置，一樣認乾爹。高從誨不管誰在中原當皇帝，照例磕頭叫爸爸。耶律德光入汴，高從誨拜倒在耶律德光的臭腳下，耶律德光大喜，又賞給高從誨一些馬匹。

耶律德光以為高從誨是忠臣，其實高從誨是兩邊下注，同時又和河東節度使劉知遠眉來眼去，但條件是劉知遠稱帝後把郢州給他。劉知遠嘴上答應非常爽快，但等他進中原後，根本不知道高從誨這號鳥人是誰。高從誨出兵去奪郢州，被劉知遠胖打一頓，自然就老實了。以荊南的實力，和強大的中原帝國硬碰硬，只能雞飛蛋打。但這次慘敗之後，高從誨及時調整生存策略，不再和中原硬掰，老老實實裝孫子。

後漢乾祐元年（九四八年）十月，五十八歲的高從誨病逝於江陵，長子高保融接過了這個螞蟻般小國的權杖。

荊南在高保融以後的事情，實際上是沒有什麼可說的，不過是因襲其祖高季興、其父高從誨的滑頭政策，四處揩點油混飯吃。要說區別，高保融更傾向於其父「緊抱中原大腿」，畢竟中原實力最強。特別是一代偉大帝王柴榮繼承大位後，整軍頓甲，大殺四方，統一之勢已成，高保融自然知道該站在哪一邊。高保融緊抱柴榮大腿，甚至還曾經給後蜀孟昶寫信，勸孟昶歸降柴榮。

時代總是會出現變化的，高保融的時代，中原、吳、蜀、楚四大國格局不復存在。周行逢的楚國只堪自保，南唐被周朝吃掉淮南十四州，後蜀精銳被周朝消滅，中原獨大。高季興的時代，雖然李存勗強大到幾近無敵，但政治的腐敗讓中原並不在四大國格局中佔據優勢。

處在四戰之地，如果不能根據時局變化調整外交政策，一味搞中間外交，遲早是要吃大虧的。

北宋建隆元年（九六〇年）八月，高保融病死，其弟高保勗繼位。在荊南五位君主中，高保勗是最出洋相的，甚至到了搞笑的地步。高保勗是高從誨最疼愛的小兒子，高從誨脾氣不好，但只要看到高保勗就喜笑顏開，人稱「萬事休」。高保勗身體不太好，但夜生活卻很豐富，當上王爺之後，高保勗大興土木，建造亭台，耗盡了荊南僅有的一點家當，荊南百姓怨聲載道，高保勗不理會。更搞笑的是，高保勗把江陵城中妓女都召到王府，讓身體強壯的侍衛上前調戲妓女，浪笑聲四起，高保勗則摟著妻妾，坐在簾後欣賞。

然後，高保勗就死了，時間是北宋建隆三年（九六二年）十一月，繼位的是高保融之子高繼沖。幾個月後，九六三年二月，荊南被北宋大將慕容延釗滅亡，高繼沖奉上老祖宗打下的三州十七縣「江山」。

活在虛幻的悲劇世界中——北漢老皇帝劉崇的悲苦人生

北漢是十國之一，應該放在篇尾部分，但因為篇幅實在有限，所以把北漢開國皇帝劉崇的生平附在後漢篇之後。

五代十國總共有三個自稱漢朝的政權，一個就是劉知遠建立的後漢，一個是劉龑建立的南漢政權，還有一個比較特殊。這個政權屬於十國，但他的法統卻來自五代的後漢，相當於東晉之於西晉，南宋之於北宋，這就是北漢——五代十國最強硬的一個存在。

北漢在五代十國中是相當另類的存在。論國力，北漢甚至不一定強過小小的螞蟻荊南，論經濟更是窮得一塌糊塗，連大臣的工資都發不出來。但要論士兵的戰鬥力，卻是五代十國位居前列的，千古一帝柴榮如此強硬的存在，卻拿北漢奈何不得，連番進攻無甚可取。到了趙匡胤時代，中原依舊拿北漢沒有任何辦法，直到趙光義費盡了九牛二虎之力才極其勉強的攻克北漢。柴榮與二趙征服天下的過程，沒有哪個政權像北漢那樣讓中原吃盡苦頭，晉人剽悍，所言非虛。

要說北漢，首先得說北漢的開國皇帝劉崇。

五代十國有兩個劉崇，一個是朱溫的老東家劉崇，朱溫偷的就是劉崇家的大鍋，被劉崇捉贓暴打一通，另一個就是北漢劉崇。

嚴格來說，劉崇不是創業皇帝，因為劉崇是五代後漢建立者劉知遠的親弟。如果沒有劉知遠鐵血打下漢朝江山，以劉崇的資質很難像楊行密、王建那樣赤手空拳創業。

劉崇雖然長得漂亮，史稱「為人美鬚髯，目重瞳子」，然而並沒有用。因為沒有門路，窮困中的劉崇只能靠賭博混日子，還喜歡喝酒，吃上頓沒下頓。後來靠賭也沒混上飯吃，只好狠心參軍，在臉上「黥」上字跡，像西漢名將黥布（英布）那樣。

劉崇的運氣很不錯，他參軍後，他的大哥劉知遠就在軍界混出頭了。劉知遠在晉天福六年（九四一年）做到河東節度使，劉崇再也不需要靠賭博或軍餉混日子了。劉知遠對弟弟雖然提攜，但也沒有完全重用，直到劉知遠於晉天福十二年（九四七年）二月在太原稱帝，南下爭奪中原，必須留下一個絕對可靠的人守住河東根據地。劉崇作為母弟，完全依附於自己吃飯，是再合適不過的留守人選。劉崇當上了二號皇帝的河東節度使，是他發家的第一步，這為他後來在河東建國打下人脈基礎。

劉知遠至死，都沒有召劉崇入汴梁輔政，究其原因，大致有二：一，劉知遠已定下由楊邠、蘇逢吉、史弘肇，外加郭威的「三加一」輔政格局，四人智力遠在劉崇之上，不需要劉崇。二，河東是天下第一大鎮，由親弟劉崇鎮守，一旦中原有變，劉家後人還能在河東吃上熱飯。另外，劉知遠還有一層考慮，就是劉崇和四大臣關係並不融洽，特別與郭威關係尤其糟糕，劉崇去了汴梁只能添亂。

劉崇能力一般，但他也想劉家坐穩江山，但他覺得最能威脅到劉家江山的只有郭威。而等到郭威平定李守貞之亂後，官場威望極高，劉崇已經開始考慮郭威對劉家的實質性威脅。此時的劉崇割據河東，能對應未來郭威（有可能）篡位中原之急。當然，這不是劉崇的主意，而是河東節度判官鄭珙眼界高於天下，說中原不久必亂，大人應該固守河東，退可自為一王，進可爭雄天下。劉崇這才搜刮民財，肥了自己的腰包，給弟兄們發軍餉，日夜操練，以備不時之需。

形勢發展果如鄭珙所料，劉承祐發動乾祐之變，汴梁城中血雨腥風，郭威起兵鄴都，中原大亂。乾祐三年（九五〇年）十一月，劉承祐死於汴梁城外，郭威控制汴梁城。

郭威突然得勢，讓劉崇坐立不安，他想趁郭威在汴梁立足未穩之際，南下吃掉郭威。劉崇的計策未必不好，但郭威是千古一帝級別的人物，他早就料到劉崇會這麼做。郭威聰明絕頂，他知道劉崇的軟肋在哪裡。

劉承祐死後，朝臣要推舉新皇帝，郭威堅決推立駐守徐州的武寧軍節度使劉贇為嗣君，原因無他，因為劉贇是劉崇的親生兒子。在名義上，劉贇是高祖劉知遠的養子，但卻是劉崇骨肉，郭威推出劉贇，立刻就讓劉崇強硬的態度軟化下來。實際上，以郭威之梟雄，怎麼可能甘居劉崇這號賭棍之下？郭威利用人性的弱點，成功的在劉崇身上賺取足夠的戰略時間差，他寫信給劉崇說我臉上有黥字，自古哪有雕青天子？劉崇竟然相信了。

等劉崇回過味來，他的寶貝兒子劉贇已經在宋州被郭威部將郭崇給幹掉了。

然後……郭威就稱帝了。

劉崇哭了。在冰天雪地裡，劉崇哭得肝腸寸斷，他恨透了郭威，他更恨自己的目光短淺。太原少尹李驤早看出郭威一肚子壞水，勸劉崇不要上當，劉崇已沉迷在太上皇的迷夢中醒不過來，竟然殺了李驤，理由是萬一激怒郭威，劉贇必為郭威所害。結果劉崇也看到了，劉崇一味巴結郭威，郭威照樣幹掉自己的兒子。

五十七歲的劉崇對天發誓：他一定要向郭雀兒討還殺子之仇。

從李驤判斷這件事來說，劉崇的戰略能力要比郭威低好幾個檔次。如果劉崇聽李驤之計，郭威必定會顧忌到河東強悍之兵，畢竟郭威在汴梁根基太淺，他還不敢公然與劉崇翻臉。郭威因為「漢大臣不即推尊之，故未敢即立」。所以郭威有可能會拖延稱帝時間，只可惜劉崇竟然白白浪費這個戰略時間差。劉崇如果出兵南下與郭威爭雄，勝負猶未可知，畢竟劉知遠在後漢的政治影響還在。可郭威把一切麻煩都解決了，劉崇也只好坐在太原城中哭鼻子了。

郭威當了皇帝，劉崇也當了皇帝。

在哭天搶地中，劉崇悲壯地坐上了帝位，國號大漢，年號仍稱漢乾祐四年（九五一年）。劉皇叔一臉淚痕地看著殿下伏首眾臣，歎了口氣，他說了句讓所有人都心酸的話：「本來輪不著我為帝，只是高祖皇帝手創天下，一旦為郭威所奪，不得已而為之。朕孤守河東十二州，其窘甚也，朕到底算是什麼樣的天子呢？你們算是什麼樣的宰輔大臣？朕手頭也沒多少錢，所以待卿必然少薄，卿等也不怪怨朕吝嗇。」

劉崇說得辛酸，眾人默默無語。

劉崇說的都是實情。北漢本就是地瘠民困，人口又非常少，總戶口不過四萬，人口不到五十萬。財政狀況非常差。宰相每月只能領到一百貫錢的工資，節度使只有三十貫錢。換成現在的貨幣單位，相當於四萬五千多人民幣以及一萬三千多人民幣。這樣的工資對老百姓來說肯定是高薪，但這些宰相、節度使每家都有十幾以至幾十張嘴吃飯，這點錢顯然不夠開銷。

朝廷窮得叮噹響，怎麼辦？只能向老百姓伸手了，史稱北漢「國中少廉吏」。更要命的是，為了對抗郭威，劉崇向契丹稱臣，每年都要向契丹奉送大量財物，更加重了北漢的財政負擔，再加上劉崇還要養活龐大的軍隊，劉崇真的無錢可花。

劉崇本質上並不是一個惡人，他也不像石敬瑭那樣不顧廉恥，認個比自己小十一歲的契丹乾爹。石敬瑭出於私利認乾親，而劉崇雖然也認比自己小二十三歲的契丹皇帝耶律阮為叔父，與契丹結為父子之國，但劉崇卻是為了「高祖之業不致墜地」才犧牲自己的人格尊嚴。

客觀來講，郭威確實對不起劉崇，把劉贇還給劉崇就是，何必斬草除根。劉崇是個有尊嚴的人，他不可能在兒子被殺的情況下還向郭威叩頭稱臣，這將被天下人恥笑。所以劉崇寧可認個和自己無仇無恨的小叔父，也要和殺子仇人郭威死磕到底！

從這個角度看，劉崇的血性是非常值得尊敬的。

自從劉贇被殺後，劉崇存在於這個世界上的意義就只有一個——向郭威討還血債。

劉崇向契丹請兵，但還沒等契丹發兵，滿懷仇恨的劉崇就發兵找郭威算帳去了。北漢剛建國不久，北漢軍就由劉崇長子劉承鈞統領南下犯周境。雖然北漢軍被周軍輕鬆打退，死傷慘重，但這也拉開了劉崇時代與周朝沒完沒了的戰爭序幕。劉崇只認一個死理，不討還血債，他死不瞑目。

過了半年，當年（九五一年）十月，劉崇聯合契丹兵南下攻周。

作戰過程與上次不太相同，但結果還是北漢軍慘敗。冰天雪地裡，北漢軍死傷無數，本來能耐寒的契丹軍也被凍回老家了，劉崇只好窩在太原皇宮裡的火爐子邊大罵老天不長眼，奈何助郭雀兒？現在劉崇唯一能指望的，就是郭威早點死，只要郭威一死，中原無主，劉崇就有機會殺進汴梁，然後掘墓鞭屍……

很顯然，在劉崇的世界裡，郭威是唯一讓他感覺到畏懼的男人。至於早被確定為太子的郭威養子柴榮，劉崇正眼也沒瞧過。

劉崇苦盼的這一天終於來了，北漢乾祐七年（九五四年）正月，好消息傳到太原：郭威病死，柴榮嗣位。

可以想見劉崇此時的激動心情，腦補一下畫面：六十歲的劉崇站在冰天雪地裡，抖著花白鬍鬚，痛哭流涕，然後大笑：「逆賊郭麻雀，該死久矣！大漢朝中興，就在今日！」

劉崇也老了，他知道自己沒有幾天活頭了，為了報兒子被殺之仇，他必須殺進汴梁，手刃五花大綁的柴榮，快意恩仇。劉崇已經意識到，他將是石敬瑭第二，柴榮不過是第二個石重貴罷了。

夢想很美。

遇到郭威，劉崇兩次南犯都被敲腫腦袋，而如今的對手是千古一遇的軍事天才柴榮，以卵擊石，卵還以為自己是石頭。

關於高平之戰，已經在《柴榮篇》說詳細解讀，今不重複。劉崇懷揣著美好的夢想來到角鬥場，他相信自己一定能一拳擊倒對手，沒想到自己卻差點成為柴榮的俘虜。

劉崇驚魂未定，柴榮就率周軍殺到太原城下，周軍四處攻城掠地，佔領了北漢大半州縣。劉崇不擅長進攻，防守倒是一流，當然這也有賴於太原城的堅固。周軍在太原城下來回折騰，因為當時周軍還沒有進行軍改，部隊紀律很差，無法形成合力。再加上連旬大雨，周軍泡成了落湯雞，柴榮權衡利弊後，只好含恨撤軍。

劉崇再次擦拭著額頭上的驚恐的汗水。

經過這番驚嚇，劉崇病倒了，他也知道自己這一次躺下再也起不來了。孤苦的劉崇經常思念被郭威殺害的兒子劉贇，每一次絕望的思念，陪伴這位孤窮老皇帝的只有悔恨無盡的淚水。

北漢乾祐七年（九五四年）十一月，北漢世祖劉崇死於太原，壽六十歲，皇子劉承鈞繼承大位。

因為北漢是中原死敵，北宋繼周朝法統，再加上北宋十九年都沒有能啃下北漢這塊硬骨頭。北宋在修《舊五代史》時，北漢還沒有滅亡，所以宋史家對劉崇極力貶低，稱「劉崇以亡國之餘，竊偽王之號，多見其不知量也」。這話倒沒有說錯，劉崇稱帝，確實有些自不量力，可綜觀劉崇這輩子，總是能聯想到三國劉皇叔，二人何其相似。都是最弱小的政權，但都以恢復中原為立國根本，不顧自己實力微弱的事實，數度主動進攻中原，最終力盡而亡。

劉崇，其實還是值得後人尊敬的。

北漢世系年表

皇帝	姓名	在位年	生卒年	備註
世祖	劉崇	九五一～九五四年	八九五～九五四年	後漢高祖劉知遠弟
睿宗	劉承鈞	九五四～九六八年	九二六～九六八年	劉崇長子
少帝	劉繼恩	九六八年	?～九六八年	劉承鈞外甥兼養子，守孝期間為劉繼元所殺。
後主	劉繼元	九六八～九七九年	?～九九二年	劉承鈞外甥兼養子，為人凶暴、重用宦官、擅殺大將、父事契丹，國人離心。九七九年，北宋進攻北漢，劉繼元死守不住，出降。

附：五代十國世系年表

五代

後梁（九〇七—九二三年）

君主	姓名	在位年
太祖	朱溫	九〇七～九一二年
郢王	朱友珪	九一二～九一三年
末帝	朱友貞	九一三～九二三年

後唐（九二三—九三七年）

君主	姓名	在位年
莊宗	李存勗	九二三～九二六年
明宗	李嗣源	九二六～九三三年
閔帝	李從厚	九三三～九三四年
末帝	李從珂	九三四～九三七年

後晉（九三六—九四七年）

君主	姓名	在位年
高祖	石敬瑭	九三六～九四二年
出帝	石重貴	九四二～九四七年

後漢（九四七—九五一年）

君主	姓名	在位年
高祖	劉知遠	九四七～九四八年
隱帝	劉承祐	九四八～九五〇年

後周（九五一—九六〇年）

君主	姓名	在位年
太祖	郭威	九五一～九五四年
世宗	柴榮	九五四～九五九年
恭帝	柴宗訓	九五九～九六〇年

十國

前蜀（九〇三—九二五年）

君主	姓名	在位年
高祖	王建	九〇三~九一八年
後主	王衍	九一八~九二五年

後蜀（九三四—九六五年）

君主	姓名	在位年
高祖	孟知遠	九三四
後主	孟昶	九三四~九六五年

吳（九〇二—九三七年）

君主	姓名	在位年
太祖	楊行密	九〇二~九〇五年
烈祖	楊渥	九〇五~九〇八年
高祖	楊隆演	九〇八~九二〇年

睿帝	楊溥	九二〇～九三七年

南唐（九三七—九七五年）

君主	姓名	在位年
烈祖	李昪	九三七～九四三年
元宗	李璟	九四三～九六一年
後主	李煜	九六一～九七五年

南漢（九一七—九七一年）

君主	姓名	在位年
高祖	劉巖	九一七～九四二年
殤帝	劉玢	九四二～九四三年
中宗	劉晟	九四三～九五八年
後主	劉鋹	九五八～九七一年

閩（九〇九—九四五年）

君主	姓名	在位年
太祖	王審知	九〇九～九二五年
嗣王	王延翰	九二五～九二七年
太宗	王延鈞	九二七～九三六年
康宗	王昶	九三六～九三九年
景宗	王延曦	九三九～九四四年
天德帝	王延政	九四三～九四五年

吳越（九〇七—九七八）

君主	姓名	在位年
武肅王	錢鏐	九〇七～九三二年
文穆王	錢元瓘	九三二～九四一年
忠獻王	錢弘佐	九四一～九四七年
忠遜王	錢弘倧	九四七～九四八年
忠懿王	錢俶	九四八～九七八年

楚（九〇七—九五一年）

君主	姓名	在位年
武穆王	馬殷	九〇七~九三〇年
衡陽王	馬希聲	九三〇~九三二年
文昭王	馬希範	九三二~九四七年
廢王	馬希廣	九四七~九五〇年
恭孝王	馬希萼	九五〇~九五一年
後主	馬希崇	九五一年

荊南（九二四—九六三年）

君主	姓名	在位年
武信王	高季興	九二四~九二九年
文獻王	高從誨	九二九~九四八年
貞懿王	高保融	九四八~九六〇年
	高保勗	九六〇~九六二年
	高繼沖	九六二~九六三年

北漢（九五一—九七九年）

君主	姓名	在位年
世祖	劉崇	九五一～九五四年
睿宗	劉鈞	九五四～九六八年
少帝	劉繼恩	九六八年
後主	劉繼元	九六八～九七九年

五代十國原來是這樣 / 姜狼著. -- 一版.-- 臺北市：大地, 2018.04
面： 公分. --（History：102）
ISBN 978-986-402-283-0（平裝）
1. 五代史 2. 通俗史話
624.2 107003879

五代十國原來是這樣

HISTORY 102

作　　者	姜狼
發 行 人	吳錫清
主　　編	陳玟玟
出 版 者	大地出版社
社　　址	114台北市內湖區瑞光路358巷38弄36號4樓之2
劃撥帳號	50031946（戶名：大地出版社有限公司）
電　　話	02-26277749
傳　　真	02-26270895
E - mail	vastplai@ms45.hinet.net
網　　址	www.vastplain.com.tw
美術設計	普林特斯資訊股份有限公司
印 刷 者	普林特斯資訊股份有限公司
一版一刷	2018年4月

大地
定　　價：360元